Jürgen Schulte
Dual-career couples

Forschung
Soziologie

Band 151

Jürgen Schulte

Dual-career couples
Strukturuntersuchung einer Partnerschaftsform im Spiegelbild beruflicher Anforderungen

Leske + Budrich, Opladen 2002

Gedruckt auf säurefreiem und alterungsbeständigem Papier.

Die Deutsche Bibliothek – CIP-Einheitsaufnahme
Ein Titeldatensatz für die Publikation ist bei der Deutschen Bibliothek erhältlich

ISBN 3-8100-3363-4

© 2002 Leske + Budrich, Opladen

Das Werk einschließlich aller seiner Teile ist urheberrechtlich geschützt. Jede Verwertung außerhalb der engen Grenzen des Urheberrechtsgesetzes ist ohne Zustimmung des Verlages unzulässig und strafbar. Das gilt insbesondere für Vervielfältigungen, Übersetzungen, Mikroverfilmungen und die Einspeicherung und Verarbeitung in elektronischen Systemen.

Druck: DruckPartner Rübelmann, Hemsbach
Printed in Germany

„Dual career life is like stunt flying loop-de-loops in an old biplane. You clock up thousands of hours (under all kinds of conditions), but you've never had a proper flying lesson and you never saw the flight manual that should have come with this plane."

aus:
HOBFOLL, Stevan E. & HOBFOLL Ivonne H. (1994)
Work won't love you back – The Dual Career Couple's Survival Guide

Übersetzung:
Ein Doppelkarriereleben ist wie ein Doppel-Looping-Kunstflug mit einem alten Doppeldecker. Man hat viele Stunden hinter sich gebracht – unter verschiedensten Bedingungen – aber man hat nie eine vernünftige Flugstunde bekommen und hat auch die Bedienungsanleitung nie gesehen, die zu diesem Flugzeug gehören müßte.

Inhaltsverzeichnis

Inhaltsverzeichnis		7
Tabellen-/Abbildungsverzeichnis		12
Vorwort		14

Teil 1: Zielsetzung und Vorgehensweise ... 17

1.1.	Aufbau der Arbeit	18
1.2.	Dual-career couples (Dcc) als Gegenstand der Soziologie	20
1.3.	Sektionsbezogene Betrachtung des Forschungsfeldes	22
1.4.	Definition und Abgrenzung der Untersuchungsgruppe	25
1.5.	Thesen zur Erforschung der Gruppe der Dcc	26
1.6.	Konzeptionelle Grundlagen	28
1.6.1.	Erforschung einer soziologischen Gruppe mit unbekannten Parametern	28
1.6.2.	Mehrstufiges, exploratorisches Vorgehen und Methodenmix als empirischer Lösungsansatz	28

Teil 2: Stand der Forschung / Prognosen ... 31

2.1.	Arbeitsmarktprognosen	31
2.2.	Die Entwicklung der Berufstätigkeit von Frauen	33
2.2.1.	Die Erwerbsbeteiligung von Frauen	33
2.2.2.	Entwicklung der Qualifikationsstruktur	35
2.2.3.	Frauen in Führungspositionen	37
2.3.	Wertewandel versus Unternehmens-/Produktionskonzepte	40
2.4.	Internationalisierung der Arbeitsmärkte und Mobilität	48
2.4.1.	Unternehmensstrukturen und Anforderungen	48
2.4.2.	Räumliche Mobilität und berufliche Karriere	48

2.5.	Familiensituation und berufliche Karriere	52
2.6.	Dual-career couples	64
2.6.1.	Die Anfänge der Dual-career couples Forschung	65
2.6.2.	Probleme beruflicher und räumlicher Mobilität	66
2.6.3.	Dual-career couples als Zielgruppe personalpolitischer Strategien	68
2.6.4.	Forschung in Deutschland	70

Teil 3: Forschungsergebnisse – Die Paare 73
Teilstrukturierte Interviews mit Partnern aus
Dual-career couples

3.1.	Auswahl der Paare / Strukturdaten	73
3.2.	Merkmalskombinationen	75
3.3.	Berufsorientierung	79
3.4.	Berufsorientierung der Partner	86
3.5.	Vereinbarkeit von Beruf, Partnerschaft und Familie	89
3.6.	Familienarbeit – Auswirkungen auf den Beruf	94
3.7.	Gemeinschaftliche / individuelle Planung	96
3.8.	Bewältigung der Mobilitätsanforderungen	99
3.9.	Unterstützung / Stelle für den Partner	103
3.10.	Akademischer Beruf des Partners	105
3.11.	Gruppierung der Dcc	109
3.11.1.	Merkmalskombinationen	109
3.11.2.	Kindererziehung	111
3.11.3.	Entscheidungsfindung bei beruflichen Anforderungen	113
3.11.4.	Typenbildung	114

Teil 4: Forschungsergebnisse – Der Arbeitsmarkt 121
Leitfadengestützte Interviews mit Arbeitsmarktexperten

4.1.	Auswahl der Experten	121
4.2.	Gesamtgesellschaftliche Entwicklung, Personalstruktur und Personalbedarf	123
4.2.1.	Internationalisierung	124
4.2.2.	Gesamtwirtschaftliche Entwicklung	125
4.2.3.	Arbeitsmarkt für Fach- und Führungskräfte	125
4.2.4.	Qualifikationsprofil für künftige Mitarbeiter	126

4.2.5.	Frauen in Führungspositionen	127
4.2.6.	Trend zu karriereorientierten Paaren	129
4.3.	Mobilität	130
4.3.1.	Mobilitätsanforderungen	130
4.3.2.	Arten der Mobilitätsanforderungen	132
4.3.3.	Umsetzung der Mobilitätsanforderungen	133
4.3.4.	Mobilitätsbereitschaft	137
4.3.5.	Probleme räumlicher Mobilität	141
4.4.	Personalpolitische Strategien	142
4.5.	Nepotismusregeln	144
4.6.	Beispiele aus der Praxis	146
4.7.	Handlungsoptionen für die Personalberatung	147

Teil 5: Forschungsergebnisse – Die Unternehmen 149
Interviews mit Personalverantwortlichen in Großunternehmen

5.1.	Auswahl der Experten	149
5.2.	Rahmenbedingungen aus Unternehmenssicht	153
5.2.1.	Arbeitsmarktlage	153
5.2.2.	Mobilitätsanforderungen der Firmen	155
5.2.3.	Mobilitätsbereitschaft	159
5.3.	Dcc aus Unternehmenssicht	164
5.3.1.	Frauenanteil in Unternehmen	164
5.3.2.	Zunahme der Dcc aus Unternehmenssicht	167
5.3.3.	Dcc auf Führungsebene	168
5.3.4.	Unternehmen als „Ehestifter"	169
5.3.5.	Nepotismusregeln	169
5.3.6.	Sonderfall – Lehrer/-innenpaare	172
5.3.7.	Umgang mit Dcc in Unternehmen	174
5.3.7.1.	Fragen nach Partner durch Unternehmen	176
5.3.7.2.	Fragen nach Job für Partner durch Bewerber	178
5.3.8.	Gesamteinschätzung Dcc aus Unternehmenssicht	180
5.4.	Dual-career couples in der Berufspraxis – Fallbeispiele	180
5.4.1.	Gemeinsamer Wechsel der Partner	181
5.4.1.1.	Vermittlung des Partners innerhalb des Unternehmens	182
5.4.1.2.	Vermittlung des Partners an andere Unternehmen	184
5.4.1.3.	Kombination zweier Laufbahnen durch Flexibilität der Arbeitgeber	186
5.4.2.	Beruf vor Partnerschaft	187
5.4.2.1.	Living apart together (LAT)	188

5.4.2.2.	Wochenendpendler / commuter marriage	190
5.4.3.	Quervergleich der Fallbeispiele	191
5.4.3.1.	Strukturmerkmale der Fallbeispiele	191
5.4.3.2.	Erfolgsfaktoren	193
5.5.	Lösungsoptionen im Spiegelbild der Expertenmeinung	194
5.5.1.	Nutzung des unternehmensinternen Arbeitsmarktes	194
5.5.1.1.	Entsendung von Mitarbeiterpaaren	194
5.5.1.2.	Einstellung des Partners von entsandten Mitarbeitern	196
5.5.1.3.	Versetzung zur Begleitung des Partners	196
5.5.1.4.	Neueinstellung von Mitarbeitern	197
5.5.2.	Vermittlung an anderes Unternehmen	197
5.5.2.1.	Nutzung persönlicher Kontakte	199
5.5.2.2.	Organisatorische und technische Netzwerke	200
5.5.2.3.	Vermittlung über externe Berater	204
5.5.3.	Flexibilisierungsoptionen	204
5.5.3.1.	Timeflexi	205
5.5.3.2.	Begleiturlaub	208
5.5.3.3.	Placeflexi	211
5.5.4.	Befristete Trennung des Paares	214
5.5.4.1.	Wochenendpendeln	214
5.5.4.2.	LAT – Living apart together	215
5.6.	weitere Unterstützungsmaßnahme	216
5.7.	Erfolg und Aufwand von Unterstützungsmaßnahmen	219
5.7.1.	Aufwand der Unternehmen für Unterstützungsmaßnahmen	219
5.7.2.	Probleme durch gesetzliche Rahmenbedingungen	222
5.8.	Beobachtungen zum Innenverhältnis der Paare	224
5.8.1.	Absprachen innerhalb der Paare	224
5.8.2.	Individualpsychologische Beratung	227
5.9.	Die Rolle der Personalverantwortlichen	228

Teil 6: Dcc in Literatur und empirischer Forschung   231

6.1.	Rahmenbedingungen	231
6.1.1.	Arbeitsmarkt	231
6.1.2.	Internationalisierung	232
6.1.3.	Mobilitätsanforderungen	233
6.1.4.	Personalkonzepte	235
6.1.5.	Nepotismusregeln	235
6.2.	Charakterisierung der Dcc's	236
6.2.1.	Verbreitung von Dcc's	236
6.2.2.	Altersstruktur	238

6.2.3.	Wertehaltung	240
6.2.4.	Paartypen als Kombination von zwei Berufsbiographien	242
6.2.5.	Kinder	245
6.2.6.	Mobilitätsbereitschaft der Paare	248
6.3.	Zusammenfassung und Gegenüberstellung der Fallbeispiele	250
6.4.	Überprüfung der Forschungsthesen	255

Teil 7: Fazit der Forschungsergebnisse 261

7.1.	Dcc und Individualisierung	261
7.2.	Entwicklungstendenzen	267
7.3.	Von der Gesellschafts- zur Individualebene – Die Paare	270
7.4.	Von der Gesellschafts- zur Individualebene – Die Unternehmen	276
7.5.	Veränderungen der Rahmenbedingungen durch den Staat	283
7.6.	Forschungsbedarf	285

Literaturverzeichnis 289

Tabellen- und Abbildungsverzeichnis

Tabellen

Tab. 1	Entwicklung der Erwerbsquote verheirateter Frauen 1970 bis 1990	Teil 2.2.1.	35
Tab. 2	Qualifikationsstruktur der Erwerbstätigen 1976-1987 in %	Teil 2.2.2.	36
Tab. 3	Frauenanteile bei Studienanfängern, Absolventen u. Promovierten 1992-1996	Teil 2.2.2.	36
Tab. 4	Wichtigster Lebensbereich nach Geschlecht und Region	Teil 2.5.	55
Tab. 5	Statement/Zustimmung: „Für eine Frau ist es wichtiger, dem Mann bei der Karriere zu helfen, als selbst Karriere zu machen"	Teil 2.5.	56
Tab. 6	Statement/Zustimmung: „Eine verheiratete Frau sollte bei Arbeitsplatzmangel ihren Beruf aufgeben, wenn ihr Mann die Familie ernähren kann."	Teil 2.5.	56
Tab. 7	Merkmalsübersicht Paarstichprobe	Teil 3.1.	75
Tab. 8	Übersicht aller sozio-demographischen Daten der Stichprobe	Teil 3.2.	76
Tab. 9	Kombination Beschäftigungsart / Kinder in der Paarstichprobe	Teil 3.2.	77
Tab. 10	Studienfächer der Partner / Paarstichprobe	Teil 3.11.1.	78
Tab. 11	Kombination der Wertvorstellungen der Partner in befragten Dcc	Teil 3.11.1.	110
Tab. 12	Zuweisung der Kindererziehung	Teil 3.11.2.	112
Tab. 13	Entscheidungsfindung innerhalb der Paare	Teil 3.11.3	114
Tab. 14	Übersicht der Kriterien der Typenbildung	Teil 3.11.4.	120
Tab. 15	Rücklauf Unternehmensanfrage	Teil 5.1.	149
Tab. 16	Anzahl der Dcc-Fallbeispiele pro befragtem Experten	Teil 5.4.3.1.	191
Tab. 17	Übersicht der Fallbeispiele und Lösungsvarianten	Teil 5.4.3.1.	192

Abbildungen

Abb. 1	Vergleich der Erwerbsquote verheirateter Frauen 1970 und 1990	Teil 2.2.1.	34
Abb. 2	Modell individueller Berufsorientierung (Modell 1)	Teil 3.3.	86
Abb. 3	Modell der Dcc-Berufsorientierung (Modell 2)	Teil 3.4.	88
Abb. 4	Gesamtdarstellung der Wechselwirkungen in Dcc's	Teil 6.2.3.	242
Abb. 5	Dcc und Umwelt	Teil 6.2.6.	250

Vorwort

Dual-career couples – was ist das?[1] Diese Frage war typisch, wenn ich im Bekanntenkreis, aber auch unter Wissenschaftlern über das Thema meiner Dissertation sprach. Verwundern kann das nicht, da sich in der deutschsprachigen Forschungsliteratur nur wenige Ausarbeitungen mit Aspekten dieser Lebensform beschäftigen und bisher kaum zur Kenntnis genommen wurden.[2] Statistiken oder validiertes Zahlenmaterial sucht man vollkommen vergebens.[3]

In dieser Situation machte ich mich an die Arbeit, ein Bild dieser Paare zu zeichnen. Ziel war es, aus einer Mischung vorhandener Ergebnisse anderer Forschungsbereiche und eigener empirischer Erhebungen, gleich einem Puzzle, ein Bild entstehen zu lassen. Dabei wollte ich zum einen etwas über die Art erfahren, wie diese Paare leben, wie sie mit Anforderungen, Schwierigkeiten und Wertvorstellungen in unserer Gesellschaft zurechtkommen, zum anderen sollte der Versuch unternommen werden, trotz der schlechten Datenlage, Aussagen über Anteil und Entwicklung dieser Lebensform in der Gesellschaft zu machen. Wenn auch kein erschöpfendes Bild hierzu gezeigt werden kann, so glaube ich, mit der vorliegenden Arbeit dem Ziel doch weitestgehend nahe gekommen zu sein.

Durch die Ergebnisse der Interviews und die amerikanische Forschungsliteratur beeinflußt, ist die Arbeit über die gesellschaftliche Betrachtung der Gruppe der Dcc hinaus erweitert worden. Versucht wurde, eine Kombination aus Fallbetrachtungen und gesellschaftlicher Gesamtbetrachtungen herzustellen. Entsprechend ist das eingesetzte Material eine Kombination von qualitativen und quantitativen Daten. Ebenfalls an der amerikanischen Forschung orientiert, stand dabei nicht ein methodischer Rahmen oder theoretische Grundlage einer Forschungsrichtung im Vordergrund, sondern ein Forschungsinteresse, zu dessen Erkundung vorhandene Möglichkeiten und Methoden genutzt und kombiniert wurden.[4]

Zur Sprache der Arbeit möchte ich an dieser Stelle zwei Anmerkungen machen. Um die Originalität der Interviews nicht zu beeinträchtigen, sind diese in gleicher Form, wie sie aufgezeichnet wurden, übernommen worden. Bedingt durch Zusammenhänge, nonverbale Kommunikationsteile u.ä. war es für ein besseres Leseverständnis notwendig, Ergänzungen (in Klammern) einzufügen. Auf eine generelle Überarbeitung der Interviews wurde bewußt

---

1 zur genauen Definition in dieser Arbeit siehe Teil 1.4.
2 So werden die vorhanden Arbeiten zu den Dual-career couples, z.B. Aufsätze, in entsprechenden Zusammenhängen anderer, wissenschaftlicher Arbeiten nicht zitiert.
3 Die Gruppe der Dual-career couples wird weder in Umfragen noch in der amtlichen Statistik berücksichtigt oder ausgewiesen (ausführlich hierzu siehe Teil 2).
4 Zur Schwierigkeit der Einordnung der Forschung zur Gruppe der Dcc in die soziologischen „Teildisziplinen" siehe Teil 1.2. und 1.3.

verzichtet, da diese durch ihre Sprache auch Einstellungen und Meinungsbilder transportieren. Ein zweiter Punkt betrifft die Nutzung weiblicher Sprachformen. Obwohl – gerade vor dem Hintergrund des Themas – sowohl die weibliche als auch männliche Form angebracht wäre, wird hierdurch die Lesbarkeit von Texten sehr erschwert, wie z.b. die Formulierung „der Interviewpartner, die Interviewpartnerin sagte, dabei war er/sie der Meinung..." zeigt. Daher habe ich überwiegend auf eine Ausdifferenzierung verzichtet, wenn nicht in einzelnen Fällen explizit nur Frauen oder nur Männer angesprochen wurden. Sofern möglich und den Lesefluß nicht störend, ist versucht worden, geschlechtsneutrale Formen oder Doppelnennungen einzusetzen.

Danken möchte ich an dieser Stelle Herrn Prof. Dr. Neuendorff von der Wirtschafts- und Sozialwissenschaftlichen Fakultät der Universität Dortmund, der die Arbeit betreute und wichtige Ideen zur Gestaltung beitrug. Besonders hervorheben möchte dabei sein Engagement, das trotz seiner zahlreichen Aufgaben und zeitlichen Belastung, ohne Abstriche auch einem externen Promovenden gegenüber zuvorkommend war. Weiterer Dank gilt Herrn Prof. Dr. Röhl von der juristischen Fakultät der Ruhr-Universität Bochum, der die Idee zu diesem Thema von seinen USA-Studien mitbrachte. An seinem Lehrstuhl wurde mir mit Mitteln der Deutschen Forschungsgemeinschaft (DFG) die Durchführung der Interviewserien ermöglicht. Auch Herrn Schönenberg, Geschäftsbereichsleiter Konzernorganisation bei der WestLB, möchte ich danken, da er durch flexibel gestaltete Arbeitszeiten erst die Voraussetzung schuf, eine entsprechend umfassende Arbeit in der vorliegenden Form zu erstellen.

Meinen Eltern und Freunden, die vielfach auf mich verzichten mußten und die mir nach der Durchsicht meiner Texte wertvolle Hinweise gegeben haben, gilt ebenfalls mein herzlicher Dank. Entschuldigen muß ich mich bei allen Interviewpartnern, denen ich die Ergebnisse der Arbeit versprochen hatte, ohne bei der Interviewdurchführung zu ahnen, welchen Zeitraum die Auswertung und Ausarbeitung, parallel zur Berufstätigkeit, beanspruchen würde.

Essen, im Februar 2002

Jürgen Schulte

Teil 1: Zielsetzung und Vorgehensweise

Die Gesellschaft in Deutschland unterliegt einer Wandlungsdynamik, die in der aktuellen Diskussion häufig nur in ihren negativen Kennzeichen betrachtet wird. So läßt sich seit Jahrzehnten beobachten, daß sich neben der klassischen Familie und deren Veränderungen zusätzliche Lebensformen, vom Singlehaushalt bis hin zu Paargemeinschaften finden. Die statistischen Daten, die diesen Trend z.B. durch Anzahl der Singlehaushalte oder der Scheidungszahlen beschreiben, zeigen dabei nur die eine Seite des Wandels, nämlich die Auflösung der alten Strukturen an. Auch die Veränderungen in der Wirtschafts- und Arbeitswelt, die durch eine Internationalisierung mit Schaffung eines europäischen Binnenmarktes, die deutsche Einheit oder den Wandel von einer Produktions- zu einer Dienstleistungsgesellschaft schlaglichtartig skizziert werden können, zeigen zunächst eine Auflösung alter Strukturen. Die deutlichsten Wegmarken sind hier ständig steigende Arbeitslosenzahlen oder die Zunahme in den öffentlichen Sozialbudgets.

Wandlungstendenzen haben aber auch eine andere Seite, auf der neue Strukturen entstehen, die bisherige Formen ersetzen oder ergänzen können. Diesen Aspekten wird in der derzeitigen Diskussion wenig Raum gegeben, da sie mit den Indikatoren, die für die alten Strukturen geschaffen wurden, kaum wahrzunehmen oder zu beschreiben sind.

Genau in diese Lücke stößt die vorliegende Arbeit, die mit einem explorativen Ansatz eine Zusammenlebens- bzw. Partnerschaftsform, die Dualcareer couples (Dcc), untersucht, für die es in Deutschland keine fundierte Datenbasis gibt. Ziel ist es dabei, diese Partnerschaftsform mit ihren Strukturen und Besonderheiten darzustellen. Da eine eigenständige Berufslaufbahn beider Partner ein konstituierendes Merkmal dieser Zusammenlebensform ist, sind vor allem Betrachtungen der Wertvorstellung im Wechselfeld von Familie und Beruf zielführend. Neben den Wertvorstellungen werden die konkreten Handlungen und Gestaltungsoptionen dieser Paare betrachtet, die sich an gesellschaftlichen Rahmenbedingungen, wie z.B. Arbeitsmarktsituation, Mobilitätsanforderungen u.a. orientieren. Auch der Frage, ob es sich bei den Dual-career couples um eine „Übergangsform" handelt, oder ob sich mit dieser Art der Partnerschaft eine dauerhafte Form des Zusammenlebens etabliert, wird betrachtet.

Durch die qualitative Beschreibung der Paarform bietet sich zusätzlich die Möglichkeit, Auskunft über das wechselseitige Verhältnis von Arbeitgebern und Partnern aus Dcc als Arbeitnehmern zu geben. Damit wird mit der Arbeit der Versuch unternommen, im Wandlungsprozeß entstehende Zusammenlebensformen in Strukturen und Wechselbeziehungen zu beschreiben und transparent zu machen.

1.1. Aufbau der Arbeit

In ersten Teil wird ein Überblick zum Aufbau der Arbeit und der Einordnung des Themas in verschiedene Forschungszusammenhänge und die eingesetzte Methodik gegeben. Dabei wird das Thema der Dual-career couples umrissen und hinsichtlich seiner Relevanz dargestellt (Abschnitt 1.2.). Um eine Einordnung des Themas innerhalb der Soziologie zu erleichtern, werden im Abschnitt 1.3. die Schnittstellen zu verschiedenen, soziologischen Themenfeldern benannt. Einerseits wird die Verortung des Themas in der Soziologie angestrebt, zum anderen sollen offene Forschungsfragen mit Blick auf die folgende Thematik benannt werden. Nach der Abgrenzung des Forschungsgegenstandes (1.4.) leiten sich aus den offenen Forschungsfragen dann die Forschungsthesen ab, die das Kernziel der Arbeit darstellen (Abschnitt 1.5.). Ebenfalls im Sinne einer Übersichtsdarstellung folgt im Abschnitt 1.6. die Darstellung des Forschungsdesign zur Überprüfung der Thesen.

Der zweite Teil der Arbeit stellt die wichtigsten Ergebnisse verschiedener Forschungen, Studien und Prognosen vor, die im Zusammenhang mit den Dcc bedeutend sind. Im Abschnitt 2.1. werden Prognosen des Arbeitsmarktes, in dem sich die Paare bewegen, dargestellt. Als spezieller Teilbereich folgt die Betrachtung der Frauenerwerbstätigkeit (2.2.). In dem Abschnitt 2.3. wird ein Überblick über die veränderte Einstellung zur Arbeit gegeben und diese in Bezug zur Sichtweise der Personalwirtschaft gesetzt. Mit Mobilitätsanforderungen und Mobilitätsbereitschaft stehen sich im nächsten Abschnitt (2.4.) wiederum die Haltungen bzw. Ansichten von Unternehmen und Mitarbeitern, wie sie in bisherigen Forschungsergebnissen dokumentiert sind, gegenüber. Neben der generellen Sicht des Arbeitsmarktes, der Gegenüberstellung von Werten bzw. Anforderungen von Mitarbeitern und Unternehmen sind Forschungsergebnisse zu Familie bzw. Partnerschaft und ihrer Ausgestaltung Gegenstand des Abschnitts 2.5., bevor vorhandene Ergebnisse zur speziellen Partnerschaftsform, der Dual-career couples dargestellt werden (2.6.).

Die Kapitel 3, 4 und 5 enthalten den empirischen Teil der Arbeit und beginnen jeweils mit der Darstellung der befragten Interviewpartner. Im Teil 3 werden die Interviews ausgewertet, die mit Partnern aus Dual-career couples geführt wurden. Nach der Beschreibung der Stichprobe (3.1./3.2.) sind die

Aussagen der Interviewpartner zu ihrer Berufsorientierung (3.3.) und der Berufsorientierung des Partners (3.4.) aufgeführt. Die Abschnitte 3.5. und 3.6. untersuchen, wie die Berufsorientierungen der beiden Partner, unter verschiedenen Familienkonstellationen, in der Beziehung kombiniert werden. Mit dem Auftreten der Partner am Arbeitsmarkt und der Bewältigung von Mobilitätsanforderungen setzen sich die Abschnitte 3.7. bis 3.9. auseinander. Die letzten Abschnitte des dritten Kapitels widmen sich der Beschreibung von Strukturen bzw. Partnerschaftstypen, die im Laufe der Untersuchung immer deutlicher hervortraten. Diese Paartypen zeichneten sich hinsichtlich verschiedener Merkmale und Handlungsmuster aus.

Teil 4 stellt die Ergebnisse der Befragung von Arbeitsmarktexperten, Vertretern von Personalberatungsunternehmen und Verbänden dar. Da diese Expertengruppe sowohl Kontakt mit den Dcc als auch mit den Unternehmen hat, nimmt sie die Rolle von „unabhängigen Beobachtern" ein. Im Rahmen dieser Interviews konnten gleichzeitig Einschätzungen über verschiedene gesellschaftliche und wirtschaftliche Entwicklungen sowie über die Gruppe der Dcc erfragt werden (4.2.). Weitere Abschnitte beschäftigen sich mit Mobilitätsanforderungen und -bereitschaft (4.3.), personalpolitischen Strategien der Unternehmen (4.4.) sowie Anti-Nepotismusregeln (4.5.), womit die Bedingungen in den Unternehmen umrissen sind, mit denen die Dcc konfrontiert werden. Neben einem Abgleich zu den in Teil 2 vorgestellten Arbeitsmarktprognosen, bieten diese Expertenmeinungen die Möglichkeit, die Aussagen von Partnern aus Dcc und die nachfolgenden Aussagen aus den Interviews mit Firmenvertretern zu validieren.

Im Teil 5 der Arbeit wird die Sichtweise der Unternehmensvertreter als Arbeitgeber der Dcc's beleuchtet. Neben Aussagen dieser Experten zu den Rahmenbedingungen aus Unternehmenssicht (5.2.) gaben die Experten umfassende Einschätzungen zu verschiedenen Aspekten der Dcc-Thematik (5.3.). Aus den Interviews konnte außerdem eine Zahl von Fallbeispielen extrahiert werden, in denen die Experten jeweils aufgetretene Dcc-Probleme und die gewählten Lösungen beschreiben (5.4.). In einem weiteren Abschnitt (5.5.) sind mögliche Lösungsoptionen, unabhängig von konkreten Fallbeispielen dargestellt, wie sie aus Sicht der Experten bewertet wurden.

Ein Zusammentragen der Mosaiksteine aus Forschungsstand und Empirie findet sich im Teil 6. Basierend auf dargestellter Forschungslage und eigenen empirischen Ergebnissen wird die Lebensform der Dcc in ihren Rahmenbedingungen skizziert. Durch den Vergleich zur traditionellen Partnerschaft kann die Besonderheit dieser Form des Zusammenlebens verdeutlicht werden. Neben einer Prüfung der Forschungsthesen enthält dieser Teil zusätzlich Einschätzungen zur Verbreitung und zu Strukturmerkmalen der Paare. Abschließend findet sich ein Vergleich der Fallbeispiele, die von den Unternehmensexperten geschildert wurden (Teil 5) mit den Paartypen, die auf Basis der Interviews mit den Partnern aus Dcc erstellt wurden (Teil 3).

Der Teil 7 spiegelt die im Teil 6 dargestellten Ergebnisse an der bestehenden soziologischen Diskussion zum Wertewandel und zu Zusammenlebensformen. Neben der Frage, in welchem Umfang die These der Individualisierung vor dem Hintergrund der dargestellten Forschungsergebnisse bestand haben kann, wird ein Überblick zur Entwicklung der Partnerschaftsform gegeben. In drei Unterabschnitten wird diese Entwicklung dann für die Ebene der Paare, die Unternehmen und für staatliches Handeln betrachtet. Der Teil schließt mit einer Betrachtung offener Fragen an weitere Forschungsarbeiten. Wenn auch in dieser Arbeit Tendenzen und Strukturen aufgezeigt werden, müssen verschiedene Detailfragen oder die Entwicklung konkreter Unterstützungsmodelle z.B. durch Personalentwicklungsmodelle, weiteren Arbeiten vorbehalten bleiben.

1.2. Dual-career couples als Gegenstand der Soziologie

Gegenstand der vorliegenden Arbeit und der in ihr dargestellten Untersuchungen sind Paare, deren beide Partner eine eigenständige Berufslaufbahn anstreben. Dabei steht die Beschreibung dieser Paare hinsichtlich ihrer Strukturen und Merkmale sowie ihrer Probleme und Handlungsstrategien im gesellschaftlichen Umfeld – besonders im beruflichen Kontext – im Vordergrund der Betrachtung. Während sich im anglo-amerikanischen Raum für solche Paare eine eigene Dual-career-couple-Forschung (Dcc) entwickelt hat, konzentriert sich die Forschung in Deutschland nur auf Teilaspekte, wie z.B. Probleme berufstätiger Frauen (BORN & KRÜGER 1993). Die Gruppe der Dcc ist in deutschen Untersuchungen höchstens als existent zur Kenntnis genommen worden. Lediglich im Bereich der betriebswirtschaftlichen Personalforschung wurde hier eine eigenständige Zielgruppe für Personalstrategien erkannt (DOMSCH & KRÜGER-BASNER 1989 u. 1991). Eine ausführliche Untersuchung über Paare mit eigenständigen Berufslaufbahnen beider Partner existiert für das betriebliche Umfeld aber genauso wenig wie eine soziologische Betrachtung der Paare im privaten, beruflichen und gesellschaftlichen Umfeld.

Dieses Forschungsdefizit kann aber nicht durch eine einfache Übertragung der anglo-amerikanischen Dcc-Forschung beseitigt werden. Da die kulturellen, juristischen und geographischen Rahmenbedingungen zwischen den beiden Kulturräumen sehr unterschiedlich sind, muß damit gerechnet werden, daß die Lebensumstände der Paare und somit die untersuchte Zielgruppe in ihren Ausprägungen differieren. Vorhandene Vergleichsstudien für Teilbereiche, z.B. ein Vergleich des Erwerbsverhaltens von Müttern zwischen der Bundesrepublik und den USA (KURZ 1998) oder allgemeine Vergleichsbetrachtungen zum Wertemuster der beiden Länder (INGLEHART 1998) bestätigen die Annahme der Unterschiedlichkeit der Werte- und Verhaltensmuster und somit der Nichtübertragbarkeit.

Eine Ursache der geringen Beachtung der Dcc in der deutschen Forschung könnte darin liegen, daß sie als Lebensform noch relativ jung sind und erst in den letzten Jahren an Bedeutung gewonnen haben. In der Gesellschaft des Nachkriegsdeutschlands war über lange Zeit ein Partnerschaftsmodell vorherrschend, in dem eine Ausrichtung am Berufsweg des Mannes erfolgte. Die Frau war in diesen Partnerschaften entweder nicht berufstätig oder übernahm die Rolle der „Hinzuverdienerin". Spätestens mit dem Aufbruch der 68-Generation wurde dieses traditionelle Partnerschaftsmodell immer mehr in Frage gestellt.

Die Abkehr vom skizzierten, traditionellen Partnerschaftsmodell dokumentiert sich dann 1977 durch die Änderung der Familiengesetzgebung[5]. Inzwischen haben sich die familiären Lebensformen, die Wertehaltungen in der jüngeren Generation und die Bildungsvoraussetzungen von Männern und Frauen grundlegend verändert. Gleichzeitig wandelte sich das Verständnis der Rolle der Frauen im beruflichen Alltag. Dies dokumentiert sich in der zunehmenden Bildungs- und Berufsbeteiligung von Frauen sowie in der Forderung nach beruflicher Gleichstellung. Somit sind Rahmenbedingungen entstanden, in denen eine Vielzahl von Paaren mit Doppelberufslaufbahnwunsch zu erwarten sind.

Parallel zum gesellschaftlichen Wandlungsprozeß ist ein ökonomischer Strukturwandel zu beobachten, der nach höheren Qualifikationen der Erwerbstätigen verlangt. Durch die zunehmende Internationalisierung der Wirtschaft, die in komplexeren Gefügen agiert, stiegen die Mobilitätsanforderungen an die Arbeitnehmer, insbesondere an die Gruppe der hochqualifizierten Mitarbeiter. Ähnliche Tendenzen lassen sich zudem auch in politischen, kulturellen und wissenschaftlichen Bereichen beobachten. Die Fortführung des Europäischen Binnenmarktes, die Öffnung der Osteuropäischen Märkte und die Wirtschaftsentwicklung in Asien werden diesen Trend vermutlich noch verstärken.

Mit den beschriebenen Entwicklungstendenzen werden die Spannungslinien in der Lebensform der Dual-career couples deutlich. So müssen die Paare zunächst versuchen, Berufs- und Familienleben zu koordinieren und hierbei die Berufsorientierung beider Partner angemessen zu berücksichtigen. Da beruflicher Aufstieg und Mobilität eng zusammenhängen, verschärfen die strukturellen Entwicklungen auf dem Arbeitsmarkt die Situation für die Paare zusätzlich. Vielfach fordert der Arbeitgeber die vorübergehende oder dauerhafte Verlegung des Arbeitsplatzes z.B. als innerorganisatorische Notwendigkeit oder als Maßnahme zur Personalentwicklung des Mitarbeiters. In anderen Fällen macht der Wechsel in eine bessere Position bei demselben oder bei

---

[5] ausführlich hierzu Abschnitt 2.5.

einem anderen Arbeitgeber einen Umzug erforderlich. Schon für den einzelnen ist räumliche Mobilität mit ihren vielfältigen sozialen und finanziellen Kosten oftmals konfliktreich. Die Probleme vervielfachen sich, wenn Karrierepaare mit beruflichen Mobilitätsanforderungen an einen oder beide Partner konfrontiert werden. Somit stellen Mobilitätsanforderungen neben der Koordination beruflicher Interessen eine zusätzliche, nicht unerhebliche Belastung für die Paare dar. Da die berufliche Orientierung beider Partner konstituierendes Merkmal der Untersuchungsgruppe ist, wird der Fokus dieser Arbeit, nach eingehender Betrachtung und Beschreibung der Dual-career couples, das Spannungsfeld zwischen beruflichen und privaten Zielen betrachten. Dazu wird es notwendig sein, auch die Seite der betrieblichen Personalpolitik zu betrachten, da Spannungslinien der Partnerschaften unmittelbar spiegelbildlich auf die Situation am Arbeitsmarkt bzw. Arbeitsplatz reflektieren werden.

1.3. Sektionsbezogene Betrachtung des Forschungsfeldes

Dieser thematische Aufriß macht ein Problem des Forschungsfeldes deutlich, in dem eine weitere Erklärung für das bisher geringe Forschungsinteresse liegen könnte. Die zu betrachtende Gruppe fällt nicht eindeutig in die „Zuständigkeit" einer Forschungsrichtung innerhalb der Soziologie. Obwohl es beim Gegenstandsbereich der Familiensoziologie keine einheitliche Auffassung darüber gibt, was als „Familie" bezeichnet wird, haben sich wesentliche Ausprägungsformen zur Definition herangebildet, von denen eine die Generationendifferenzierung darstellt. Hiernach muß die Familie mindestens zwei Generationen (Eltern bzw. Vater/Mutter und Kinder) umfassen (REINHOLD 1991, S. 156). Teilweise wird dies weiter eingegrenzt, z.B. bei NEIDHART (1975): „Aus einer Ehe wird eine Familie, wenn Ehepartner zu Eltern werden." Da die Dcc zwar Familien im vorgenannten Sinn sein können, aber auch kinderlose Paare oder unverheiratete Paare als Dual-career couples bezeichnet werden müssen, sind die in dieser Arbeit untersuchten Dcc keine Familien im traditionellen Sinne der Familiensoziologie. Auch wenn sich die Familienforschung inzwischen anderen Lebens- bzw. Zusammenlebensformen gegenüber geöffnet hat (NAVE-HERZ 1990), wurden die Dcc noch nicht als Gegenstandsbereich entdeckt.

Die Frauenforschung untersucht mit unterschiedlichen Ansätzen und in großer Variationsbreite die Entwicklung von Frauen. Der Fokus dieser Forschungsrichtung war im wesentlichen, nahezu ausschließlich, auf das Individuum „Frau" gerichtet (KREHER 1995, S. 251). Aus dieser Blickrichtung wurde und wird die Rolle der Frau im Bezug auf Familie und Partnerschaft oder im Bezug auf Berufssituation und -leben u.a. Aspekte untersucht, die betrachteten Felder dienten dabei als Determinanten für die Situation der Frauen. Nicht selten werden Frauen dabei als homogene Gruppe betrachtet (ENGELBRECH & BECKMANN 1994, S. 36).

Die Betrachtung von Lebenslagen als soziale Systeme mit vielfältigen, sich wechselseitig beeinflussenden Verknüpfungen zwischen privaten und beruflichen Anforderungen, eigenen Erwartungen u.a. ist erst in Ansätzen zur biographieorientierten Frauenforschung jüngeren Datums zu erkennen (z.b. BROSE 1986; KRÜGER 1990; MAYER 1990a; BORN 1994). Diese Ansätze haben allerdings noch nicht soweit geführt, daß auch Dcc Eingang in die betrachteten Systeme gefunden hätten und Analysen über sie erstellt worden wären.

Die Daten der Bildungsforschung beziehen sich auf jüngere Frauen und Männer, vorwiegend in der Phase der Schul- und Berufsausbildung (z.b. HIS 1990a; HIS 1991; BMBW 1993). Zusammenhänge zwischen Familienstrukturen und Bildung werden nur im Hinblick auf Fragen der sozialen Mobilität gegenüber dem Elternhaus gestellt. Forschungen im Hinblick auf Berufslaufbahnen beschränken sich auf den Zusammenhang zur Bildungssituation oder den Übergang ins Berufsleben (z.B. HIS 1990b). Kausalketten oder Zusammenhangmaße auf Basis statistischer Massendaten bilden häufig den Forschungsschwerpunkt. Systemische Betrachtungen, die u.a. auch die Lebenssituation und die implizierten Wechselwirkungen soweit berücksichtigen, daß die Dcc ins Forschungsinteresse gerückt wären, fehlen.

Diese Beispiele lassen sich auch für andere „Bindestrich-Soziologien" aufzeigen. In den einzelnen Betrachtungen wurde auf gesellschaftlicher Ebene auf einzelne Faktoren oder Personen fokussiert, ohne dabei die Wechselwirkungen und Beziehungen ausreichend zu berücksichtigen und somit nur bedingt gültige Interpretationen anbieten zu können. Die Defizite dieser „Sektionsforschung" sind in jüngster Zeit zunehmend thematisiert worden (MAYER u.a. 1990a). Mit dem Ansatz der Biographieforschung soll versucht werden, die Variationsbreite möglicher Einflüsse auf Entwicklungen von Lebensläufen im Gesamtzusammenhang aufzuzeigen und eine Klammer über die Mikro- und Makrobetrachtung zu legen.

Neben Forschungsbereichen, in denen Dual-career couples zum Gegenstand werden könnten, sind zur Einordnung des Themas auch Bereiche zu nennen, die Grundlagen bzw. Rahmenbedingungen bei der Betrachtung des Themas darstellen. Ein wesentlicher Punkt, mit dem sich die Soziologie in Deutschland in den letzten Jahren verstärkt beschäftigt hat, sind Wandlungsprozesse der Gesellschaft und von Teilsystemen der Gesellschaft, wie bei der Betrachtung der Tagungsdokumentationen der Deutschen Gesellschaft für Soziologie (z.B. SAHNER & SCHWENDTNER 1995; MEULEMANN & ELTING-CAMUS 1992; ZAPF 1990) deutlich wird. Dabei erscheinen für die Betrachtung im Zusammenhang mit der Untersuchung der Dcc die Wertewandelforschung und Ansätze zur Individualisierung besonders wichtig, da sie eine Doppelfunktion einnehmen können. Beispielsweise kann unterstellt werden, daß in Abhängigkeit vorhandener Wertehaltung innerhalb des Paares, Umweltanforderungen unterschiedlich wahrgenommen werden. In Abhängigkeit von der Wahrnehmung ist aber erst die Herausbildung adäquater Strukturen zur Problembewältigung und ggf. einer angepaßten Wertehaltung innerhalb des Paares möglich. Ähnlich sind auch Individualisierungstendenzen zu sehen. Je nach Grad der Selbständigkeit bzw. individualistischen Einstellung der Partner innerhalb eines Paares bilden sich unterschiedliche Strukturen und somit Handlungsoptionen zur Reaktion auf Umweltreize aus (BECK-GERNSHEIM 1990). Bedingt durch die Wechselbeziehungen zwischen beiden und entsprechenden Reaktionen kann selbstverständlich ein Wertewandel oder die Individualisierung der Gesellschaft auch als Umweltbedingung für die Paare definiert werden (BECK 1986).

Ähnlich verhält es sich mit einer weiteren, in dieser Arbeit zu betrachtenden Untersuchungsebene, dem Arbeitsmarkt. Die Interdependenzen liegen hier im Bereich der Arbeitskräftenachfrage. Einerseits ist die Nachfrage eine Einflußgröße für den Beschäftigungsstand, andererseits resultieren aus dem Beschäftigungsstand auch Arbeitsmarktbedingungen und -anforderungen an die Arbeitnehmer, die zu einer Veränderung der Nachfrage führen können, z.B. Rückzug bzw. Verdrängung von Frauen aus dem Arbeitsmarkt bei schlechten Beschäftigungschancen. Diese quantitative Wechselwirkung ist jedoch nicht linear, sondern wird durch weitere Einflußgrößen bestimmt. Zusätzlich gibt es eine Vielzahl qualitativer Veränderungen bzw. Wechselwirkungen auf dem Arbeitsmarkt, die überwiegend außerhalb bzw. unabhängig von der untersuchten Gruppe der Dcc sind. Die Situation des Arbeitsmarktes insgesamt stellt somit eine Umweltbedingung für die Dcc dar und ist entsprechend zu untersuchen. Die überwiegenden Forschungsergebnisse der Arbeitsmarkt- und Berufsforschung beziehen sich aber wiederum auf die Betrachtung von Einzelnen. Seine Berufschancen, Verhaltensweisen etc. werden überwiegend auf der Basis von individuell zuordnungsfähigen Parametern (Beruf, Alter, Qualifikationsstruktur etc.) untersucht und interpretiert (z.B. BUNDESANSTALT FÜR ARBEIT 1994/1995).

Durch Einbeziehung des Forschungsstandes der Arbeits- und Organisationssoziologie können die Anforderungen an die qualifizierten Partner der untersuchten Paare dargestellt werden, die z.B. durch neue Produktions- und Organisationskonzepte entstehen. Aus diesen Konzepten leiten sich veränderte Personalplanungen, zielgruppenspezifische Personalstrategien und Fragen der Mobilität in Organisationen ab, die von der Personalforschung untersucht werden. Durch die Betrachtung der Voraussetzungen und Handlungsstrategien beider Seiten – der Organisationen und der betroffenen Paare – lassen sich die mit beruflichen Mobilitätsanforderungen einhergehenden Konfliktfelder und determinierende Faktoren herausarbeiten. Mit Ausnahme der Untersuchungen von DOMSCH & KRÜGER-BASENER (1989/1991/ 1992) fehlen spezielle Forschungen zu der Gruppe der Dcc. Obwohl die Personalwirtschaftslehre allgemein die Gruppe nicht zur Kenntnis genommen hat, kann auf verschiedene theoretische Konzepte zurückgegriffen werden, in denen allgemein die Wechselwirkungen zwischen Arbeits- und Privatsituation thematisiert und anerkannt worden sind. Beispielsweise ist hier der Ansatz der individualisierten Personalpolitik (DRUMM 1989/1991; KICK & SCHERM 1993) oder das Modell des complex-man (ULICH 1992) zu nennen.

Wie dieser kurze Überblick zu verschiedenen Forschungsfeldern und Disziplinen zeigt, kann man dem Forschungsgegenstand nur angemessen begegnen, indem man hierbei einen relativ breitangelegten, interdisziplinär orientierten Ansatz wählt. Ein solches Vorgehen, an der Schnittstelle verschiedener Soziologien unter Einbeziehung der Aspekte der Personalwirtschaftslehre, kennzeichnet diese Arbeit.

1.4. Definition und Abgrenzung der Untersuchungsgruppe der Dcc

In der vorliegenden Arbeit und in den dargestellten Untersuchungen werden Paare als Dual-career couples oder Dcc bezeichnet, deren beide Partner eine eigenständige Berufslaufbahn anstreben. Dabei ist es für die Betrachtung der Paare unerheblich, ob diese in Form einer Ehe oder als unverheiratete Paare zusammenleben. Allerdings muß seitens der Paare die Absicht zu einer dauerhaften Partnerschaft vorhanden sein. Daher sind per Definition Partnerschaften mit einer Dauer von weniger als einem Jahr sowie Beziehungen zwischen jugendlichen Partner ausgeschlossen.

Das zweite, konstituierende Merkmal der zu untersuchenden Paare ist die eigenständige Berufslaufbahn. Dabei ist es weniger wichtig, ob die Partner erst am Beginn dieser Laufbahn stehen oder bereits wesentliche Abschnitte bewältigt haben. Entscheidend ist, daß beide Partner die Absicht haben, einen Beruf auszuüben und sich dabei stark zu engagieren. Das Vorankommen kann dabei sowohl im traditionellen Sinne als vertikale Entwicklung (Aufstieg) aber auch im Sinne einer horizontalen Entwicklung (Qualifikation, Spezialistentum) verstanden werden. Als Indikator für den Wunsch einer eigenen Berufslaufbahn kann sicherlich die Durchführung einer qualifizierten Ausbildung betrachtet werden. Wie die Bildungs- aber auch die Frauenforschung vielfach nachgewiesen haben, nimmt die Orientierung an einer eigenständigen Berufslaufbahn parallel mit dem Qualifikationsniveau zu (BECKMANN & ENGELBRECH 1994). Gleichzeitig wird eine Qualifikation in Form eines Hochschul- oder Fachhochschulstudiums zunehmend in Unternehmen zur Voraussetzung einer weiterführenden Berufslaufbahn.

Somit sind die beschreibenden Merkmale der zu untersuchenden Paare einmal die subjektiven Einschätzungen der Paare im Hinblick auf Partnerschaft und Berufsziel sowie die Kriterien Alter der Partner, Dauer der Partnerschaft, Studienabschluß. Da der Studienabschluß auch indirekt einen Altersbereich der Partner bedingt, kann auf eine separate Festlegung eines Mindestalters verzichtet werden. In der folgenden Arbeit werden Paare, die sich wie zuvor dargestellt definieren lassen, synonym als Paare mit doppelter Berufslaufbahn, berufstätige Akademikerpaare und mit dem Begriff der Dualcareer couples (Dcc) bezeichnet.

Der Begriff Dual-career couples stammt aus der anglo-amerikanischen Literatur. Eine einfache Übersetzung des Begriffes ins Deutsche z.b. als „Karrierepaare" ist allerdings irreführend, da der deutsche Begriff „Karriere" auf höhere berufliche Positionen abzielt als „career" im Englischen. Außerdem hat „Karriere" in Deutschland vielfach eine negative Konnotation, anders als „career" im Englischen. Da aber weder die Realisation der Berufslaufbahn noch das Erreichen einer bestimmten beruflichen Position konstituierendes Merkmal der Dual-career couples ist, wird in dieser Arbeit das Wort „Karriere" im Sinne des anglo-amerikanischen „career" verwendet. Das Wort „Karriere" bedeutet hier also nicht nur beruflicher Aufstieg auf Kosten des Privatlebens, sondern wie schon erwähnt, auch eine horizontale Entwicklung (Qualifikation, Spezialistentum), die sich mit dem Privatleben vereinbaren läßt. Durch die zuvor dargestellte Form der Abgrenzung gehören auch solche Paare zur Untersuchungsgruppe, bei denen ein Partner zur Zeit keiner Berufstätigkeit nachgeht, da er oder sie z.B. arbeitssuchend ist oder bedingt durch Kinder zeitweise Familienarbeit leistet. Die Definition der Paare nicht in Abhängigkeit von vorhandener Berufstätigkeit zu gestalten, wurde hierbei bewußt gewählt, da Entscheidungen, die den Zustand der Berufsausübung ändern, in die Betrachtung der Paare einbezogen werden sollten.

1.5. Thesen – Dual-career couples im gesellschaftlichen Umfeld

Wie im ersten Abschnitt dargestellt, liegt das Forschungsinteresse in der Beschreibung einer Form des Zusammenlebens bzw. in der Untersuchung einer Personengruppe hinsichtlich der Merkmale und Strukturen, die diese kennzeichnen. Außerdem sollen Handlungsstrategien und Probleme dieser Personengruppe im Zusammenhang mit der gesellschaftlichen Umwelt, besonders im Hinblick auf den beruflichen Kontext untersucht werden. Im folgenden ist dieses Gesamtziel zur besseren Strukturierung und zur forschungstechnischen Operationalisierung in einzelne Thesen ausdifferenziert worden.

These 1:
Durch eine Vielzahl von geänderten gesellschaftlichen Parametern, z.B. durch Wertewandel und zunehmend höhere Qualifikationen bei Frauen entstehen vermehrt Partnerschaften, deren beide Partner eine eigene Berufslaufbahn anstreben (Dual-career couples / Dcc).

These 2:
Die Dcc unterscheiden sich hinsichtlich ihrer Berufs- und Familienorientierung, Lebensplanung, Werthaltung und Mobilitätsbereitschaft deutlich von traditionellen Partnerschaften, die sich im wesentlichen an der Berufslaufbahn eines Partners ausrichten.

These 3:
Die Belastungssituation der Dcc hinsichtlich gesellschaftlicher und privater Anforderungen ist höher als bei traditionellen Paaren, auch wenn in diesen Partnerschaften der zweite Partner ebenfalls berufstätig ist (Hinzuverdienerehe).

These 4:
Traditionelle Frauenfördermaßnahmen und -programme vernachlässigen die Bedürfnisse der Dual-career couples, da die Maßnahmen auf Parameter abzielen, die im wesentlichen auf die Situation der kindererziehenden, parallelberufstätigen Frau abzielen (Wiedereinstieg, Kindergarten, Teilzeit). Diese Punkte haben aber für Dcc nur zweitrangigen Charakter.

These 5:
Da bei Dcc der Beruf eine prägende Rolle in der Ausrichtung der Lebensplanung spielt, ist davon auszugehen, daß die Dual-career Paare und ihre Probleme in Abhängigkeit von Variablen ihrer Berufstätigkeit identifiziert und gruppiert werden können (Beruf der einzelnen Partner, Kombination der Berufe in der Partnerschaft, Arbeitgeber der Partner u.ä.).

These 6:
Neben den steigenden Anforderungen an die Dcc durch den Doppellaufbahnwunsch entstehen auch neue Chancen zur Problembewältigung. So erhöhen sich die laufbahnrelevanten Kontaktbeziehungen, die in der Summe beider höher sind als bei Paaren mit traditioneller Ausrichtung. Die Partnerschaft bildet dann einen Kommunikationsknoten zwischen zwei beruflichen Netzwerken, von denen beide profitieren können (doppeltes good-old-boys-network).

1.6. Konzeptionelle Grundlagen

1.6.1. Erforschung einer soziologischen Gruppe mit unbekannten Parametern

Ein Kernproblem bei der Anlage der Forschung bestand darin, daß eine Gruppe von Personen bzw. eine Form gesellschaftlichen Zusammenlebens untersucht werden sollte, für die keinerlei statistische Daten vorhanden waren, die eine Konstruktion einer Grundgesamtheit zugelassen hätten. Einerseits können zwei wesentliche, definierte Merkmale der Dcc, die langfristige Partnerschaft und die Berufsorientierung beider Partner, nur durch eine Selbstauskunft der Betroffenen gewonnen werden, stehen also in sozio-demographischen Datensätzen nicht zur Verfügung. Variablen, die im Sinne von harten Daten meßtechnisch zu erfassen sind und ersatzweise hätten Verwendung finden können, z.b. längerfristige Partnerschaft als „Ehe und eheähnliche Gemeinschaft mit Dauer länger als ein Jahr" oder Berufsausrichtung als Teilgröße aller Studienabsolventen, bedingen einerseits eine Ungenauigkeit, da der Zusammenhang zwischen der Einschätzung der Paare und diesen Daten nur unterstellt werden kann. Zum anderen ergaben Untersuchungen des vorhandenen sozio-demographischen Materials, daß keine ausreichenden, auswertbaren Untersuchungen zur Beantwortung der interessierenden Forschungsfragen zur Verfügung standen. Daher wurde zunächst eine umfassende Literaturstudie, sowohl der anglo-amerikanischen Dcc-Forschung als auch der Forschungen mit überlappenden Themengebieten durchgeführt. Ziel dieser Analysen war es, Parameter und Lebenszusammenhänge von Dcc's zu identifizieren, mit denen sich die Gruppe genauer beschreiben läßt und die zur Konstruktion der weiteren Forschung und der Abgrenzung des Forschungsfeldes herangezogen werden konnten. In der sich anschließenden empirischen Phase wurde dann ein stufenweises, exploratorisches Vorgehen angewandt, mit dem das „Wissensnetz" über Struktur und Situation der Dcc immer enger geknüpft wurde.

1.6.2. Mehrstufiges, exploratorisches Vorgehen und Methodenmix als empirischer Lösungsansatz

Wie beschrieben gehören die zu betrachtenden Dcc keiner statistischen Gruppe an und werden somit nicht in der amtlichen Statistik ausgewiesen. In der Regel werden dort nur die Kategorien ledig, verheiratet, geschieden/verwitwet gelistet, wenn Erwerbsbeteiligung oder Erwerbsquoten dargestellt werden. Die Kategorie Paare, dessen Partner beide eine Berufslaufbahn anstreben bzw. erreicht haben, werden in keiner Statistik erfaßt.

Da bis 1995 eine direkte Frage nach nichtehelichen Lebensgemeinschaften von Partnern durch das Mikrozensusgesetz untersagt war, konnten entsprechende Lebensgemeinschaften nur geschätzt werden (STATISTISCHES BUNDESAMT (1998, S. 25). Statistische Daten über unverheiratete Paare finden sich nur in Stichprobenerhebungen z.b. dem sozio-ökonomischen Panel, dem Wohlfahrtssurvey. Leider sind die Stichprobenumfänge nicht groß genug, um bei einer Ausdifferenzierung nach den definierten Merkmalen der Dcc noch eine ausreichende Feldbelegung zu erhalten, um vergleichende Analysen mit anderen Variablen durchführen zu können.

Vor dem Hintergrund einer fehlenden, statistischen Datenbasis schieden zur näheren Identifikation und Beschreibung der Untersuchungsgruppe quantitative Verfahren aus. Durch leitfadengestützte bzw. narrative Interviews sollten zunächst die wesentlichen Charakteristika der Dcc herausgearbeitet und die Forschungshypothesen validiert werden. Da sich die Gruppe der Dcc definitionsgemäß durch eine starke Berufsorientierung auszeichnet, wurde als Untersuchungsfeld neben den Paaren die Betrachtung des Arbeitsmarktes gewählt. Als Zielgruppen wurden ausgewählt:

- Partner aus Dcc
- Experten des Arbeitsmarktes
- Personalverantwortliche aus Großunternehmen

Durch diese Mischung sollte sichergestellt werden, daß eine Vielzahl von Aspekten und Sichtweisen in die Untersuchung einfließen konnte. Neben Fragen zu Merkmalen und Strukturen der Dcc beinhalteten die Interviews der 2. und 3. Befragtengruppe auch die in Abschnitt 1.2. skizzierten Umweltbedingungen. So sollten u.a. Arbeitsmarktanforderungen und -entwicklungen, Mobilitätsanforderungen und wirtschaftliche Trends, die aufgrund der Literaturstudie angenommen wurden, durch die Expertenaussagen überprüft werden. Der Vorteil dieser Vorgehensweise lag zum einen in der forschungstechnischen Durchführung, die zeitlich versetzt erfolgen konnte. Zum anderen konnten die Ergebnisse der jeweils vorhergehenden Stufe wiederum in die Fragestellung für die folgende Forschungsrunde eingebracht werden, so daß sich ähnlich einer Spirale, die Ergebnisse stärker verdichten bzw. die Befragungen zielgerichteter ablaufen konnten. Damit hat das Verfahren eine gewisse Ähnlichkeit mit der Delphi-Methode, da zum Teil in der folgenden Befragung die Experten auch mit Aussagen vorhergehender Befragungen konfrontiert wurden. Im Unterschied zum Delphi-Verfahren blieben die Experten aber nicht konstant, sondern wechselten vom Abstrakten (Arbeitsmarktexperten) zum Konkreten (Personalverantwortliche und Betroffene (Partner aus Dcc)).

Teil 2: Stand der Forschung / Prognosen

2.1. Arbeitsmarktprognosen

Die Arbeits- und Industriegesellschaft in der Bundesrepublik befindet sich in einem wirtschaftlichen und sozialen Umbruch, der direkte Auswirkungen auf den Arbeitsmarkt hat. Nach wie vor steht dem Angebot an Arbeitskräften zur Zeit eine nicht ausreichende Zahl adäquater Arbeitsplätze gegenüber. Gleichzeitig findet eine Umschichtung der Arbeitsplätze und Arbeitsbedingungen über weite Branchen statt.

Trotz dieser gegenwärtig unbefriedigenden Tendenz ist aber damit zu rechnen, daß sich die Situation auf dem Arbeitsmarkt wieder umkehren wird. So hat das Institut für Arbeitsmarkt- und Berufsforschung der Bundesanstalt für Arbeit (IAB) verschiedene Modellrechnungen erstellt, die bis ins Jahr 2010 und 2030 reichen. Unter den hier getroffenen Annahmen, bestimmter wirtschafts- und sozialpolitischer Rahmenbedingungen, gehen die Forscher von einem wachsenden Arbeitskräftebedarf aus (KLAUDER 1994). Befürchtete Freisetzungen durch Rationalisierung und neue Techniken werden nach den vorliegen Schätzungen kompensiert. Gleichzeitig wird für die nächsten Jahre ein Rückgang der männlichen Erwerbspersonen prognostiziert (PROGNOS 1990, S. 91), der sich durch eine Altersstrukturverschiebung begründet. Während die älteren Jahrgänge zunehmend in den Ruhestand gehen, ist die nachrückende Generation der 15-30jährigen zahlenmäßig wesentlich geringer. In Vorausberechnungen von KLAUDER (1994) tritt dieser Trend auch ein, wenn man weiterhin eine Zuwanderung und eine Zunahme der Erwerbsquoten der Älteren, bedingt durch geänderte Rentengesetzgebungen, auf das Niveau der 60er Jahre unterstellt. Unter diesen Annahmen kann maximal mit einer Zunahme der männlichen Erwerbstätigen von rund 300.000 gerechnet werden, die bis zum Jahr 2010 wieder abgebaut sein wird. Spätestens nach dem Jahr 2010 rechnet KLAUDER mit einem Absinken des männlichen Erwerbspotential um ca. minus 3,7 Millionen. Unter Umständen kann die Erwerbsbeteiligung, vor allem in den jüngeren Jahrgängen, noch wesentlich geringer ausfallen. ROTHKIRCH (1986) begründet diesen Trend mit den wachsenden Qualifikationsanforderungen an Jugendliche und dem hiermit verbunden Trend, daß Jugendliche zunehmend einen höheren Bildungsabschluß mit längeren Ausbildungszeiten anstreben.

Obwohl dieser Trend insgesamt auch die weibliche Bevölkerung betrifft, wirkt er sich bei der Betrachtung des Arbeitsmarktes anders aus. Da die älteren Jahrgänge der Frauen nur in geringerem Umfang am Arbeitsmarkt beteiligt waren, die Erwerbsneigung der jüngeren Frauen aber stark zunimmt, werden die durch Alters- und Bildungsfaktor verursachten Rückgänge überkompensiert. Je nach Projektionsvariante gehen die Forscher davon aus, daß der Frauenanteil am Erwerbspersonenpotential von derzeit ca. 41 % auf 45 % steigen wird (KLAUDER 1994). Trotz Steigerung der Erwerbsneigung der Frauen, kombiniert mit Wanderungsüberschüssen, wird spätestens ab dem Jahr 2000 der prognostizierten Steigerung des Arbeitskräftebedarfs eine Verminderung des Arbeitskräftepotentials gegenüberstehen. (PROGNOS 1990).

Dieser positive Saldo hinsichtlich des künftigen Arbeitskräftebedarfs sollte nicht darüber hinweg täuschen, daß eine strukturell bedingte Arbeitslosigkeit weiterhin bestehen bleiben wird. Wie verschiedene Untersuchungen zeigen, wird sich die Arbeitsmarktsituation für unterschiedliche Tätigkeitsgruppen gegenteilig entwickeln. So wurde von HOFER&WEIDIG& WOLFF (1989), im Rahmen einer Studie zur Arbeitslandschaft 2010 ein Bewertungsschema entworfen, in dem deutlich wird, wie verschiedene Einflußfaktoren auf die unterschiedlichen Beschäftigtengruppen wirken. In dieser Studie wird herausgestellt, daß unabhängig von der eingesetzten Technik oder der ökonomischen Entwicklung, durchweg eine Zunahme im Bereich der besonders qualifizierten Tätigkeiten erfolgen wird. Unterstellt man zudem eine Veränderung hinsichtlich der Wirtschaftsstruktur, so wird dieser Trend wahrscheinlich noch zunehmen. Bedeutsame Faktoren in diesem Zusammenhang sind der Einsatz und die Anwendungsdynamik neuer Technologien, der europäische Binnenmarkt mit seinem zusätzlichen „Mobilitätsdruck" in Form von Arbeitsplatz-, Wohnort- und Qualifikationswechseln sowie die Tertiarisierungs- und Diversifizierungsprozesse in den zunehmend global ausgerichteten nationalen Wirtschaften (siehe hierzu umfassend FRANKE 1990: S. 269 ff., S. 293 ff.).

Dabei wird den Informations- und Kommunikationstechnologien (IuK) eine entscheidende Bedeutung für die künftige Entwicklung der Arbeitsplatzanzahl, aber auch der Struktur zugewiesen. Sehr optimistische Schätzungen gehen von einem positiven Arbeitsplatzeffekt in Höhe von fünf Millionen Arbeitsplätzen aus (STURM 1994), die Bundesregierung schätzt für den Zeitraum bis zum Jahr 2010 immerhin noch eine Zunahme von 1,5 Millionen. Andere Studien kommen zu wesentlich geringeren Steigerungsraten, so z.B. das Deutsche Institut für Wirtschaftsforschung DIW (1993) mit einer Zunahme von 172.000 Beschäftigten oder die Unternehmensberatung A.D. LITTLE (1996) mit 210.000 Beschäftigten (alle bis zum Jahr 2010). Die Differenz resultiert aus der Tatsache, daß die zuletzt zitierten Gutachten dem Gewinn an Arbeitsplätzen durch die IuK-Technologien auch Rationalisierungseffekte gegenüberstellen, die durch diese Techniken eintreten werden.

Hinter diesen Salden verbirgt sich also ein gravierender Umstrukturierungsprozeß, der mit einem Abbau weniger qualifizierter und einer Zunahme der höher qualifizierten Tätigkeiten einhergeht (FUZINSKI u.a. 1997). Im Rahmen einer Studie führte das Institut für Arbeit und Technik (IAT) (FUZINSKI u.a. 1997) eine Befragung zur Veränderung der Qualifikationsanforderungen durch neue IuK-Technologien durch. Die befragten Experten vertraten die Meinung, daß Personen ohne spezifische Fachkenntnisse in Zukunft nur noch sehr geringe Chancen haben werden. Stellen, die bisher mit Personen besetzt waren, die eine berufsspezifische Ausbildung (Lehre) vorweisen konnten, würden zunehmend mit Hochschulabsolventen besetzt. Eine Studie des Institut der deutschen Wirtschaft (FALK & WEIß 1993) weist darauf hin, daß sich die Einsatzbereiche für Akademiker künftig weiter ausdifferenzieren werden. Geschlechtsspezifische Unterschiede bei der Besetzung von Stellen werden dabei zunehmend eingeebnet (KLAUDER 1987, S. 133, S. 139; BMFuS 1992).

Seitens des Arbeitsmarktes bilden die Studien und Prognosen alle den gleichen Trend ab: Bedarf an höher qualifizierten Mitarbeitern bei langfristig sinkendem Arbeitskräftepotential. Eine Schlüsselrolle wird der Gruppe der weiblichen Arbeitskräfte zugewiesen. In welchem Umfang allerdings Frauen in der Praxis den prognostizierten Bedarf und teilweise schon beklagten Mangel an qualifizierten Fach- und Führungskräften ausgleichen können, scheint aus Sicht einiger Experten fraglich. So argumentieren verschiedene Autoren (ENGELBRECH & BECKMANN 1994; DOMSCH 1997, u.a.) daß strukturelle Defizite der Personalarbeit, Rahmenbedingungen der Arbeitsplätze sowie Rollen- und Machtvorbehalte von Männer dazu führen, daß die freien Stellen nicht mit den vorhanden Frauen besetzt werden. Andere Autoren (z.B. KLAUDER 1994) gehen davon aus, daß „im Wettbewerb um die Arbeitskräfte der Zwang größer werden wird, in der Personalpolitik vermehrt Rücksicht auf die besonderen Gegebenheiten der Frauen zu nehmen". Da die Prognosen einen Bedarf an qualifizierten Frauen aufzeigen, hinsichtlich der Interpretation der Daten unterschiedliche Konzepte vorliegen, ist eine nähere Betrachtung der Entwicklung der Frauenberufstätigkeit, vor allem unter dem Blickwinkel eines möglichen Angebotspotentials der Frauen, sinnvoll.

2.2. Die Entwicklung der Berufstätigkeit von Frauen

2.2.1. *Die Erwerbsbeteiligung von Frauen*

Rechts- und gesellschaftspolitisch ist die Gleichberechtigung der Frau erklärtes Ziel in Deutschland und Europa. Zentraler Punkt ist dabei die Chancengleichheit im Beruf. Ein Indikator ist die Frauenerwerbsquote, die zwar nicht drastisch, aber doch kontinuierlich zunahm. Entsprechend den Ergebnissen des Mikrozensus von 1991 lag die Frauenerwerbsquote (bezogen auf das 15. bis 65. Lebensjahr) mit rund 57 % um gut zehn Prozentpunkte über dem Stand von 1970.

Abb. 1: Vergleich der Erwerbsquote verheirateter Frauen 1970- 1990

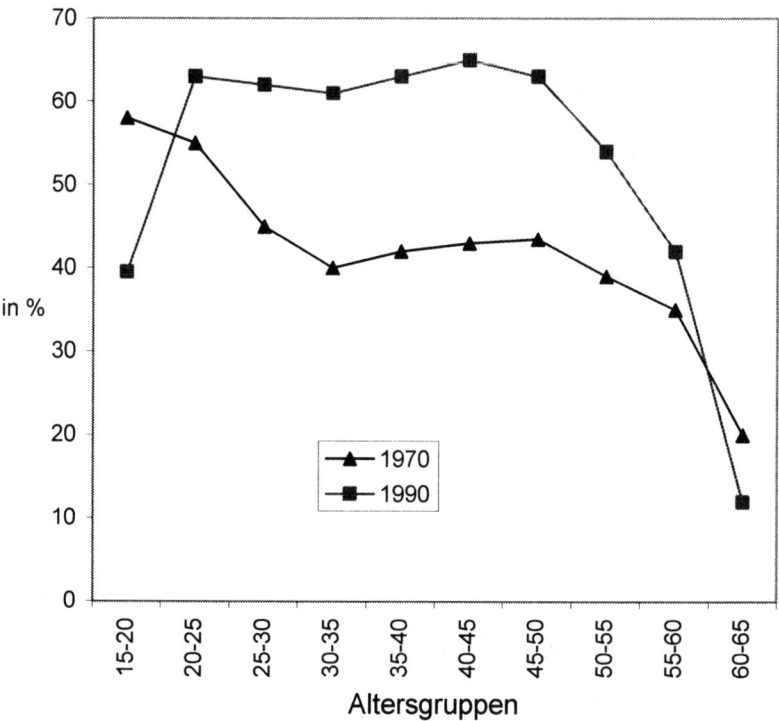

Zurückzuführen ist dieser Anstieg im wesentlichen auf die vermehrte Erwerbsbeteiligung verheirateter Frauen, die zwischen 1970 und 1990 ebenfalls um rund zehn Prozentpunkte zunahm. 1990 war etwa jede zweite verheiratete Frau erwerbstätig (FRANKE 1990, S. 105 ff.).

Tab. 1: Entwicklung Erwerbsquote verheirateter Frauen 1970-1990

Lebensalter	1970	1979	1983	1986	1988	1990
15-20	58	56	53	53	42	40
20-25	55	61	61	64	63	64
25-30	44	54	56	58	57	62
30-35	40	50	53	55	55	60
35-40	41	49	55	57	58	63
40-45	42	50	54	58	59	66
45-50	42	46	51	53	56	62
50-55	38	40	43	47	49	53
55-60	31	31	35	33	36	39
60-65	19	10	11	10	10	11

Quelle: Statistisches Bundesamt, Mikrozensus.

Betrachtet man diese Entwicklung für einzelne Altersgruppen, so zeigt sich, daß der Zuwachs in der Altersgruppe zwischen Mitte 20 und Mitte 40 am stärksten ausgeprägt ist. Insgesamt hat sich das Maß der Erwerbsbeteiligung in den Altersgruppen zwischen dem 20. und dem 50. Lebensjahr mittlerweile auf einem relativ hohen Niveau angeglichen (Tabelle 1). Diese Daten deuten darauf hin, daß das traditionelle Organisationsmuster der Ehe, in dem die Frau primär Regenerations- und Reproduktionsfunktionen und der Mann die Erwerbsfunktion übernahm, bei jüngeren Paaren immer seltener zu finden ist. International gesehen nimmt die Bundesrepublik bei der Frauenerwerbsbeteiligung allerdings nur einen mittleren Rang ein. In anderen Staaten wie beispielsweise in Schweden und Dänemark mit jeweils 76 % und in den Vereinigten Staaten mit 65 % (International Labour Office, 1993) liegt die Frauenerwerbsbeteiligung weit über der deutschen Quote.

2.2.2. Entwicklungen der Qualifikationsstruktur

Die in der Bundesrepublik in den letzten drei Jahrzehnten vorangetriebene Expansion des Bildungs- und Ausbildungswesens hat sich deutlich in einer höheren Qualifikation der Erwerbstätigen niedergeschlagen. Lag beispielsweise die Zahl der jährlichen Fachhochschul- und Hochschulabsolventen Anfang der 70er Jahre bei knapp über 60.000, so waren dies Ende der 80er Jahre schon über 150.000 (FRANKE 1990, S. 146). Einen Überblick über die Verschiebungen in der Qualifikationsstruktur gibt die folgende Tabelle.

Tab. 2: Qualifikationsstruktur der Erwerbstätigen 1976-1987 in %

	ohne Auszubildende	Auszubildende	Lehre, Berufsfachschule	Fach-, Meister-, Technikerschule	Fachhochschule	Hochschule
1976	33,4	4,1	49,2	6,2	2,1	4,9
1978	30,7	4,2	51,1	6,4	2,3	5,3
1980	27,2	5,1	52,4	7,0	2,8	5,5
1982	27,2	5,2	52,5	6,6	2,7	5,9
1985	23,9	5,8	53,2	7,4	3,3	6,4
1987	21,8	6,2	54,4	7,3	3,6	6,6

Quelle: FRANKE 1990, S. 197.

Dieser Trend, hin zu höherer (Aus-)Bildung und beruflicher Qualifikation, wird in den nächsten zwei Jahrzehnten ungebrochen anhalten. Dabei spielt der zuvor dargestellte steigende Bedarf an besonders qualifizierten Arbeitskräften eine treibende Rolle. Der generelle Anstieg der beruflichen Qualifikation erfaßt mit einem gewissen Abstand auch die Frauen. Die Zahl der Hochschulabsolventinnen ist von 37.600 im Jahr 1975 auf 54.400 im Jahr 1988 gestiegen (HIS 1990). Wie die folgende Tabelle zeigt, stieg der Anteil der Frauen, die ein Studium beginnen, in den letzten Jahren weiterhin kontinuierlich an, obwohl die Zahl der Studienanfänger sich insgesamt reduziert hat. Mit entsprechendem Zeitverzug stiegen die Zahlen der Absolventinnen und der Frauen, die eine zusätzliche Qualifikation durch die Promotion erwarben.

Tab. 3: Frauenanteile Studienanfängern, Absolventen, Promovierte 92-96

	1992	1993	1994	1995	1996
Studienanfänger gesamt	1)	291 090	277 074	267 853	266 002
Frauenanteil Studienanfänger	41,8	43,3	44,5	45,3	47,5
Frauenanteil Absolventen	38,6	40,2	40,8	41,6	1)
Frauenanteil Promotion	28,9	30,6	31,2	1)	1)

1) Werte nicht verfügbar – Quelle: Internetauskunft - Basisdaten des Statistischen Bundesamtes (http://www.statistik-bund.de/basis/hoch11.htm *und* hoch2.htm)

Hinsichtlich des Ausbildungsniveaus erwerbstätiger Frauen liegen Daten aus dem Mikrozensus von 1991 vor. Danach verfügen gegenwärtig 8,3 % der erwerbstätigen Frauen über einen Hochschul- oder Fachhochschulabschluß. Damit liegt der Anteil der Akademikerinnen zwar immer noch unter dem entsprechenden Anteil bei den Männern (11,9 %), geschlechtsspezifische Unterschiede im Bildungsverhalten werden jedoch zunehmend geringer. Mittlerweile spielt in der Lebensplanung von Frauen eine qualifizierte Ausbildung mit einer entsprechend qualifizierten Berufstätigkeit eine wichtige, in bestimmten Lebensphasen sogar die dominierende Rolle (vgl. etwa NERGE & STAHMANN 1991, S. 18 ff.).

Hierin und in der dargestellten Nachfragestruktur liegt die Begründung, warum die Erwerbsbeteiligung von Frauen seit 1970 von 9,5 Millionen auf über zwölf Millionen gestiegen ist, obwohl gleichzeitig in den 80er Jahren erstmals über eine Million arbeitsloser Frauen gemeldet waren (ENGELBRECH & BECKMANN 1994).[6] Es ist also anzunehmen, daß sich auch der Arbeitsmarkt für Frauen segmentiert. Dabei dürften nach den vorliegenden Studien die Beschäftigungschancen für Frauen gerade in qualifizierteren Bereichen eher zunehmen. Gleichzeitig weisen die Forschungen darauf hin, daß dieses Potential nicht beliebig zu steigern sein wird. Wie KLAUDER (1994, S. 65) schreibt „...sollte man ganz klar sehen: Manche Frauen sehen ihre Aufgabe, Stärke und Erfüllung in einer Berufstätigkeit, andere nach wie vor in der Familie oder z.B. auch darin, ihrem Ehemann die Basis für ein überdurchschnittliches berufliches oder politisches Engagement zu geben, manche außerdem in ehrenamtlichen Tätigkeiten, andere – und ihre Zahl nimmt offensichtlich zu – möchten die so unterschiedlichen Lebensfelder miteinander kombinieren."

2.2.3. Frauen in Fach- und Führungspositionen

Die Zunahme der Erwerbsbeteiligung von Frauen spiegelt sich nicht in einem entsprechenden Verhältnis von Frauen in Führungspositionen wider. Während bei den Männern gegenwärtig nahezu 25 % eine höhere berufliche Position[7] bekleiden, beläuft sich dieser Anteil bei den Frauen auf weniger als 10 % (FRANKE 1990, S. 116 ff.). 1989 zählten von den annähernd elf Millionen erwerbstätigen Frauen in den alten Bundesländern nur knapp 800.000 Frauen zur Gruppe der Selbständigen und der Führungskräfte (Direktorinnen, Abtei-

---

6 Die angegebenen Zahlen beziehen sich auf die Bundesrepublik vor der Wiedervereinigung. Aber auch im heutigen Deutschland läßt sich eine Fortschreibung des Trends beobachten. So stieg die Zahl der erwerbstätigen Frauen allein zwischen 1997 und 1999 von 15,2 auf 15,7 Millionen (Internetauskunft des statistischen Bundesamtes: www.statistik-bund.de).
7 Qualifizierte Fachkraft, Meister, Sachgebietsleiter, Handlungsbevollmächtigter, Abteilungsleiter, Prokurist, Geschäftsführer, Betriebsleiter.

lungsleiterinnen). In den USA ist dieser Anteil deutlich höher (KRISZIO 1991). Von einem „Marsch in die Spitzenpositionen" kann daher nur eingeschränkt die Rede sein. Noch in den 70er Jahren wurde von den Unternehmen die Einstellungspraxis so gehandhabt, daß für Besetzungen von Führungspositionen das Merkmal „weiblich" sehr häufig den Ausschlag gegen eine Bewerberin mit gleicher oder höherer Qualifikation gab, da den männlichen Bewerbern eine größere räumliche Flexibilität unterstellt wurde (ROSEN u.a. 1975).

Seit den 60er Jahren wurden im öffentlichen Dienst allerdings verhältnismäßig mehr Frauen als Männer eingestellt. Vor allem im Lehramtsbereich, aber auch im Richterdienst und in der Administration bei Bund, Ländern und Kommunen gelangten Frauen in den letzten Jahren über eine Beamtenlaufbahn verstärkt in gehobene und höhere Positionen (nach dem Mikrozensus von 1991 waren z. B. unter den 17.500 sich im Richterdienst befindlichen Personen 19,2 % Frauen). In einigen staatlichen Unternehmen wie etwa bei der Bundesbahn liegt der Anteil der leitenden weiblichen Angestellten mittlerweile zwischen 15 und 20 % (NERGE & STAHMANN 1991, S. 33). Der vermehrte Anteil von Frauen in leitenden bzw. einen Universitätsabschluß voraussetzenden Positionen beschränkt sich aber nicht auf den staatlichen Sektor. So sind in der Privatwirtschaft in einigen Funktionsbereichen (vor allem Personalwesen, Finanzen, Controlling, allgemeine Verwaltung) Führungspositionen mittlerweile etwas häufiger von Frauen besetzt. Selbst im traditionellen Bankwesen waren 1994 in den drei großen deutschen Privatbanken zwischen 8 und 10 % der Führungspositionen mit Frauen besetzt (KIMMESKAMP 1994). Nach einer Repräsentativumfrage unter Führungskräften aus dem Jahr 1986 gelangen Frauen am ehesten in kleineren und mittelständischen Unternehmen in Führungspositionen. Doch auch in leitender Position werden Frauen diskriminiert. Das zeigt sich in ihrer geringeren Entlohnung (BISCHOFF 1986), ungeachtet dessen, daß Frauen in solchen Positionen offensichtlich relativ häufig über Mehrfachqualifikationen (z.B. abgeschlossene Lehre u. Studium) verfügen (siehe z.B. die Befragungsergebnisse bei NERGE & STAHMANN 1991, S. 97). Eine zweite Umfrage im Jahr 1991 ergab hinsichtlich der Entlohnung immer noch eine deutliche Benachteiligung. Jedoch haben sich Frauen mittlerweile hierarchisch vorgearbeitet und dringen langsam auch in vormals durch Männer dominierte Funktionsbereiche ein (BISCHOFF 1991).

Es stellt sich die Frage, ob Frauen in Führungspositionen sich hinsichtlich ihrer Persönlichkeit und Lebensgestaltung von anderen Frauen unterscheiden. Eine Untersuchung von HERRMANN & FÄRBER (1992) erbrachte Hinweise, daß weibliche Führungskräfte in einigen Persönlichkeitsmerkmalen durch ihre berufliche Tätigkeit geprägt sind. Sie wiesen im Vergleich zu zwei anderen Gruppen berufstätiger Frauen, Arbeitnehmerinnen ohne Leitungsfunktion und Ärztinnen, eine höhere Selbstbehauptung, emotionale Widerstandsfähigkeit und Robustheit auf. Ferner zeigte sich im Vergleich zu Arbeitnehmerinnen und/oder Ärztinnen eine unterschiedliche Lebensgestaltung. Dem Beruf wird eine höhere Wichtigkeit zugemessen als bei den Arbeitnehmerinnen. Andererseits erachteten die weiblichen Führungskräfte ein gemütliches Heim für wichtiger als die beiden Vergleichsgruppen, verbringen faktisch aber erwartungsgemäß weniger Zeit mit Tätigkeiten im Haushalt, die sie in der Regel an bezahltes Personal delegieren. Alle drei Befragtengruppen räumten der Kindererziehung gleich große Bedeutung ein und gaben an, daß die Kinderbetreuung in der Hauptsache von ihnen geleistet werde, wenngleich sie von ihren Partnern Unterstützung erhielten. Die aufgrund der starken Berufs- und Familienorientierung zu erwartenden Konflikte zwischen Berufs- und Privatleben traten bei den weiblichen Führungskräften nicht häufiger auf als in den Vergleichsgruppen, so daß sich bei entsprechender Unterstützung Konflikte zwischen einer verantwortlichen Tätigkeit und dem Privatleben in Grenzen halten lassen (HERRMANN & FÄRBER 1992).

Inwieweit Frauen in der deutschen Wirtschaft künftig in die Managementebene gelangen, wird nicht zuletzt von den betrieblichen und überbetrieblichen Strategien von Staat und Privatwirtschaft zur Förderung und Absicherung von Frauenkarrieren abhängen. Ein wichtiger Ansatzpunkt liegt sicherlich in einer frauen- und familienfreundlichen Arbeitszeitpolitik. Möglicherweise könnte sich die Stärkung von Rechtsansprüchen hinsichtlich einer größeren individuellen Arbeitszeitsouveränität positiv auswirken (vgl. etwa VOBRUBA 1990). Ob sich die Einführung von Frauenquoten als vorteilhaft erweist, ist noch umstritten.

Ein Umdenken in der Personalpolitik zeichnet sich jedoch in letzter Zeit ab. Dabei könnten nicht zuletzt die Gleichbehandlungsgebote und die Benachteiligungsverbote wegen des Geschlechts im innerstaatlichen und im europäischen Recht eine wichtige Rolle spielen (vgl. PFARR 1990). In anderen Ländern, wie etwa in den USA, dienen Frauenförderpläne einer Personalplanung und -politik, die vorhandene Personalressourcen effizienter nutzen will. Auch in Deutschland gibt es erste Beispiele betrieblicher Frauenfördermaßnahmen, um die Ressourcen an weiblichen Fachkräften im Sinne einer vorausschauenden Personalpolitik besser zu erschließen. So wurden im Rahmen von Arbeitsvereinbarungen Regelungen getroffen, die Frauen während der Familienphase an das Unternehmen binden (vgl. PFARR 1990).

Auch wenn mittlere Führungspositionen und Spitzenpositionen in Wirtschaft und Verwaltung bislang noch zu einem recht geringen Anteil von Frauen besetzt werden, verfestigt sich doch ein Trend hin zu einer stärkeren beruflichen Karriereorientierung (ERLER u.a. 1988, S. 34 ff.). Eine Vielzahl von Untersuchungen belegt, daß von einem größer werdenden Anteil von Frauen berufliches Engagement und beruflicher Erfolg als wichtiger, unverzichtbarer Bestandteil ihres Lebenszyklus angesehen werden. So konnte SIEVERDING (1990) anhand angehender Ärztinnen und Ärzte zeigen, daß nicht das biologische Geschlecht zur Differenzierung zwischen karriereorientierten und nicht karriereorientierten Individuen beiträgt, sondern die Geschlechterrollenorientierung. Sie ist definiert als normative Erwartung über Macht- und Arbeitsverteilung sowie über die soziale Interaktion zwischen den beiden Geschlechtern (SPENCE, DEAUX & HELMREICH 1985). Eine geringe Ausprägung instrumenteller Eigenschaften (z.b. selbstsicher, konkurrierend, Druck gut standhaltend) erwies sich als negativer Prädiktor für karrierebezogene Variablen (SIEVERDING 1990). Wie AUTENRIETH, CHEMNITZER & DOMSCH (1993) in der Gegenüberstellung verschiedener Studien zeigen konnten, ist beim Vergleich der Karriereorientierung von Männern und Frauen entscheidend, mit welchen Variablen man diese Orientierung operationalisiert. So kommt STENGEL (zitiert nach AUTENRIETH u.a. 1993) in seinen Untersuchungen zu dem Ergebnis, daß die berufsbezogenen Werte sich zwischen weiblichen und männlichen Führungskräften wesentlich geringer unterschieden, als der Vergleich dieser Werte zwischen Studenten und Führungskräften.

In anderen Studien (z.B. v. ROSENSTIEL & STENGEL zitiert nach AUTENRIETH u.a. 1993) zeigt sich allerdings, daß der Karriereorientierung von Männern und Frauen andere Ziele zugrunde liegen. Beispielsweise streben Männer eine Karriere eher an, um im traditionellen Sinne Führung zu übernehmen oder um bestimmte betriebliche Positionen zu erreichen. Für Frauen stehen stärker Werte wie z.B. Kreativität, Selbstentfaltung, Selbständigkeit und Unabhängigkeit im Mittelpunkt. Gerade wegen dieser Werte wird der Beruf wichtig, weil er Anerkennung, eigenes Geld und Entfaltung jenseits der Familie ermöglicht (BECK-GERNSHEIM 1992, S. 275). „Gleichzeitig sind Frauen aber signifikant eher bereit, einen hohen Preis für ihren beruflichen Erfolg zu bezahlen, und ein entsprechendes Engagement auch entgegen eventueller privater Interessen zu zeigen" (AUTENRIETH u.a. 1993, S. 173). Dies wird u.a. daran deutlich, daß sie signifikant eher als männliche Kollegen bereit sind, für eine berufliche Option umzuziehen oder eine Reisetätigkeit auf sich zu nehmen.

2.3. Wertewandel versus Unternehmens- und Produktionskonzepte

„Haben sich die Menschen oder hat sich die Arbeit verändert?" fragen FÜRSTENBERG sowie STRÜMPEL & PAWLOWSKI (1993) in einer Reflexion der Wertewandeldiskussion der vergangenen Jahre[8]. Zum Teil liefern

---

[8] siehe zur Wertewandeldiskussion u.a. KLAGES 1985/1993, NOELLE-NEUMANN & STRÜMPEL 1985

sie selbst, zum Teil Studien oder die amtliche Statistik hierzu ein differenziertes Bild. So läßt sich zeigen, daß es sicherlich eine Werteänderung der Menschen, bezogen auf die Arbeit und ihren Beruf gegeben hat. Die von KLAGES (1985) aufgezeigte Abnahme von Pflicht- und Akzeptanzwerten, wie etwa Fleiß, Genauigkeit, Pünktlichkeit, setzt sich fort. Gleichzeitig werden Selbstentfaltung und -verwirklichung als Anforderungen an die Arbeit formuliert (FÜRSTENBERG 1993, KLAGES 1993).

Aufgrund der Analyse von Daten der amtlichen Statistik kommen STRÜMPEL & PAWLOWSKY (1993) zu der Sicht, daß sich der Wertewandel teilweise abschwächt. Grundlage dieser Aussage sind Angaben zur Wichtigkeit verschiedener Arbeitsplatzmerkmale im Rahmen des Mikrozensus. In der Sicht der Gesamtbevölkerung sind die Tätigkeitsmerkmale „Abwechslung" und „selbständige Gestaltung" der Arbeit zwar weiterhin mit einem Bedeutungszuwachs versehen, bei differenzierter Betrachtung nach Altersgruppen ändert sich das Bild, womit die teilweise Abschwächung des Wandels begründet wird. „Immateriellen Tätigkeitsmerkmalen, wie z.B. ‚Selbständigkeit' in der Arbeit kommt unter den jüngeren Beschäftigten keine so hohe Bedeutung mehr zu. Demgegenüber haben vielmehr die ‚Sicherheit des Arbeitsplatzes' sowie ‚Aufstieg und Prestige' an Wichtigkeit zugenommen." (STRÜMPEL & PAWLOWSKY 1993, S. 37). Für diese Abschwächung gibt es zwei Erklärungsansätze, orientiert an der wirtschaftlichen Gesamtentwicklung bzw. an der individuellen Biographie. So macht HONDRICH (1988) auf den Einfluß der jeweiligen Wirtschaftslage auf die genannten Wertemuster aufmerksam. Er sieht in dem Abflachen der klassischen Arbeitstugenden in den 80er Jahren eine Reaktion auf die Phase des Wirtschaftswunders in den 60ern. In einer Phase der historischen Einkommenszuwächse und der Aus- oder Überlastung des Arbeitskräftepotentials nahmen traditionelle Arbeitswerte ab (HONDRICH u.a. 1988, S. 303). Die These von HONDRICH würde, übertragen auf die wirtschaftliche Situation in der Bundesrepublik, die durch Arbeitslosigkeit, Integration der neuen Bundesländer, Internationalisierung und Entstehung des europäischen Wirtschaftsraums gekennzeichnet ist, eine entsprechend gegensätzliche Änderung erklären. Da vor allem jüngere Menschen, am Übergang vom Bildungs- ins Erwerbssystem, mit größeren Unsicherheiten zu kämpfen haben und die wirtschaftlichen Zukunftsperspektiven sich für diese Gruppe weniger positiv darstellen, wäre ein Rückgang der immateriellen Werte bzw. eine Zunahme der materiellen Werte, wie von STRÜMPEL & PAWLOWSKY (1993) beschrieben, erklärbar.

Andererseits ist vorstellbar, daß sich in den Daten der amtlichen Statistik nur eine Wertehierarchie spiegelt. Analog zur MASLOW'SCHEN Bedürfnispyramide, die auch von INGLEHARDT (1977) als Grundmodell genutzt wurde, könnte man annehmen, daß die Einzelnen zunächst versuchen, ihre ökonomische Basis zu sichern, um dann im nächsten (beruflichen) Schritt, inhaltliche Selbstverwirklichungswerte anzustreben. In diesem Fall wären die Werteänderungen ein Ergebnis des individuellen Biographieverlaufes, wiederum vorzugsweise bei jüngeren zu finden.

Daß zur Differenzierung der Beobachtungen die Kategorie Alter nicht ausreichend ist, belegen Untersuchungen von ROSENSTIEL (1993). Er zeigt auf, daß sich bei jungen Studenten ein Wertewandel hin zum Postmaterialismus findet. Gleichzeitig zeigt sich bei Führungskräften, die generell zu postmaterialistischen Werten neigen, in zwei Punkten eine Ausnahme: Wirtschaftswachstum und Schutz vor Kriminalität, als materielle Werte, nehmen einen hohen Stellenwert ein. Erklärbar werden die widersprüchlichen Wertemuster damit nur, wenn man unterstellt, daß generelle Trends von individuellen und situativen Komponenten überlagert werden. Die gemessenen, momentanen Präferenzen können in einzelnen Bereichen von der Grundrichtung der Wertehaltung abweichen (EINSIEDLER 1993). KLAGES (1993, S. 3 ff.) gibt zur Interpretation der Wertewandelforschung und seiner eigenen Ergebnisse ähnliche Hinweise. Er merkt an, daß die beobachteten Trends des Wertewandels immer nur als Durchschnitt über große Gruppen und Zeiträume zu beobachten sind. Schwankungen oder gegenläufige Beobachtungen bei Bevölkerungsgruppen oder einzelnen widersprechen dem nicht. Außerdem handelt es sich bei dem Wertewandel nicht um ein „Auslöschen" der Pflicht- und Akzeptanzwerte, die durch Selbstentfaltungswerte ersetzt werden. Vielmehr sind die, in den 60er Jahren dominanten, Pflicht- und Akzeptanzwerte zurückgedrängt worden, bei gleichzeitiger Aufwertung der bis dahin schwachen Selbstentfaltungswerte. Beispielhaft nennt KLAGES, daß man in großen Organisationen nicht mehr selbstverständlich allen Anforderungen genügt und sich hierarchisch unterordnet. „Berufliche Leistungen und Arbeit wird nicht mehr automatisch aufgrund anerzogenen Pflichtbewußtseins erbracht, sondern verstärkt durch Selbstentfaltungsmotive gesteuert" (HERBERT 1991, S. 63). In ähnliche Richtung deuten auch Ergebnisse von OPASCHOWSKI (1998), der feststellt, daß „die meisten jungen Leute, die Karriere machen wollen, zuerst danach fragen, wie sie ihre eigenen, beruflichen Vorstellungen verwirklichen können (59 %)" (S. 70). Danach stehen für viele persönliche Entfaltungsmöglichkeiten im Beruf sowie Freiräume für eigene Ideen in Vordergrund.

Nimmt man einen Perspektivwechsel vor, stellt man interessanterweise fest, daß auch in den Unternehmen ein Wandel stattgefunden hat und moderne Management- und Produktionskonzepte vorzufinden sind. Grundlage des Paradigmenwechsels war die Erkenntnis, daß immer komplexere Strukturen und Produkte durch eine tayloristische Arbeitsorganisation nicht mehr oder nicht mehr schnell und flexibel genug beherrscht werden können. Die Abkehr von Taylorismus (TAYLOR 1919), die in der industriesoziologischen Diskussion u.a. durch Untersuchungen von KERN & SCHUHMANN (1986) aufgezeigt wurde, hat inzwischen eine große Bandbreite erhalten.

Dabei werden verschiedenste Ansätze, von der Kaizen- (z.B. IMAI 1992) und Lean-Production-Philosophie (z.B. SHINGO 1993) über Teamkonzepte (z.B. KATZENBACH & DOUGLAS 1993), Gruppenarbeitsmodelle (vergl. ULICH 1992/1994) bis zu Total Quality Management Systemen (z.B. OESS 1991) diskutiert und in unterschiedlichster Form eingesetzt. Trotz aller Unterschiedlichkeit lassen sich in allen Konzepten Gemeinsamkeiten feststellen (SCHUMANN u.a. 1990). Das hierarchische Führungskonzept, mit einer weitgehend tayloristischen Arbeitsteilung zwischen Kopf- und Handarbeit, wird immer mehr zurückgenommen. Selbst bei stark zergliederten Arbeiten wird die Verantwortung für die jeweilige Tätigkeit nicht mehr vom Leistungsersteller getrennt.

Kennzeichnend ist für diese Konzepte, daß neben der reinen Arbeitsleistung des Mitarbeiters auch dessen Engagement und Wissen für betriebliche Prozesse genutzt werden soll. Besonders für die Führungskräfte bedeutet dies entsprechend einen tiefgreifenden Wandel (DEUTSCHMANN u.a. 1995). Damit steht veränderten Werten in der Bevölkerung, die u.a. auf Selbstentfaltung und größere Eigenständigkeit abzielen, eine gleichgerichtete Veränderung in den Unternehmen gegenüber, die in ihren Produktionskonzepten z.B. selbständige, eigenverantwortliche Mitarbeiter benötigen. Dem Wunsch nach Gestaltung und Selbstentfaltung stehen damit, zumindest theoretisch, entsprechende Anforderungen gegenüber. „Möglicherweise besteht ein Irrtum der These vom Niedergang der Arbeitsmoral unter anderem genau darin: das Schwächerwerden einer alten, tayloristischen Produktionskonzepten angemessenen Arbeitsmoral zu beklagen, ohne danach zu fragen, ob in der Tat freizeitorientierte Durchschnittsarbeitnehmer sich nicht durch neue Tugenden selbststeuernder Art auszeichnen" (SCHLIE & STEGBAUER 1988, S. 112). Allerdings finden sich in den unterschiedlichen Bevölkerungsgruppen differenzierte Ausprägungen der Selbstentfaltungswerte. Eine Untersuchung von ROSENSTIEL (1993), in der Studenten- und Managergruppen sowie eine repräsentative Bevölkerungsstichprobe befragt wurden, zeigt für die Bevölkerungsstichprobe starke Ausprägung hin zur Freizeitorientierung (49,3 %). Eine traditionelle Karriereorientierung oder die Bereitschaft sich in alternativen Arbeitsformen zu engagieren, abseits der traditionellen Karrierepfade in Großorganisationen und ggf. unter Verzicht von Einkommenschancen, befürworten weniger als ein Viertel der Befragten.

Anders sieht das Bild in der Gruppe der Führungskräfte aus. Erwartungsgemäß dominiert mit über 70 % der Nennungen die Karriereorientierung die anderen Optionen. Bei den Studenten ist die Freizeitorientierung gegenüber der Bevölkerung unterdurchschnittlich (32,3 %) ausgeprägt. Die Leistungsorientierung ist aber stärker auf alternatives Engagement (38,2 %) und nur zum geringeren Teil auf die traditionelle Karriere gerichtet (ROSENSTIEL 1993, S. 74/75). ROSENSTIEL zeigt hiermit deutlich einen Unterschied zwischen der Gesamtbevölkerung und den Führungskräften bzw. dem

Führungskräftenachwuchs. Auf die Führungskräfte und deren Nachwuchs bezogen stellt er fest, „die Arbeitsmoral ist und bleibt hoch." (1993, S. 71).

In einer Untersuchung des Soziologischen Forschungsinstituts Göttingen (SOFI) analysieren BAETHGE u.a. (1995) das Spannungsfeld zwischen „Unternehmens- und Lebenswelt" für die Gruppe der qualifizierten Fach- und Führungskräfte. Dabei bestätigen sie die generelle Karriereorientierung, zeigen aber auch unterschiedliche Wertvorstellungen auf. Auf Basis der Wertvorstellungen bilden BAETHGE u.a. vier Typen. Die traditionelle, weitgehend unternehmensloyale Karriereorientierung, die als Statusorientierung bezeichnet wird, läßt sich nur noch bei einem Viertel der Untersuchungsteilnehmer feststellen. Mit 32 % bilden diejenigen die größte Gruppe, deren Ziel die Erweiterung ihrer eigenen, nicht nur fachbezogenen Kompetenzen ist (Selbstentfaltungsorientierung). Die Gruppe derer, die eine „Wissenschaftsorientierung", also eine verstärkte Ausrichtung an professionellen bzw. kosmopolitischen Zielen haben, wird mit 25 %, die Gruppe derer, die eine Gestaltung von Organisationen oder komplexer sozio-technischer Systeme in den Mittelpunkt gestellt haben (Gestaltungsorientierung) mit 15 % angegeben (BAETHGE u.a. 1995, S. 45/46).

Zu ähnlichen Ergebnissen kommt auch OPASCHOWSKI (1991) in der Darstellung von Forschungsergebnissen des BAT-Freizeit-Forschungsinstituts. Demnach ist eine Beschäftigung, die Spaß macht (55 % der Befragten) ähnlich wichtig, wie ein hohes Einkommen (58 %). Sinnvolle Arbeitsinhalte haben eine für die Befragten größere Bedeutung (34 %) als Status und Karriere (27 %). Auch in der differenzierten Betrachtung nach Beschäftigungsgruppen bestätigen sich die vorgenannten Ergebnisse. Während eine hohe Entlohnung bei Arbeitern (64 %) größter Leistungsanreizfaktor ist, nennen Angestellte in erster Linie Freude an der Arbeit (58 %), weit vor Aufstiegs- und Karriereerwartungen (39 %). Für die leitenden Angestellten dominieren mit 50 % Erwartungen an selbständige und verantwortungsvolle Tätigkeiten.

Damit werden verschiedene Dinge deutlich: Die Gruppe der traditionell karriereorientierten Fach- und Führungskräfte ist eine Minderheit geworden. Dabei ist die traditionelle Aufstiegsorientierung aber nicht durch eine andere Orientierung ersetzt worden. Verschiedene, in Abhängigkeit von Bildung und Beschäftigungsstatus, aber auch innerhalb dieser Gruppen unterschiedlich gestaltete Zielvorstellungen bestimmen heute die Karriere- und Leistungsorientierung der Mitarbeiter. Eine automatische Deckung zwischen Managementkonzepten und den individuellen Zielen ist nicht gegeben, wenn eine entsprechende Differenzierung nicht vorliegt.

Betrachtet man hierzu die Darstellung in Personalwirtschaftslehrbüchern, so findet man diese veränderte Wertesicht nicht entsprechend berücksichtigt. So wird nach wie vor die Laufbahnentwicklung als das wesentliche, nichtmonetäre Anreizinstrument gesehen. „Als besonderer Anreiz wird von den Mitarbeitern bei der individuellen Laufbahnplanung die Vorgabe von Laufbahnzielen empfunden. Die Anreizwirkung ist besonders groß, wenn Mitarbeiter bei der Formulierung des Ziels selbst mitgewirkt haben" (HENTZE 1991, S. 324). Damit wird sehr deutlich, daß die traditionelle Betrachtung des Mitarbeiters im Gegensatz zu den dargestellten Untersuchungsergebnissen steht, die eine Zielorientierung basierend auf dem klassischen Laufbahnkonzept nur noch bei einer Minderheit der Fach- und Führungskräfte aufzeigen. Darüber hinaus wird die Wichtigkeit der Selbstbestimmung nicht erkannt, wenn die Mitwirkung des Mitarbeiters nicht als generelle Voraussetzung gesehen, sondern als Ergänzung postuliert wird. Neben den inhaltlichen Anforderungen an die Arbeit gibt es zunehmend den Wunsch, die Arbeit mit anderen Lebensbereichen, vor allem der Familie, kombinieren zu können. Diese Bestrebung ist beim Führungskräftenachwuchs ganz besonders ausgeprägt (ROSENSTIEL 1993; AUTENRIETH u.a. 1993; BEATHGE u.a. 1995). Deutlich wird diese geänderte Einstellung zum Beispiel an den Arbeitszeitpräferenzen der Gruppe der Nachwuchsführungskräfte. Unabhängig vom Geschlecht sind vor allem die jüngeren nicht mehr bereit, 50 bis 60 Stunden in der Woche tätig zu sein. Partnerschaft und Familie haben einen eigenen Wert, für den entsprechende Zeitbudgets benötigt werden. Diese geringere, wöchentliche Arbeitszeit bedeutet aber keinesfalls eine geringere Karriereorientierung oder Leistungsbereitschaft (AUTENRIETH u.a. 1993, S. 116).

Zu den gleichen Feststellungen kommen BEATHGE u.a. (1995), die zeigen, wie die Führungskräfte bzw. der Führungskräftenachwuchs im Spannungsverhältnis der veränderten Werteorientierung, zwischen privaten Aspekten und selbstgesetzten Karriereanspruchs, lebt. Dabei bringen sie hohes, zeitliches und inhaltliches Engagement an ihrem Arbeitsplatz auf, wollen aber gleichzeitig persönliche, vor allem familiäre Aspekte berücksichtigt sehen. OPASCHOWSKI (1998) kommt aufgrund seiner Untersuchungen zu gleichen Schlüssen: „Die neue Karrieregeneration wählt die Form der sanften Karriere, will ebenso leistungsmotiviert, zielstrebig und erfolgsorientiert sein, läßt sich aber nicht von harten Prinzip wie Macht und Aufstieg leiten. ... Arbeitszeit und Freizeit sollen gleichberechtigt nebeneinander stehen. Privates also genauso wichtig wie Berufliches sein" (S. 71).

Betrachtet man hierzu die Literatur der Personalwirtschaftslehre, so ist die Sicht auf den Mitarbeiter am Arbeitsplatz beschränkt (vergl. SCHOLZ 1989; BISANI 1990; HENTZE 1990/1991). Die Familie des Mitarbeiters kommt in den Betrachtungen nur als Größe vor, die im Rahmen monetärer Versorgungsansprüche, z.B. bei Auslandsentsendungen oder Rentenzahlungen, auf Basis eines Fürsorgeprinzips zu berücksichtigen ist (z.B. MEYER 1980, S. 174 ff.). Konzepte einer besseren Vereinbarkeit von Beruf und Familie finden keine Beachtung. Durchgängig wird der Mitarbeiter als Individuum gesehen, das offenbar keine sozialen Bezüge oder Rahmenbedingungen außerhalb der Arbeitswelt hat. Auch die Betrachtungen der Arbeitszufriedenheit beziehen sich nur auf betriebliche Parameter (z.B. BASINI

1990; S. 86 ff.). Eine Einbeziehung sozialer Kontakte, als möglicher Motivationsfaktor, findet sich nur am Rande, dann aber beschränkt auf soziale Kontakte im Arbeitsumfeld. Beispielsweise nennt HENTZE (1990, S. 51) „soziale Kommunikation, die Gruppenmitgliedschaft, die Führung, die Arbeitszeit- u. Pausenregelung, den Arbeitsinhalt, die Arbeitsgestaltung, die Personalentwicklung und Aufstiegsmöglichkeiten" als nichtmonetäre Anreizfaktoren.

Dabei gibt es begründete Hypothesen und Zusammenhänge zwischen Freizeiterleben, Arbeitszufriedenheit und Leistung (ULICH 1990, S. 306 ff.). In verschiedenen Studien ist ein Zusammenhang zwischen Vereinbarkeit von Beruf und Familie und der Zufriedenheit mit der Arbeitssituation hergestellt worden (z.B. RAEHLMANN u.a. 1993; BAETHGE u.a. 1993/1995). Einen direkten Einfluß des privaten Umfeldes auf die Effektivität der Arbeit bzw. den Arbeitseinsatz beschreibt auch SPRENGER (1995, S. 32 ff.). Die Belastung wird in Abhängigkeit von der privaten Situation unterschiedlich empfunden. Wesentliches Kriterium scheint die Vereinbarkeit der zeitlichen Anforderungen von beruflicher Tätigkeit und privaten Notwendigkeiten zu sein (SCZESNY 1997, S. 80 ff.). Nach OPASCHOWSKI bedeutet „für jeden zweiten 20 bis 29jährigen Arbeitnehmer, ein Mehr an Freizeit zugleich eine größere Arbeitszufriedenheit" (1991, S. 38). Damit zeichnet sich eine weitere Spannungslinie zwischen den dargestellten Vorstellungen und der traditionellen Personalwirtschaftslehre ab.

Die Untersuchung von AUTENRIETH u.a. zeigt, daß diese unterschiedlichen Sichtweisen sich auch in der betrieblichen Praxis wiederfinden. In der Studie wurden Mitarbeiter und Personalexperten befragt. Während bei den Mitarbeitern der beschriebene Wertewandel deutlich wurde, hatten die Personalexperten noch eine andere Sicht. „Erstaunlich ist auch hier wieder die Diskrepanz zu den Aussagen der Personalexperten in den Interviews. Sie verneinten sehr einheitlich einen Wertewandel unter ihrem männlichen Führungskräftenachwuchs hinsichtlich einer zunehmenden Familienorientierung" (1993, S. 118). Eine internationale Befragung zeigte aber auch, daß bei der Gewinnung bzw. beim Halten von Mitarbeitern, die Berücksichtigung der familiären Interessen des Mitarbeiters als notwendig von den Führungskräften erkannt wird. „Speziell bejahen die befragten Manager die Verantwortung ihrer Unternehmen, bei der Lösung des Familie/Beruf-Konfliktes stärker mitzuwirken. Man stimmt darin überein, daß sich nicht zuletzt beim Bewältigen solcher Probleme zeigen wird, inwieweit man Wettbewerbsvorteile gegenüber Mitarbeitern gewinnen kann oder zurückfällt." (STREICH 1993, S. 178 / STREICH 1994). Daß noch große Unterschiede in der Einstellung der Führungskräfte im Umgang mit ihren Mitarbeitern vorliegen, zeigt EINSIEDLER auf, der hierbei auch eine Abhängigkeit von Wirtschaftsbranchen aufzeigen kann. Während auf die Frage ‚Unternehmen, die das Wohl ihrer Mitarbeiter in den Vordergrund stellen, sind für schwierige Zeiten besser gerüstet' durchschnittlich 39 % der Führungskräfte zustimmend antworteten, waren dies beispielsweise im Gesundheitswesen, der Leder-, Textil- und Nahrungsmittelindustrie 43 %, im Kredit-, Versicherungs-, Rechts- u. Wirtschaftsprüfungsbereich 31 % und bei Feinmechanik und Optik nur 24 %. (Leseranalyse Führungskräfte, GWA zitiert nach EINSIEDLER 1993, S. 124). Neben der Tatsache, daß durch die Personalbereiche der Wertewandel der Mitarbeiter nicht ausreichend zur Kenntnis genommen wird, zeigen die Ergebnisse der zitierten Studien zusätzlich, daß in der betrieblichen Praxis die Bereitschaft, auf die Werte der Mitarbeiter einzugehen, sehr unterschiedlich ausgeprägt ist.

Um den geänderten Wertehaltungen und Anforderungen der Mitarbeiter Rechnung zu tragen, wird in der Personalwirtschaftslehre zunehmend eine Abkehr von pauschalen Instrumenten und eine Individualisierung gefordert (vgl. DRUMM 1989). Ziel ist es, die einzelnen personalwirtschaftlichen Instrumente soweit zu flexibilisieren, daß sie den Bedürfnissen der Mitarbeiter, besonders hinsichtlich der skizzierten Wertehaltung angepaßt werden können. Beispielhaft: Differenzierung der Entlohnungssysteme, verschiedenste Arbeitszeitmodelle, Individualisierung der Personalentwicklung. Mit dem Konzept der individualisierten Personalwirtschaft könnten theoretisch auch familiäre Aspekte einbezogen werden. Auch aus der Praxis gibt es zunehmend Ansätze mitarbeiterorientierter Personalarbeit (z.B. DAHMEN-BREINER & DOBAT 1993; DIERGARTEN 1997), die versuchen die Belange von Berufsarbeit und Familie zu vereinbaren.

Im Hinblick auf die in dieser Arbeit untersuchte Personengruppe sind besonders die bisherigen Forschungsergebnisse zur Gruppe der Höherqualifizierten bzw. der Fach- und Führungskräfte interessant. Hier läßt sich für die jüngeren in dieser Gruppe ein Leistungs- und Karrierebezug nachweisen, der gleichzeitig bei der inhaltlichen Gestaltung der Arbeit und der Vereinbarkeit von Beruf und Familie deutliche Ansprüche stellt. Da sich die Dual-career couples aus zwei Partnern dieser Gruppe zusammensetzen, gilt es für beide, nicht nur den eigenen Beruf mit dem Privatleben zu kombinieren, sondern auch das Berufsleben des anderen Partners mit den entsprechenden eigenen und Ansprüchen seines Arbeitgebers in alle Überlegungen mit einzubeziehen. Die bei der Betrachtung der traditionellen Personalwirtschaft festgestellte Sichtweise des Mitarbeiters, die sich erst ansatzweise den geänderten Werten gegenüber zu öffnen scheint, bietet bei den hohen Koordinationserfordernissen keine Hilfestellungen. Damit deuten sich entsprechende Spannungslinien an, auch wenn die neuen Wertemuster der Mitarbeiter theoretisch zu modernen Management- und Führungskonzepten passen würden.

2.4. Internationalisierung der Arbeitsmärkte und Mobilität

2.4.1. *Unternehmensstrukturen und Anforderungen*

Ein weiterer, wesentlicher Trend ist die Internationalisierung der Wirtschaft und anderer Bereiche, wie der Forschung oder multinationaler Verwaltungen. Dabei wird durchweg das Bild gezeichnet, daß durch die verstärkte Internationalisierung ein Arbeitsplatzabbau erfolgt, da die Arbeitsplätze in „Billiglohnländer" abwandern. Bei einer differenzierteren Betrachtung zeigt sich für das Segment der qualifizierten Fach- und Führungskräfte ein anderes Bild. So kommt die PROGNOS AG (1990) in einer Studie für das Institut für Arbeitsmarkt- und Berufsforschung (IAB) zu der Einschätzung, daß zwar in allen Ländern der EU mit einem Rückgang des Bedarfs an Arbeitskräften mit geringen Qualifikationen gerechnet werden muß, gleichzeitig aber in allen EU-Ländern der Bedarf an Spezialisten und Managementtätigkeiten stark ansteigen wird. Darüber hinaus wird ein weiteres Wachstum für qualifizierte Fachtätigkeiten gesehen. Aus der Entwicklung der IuK-Technologien ergibt sich eine Veränderung in der Beschreibung des Qualifikationsprofil. So ist nicht nur eine höhere Qualifikation im Sinne eines Fach- oder Hochschulstudiums, das zur Erledigung komplexer strukturierter Tätigkeiten befähigt, notwendig, gleichzeitig werden auch spezielle Fach- und Spezialkenntnisse der neuen Techniken vorausgesetzt (Fuzinski u.a. 1997).

Die Internationalisierung führt nicht nur in quantitativer Hinsicht zu Veränderungen. Durch die zunehmend internationale Ausrichtung der Unternehmen entstehen Strukturen, die mit sich bringen, daß gerade bei Führungs- und Managementaufgaben zunehmend interkulturelle Kenntnisse vorhanden sein müssen (PROGNOS 1990, S. 74/75, BITTNER & REISCH 1993 a&b). Dabei geht es nicht nur darum, eine entsprechende Sozialkompetenz zu erwerben, die zur Erledigung von Managementaufgaben in anderen Ländern und Kulturen befähigt. Vielmehr hat die Internationalisierung Arbeits- und Absatzmärkte soweit durchdrungen, daß zunehmend internationale Beschäftigtengruppen zu leiten sind und Kunden bzw. Konsumenten mit ihren jeweiligen Landesspezifika berücksichtigt werden müssen (STRUTZ & WIEDEMANN 1992).

2.4.2. *Räumliche Mobilität und berufliche Karriere*

Die berufssoziologische Forschung zeigt, daß beruflicher Aufstieg und räumliche Mobilität eng zusammenhängen (vgl. BARTEL 1979; CARROLL u.a. 1990; WAGNER 1989/1990). Je höher die berufliche Position bzw. je höher der berufliche Status einer Person ist, desto höher sind die beruflichen Anforderungen an die „Wohnstandortflexibilität" (DUNCAN & PERRUCCI 1976). Empirische Studien haben darüber hinaus belegt, daß die Mobilitätsbereitschaft mit höherer Ausbildung deutlich ansteigt (z.b. MAREL 1980, WAGNER 1990) und in Zusammenhang mit dem beruflichen Status steigt (MARTENS & HÖLZCHEN 1993). So sind die Wanderungsbewegungen zwischen den EG-Staaten vor allem durch einen Austausch von Personen mit höheren Bildungsabschlüssen geprägt (WERNER & WALWEI 1992).

Die Humankapitaltheorie versteht räumliche Mobilität als eine spezielle Form beruflicher Investition. Wohnortveränderungen werden danach von Personen als individuelle Ressource zur Realisierung beruflicher Ziele eingesetzt. Solche „Mobilitätsinvestitionen" zeichnen vor allem die sogenannten Professionals aus (van DIJK u.a. 1989). Mehrere US-amerikanische Untersuchungen zeigen zudem, daß schon in den 70er Jahren bei der Einstellung von Führungskräften „räumliche Ungebundenheit", also die Bereitschaft, auch mehrfach den Wohnort zu wechseln, ein wichtiges Entscheidungskriterium darstellte (vgl. z.B. ROSEN u.a. 1975). Eine berufliche Karriere ohne häufigen Wohnortwechsel ist bei Personen mit einer hochqualifizierten beruflichen Ausbildung und in leitenden Positionen somit eher die Ausnahme.

Dies gilt auch für die Bundesrepublik Deutschland, obwohl die berufliche Mobilität hier längst noch nicht solche Ausmaße wie in den USA angenommen hat. Männliche Arbeitnehmer verweilen im Durchschnitt annähernd sechs Jahre auf ein und demselben Arbeitsplatz (CARROLL & MAYER 1986, S. 325), also wechseln sie innerhalb eines Arbeitslebens etwa fünf- bis sechsmal ihren Arbeitsplatz. (ausführlich hierzu in CARROLL u.a. 1990, S. 164 ff.) Eine Repräsentativbefragung bundesdeutscher Entscheidungsträger ergab, daß Anfang der 80er Jahre annähernd 14 % der Befragten in den letzten fünf Jahren mindestens einmal die Firma gewechselt haben (Marktanalyse des STERN 1981). Allerdings war Ende der 70er / Anfang der 80er Jahre die durchschnittliche Verbleibdauer eines Beschäftigten in einem Betrieb in der Bundesrepublik immer noch sehr viel länger als beispielsweise in den USA (vgl. SENGENBERGER 1990, S. 55).

Die Notwendigkeit, räumliche Mobilität zu akzeptieren, bezieht sich jedoch nicht allein auf das berufliche Weiterkommen mittels eines Betriebswechsels. Auch innerhalb eines Unternehmens oder innerhalb öffentlicher Verwaltungsorganisationen zählen beruflich-räumliche Veränderungen mittlerweile zum festen Bestandteil der Karriereentwicklung vor allem bei Personen der mittleren und oberen Führungsebene. Die soziologische Karriereforschung hat im Rahmen des Forschungsansatzes der Organisationsökologie hierzu eine Reihe von interessanten theoretischen Überlegungen und Forschungsergebnissen vorgelegt (grundlegend dazu HANNAN & FREEMAN 1989). Danach sind individuelle Karrieren – insbesondere auf den Ebenen der mittleren und oberen Führungspositionen, aber auch bei hochqualifizierten

Spezialisten (z.B. Technikern) – ein wichtiges Element der Organisationsdynamik, die sich u.a. in einer Expansion oder Kontraktion, in Reorganisationen oder Fusionsaktivitäten äußern kann (vgl. CARROLL u.a. 1990, S. 58 ff.). Die von Organisationen im Rahmen ihrer Personalentwicklungsstrategien eingesetzten Möglichkeiten zur internen Karrieresteuerung reichen dabei von einem Wechsel in ein anderes Aufgabengebiet, über den Wechsel des Einsatzortes im In- und Ausland bis hin zur Wahrnehmung von Funktionen bei Tochter- oder bei Beteiligungsgesellschaften, womit nicht selten auch ein Wechsel des Wohnortes verbunden ist. Allerdings besteht in Deutschland hierzu – vergleicht man die Situation mit derjenigen in den USA – noch ein erheblicher „Nachholbedarf". Vor allem in den in der Bundesrepublik ansässigen Großkonzernen zeichnet sich gegenwärtig ein Umdenken in den Personalentwicklungsstrategien ab. Typisch hierfür ist eine Äußerung von Dr. Martin Posth, ehem. Vorstand der Volkswagen AG (Wolfsburg)[9], der künftig einen sehr viel intensiveren Einsatz der Job-Rotation fordert (FAZ, Nr. 70 vom 23.3.91, S. 45):

„...Unsere Unternehmen – nicht etwa nur die großen – sehen sich im letzten Jahrhundert dieses Jahrtausends einem erbitterten nationalen wie globalen Konkurrenzkampf ausgesetzt, der sich in den nächsten Jahren deutlich verschärfen wird. Diejenigen, die dafür nur ungenügend gerüstet sind, werden sich von der Unternehmensbühne verabschieden müssen. Nur jene Unternehmen werden den Wettbewerb überleben, die über eine bessere, fähigere sowie international ausgerichtete und erfahrene Fach- und Führungsmannschaft verfügen. Job-Rotation kann deshalb nicht auf einzelne Mitarbeitergruppierungen oder gar bestimmte Führungsebenen begrenzt sein. ... Das heißt konkret: Für den Aufstieg in die oberen ‚Führungsetagen' muß die nachgewiesene Wahrnehmung verschiedenster Aufgaben auf nationaler wie internationaler Ebene zwingende Beförderungsvoraussetzung werden. Je stärker sich das Verständnis dafür durchsetzt, daß im Bereich des Managements mehr Führung als Fachwissen gefragt ist, desto selbstverständlicher muß es werden, daß nur noch derjenige erster Mann im Unternehmen werden kann, der eine Job-Rotation auch auf Top-Ebene erfolgreich absolviert hat."

Wie eine Befragung des Instituts für Interkulturelles Management (BITTNER & REISCH 1993a) zeigt, sind die deutschen Unternehmen von dieser Vorstellung in der Praxis jedoch noch weit entfernt. Die Autoren kommen vielmehr zu dem Fazit, daß die Großunternehmen zumeist deutsche Unternehmen mit internationaler Ausrichtung sind, die das internationale Geschäft überwiegend im Sinne internationaler Märkte („Deutschland als Exportweltmeister") nutzen. Die internationale Personalentwicklung ist gekennzeichnet

---

9 1988-1993 Vorstand Personal + Arbeitsdirektor; 1993-1997 Vorstand Asien-Pazifik

durch einen Mangel an Strategien und Konzepten, durch Struktur- und Koordinationsprobleme sowie durch kontraproduktive Effekte aufgrund überstürzter und schlecht geplanter Mobilitätsanforderungen. Der notwendigen Internationalisierung stehen nach dieser Studie die meisten Unternehmen unvorbereitet gegenüber.

Auch wenn es hinsichtlich der Gestaltung Defizite gibt, geben in einer Untersuchung von WIRTH (1992, S. 142) 84 % der befragten Unternehmen an, internationale Personalentwicklungsprogramme realisiert haben. Obwohl die Unternehmen gerne aus Kostengründen auf möglichst viel lokales Personal zurückgreifen möchten, ist bei 60 % der Unternehmen eine Auslandsentsendung für Führungskräfte fester Bestandteil der Laufbahnplanung. In diesen Aussagen zeigt sich die „doppelte Zielrichtung". Einerseits sollen die Kosten für solche Programme möglichst gering gehalten werden, zum anderen wird die Notwendigkeit von Auslandsentsendungen erkannt, zumal sie neben dem Personalentwicklungsaspekt auch häufig mit weiteren Gründen, z.B. der Übernahme von Managementaufgaben, dem Transfer von Fachwissen oder der Verbesserung des Kommunikationsflusses zwischen den Unternehmensteilen verbunden sind (WIRTH 1992, SCHULTE 1994). Obwohl die Informations- und Kommunikationstechnik zunehmend Optionen bietet, Abläufe und Informationsaustausch virtuell durchzuführen, sind Aufgaben und Prozesse, die auf einer Face-to-Face-Kommunikation beruhen, nicht über diese Techniken abzuwickeln. Hierzu gehört zum Beispiel das interkulturelle Lernen wie auch Führungsaufgaben, bei denen erst durch Zusammenwirken von Information, Kontext und sozialem Handeln das vollständige Informationsbündel zwischen den Beteiligten ausgetauscht wird. Der komplexe Zusammenhang der unterschiedlichen Faktoren kann aber nur bei persönlicher Anwesenheit vor Ort wahrgenommen werden, eine Mobilität ist unumgänglich. Auch in wissenschaftlichen und soziokulturellen Tätigkeitsfeldern zählt uneingeschränkte Mobilitätsbereitschaft zu einem wichtigen Anforderungskriterium für berufliches Engagement und berufliches Weiterkommen. Da an deutschen Universitäten bei der Besetzung von Professorenstellen in aller Regel ein „Hausberufungsverbot" gilt, ist der Wechsel gerade jüngerer Wissenschaftler an andere Universitätsstandorte vorprogrammiert. Auch bei wissenschaftlichen Mitarbeitern mit ihren zeitlich begrenzten Arbeitsverträgen z.B. durch die sogenannte Drittmittelforschung oder aufgrund von Landesgesetzen, wird die beruflich-räumliche Mobilität im Wissenschaftssektor gefördert. Das Goethe-Institut, eine Einrichtung zur Verbreitung und Pflege der deutschen Kultur mit ca. 150 Auslandsinstituten und etwa 3700 Mitarbeitern, fordert von seinen Dozenten die Bereitschaft, sich bei Bedarf in einem Fünf-Jahres-Rhythmus in andere Länder versetzen zu lassen (FAZ, Nr. 70 vom 23.3.1991).

Statistiken und empirische Untersuchungen belegen, daß die Disparitäten zwischen den regionalen Arbeitsmärkten in Deutschland sowie dem künftigen europäischen Binnenmarkt in den letzten beiden Jahrzehnten erheblich gewachsen sind, weil Arbeitnehmer mit höheren Qualifikationen zunehmend in die prosperierenden Wirtschaftszentren abwandern. Durch die fünf neuen Bundesländer und die Verlagerung des Regierungs- und Parlamentssitzes nach Berlin gewinnt die beruflich-räumliche Mobilität an zusätzlicher Bedeutung. Es ist abzusehen, daß der Trend zu einem beruflich notwendigen flexiblen räumlichen Mobilitätsverhalten künftig weiter zunehmen wird. (STATISTISCHES BUNDESAMT 1992; 1993).

2.5. Familiensituation und berufliche Karriere

Die bisherige Betrachtung der Arbeitskräftenachfrage, der zunehmenden Mobilitätsanforderungen sowie der qualitativen und quantitativen Entwicklung der weiblichen bzw. männlichen Arbeitskräfte bleibt unvollständig, wenn man diese Daten nur in Bezug zu einzelnen Individuen setzt. Nach wie vor stellen Personen, die in einer Ehe oder einer eheähnlichen Gemeinschaft leben, den überwiegenden Teil der Gesellschaft (STAT. BUNDESAMT 1995, S. III). Damit hat die Frage nach der Entwicklung der Familiensituation einen direkten Einfluß auf die Wahrnehmung beruflicher Optionen. In der traditionellen Familie war das Familienleben durch gegenseitige Abhängigkeit der Partner und durch Ausrichtung der Familie an der beruflichen Entwicklung des Ehemannes gekennzeichnet. Während dem Mann die außerhäusliche Erwerbstätigkeit zugeschrieben wurde, lagen die Aufgaben der Frau in der Familienarbeit. Die Normalbiographie der Frau war durch die Biographie ihrer Familie und somit aus den Lebensphasen ihres Ehemannes und ihrer Kinder direkt abzuleiten (SØRENSEN 1990). Eine eigene Berufstätigkeit fand nur als „Ergänzung" statt, die Rollenteilung, mit der Zuständigkeit der Frau für die Familienarbeit, blieb unberührt.

In den letzten Jahrzehnten haben jedoch verschiedene Prozesse des sozialen Wandels stattgefunden, die diese traditionelle Familienstruktur und die ihr zugrundeliegende Rollenverteilung in ihrer Gültigkeit, zumindest für einen Teil der Partnerschaften aufgehoben oder aufgeweicht haben. Ein Einfluß, der hier sicherlich zu Buche schlägt, ist der vielfach zitierte Wertewandel (KLAGES 1985 & 1993). Der hier festgestellte Trend, Abwendung von Pflicht- und Akzeptanzwerten, Zunahme der Selbstentfaltungswerte, wird an zwei Tendenzen deutlich. Für die im Berufsleben stehenden Männer nimmt der Stellenwert der traditionellen Arbeitstugenden ab. Einer reinen Pflichterfüllung gegenüber der Firma treten andere Werte, wie z.B. Selbstverwirklichung (siehe auch Teil 2.3.). Wie gezeigt wurde, führt dies zu einer stärkeren Hinwendung der jüngeren Bevölkerung zu privaten Engagements, wie z.B. der Familie. Andererseits wird von den Frauen die Pflichterfüllung in der

Familie in Frage gestellt (KLAGES 1985, S. 118). Zunehmend streben Frauen eine eigene „Selbstverwirklichung" an, die in einer Berufstätigkeit gesucht wird.[10] Zu einem gleichgerichteten Ergebnis kommen auch SEIDENSPINNER u.a. (1996), die als Fazit ihrer Untersuchung feststellen: „Während der Berufsbereich für keine der Frauen zur Disposition steht, werden an der Lebensperspektive Familie Zweifel angemeldet" (S. 70). Hinsichtlich des Wertebildes nimmt also die Familienorientierung bei Männern leicht zu, bei Frauen ab. Insgesamt verändert der Wertewandel also auch die Einstellung zur Partnerschaft bzw. Familie. Aus der Rollenteilung mit gegenseitiger Abhängigkeit wird eine Solidargemeinschaft, die partnerschaftliche Hilfe zur persönlichen Entfaltung beinhalten soll (KLAGES 1985, S. 121). BECK & BECK-GERNSHEIM (1990) haben für diese Entwicklungen den Begriff der Individualisierung innerhalb der Partnerschaften geprägt. Der Prozeß der Familienentwicklung wird danach als eine „Verknotung" individueller Lebensläufe angesehen. In der Folge führen diese individuellen Präferenzen und Entscheidungen dazu, daß bei den Partnern familiäre und vor allem auch berufliche Perspektiven zeitlich auseinander driften, berufliche Karrieren miteinander konkurrieren und entsprechende Konfliktfelder erzeugt werden (vgl. die Beiträge in HERLTH & STROHMEIER 1989).

BECK-GERNSHEIM faßt dies so zusammen:

„Solange es nur der Mann war, dessen Lebenslauf dem Grundmuster der Individualisierung unterstellt wurde, solange die Frau komplementär aufs Dasein für andere verpflichtet wurde, blieb der Familienzusammenhalt weitgehend gewahrt – freilich um den Preis der Ungleichheit der Frau. Jetzt aber, wo diese ‚Halbierung der Moderne' sich nicht mehr länger durchhalten läßt, beginnt eine neue Epoche in der Geschichte der Frau – und ebenso in der Geschichte von Mann und Frau. Erst jetzt kommt zustande, daß im Augenblick der Liebe zwei Menschen aufeinander treffen, die beide den Möglichkeiten und Zwängen einer selbstentworfenen Biographie unterstehen" (BECK & BECK-GERNSHEIM 1990, S. 85)

Beispielhaft spiegelt sich die Veränderung des Rollenverständnisses auch in der Ehegesetzgebung wider. So bestand bis 1957 unverändert das Eherecht aus dem Jahre 1900, wonach der Mann das Recht hatte, in allen Dingen des Hauswesens die endgültige Entscheidung zu treffen. Die Änderung im Jahr 1957 führte dann das Leitbild der „Hausfrauenehe" ein, in dem der Frau die Aufgabe zur eigenverantwortlichen Führung des Haushaltes übertragen wurde (DÖLLE 1964, S. 412). Erst 1977 wurde im 1. EheRG die Gleichstellung beider Partner festgelegt, die dem Paar selbst die Festlegung der Rollen überläßt (DIEDERICHSEN 1991, §1356 BGB Rz.1).

---

10 Eine gleichgerichtete Tendenz der Änderungen vorhandener Werte stellt auch INGLEHART (1989) fest, wenngleich dieser mit anderen Kategorien des Wertebegriffs arbeitet.

Im Rahmen dieser Veränderungsprozesse ist eine weitere Form des „Zusammenlebens" von Paaren entstanden, die sich in der Literatur als „Living apart together" (LAT) findet. Der Begriff, der von C. J. Straver geprägt wurde (nach SCHMITZ-KÖSTER 1990, S. 23), bezeichnet Paare, die in einer festen Beziehung leben, allerdings in getrennten Haushalten (SEIDENSINNER u.a., 1996). Wie SCHMITZ-KÖSTER schreibt, faßt der Begriff allerdings eine Vielzahl von Partnerschaftsformen zusammen, da die Gründe und Formen dieser Lebensform sehr unterschiedlich sein können. Sowohl SEIDENSPINNER u.a. (1996) wie auch SCHMITZ-KÖSTER (1990), die diese Lebensform mit einer qualitativ-empirischen Forschung untersucht haben, geben für die Wahl dieser Lebensform zwei Hauptbeweggründe an. Zum einen sehen die Partner die Möglichkeit, eine größere Selbständigkeit und Selbstverwirklichung umsetzen zu können, zum anderen ist die gewählte Lebensform häufig durch das berufliche Engagement beider und entsprechend gegensätzlicher Mobilitätsanforderungen gekennzeichnet. Wie SCHMITZ-KÖSTER feststellt, ist für die beruflich bedingten Distanzbeziehungen weniger entscheidend, daß sie aus sozialer Not eingegangen werden, sondern wegen des Inhaltes der Arbeit und dem Interesse an einer entfernten Stelle.

Auch SEIDENSPINNER u.a. (1996) stellen bei fast allen Interviewpersonen eine stark inhaltliche Berufsorientierung fest (S. 142). Während die beruflichen Gründe häufig zu kurzfristigen LAT-Beziehungen führen, sind die langfristigen LAT durch feste emotionale Bindungen der Partner bei gleichzeitigem Wunsch, vor allem der Frauen, nach Freiheit und Freiräumen gekennzeichnet. Längerfristig wollen alle mit dem Partner zusammenziehen oder schließen dies zumindest nicht aus (SEIDENSPINNER 1990, S. 141). Nach den Ergebnissen der beiden Studien bilden persönliche und berufliche Selbstverwirklichungswerte somit die Grundlage zur Wahl dieser Lebensform. SEIDENSPINNER u.a. (1996) schreiben hierzu: „Die jungen Frauen bringen einen eigenen Lebensentwurf in die Beziehung ein, der nicht mit dem des Partners verschmilzt, sondern als eigener bestehen bleibt" (S. 143).

Obwohl in beiden Studien mit Zufallsauswahl gearbeitet wurde und in einem zweiten Schritt bei der Auswahl der Interviewpartner versucht wurde, eine möglichst gute Streuung über die verschiedenen Merkmale herzustellen, resümieren die Autoren beider Studien, daß sich die Form des LAT überproportional häufig in der Gruppe der gut ausgebildeten, vorwiegend Hochschulabsolventen mit besseren Einkommen findet. Wie die Daten der Wertewandelforschung und der LAT-Studien zeigen, finden sich Veränderungen der Werte- und Rollenbilder nicht gleichmäßig in der Bevölkerung. Mit zunehmend höherem Bildungsabschluß ist ein deutlicher Wandel der Werte, hin zu Entfaltungs- und Selbstbestimmungswerten zu finden ist. Verstärkt wird der Wertewandel durch die Variable Alter. In der Kombination „jung und hoher Bildungsgrad" findet sich die höchste Ausprägung. Daher bezeichnet KLAGES „die jungen gebildeten als Wertewandlungsträger" (S. 41, 1985).

Auch in den Forschungen von INGLEHART (1989) findet sich dieser Zusammenhang.

Die „Wichtigkeit" der Partnerschaft dokumentiert sich auch in den Ergebnissen einer Studie des Instituts für praxisorientierte Sozialforschung (BMFJ 1992/1994). Hierin nannten rund die Hälfte aller Befragten (55 % in West- und 47 % in Ostdeutschland) die Partnerschaft als wichtigsten von vier genannten Lebensbereichen. Als zweitwichtigster Punkt wurden die Kinder (20 % West, 29 % Ost), noch vor dem Beruf (13 / 21 %) und den Freunden (3 / 9 %) genannt. Bei einer differenzierten Betrachtung der Ergebnisse nach Geschlecht ändert sich die Reihenfolge für die Männer in West und Ost. Nach der Partnerschaft stellt der Beruf den zweitwichtigsten Lebensbereich, vor den Kindern dar.

Tab. 4: Wichtigster Lebensbereich nach Geschlecht und Region

Wichtigster Lebensbereich	Westdeutschland			Ostdeutschland		
	Summe	männl.	weibl.	Summe	männl.	weibl.
Beruf	13	17	9	21	27	16
Partnerschaft	55	58	52	47	51	43
Freunde	9	10	9	3	4	2
Kinder	20	12	27	29	17	39

Quelle: BMFJ 1992, S. 19

Eine geschlechtsspezifisch unterschiedliche Einschätzung des Stellenwertes der Familie findet sich bereits in der Wertewandelforschung. Hinsichtlich der Rollenverteilung in der Familie ließen sich hier nur ansatzweise Veränderungen bei den Männern zeigen (vgl. INGLEHART 1989; von TROTHA 1990), so daß vielfach das traditionelle Rollenverständnis dominierte (NERGE & STAHMANN 1991, S. 18 ff.). BECK-GERNSHEIM (1992) kommt in einer Auswertung der Literatur in diesem Punkt zu dem Ergebnis, daß sich „anhand dieser Materialien sagen läßt, daß bei Männern Veränderungen stattfinden, was die Wünsche, Erwartungen, Lebenspläne angeht, auch eine zumindest partielle Lockerung alter Geschlechtsrollen-Leitbilder deutet sich an. ... feststellbar ist bisher vor allem eine ‚gedankliche Emanzipation' der Männer."

METZ-GÖCKEL & MÜLLER (zitiert nach BECK-GERNSHEIM 1992) schreiben hierzu: „Die Männer sind in ihren Reaktionen geteilt, wofür sie mit dem Kopf eintreten, setzen sie in der Tat nicht um." Bei differenzierter Betrachtung der Rollenbilder bildet wiederum die Gruppe der jungen, höher Qualifizierten eine Vorreiterrolle. In dieser Gruppe findet sich ein stärkerer Trend in Richtung einer Akzeptanz der Gleichstellung bzw. Gleichberechtigung der Geschlechter in Familie und Beruf (NERGE & STAHMANN 1991, S. 41 f.; Mikrozensus 1991). Zu gleichen Schlüssen kommt man durch differenzierte Auswertung der ALLBUS-Umfrage 1991. Hier zeigt sich, daß die Rollenerwartungen an die Frau, je nach Berufstätigkeit, Geschlecht und Bildungsabschluß sehr unterschiedlich sind.

Tab. 5: Statement/Zustimmung: „Für eine Frau ist es wichtiger dem Mann bei der Karriere zu helfen, als selbst Karriere zu machen."[11]

Befragte ohne Hochschul-abschluß	Befragte mit Hochschul-abschluß	weitere Differenzierungen der Befragten
33 %	17 %	alle Befragten
32 %	34 %	Männer ohne Berufstätigkeit
28 %	15 %	Männer mit Vollzeittätigkeit
35 %	13 %	Frauen ohne Berufstätigkeit
20 %	5 %	Frauen mit Vollzeittätigkeit

Quelle: Allbus-Umfrage 1991

Tab. 6: Statement/Zustimmung: „Eine verheiratete Frau sollte bei Arbeitsplatzmangel ihren Beruf aufgeben, wenn ihr Mann die Familie ernähren kann."[12]

Befragte ohne Hochschul-abschluß	Befragte mit Hochschul-abschluß	weitere Differenzierungen der Befragten
50 %	28 %	alle Befragten
62 %	46 %	Männer ohne Berufstätigkeit
50 %	30 %	Männer mit Vollzeittätigkeit
60 %	22 %	Frauen ohne Berufstätigkeit
31 %	16 %	Frauen mit Vollzeittätigkeit

Quelle: Allbus-Umfrage 1991

Wie die beiden Tabellen zeigen, gibt es hinsichtlich der Rollenerwartung von Frauen deutliche Unterschiede in Abhängigkeit der korrespondierenden Variablen Hochschulabschluß und Berufstätigkeit. Besondere Extrempositionen sind bei den befragten Frauen zu verzeichnen. Frauen ohne Hochschulabschluß und ohne Berufstätigkeit hängen besonders häufig traditionellen Rollenbildern an, berufstätige Frauen mit Hochschulabschluß negieren diese

---

11 Prozentwerte sind Summe der Antwortkategorien „stimme zu" und „stimme eher zu".
12 Prozentwerte sind Summe der Antwortkategorien „stimme zu" und „stimme eher zu".

Rollenbilder weitestgehend. Deutlich wird bei den Antworten zu beiden Statements, daß Frauen mit Hochschulabschluß eine Absage an die berufliche Unterordnung erteilen. Sie präferieren eine eigenständige Berufsausübung. Zur gleichen Feststellung kommt das STATISTISCHE BUNDESAMT (1995) in der Gegenüberstellung von Ausbildung und Erwerbsbeteiligung, bezogen auf Frauen: „Signifikant ist der Zusammenhang zwischen Ausbildung und Erwerbsbeteiligung: Je höher der Ausbildungsabschluß ist, desto höher ist die Erwerbsquote, insbesondere im mittleren und höheren Lebensalter" (STAT. BUNDESAMT 1995, S. 85). Diese Ergebnisse weisen in die gleiche Richtung wie die Auswertungen von IAB-Daten durch ENGELBRECH (1991), der einen Zusammenhang zwischen Alter und Qualifikation in Verbindung mit der Erwerbsquote von Frauen nachweisen kann: In der Gruppe der jungen Frauen und in der Gruppe der qualifizierten Frauen finden sich die höchsten Erwerbsquoten. Auch hinsichtlich des Volumens der Arbeit gibt es eine qualifikationsabhängige Ausprägung. Mit zunehmender Qualifikation nimmt der Anteil der Frauen in Vollzeitbeschäftigungen zu: 19 % Vollbeschäftigung bei Frauen ohne Berufsausbildung, 37 % bei Frauen mit Berufsfachschulausbildung, 46 % bei Frauen mit Hoch- und Fachhochschulausbildung (alle Zahlen 1986). ENGELBRECH legt auch dar, daß der Trend zu einer Vollzeitbeschäftigung in den letzten Jahren zugenommen hat, denn 1977 gingen nur 39 % der Frauen mit Hochschul- und Fachhochschulabschluß einer Vollzeitbeschäftigung nach. Bei der Betrachtung des beruflichen Status ergibt sich eine ähnliche Ausprägung. So waren 1986 37 % der Frauen in gehobener oder leitender Stellung Vollzeit beschäftigt (1977: 34 %), in mittlerer Stellung waren es 28 % (1977: 25 %). (ENGELBRECH 1991).

Neben den Frauen mit hohem Bildungsabschluß gibt es in den Tabellen der Vorseiten eine zweite, interessante Gruppe. Männer ohne Berufstätigkeit stimmen überdurchschnittlich häufig Statements zu, die das traditionelle Rollenbild der Frauen präferieren. Erstaunlicherweise führt hier der höhere Bildungsabschluß nicht dazu, daß ein moderneres Rollenverständnis geäußert wird. Vermutlich ist die persönliche Situation der fehlenden Berufstätigkeit entscheidend. Wie eine Studie der Universität Nürnberg (HERMANN & FÄRBER 1992) nahelegt, läßt sich eine Überlagerung von Einstellungen finden, die je nach Situation unterschiedlich deutlich wird. Prinzipiell befürworten bzw. akzeptieren Männer mit höheren Bildungsabschlüssen eine selbständige Berufslaufbahn von Frauen. Sobald sich jedoch für die Männer persönlich eine negative berufliche Situation einstellt, wird von der Frau eine Rückkehr zu traditionelleren Rollenbildern erwartet. Die Nürnberger Studie führt dies explizit am Beispiel der Einkommen der beiden Partner aus. Solange der Mann über das höhere Einkommen verfügt, wird die Berufsorientierung der Frau begrüßt oder akzeptiert. Diese positive Einstellung verändert sich jedoch bei einem Teil der Befragten, sobald die Frau innerhalb der Partnerschaft das höhere Einkommen erzielt (HERMANN 1992).

Eine weitere Möglichkeit, das Rollenbild der Frau innerhalb der Familie zu analysieren stellt die Variable Kindererziehung dar. Bei der Frage, wer für die Erziehung von Kindern verantwortlich sein soll, zeigt sich zunächst eine Abkehr vom traditionellen Rollenverständnis. So sind zwar 30 % der Westdeutschen und 34 % der Ostdeutschen der Meinung, daß die Betreuung von Kleinkindern in die Hand der Mutter gehört. Immerhin von 70 bzw. 66 % der Befragten wird aber angegeben, daß beide Elternteile gleichermaßen für die Betreuung zuständig sein sollten. Ein bzw. unter einem Prozent der Befragten sehen die Betreuung der Kleinkinder alleine beim Vater sehen (BMFuS 1992). Vergleicht man diese Äußerungen mit der tatsächlichen Übernahme von Kinderbetreuungsaufgaben, ändert sich das Bild. So geben nahezu alle Frauen nach der Geburt eines Kindes ihre Berufstätigkeit zumindest zeitweise auf, um die Kinderversorgung zu übernehmen. Zwar stehen diese Optionen prinzipiell beiden Elternteilen offen, aber der männliche Partner unterbricht seine Berufstätigkeit zur Kinderbetreuung fast nie (BMFuJ 1992, LBS 1997).

Die Variablen Alter und Qualifikation haben auch bei der Einstellung zur Kindererziehung wieder einen entscheidenden Einfluß. „Die Unterschiede zwischen Männern und Frauen in Westdeutschland werden mit zunehmendem Alter immer ausgeprägter. Während die unter 35jährigen Männer und Frauen noch überwiegend und nahezu übereinstimmend die Meinung vertreten, daß auch die Betreuung kleinerer Kinder von beiden Eltern übernommen werden sollte, ist es in der Gruppe der 35- bis 49jährigen Männer eine deutlich geringere Mehrheit und bei den über 50jährigen Männern sogar eine Minderheit, die diese Meinung vertritt" (BMFJ 1992, S. 58). Nahezu unabhängig davon, ob die Befragten aus Ost- oder Westdeutschland stammen, ist hingegen der Einfluß von Bildung auf die Frage, wer innerhalb der Partnerschaft die Erziehung der Kinder übernehmen sollte. „Je höher die formale Schulbildung ist, desto eher sehen die Befragten eine gemeinsame Verantwortung von Vater und Mutter" (BMFJ 1992, S. 60).

Um Freiräume für eine berufliche engagierte Tätigkeit zu schaffen, wäre auch eine gleichmäßige Verteilung der Erziehungstätigkeit zwischen den Partnern nicht ausreichend, besonders dann nicht, wenn beide Partner berufstätig sind oder sein wollen. Daher ist die Einstellung zur Kindererziehung durch Dritte ein wesentlicher Punkt, da hierdurch erst eine Basis für eine vollwertige Erwerbstätigkeit beider Partner gelegt wird. Große Unterschiede gibt es in der Einstellung zur Betreuung von Kleinkindern außerhalb der Familie. 63 % der Westdeutschen und nur 41 % der Ostdeutschen glauben, daß eine Betreuung außerhalb der Familie der Entwicklung schadet. „Während im Osten auch die formale Bildung ohne durchgängigen Einfluß auf die Frage bleibt, ist im Westen festzustellen, daß mit zunehmender formaler Bildung die Meinung häufiger vertreten wird, daß eine Betreuung außerhalb der Familie der Entwicklung eines Kindes nicht schadet" (BMJF 1994, S. 36).

Diese Einstellungen finden sich entsprechend in der Nutzung von Kindergärten wieder. Bei Kindern zwischen drei und sechs Jahren weist die amtliche Statistik (STAT. BUNDESAMT 1995) einen deutlichen Unterschied hinsichtlich des Kindergartenbesuches, in Abhängigkeit vom Bildungsabschluß der Eltern auf. Bezogen auf Familien, in denen beide Eltern arbeiten und ein Elternteil den Volks- oder Hauptschulabschluß hat, besuchten 1991 im alten Bundesgebiet 64,6 % des Nachwuchses den Kindergarten. Aus Familien, in denen mindestens ein Elternteil die Hoch- oder Fachhochschulreife besitzt, gingen 72,4 % der Kinder in den Kindergarten. In den neuen Bundesländern tritt dieser Unterschied nur sehr gering auf: 91,4 zu 92,4 %.

Zumindest für Westdeutschland zeigt sich wiederum, daß Einstellungen zur Kindererziehung durch Dritte bildungsabhängig sind und somit mögliche familiäre Organisationsmodelle in Familien mit geringerem Bildungsniveau negiert werden. Bedingt durch die unterschiedliche Entwicklung in den beiden deutschen Teilstaaten, gerade im Bereich der Frauenrolle und der Kindererziehung, lassen sich solche Unterschiede im Osten nicht mehr vorfinden. Hier ist die traditionelle Zuweisung der Erziehungsaufgaben, allein auf die Frau, weitestgehend aufgegeben worden. Kinder erhöhen somit für viele Frauen, besonders in Partnerschaftsmodellen nach traditionellen Vorstellungen, die Doppelbelastung durch Familie, Kindererziehung und Beruf. Entsprechend sinkt die Erwerbsquote von Frauen in Westdeutschland, sobald Kinder vorhanden sind (STAT. BUNDESAMT 1995). Das dieser Zusammenhang aber nicht automatisch die Berufsorientierung von Frauen widerspiegelt, sondern vielmehr durch die Rahmenbedingungen erzeugt wird, zeigt ein Vergleich mit anderen europäischen Ländern. „Im Gegensatz zu Westdeutschland beeinflußt die Existenz von Kindern die Erwerbsquote von Frauen bei fast der Hälfte der Mitgliedsstaaten nicht wesentlich: In Dänemark, Portugal und Belgien liegt die Erwerbsquote der Frauen mit Kindern sogar höher als bei kinderlosen Frauen; in Frankreich und Großbritannien liegt die Erwerbsquote der Frauen mit Kindern immer noch über dem EG-Durchschnitt. (BUNDESANSTALT 1994). Die Begründung hierfür liegt in Dänemark, Frankreich und Belgien in den guten Angeboten an Kinderbetreuungseinrichtungen, in Großbritannien sind die Optionen zur Teilzeitbeschäftigung ausschlaggebend.

Ein Vergleich der Berufstätigkeit von Müttern in der Bundesrepublik (alt) und den USA (KURZ 1998) zeigt außerdem die Bedeutung von kulturellen Werten auf. So ergeben Auswertungen statistischer Daten[13], daß Frauen in den USA nach der Geburt merklich seltener ihre Erwerbstätigkeit unterbrechen als Frauen in der alten Bundesrepublik. Außerdem setzen Frauen in den USA die Berufstätigkeit dann überwiegend als Vollzeitbeschäftigung fort, während die deutschen Mütter, wenn sie berufstätig bleiben/werden, Teil-

---

13 Datenbasis der Studie war das sozio-ökonomische Panel (BRD) und die Panel Study of Income Dynamics (USA)

zeittätigkeiten bevorzugen. Begründet werden die Befunde mit einem Wertebild in den USA, das vorwiegend auf Freiheit des Einzelnen, verbunden mit Verantwortung für sein eigenes Leben setzt. In der Folge bedeutet dies, daß in der Gesellschaft die Berufstätigkeit von Müttern, im Gegensatz zu Deutschland, weitgehend akzeptiert ist. Zum anderen fehlen in den USA staatliche Schutz- und Unterstützungsleistungen, wie z.b. Erziehungsgeld- und Urlaub, wodurch die individuelle Verantwortung weiter erhöht bzw. in der Bundesrepublik das gegenteilige Wertemuster, die Mutter solle doch die Berufstätigkeit unterbrechen, verstärkt wird. Wie zuvor für andere Länder bereits dargestellt, finden sich zudem in den USA wesentlich bessere Möglichkeiten zur Kinderbetreuung als in der Bundesrepublik, wodurch auch die Rahmenbedingungen zur Umsetzung dieses Werte- bzw. Verhaltensmusters jeweils gegeben sind (KURZ 1998, S. 244).

Ein zusätzlicher Beleg, daß Kinder nicht als erklärender Faktor der Frauenberufstätigkeit herangezogen werden können, ergibt sich beim Vergleich zwischen West- und Ostdeutschland. Während in Westdeutschland 78,7 % der vollzeiterwerbstätigen Frauen keine Kinder haben und die Rate auf 40,4 % sinkt, sobald Kinder vorhanden sind, ist die Quote der kinderlosen, vollzeiterwerbstätigen Frauen (83,3 %) in Ostdeutschland nur geringfügig höher als der Anteil der vollzeiterwerbstätigen Frauen mit Kindern (81,0 %) (BUNDESANSTALT 1994, S. 26). Die Entwicklung der Quote der erwerbstätigen Frauen mit minderjährigen Kindern stellt eine direkte Beziehung zwischen Kinder und Berufstätigkeit in Frage. So waren 1950 nur 22,5 %, 1970 bereits 32,6 % und 1988 immerhin 44,2 % der Frauen mit minderjährigen Kindern berufstätig (TROTHA v. 1990). Auch in einer Studie der Personalberatung SPENCER STUART (1993) wird aufgezeigt, daß ein Vorhandensein von Kindern nicht als Erklärung für die Erwerbsbeteiligung von Frauen und deren beruflicher Position ausreicht. Ein Befragter wird zitiert: „If the critical factor were children, there would be loads of single or childless women at senior level. And there aren't." (S. 15)

In Deutschland scheint die Qualifikation der Frauen ein weiterer Faktor zu sein, der die Erwerbsbeteiligung beeinflußt. So ist im Zeitverlauf eine steigende Erwerbsquote, in Abhängigkeit von Bildungsabschluß, sowohl bei Ehefrauen mit und ohne Kindern, wie bei Alleinerziehenden zu beobachten (STAT. BUNDESAMT S. 85). Diese Daten deuten darauf hin, daß der Ausbildungsabschluß der Mutter und die Rahmenbedingung für die Kindererziehung offensichtlich für die Berufsorientierung von Frauen wichtiger sind, als die Frage, ob Kinder vorhanden sind. Ebenfalls in Abhängigkeit von der Qualifikation der Frauen ist die Unterbrechung der Berufstätigkeit im Zusammenhang mit Kindern. So kommen BUTTLER und BELLMANN (1988)[14] zu der Aussage, „qualifizierte Frauen unterbrechen aufgrund der

---

14 zitiert aus HUJER/LÖWENBEIN 1991

Mutterschaft nicht mehr ihre Berufstätigkeit beziehungsweise verkürzen die Unterbrechung zunehmend." Zu ähnlichen Ergebnissen kommt auch MEYER (1991, S. 69), der zusätzlich einen Zusammenhang zwischen Qualifikation und Deklassierung beim Wiedereinstieg nach einer Berufsunterbrechung nachweisen kann (S. 65). So ist bei Frauen mit höherer Qualifikation kein direkter beruflicher Nachteil, bezogen auf berufliche Position, festzustellen, während niedrig qualifizierte Frauen häufig berufliche Abstiege nach einer kinderbedingten Berufsunterbrechung hinnehmen müssen.

Gleichzeitig kann er zeigen, daß sich die Berufschancen von Frauen ebenfalls differenziert entwickelt haben. Während sich die Beschäftigungschancen der qualifizierten Frauen verbesserten, verschlechterten sich die Chancen der Frauen mit niedrigen Qualifikationen (S. 63). Auch der Arbeitsmarkt-Monitor des IAB, Institut für Arbeitsmarkt- und Berufsforschung, (BIELENSKI u.a. 1995) liefert Belege, daß die Qualifikation der Frau zur entscheidenden Variable hinsichtlich der Beschäftigungschancen wird. Während Frauen in Ostdeutschland in der Zeit von 1989 bis 1994 insgesamt deutlich geringere Beschäftigungschancen als Männer hatten, gilt dieser Trend nicht für alle Frauen. Bei einer differenzierten Betrachtung kann man z.B. feststellen, daß Fachschul- und Hochschulabsolventinnen noch bessere Chancen als Männer mit gleicher Qualifikation hatten, innerhalb des fünfjährigen Beobachtungszeitraums erwerbstätig zu sein. Gleichzeitig sind die Erwerbschancen von Frauen der untersten Qualifikationsebene in den beobachteten fünf Jahren nach der Wende schlechter gewesen als die der Männer (BIELENSKI 1995).

Neben der Frage, ob Kinder einen Einfluß auf das berufliche Engagement nehmen, ist andererseits zu fragen, ob das berufliche Engagement Einfluß auf die Kinderzahl der Familie hat. Nimmt man als Prüfgröße für vorhandenes oder gewünschtes berufliches Engagement die Qualifikation, der Zusammenhang wurde in den vorherigen Ausführungen aufgezeigt, so gibt es signifikante Unterschiede zwischen der Kinderzahl und dem Qualifikationsprofil der Eltern . Für Westdeutschland läßt sich zeigen, daß bei Paaren mit einfachem Bildungsstatus sehr viel häufiger Kinder vorhanden sind, als bei Paaren mit höherem Bildungsabschluß. Dieser Unterschied besteht auch in Ostdeutschland, allerdings ist er hier nicht so stark ausgeprägt (BMFJ 1992, S. 51/52; BMFJ 1994, S. 29/30).

Ergebnisse anderer Studien deuten gegenteilig darauf hin, daß der Kinderwunsch mit zunehmender Qualifikation Paare sogar zunimmt (BMFuS 1992, S. 112). Eine mögliche Erklärung des Unterschiedes zwischen Wunsch und Wirklichkeit wird in geänderten Wertemustern und Rollenbildern gesehen. Bedingt durch die angestrebte berufliche Laufbahn ergeben sich für die qualifizierteren Paare längere Ausbildungszeiten, ergänzt um die Phase des Berufseinstiegs, die zu einer Verschiebung der Realisierung des Kinderwunsches führen. Kombiniert mit zusätzlicher Freizeitorientierung der Partner führt dies an die biologische Grenze, durch die dann die Kinderzahl eingeschränkt wird.

Ein weiterer Faktor, der den Kinderwunsch modifiziert, ist die Zufriedenheit innerhalb der Partnerschaft. Während die individuell gesetzten, objektiven Rahmenbedingungen (berufliche, finanzielle Situation, Wohnverhältnisse) erfüllt sein müssen, sind dies nur notwendige Bedingungen, die alleine nicht zur Realisierung des Kinderwunsches führen (BMFuS 1992, S. 347/348). Wie nachgewiesen werden konnte (LBS 1997), hat die Zufriedenheit der Frau dabei eine entscheidende Rolle, da sie sich auch auf die vom Mann erlebte Partnerschaftsqualität auswirkt. Entscheidendes Kriterium für die Frauen ist dabei eine gerechte Verteilung von Aufgaben innerhalb der Partnerschaft. So ließ sich z.b. auch nachweisen, daß die Verknüpfung von Mutterschaft und Beruf, also die Verletzung der traditionellen Rollenteilung zum Wohlbefinden der Frau beiträgt. „Zusammengefaßt erlauben diese Ergebnisse den Schluß, daß die Vermeidung oder Eingrenzung der geschlechtstypischen Rollenteilung zum Erhalt von Lebenszufriedenheit und Partnerschaftsqualität beiträgt." (LBS 1997).

Nach BECK-GERNSHEIM liegt der Kinderwunsch hauptsächlich darin begründet, dem eigenen Leben einen Sinn zu geben. Einerseits findet sich diese Vorstellung weit verbreitet bei denen, die eine geringe Ausbildung haben und in Kindern eine Lebensaufgabe und einen Lebenssinn sehen. Andererseits finden sich ähnliche Ideen auch bei den „neuen Frauen (und Männern)", besonders wenn Phasen der persönlichen Verunsicherung erlebt werden, wie z.B. Arbeitslosigkeit und ein „Fixpunkt" im Leben gesucht wird (BECK & BECK-GERNSHEIM 1990, S. 141/142).

Damit ergibt sich ein vielschichtiges Bild der Vereinbarkeit von Beruf und Familie, das jedoch an einigen Punkten immer wieder durch gleichgelagerte Zusammenhänge bzw. Variablen gekennzeichnet ist. Eine Schlüsselvariable ist die Qualifikation. Wie sich an verschiedenen Daten und Studien zeigt, gibt es immer wieder, sowohl für die Männer als auch für die Frauen, Zusammenhänge zwischen der Qualifikation und Wertemustern, Rollenbildern, Fragen der Kindererziehung oder der Berufstätigkeit. Darüber hinaus zeigt sich jedoch, daß diese Zusammenhänge nicht stabil sind, sondern durch die jeweilige Lebenssituation der Betroffenen beeinflußt werden. Besonders die Sicht des weiblichen Rollenbildes ist bei Männern durch die individuelle Situation (z.B. Arbeitslosigkeit) geprägt, ähnlich wie die Umsetzung des Kinderwunsches, die durch individuelle Biographieerlebnisse der Partner stark beeinflußt wird.

Trotz der situativen Schwankungen läßt sich generell anhand der zitierten Quellen und Daten zeigen, daß bei Paaren mit geringer Bildung oder einer einfachen Berufstätigkeit häufig traditionelle Rollenzuweisungen vorzufinden sind, indem Frauen auf die Familienarbeit und die Unterstützung der Karriere ihres Mannes festgelegt sind. In Familien dieses traditionellen Typs finden sich überdurchschnittlich häufig und zahlenmäßig Kinder. Kinderbedingte Berufsunterbrechungen bei den Frauen sind länger und führen häufig zu einer Degradierung beim Wiedereinstieg. Sobald Kinder vorhandenen sind, nimmt die Erwerbsquote der Frauen dieser Familien ab. Mit der Befürwortung der traditionellen Frauenrolle findet sich gleichzeitig eine Ablehnung der Kinderbetreuung durch Dritte.

Demgegenüber hat sich die eigene Berufstätigkeit der Frau in Paaren mit höherer Bildung bzw. qualifizierten Tätigkeiten etabliert. Die Erwerbsquote dieser Frauen ist auch bei veränderten Rahmenbedingungen, z.b. der veränderten Arbeitsmarktlage in Ostdeutschland, relativ stabil, was sich durch die besseren Beschäftigungschancen für höher qualifizierte Frauen erklärt. In dieser Gruppe ist auch der Einfluß von Kindern auf die Erwerbstätigkeit geringer als in der Gruppe der niedrig Qualifizierten. Diese berufsorientierten Frauen unterbrechen für eine Mutterschaft ihre Berufstätigkeit nur noch im geringem Umfang und haben weniger Schwierigkeiten bei der Rückkehr an den Arbeitsplatz, eine Benachteiligung durch die Berufsunterbrechung läßt sich nicht direkt zeigen. In diesen Paaren streben beide Partner eine eigenständige Berufstätigkeit an, entsprechend häufig finden sich in dieser Gruppe Vollzeittätigkeiten, auch bei Frauen mit Kindern. Diese Partner haben vergleichsweise wenig oder keine Kinder, um deren Erziehung sich zunehmend beide Elternteile kümmern. Zusätzlich wird eine Unterstützung der Kindererziehung durch Dritte akzeptiert und genutzt.

Gegenüber der traditionellen Partnerschaft lassen sich in dieser Gruppe Auswirkungen veränderter Wertemuster am umfangreichsten beobachten – hochqualifizierte Paare sind damit offensichtlich die Träger der neuen Wertemuster. Bestätigt wird dies durch BERTRAM (1995), der z.B. anhand der Daten des Familien-Survey des Deutschen Jugendinstituts zeigen kann, daß mit höherem Bildungsniveau die einzelnen um so stärker dazu tendieren, das konservative Modell, in dem die Frau den Beruf zugunsten der Kindererziehung zurückstellt, abzulehnen. Verstärkt wird dieser Trend durch die Variable Lebensalter: Je jünger die Befragten um so negativer stehen sie dem konservativen Modell gegenüber (BERTRAM 1995, S. 204). Auch PEUKERT (1991) kommt zu gleichen Schlüssen hinsichtlich des Einflusses der Qualifikation. Er schätzt, daß 14 % der Familien, bezogen auf Familien mit Kindern unter 16 Jahren, einem modernen Modell zuzurechnen sind, in dem beide Partner eine eigene Berufstätigkeit ausüben und gleichberechtigt für das Kind sorgen (PEUCKERT 1991, S. 140).

Neben den beschriebenen Tendenzen der Rollenveränderungen treten demographische Komponenten, die Familien verändern. Die Lebenserwartung ist immer stärker gestiegen, gleichzeitig ist die durchschnittliche Kinderzahl stark gesunken. Damit nimmt eine der Hauptaufgaben der Familienarbeit, rein zeitlich gesehen, im traditionellen Lebenslauf der Frau eine immer kleine Rolle ein. In den weiblichen Biographien ist ein neuer Lebensabschnitt entstanden, die Phase des „leeren Nestes", in der die Frau nicht mehr durch Kinder beansprucht wird (BECK-GERNSHEIM 1990). Insgesamt führen zunehmend längere Lebenszeiten und zunehmende Mobilität dazu, daß Familienmitglieder nur noch den kleineren Teil ihres Lebens miteinander verbringen und in einem Haushalt leben (BERTRAM 1995).

Wie im vorherigen Abschnitt aufgezeigt, sind diese Faktoren bei höher qualifizierten Paaren mit überdurchschnittlicher Häufigkeit zu finden. Damit schält sich das Bild eines besonderen Partnerschaftstyps, der Dcc, heraus. Interpretiert man die vorgestellten Befunde, so kann davon ausgegangen werden, daß bei Paaren, in denen beide Partner über eine qualifizierte Ausbildung verfügen und berufstätig sind, häufig modernere Vorstellungen zur Rolle der Frau und der Arbeitsteilung in der Familie sowie eine Akzeptanz der Kindererziehung durch Dritte zu finden sein müßte, bzw. daß diese Faktoren entscheidende Größen zur Strukturierung der Paare darstellen.

2.6. Dual-career couples

Auch wenn genaue Informationen über die Verbreitung dieser Lebensform nicht vorliegen, wie PEUCKERT (1991, S. 145) schreibt, können doch Anhaltspunkte gewonnen werden, die einen Eindruck über die Anzahl vermitteln. So schätzt PEUCKERT z.B. den Anteil moderner Partnerschaftsmodelle, in denen beide Partner arbeiten und gleichberechtigt für Erziehung und Haushalt sorgen, an Familien mit Kindern unter 16 Jahren mit 14 %. Da diese Größe aber nicht nach Qualifikation oder Berufsorientierung differenziert, muß sie vermindert werden. Andererseits fehlen Zahlen über Paare ohne Kinder oder Paare mit älteren Kindern.

Als eine andere Näherungsgröße kann die Zahl hochqualifizierter, berufstätiger Frauen herangezogen werden. So verfügten 1991 in Westdeutschland 8,6 % und in Ostdeutschland 11,3 % der erwerbstätigen Frauen über einen Hoch- oder Fachhochschulabschluß. (Zum Vergleich 13,5 % der Männer in West- und Ostdeutschland; BUNDESANSTALT 1994). Kombiniert mit Zahlen des STAT. BUNDESAMTES (1995), nach denen über 60 % aller Frauen und knapp 80 % der Frauen zwischen 25 und 55 Jahren in Partnerschaften leben, ergeben sich Anhaltspunkte für Paare, in denen die Frau berufstätig ist und durch die vorliegende Qualifikation auch eine hohe Berufsorientierung unterstellt werden kann. Wie eine Untersuchung im Auftrag des Bundesministeriums für Frauen und Senioren zeigt, ist außerdem davon auszugehen, daß sich innerhalb der Paare häufig Partner mit gleicher Qualifikation finden. „Die Analyse auf Paarebene belegt, daß bei 90 % der Paare Mann und Frau ein gleiches oder ähnliches Ausbildungsniveau aufweisen" (BMFuS 1992, S. 71). Die so konstruierte Gruppe von Paaren, in denen beide

Partner über eine qualifizierte Ausbildung verfügen, dürfte näherungsweise die Größe der Gruppe der Dcc beschreiben.

Die Forschung über Dual-career couples läßt sich grob in zwei Richtungen unterteilen. Die eine Richtung umfaßt Arbeiten, in deren Mittelpunkt die Paare, also die Betroffenen selber stehen. Die andere Richtung stellt die Probleme sowie die Entscheidungs- und Verhaltensmuster der Arbeitgeber mit ihren Verfahrensweisen, Strategien und Perspektiven in den Mittelpunkt der Analyse. Die überwiegende Zahl der vorliegenden Studien wurde in den USA durchgeführt.

2.6.1. Die Anfänge der Dual-career-couple-Forschung

Empirische Studien zur Gruppe der Dual-career couples setzten Ende der 60er Jahre ein. Den Anfang machten die britischen Wissenschaftler Rhona und Robert Rapoport, die als erste den Versuch unternahmen, die mit einer Doppelkarriere verbundenen persönlichen Konfliktfelder herauszuarbeiten, indem sie 16 betroffene Paare befragten (RAPOPORT & RAPOPORT 1969). In einer Folgeuntersuchung – befragt wurden dabei rund 1.000 männliche und weibliche Abgänger englischer Universitäten des Jahrgangs 1968 (RAPOPORT & RAPOPORT 1971 b) – konnten sie ihr zuvor entwickeltes Konfliktschema auf eine breitere empirische Basis stellen. Typisch für die „pioneers for families of tomorrow" (RAPOPORT & RAPOPORT 1971 a: S. 302) sind danach fünf ineinandergreifende Konfliktdimensionen:

1. Physische und psychische Überlastungen, die sich weniger aus der zeitlichen Inanspruchnahme der Betroffenen ergaben, sondern aus der Inkompatibilität der beruflichen und familiären Anforderungen.
2. Rollenprobleme, die aus der Diskrepanz zwischen individuell akzeptierten und gesellschaftlich geforderten Normen resultierten. Trotz der veränderten sozialen Normen verstößt der Lebensstil von Dual-career couples gegen die traditionellen Normen unserer Kultur. Die Diskrepanz zwischen diesen beiden Normsystemen führt zeitweise zu Belastungen bei den Betroffenen, und zwar in Situationen, in denen die in der frühen Sozialisation internalisierten Werte aktiviert werden, so daß die Kluft zwischen Sein und Sollen den Betroffenen bewußt wird.
3. Identitätsprobleme, die personenintern entstehen und sehr grundlegende Merkmale des Selbstkonzeptes berühren. Diese Probleme ergaben sich aus der Diskontinuität zwischen der frühen Geschlechterrollensozialisation und der heute praktizierten eher androgynen Rolle sowie den daraus resultierenden inkompatiblen Anforderungen.
4. Belastungen aufgrund mangelnder bzw. zu oberflächlicher sozialer Kontakte oder aber im anderen Extrem zu intensiver, fordernder Beziehungen.

5. Konflikte, die aus den unterschiedlichen Verläufen von Berufs- und Familienleben beider Partner resultierten und solche, die sich aus den verschiedenen Berufslaufbahnen von Mann und Frau ergaben.

Entscheidend für die jeweilige Struktur und Intensität dieser individuellen Belastungen waren zum einen der private Kontext, zum anderen aber auch die jeweilige Arbeitssituation. Im Anschluß an die Arbeiten von RAPOPORT & RAPOPORT entwickelte sich in den USA eine ausdifferenzierte Forschung über Dual-career couples, deren Anwachsen zugleich die zunehmende Bedeutung dieser Beschäftigtengruppe widerspiegelt. Neuere Untersuchungen kommen zu dem Ergebnis, daß in der zweiten Hälfte der 80er Jahre in den USA 15 % bis 20 % aller erwerbstätigen Paare zur Gruppe der Dcc zu zählen sind (NEWGREN u.a. 1988; REED 1988). Allein schon diese Größenordnung macht diese Gruppe für personalpolitische Strategien interessant.

2.6.2. Probleme beruflicher und räumlicher Mobilität

Eine wichtige Voraussetzung für eine berufliche Laufbahn ist die Bereitschaft zu räumlicher Mobilität (z.B. BARTEL 1979; MARKHAM u.a. 1983). Eine Reihe empirischer Studien belegt, daß räumliche Mobilität eines der zentralen Probleme der Dual-career couples darstellt. Dabei werden die „Kosten" für die Problembewältigung in aller Regel von Frauen getragen. Zumeist sind sie es, die Kompromisse hinsichtlich ihrer Karriereziele eingehen, indem sie bei berufsbedingten Wohnortwechseln dem Partner folgen und so riskieren, keine ihren Fähigkeiten angemessene Stellung zu finden. So konnte beispielsweise LONG (1974) zeigen, daß räumliche Mobilität viel eher die Karriere der Frau als die des Mannes negativ beeinflußt. DUNCAN und PERRUCCI (1976) stellten darüber hinaus fest, daß die berufliche Situation der Frau nur einen geringen Einfluß auf beruflich bedingte Mobilitätsentscheidungen des Mannes ausübt. Hier scheint sich jedoch durch die wachsende Zahl beruflich ambitionierter Frauen eine Änderung dahingehend abzuzeichnen, daß eine karriereorientierte Partnerin die Mobilitätsbereitschaft des Mannes negativ beeinflußt (LANDAU u.a. 1992; BRETT & REILLY 1988).

Nach wie vor dominiert bei mobilen Paaren der Aufstieg des Mannes (LANDAU u.a. 1992). Die berufliche Situation des Mannes ist also von entscheidender Bedeutung für beruflich induzierte Mobilitätsentscheidungen bei Frauen (DUNCAN & PERRUCCI 1976; SHAKLEE 1989). Diese Unterschiede im Mobilitätsverhalten von Männern und Frauen sind nicht durch Einkommensdifferenzen erklärt. Eine Analyse von BIELBY & BIELBY (1991) zeigt, daß die bei Mann und Frau unterschiedliche Häufigkeit der Ablehnung von Angeboten zur beruflichen Verbesserung – oft verbunden mit einem Ortswechsel – nicht voll durch ein Verhalten, das auf Maximierung des Familieneinkommens abzielt, erklärbar ist. Frauen lehnten berufliche Veränderungen aufgrund familiärer Gegebenheiten häufiger ab als Männer in der gleichen Situation. Demgegenüber nutzten Männer Aufstiegschancen entgegen der Voraussage nach dem neoklassischen Modell unabhängig vom Einkommen der Ehefrau, so daß der durch den Ortswechsel bedingte Gehaltsverlust der Frau nicht entscheidungsrelevant ist. Die aufgezeigten Unterschiede im Verhalten von Mann und Frau waren für Personen mit weniger traditionellem Rollenverständnis geringer.

Eine Möglichkeit für Paare, berufliche Mobilität unabhängig voneinander zu realisieren, besteht in einer räumlichen Trennung. Die Partner wohnen jeweils am Ort ihres Arbeitsplatzes und führen eine „Fernehe", die in der Literatur häufig als „commuter marriage" (commute = pendeln) bezeichnet wird.[15] Die Belastung für beide Partner und vorhandene Kinder ist enorm. Um diese Lebensform realisieren zu können, ist eine hohe Berufsmotivation bei beiden Partnern, Akzeptanz der Karriere der Frau durch den Mann, hohes Einkommen, geringe Distanz zwischen den verschiedenen Wohnorten und eine möglichst schon länger bestehende, stabile Partnerbeziehung erforderlich (KIRSCHNER u.a. 1978). Außerdem haben flexible Arbeitszeiten einen günstigen Einfluß, denn sie helfen, die mit der Familie verbrachte Zeit zu maximieren. Die Wahl getrennter Wohnorte hat zwar einen positiven Effekt auf den Arbeitseinsatz des/der Betroffenen, da er/sie sich nun dem Tagesplan der Familie nicht anzupassen braucht und seine/ihre Arbeitszeit unabhängig einteilen kann. Gerade bei Frauen wird die Arbeit oftmals zum Mittelpunkt des „Single-Daseins" (GERSTEL & GROSS 1982). Den damit verbundenen beruflichen Verbesserungen stehen jedoch familiäre Nachteile und psychische Belastungen gegenüber. Daher sehen viele die Distanzbeziehung nur als vorübergehende Lösung.

Fragen räumlicher Mobilität bei hochqualifizierten Paaren finden in Deutschland weder in tagespolitischen Debatten noch in wissenschaftlichen Analysen große Beachtung. Dagegen hat sich vor allem in den USA ein eigener Forschungszweig zur Dual-career-couple-Problematik etabliert. Während in den Anfängen hauptsächlich die Probleme der betroffenen Paare im Mittelpunkt des Forschungsinteresses standen, werden nunmehr auch Fragen der räumlichen Mobilität und der Erfolg personalpolitischer Strategien untersucht.

---

[15] commuter marriage stellt eine Unterform der sogenannten LAT's (living apart together-Beziehungen) dar (hierzu ausführlich siehe Teil 2.5), die sich auf die rein beruflich bedingte Trennungs-/Wohnsituation beschränkt.

2.6.3. Dual-career couples als Zielgruppe personalpolitischer Strategien

Wie Untersuchungen zeigen, sind sich Personalmanager privater und öffentlicher Unternehmen zunehmend bewußt, daß die Personalpolitik durch die Dual-career couples mit erheblichen Anforderungen konfrontiert wird und neu strukturiert werden muß (FORD & McLAUGHLIN 1986). Noch gibt es hier eine Reihe personalpolitischer Defizite (TAYLOR & LOUNSBURY 1988), obgleich bereits in den 70er Jahren eine Anpassung der Personalpolitik an die Bedürfnisse der Karrierepaare gefordert wurde (HALL & HALL 1978). Mängel zeigen sich in der traditionellen Einstellungspraxis, die den Anforderungen von Dual-career couples nicht entgegenkommt (SEKARAN 1986), da sie auf Individuen mit ihren jeweiligen Fähigkeiten zentriert ist. Das erschwert die Koordination der beruflichen Pläne beider Partner, für die vielmehr die kombinierten Karrieremöglichkeiten von Interesse sind (GILMORE & FANNIN 1982). Es stellt sich ihnen die Frage, welches Angebot beiden Partnern die besten beruflichen Verbesserungen bietet.

Auch Anti-Nepotismusregeln, die eine gleichzeitige Beschäftigung beider Partner einschränken, stellen ein Hemmnis für die Paare dar. Empirische Untersuchungen aus der zweiten Hälfte der 80er Jahre zu den personalpolitischen Strategien US-amerikanischer privater Unternehmen und öffentlicher Arbeitgeber zeigen, daß diese Regelung noch weit verbreitet sind. Nach einer Umfrage von FORD und McLAUGHLIN (1986), die sich auf Antworten von über 250 Personalmanagern stützen können, finden sich bei rund 60 % der Unternehmen und Verwaltungen explizite oder zumindest informelle Anti-Nepotismusregeln. Lediglich 10 % der Befragten befürworteten oder förderten dagegen eine Nepotismuspolitik. Durchgängig äußerten sich die Befragten dahingehend, daß Nepotismusregeln das Personalmanagement schwieriger machen (ebenda: S. 82 ff.). Die am meisten verbreiteten Regeln sind „keine Verwandte in gleicher Abteilung" und – mit einem noch höheren Verbreitungsgrad – „keine Vorgesetztenverhältnisse zwischen Familienmitgliedern". Die Mehrzahl der befragten Personalverantwortlichen würden aber Verwandte bzw. Familienmitglieder in anderen Abteilungen oder an anderen Unternehmensstandorten ohne weitere Einschränkungen beschäftigen.

Bei der Umsetzung und Anwendung von Anti-Nepotismusregeln zeigen sich deutliche sektorale und branchenspezifische Unterschiede (vgl. etwa NEWGREEN u.a. 1988; REED 1988). Restriktive Regelungen finden sich bei Dienstleistungsunternehmen häufiger als bei Unternehmen aus dem Produktionssektor. Als besonders kritischer Bereich gilt die öffentliche Verwaltung. Hier sollen restriktive Regelungen von vornherein den Vorwurf der Korruption, des Amtsmißbrauchs und der Vetternwirtschaft entkräften (REED 1988). Abgelehnt bzw. vermieden werden Anti-Nepotismusregeln vor allem in Organisationen des Wirtschafts- und Technologiesektors; so finden sich bei über 50 % der US-amerikanischen Hochschulen keine Anti-Nepotismusregeln. Mit der Ablehnung bzw. dem Nichtvorhandensein solcher Regelungen geht im übrigen ein hoher Anteil von jüngeren Arbeitskräften, ein hoher Frauenanteil sowie ein hoher Anteil von hochqualifizierten Arbeitskräften einher (NEWGREEN u.a. 1988). Die Anwendung von Anti-Nepotismusregeln in der Einstellungspraxis führt dazu, daß qualifiziertes Arbeitskräftepotential ungenutzt bleibt. Findet der Partner eine Anstellung in einem Konkurrenzunternehmen, können – wenn beide in der gleichen Branche beschäftigt sind – Interessenkonflikte auftreten. Möglicherweise entsteht so über das Paar eine informelle Querverbindung, die Interna und Geschäftsgeheimnisse gefährdet. Jedoch könnten sich diese Befürchtungen als unbegründet erweisen und sich im Gegenteil zeigen, daß Paare, die für dasselbe Unternehmen oder für einen Konkurrenzbetrieb arbeiten, sich auch außerhalb der Arbeitszeit beruflich engagieren, indem sie Probleme des betrieblichen Alltags miteinander diskutieren und lösen, ohne die Loyalität zu gefährden.

Eine Möglichkeit, den Standortwechsel von Dual-career couples zu erleichtern, bietet der Einsatz von Unterstützungsprogrammen, die dem Partner am neuen Wohnort eine Wiederbeschäftigung in angemessener Stellung erleichtern. Mehr als 50 % der US-amerikanischen Firmen haben dies inzwischen realisiert (Employment Coordinator, 8.11.1990). Einige Firmen bieten Material über Techniken des Selbstmarketings an. Dies verursacht nur geringe Kosten und hilft den Betroffenen dennoch, ihre Bewerbungsstrategien zu verbessern, so daß sich ihre Chancen auf einen adäquaten Arbeitsplatz erhöhen. Andere Unternehmen verschaffen den Partnern Zugang zum Arbeitsmarkt, indem sie den Betroffenen entweder selbst einstellen oder Placement-Aktivitäten betreiben. Durch derartige „Transplacements" (Businesswire, 3.10.1992), bei denen für den Partner eine geeignete Stelle gesucht wird, kann die größte Barriere für eine Versetzung, die ablehnende Haltung des Partners, beseitigt werden (ebenda).

Auch der Einsatz von Datenbanksystemen kann sich hier als nützlich erweisen. Einige US-Firmen haben sich zu einem Datennetz zusammengeschlossen, über das sie Bewerberprofile von Partnern transferierter Mitarbeiter austauschen (SEKAS 1984). Manche Organisationen leisten psychologische Beratungen (Employment Coordinator, 8.11.1990), damit betroffene Paare mögliche Konflikte, die durch die spezielle Lebenssituation entstehen, frühzeitig erkennen und angemessene Bewältigungsstrategien erarbeiten können. Derartige Beratungsdienste helfen vermutlich insbesondere Paaren, die sich in einem frühen Karrierestadium befinden, in dem sie sich noch nicht genau ihrer beruflichen Möglichkeiten und Ziele bewußt sind und nur wenig Erfahrung darin haben, wie man Probleme gemeinsam löst (HALL & HALL 1978). Eine Mitarbeiterbefragung kann dazu beitragen, Probleme der Dual-career couples zu erkennen und Lösungsmöglichkeiten zu erarbeiten. Derartige Programme durchzuführen, verursacht zwar zusätzliche Kosten, aber sie nützen auch dem Unternehmen, da sie die Zahl der geeigneten Mitarbeiter, die einen Wohnortwechsel ablehnen, verringern und helfen, den Bestqualifizierten für eine bestimmte Position zu gewinnen. Diese Unterstützungsprogramme tragen dazu bei, Probleme zu reduzieren, die die Dual-career couples bei der Koordination ihrer beiden Berufskarrieren beeinträchtigen. Dies wirkt sich positiv auf die Arbeitszufriedenheit und berufliche Motivation aus.

2.6.4. Forschung in Deutschland

In der Bundesrepublik spielt das Phänomen der Dual-career couples in der gesellschafts- und arbeitsmarktpolitischen Diskussion bislang so gut wie keine Rolle. Bemerkenswert ist die Untersuchung des Instituts für Personalwesen und Arbeitswissenschaft der Universität der Bundeswehr Hamburg (I.P.A.), in der 68 Karrierepaare befragt wurden. Die Studie belegt, daß das Thema „Familie" sowie das Thema „Standortwahl/Mobilität" für karriereorientierte Paare Problempunkte darstellt, die auch die nachfragenden Betriebe vor einen erheblichen Problemlösungsdruck stellt (KRÜGER-BASENER & DOMSCH 1988). Daneben weist die Untersuchung aber auch auf positive Aspekte von Karrierepaaren hin. So sind diese besonders leistungsmotiviert und zu großen Investitionen in ihre berufliche Karriere bereit. Zudem verfügen sie über ein ausgeprägtes Verständnis für berufliche Anforderungen und Belastungen beim Partner und profitieren oftmals im Beruf von seiner fachlichen Unterstützung. Dem stehen vor allem zeitliche Abstimmungsprobleme zwischen beruflichen und familiären Belangen sowie zwischen den Karriereplanungen beider Partner als Belastung gegenüber. Bislang – so ein Fazit der Studie von KRÜGER-BASENER & DOMSCH – war es überwiegend Aufgabe der Paare, ihre berufliche Situation zu bewältigen, oftmals auch zum Nachteil der Arbeitgeber, da Mitarbeiter nicht selten unerwartet wegen räumlicher Mobilitätsanforderungen an den Partner ein Unternehmen verlassen. Unternehmen sollten daher – so die Autoren – zusätzlich zu allgemeinen personalpolitischen Maßnahmen (z.B. Arbeitszeitflexibilisierung, Teilzeitarbeit, Wiedereingliederungsmöglichkeiten nach einer Familienphase) spezielle Programme für die wichtiger werdende Zielgruppe der Dual-career couples anbieten.

Neben Artikeln in Fachzeitschriften (z.B. TROJANER 1997, MANAGEMENT & SEMINARE 1997), die die Spannung zwischen notwendiger Mobilitätsbereitschaft und Familienorientierung aufzeigen, weist auch die Untersuchung der Firma BAUMGARTNER & PARTNER (1992), bei der Personalverantwortliche befragt wurden, auf dieses Problemfeld hin. Hierbei zeigte sich, daß 38 % der Befragten die Mobilität von Fach- und Führungskräften als schlecht bezeichnen und 45 % sogar künftig eine weitere Abnahme der Mobilitätsbereitschaft erwarten. Interessanterweise gibt es einen Zusammenhang zwischen der Beurteilung der derzeitigen Mobilitätsbereitschaft und der künftigen Erwartung. Befragte, die eine schlechte Mobilitätsbereitschaft beobachten, stellen eine schlechtere Prognose als die Personalmanager, die zum Zeitpunkt der Untersuchung weniger Probleme mit der Mobilitätsbereitschaft ihrer Mitarbeiter hatten. Die Autoren betonen, daß hier die Auswirkungen von Maßnahmen zur Mobilitätsverbesserung deutlich werden: Unternehmen, die frühzeitig Mobilität als Problemfeld erkannt und entsprechende Instrumente eingesetzt haben, können heute eine hohe Mobilitätsbereitschaft ihrer Mitarbeiter konstatieren und beurteilen auch deren zukünftige Entwicklung eher optimistisch. Die Studie konnte zwei mobilitätsbeeinflussende Bereiche aufzeigen. So ist ein deutlicher Zusammenhang zwischen der Mobilitätsbereitschaft und der beruflichen Stellung gegeben, und zwar sowohl hinsichtlich der Hierarchiestufe – mit steigender beruflicher Position nimmt die Mobilitätsbereitschaft zu – als auch über den Funktionsbereich gegeben. Eine hohe Mobilitätsbereitschaft wird z. B. von 78 % der Befragten für Beschäftigte aus dem Bereich Marketing angegeben. Mitarbeiter des Rechnungswesens wurden dagegen nur von 1 % der Personalverantwortlichen als mobil eingestuft. Die zweite Faktorengruppe umfaßt den Privatbereich und seine Auswirkungen auf die Mobilitätsbereitschaft. Dabei wird der Einfluß des Lebenspartners auf Mobilitätsentscheidungen mit 87 % als stärkster Faktor beurteilt. In ihrem Fazit fordern die Autoren eine stärkere Einbeziehung der Partner in die Maßnahmen zur Verbesserung der Mobilitätsbereitschaft.

In einer Untersuchung von WIRTH (1992), in der Ablehnungsgründe für einen Auslandseinsatz erfragt wurden, zeichnet sich ein ähnliches Bild ab. Hier gaben 71 % der befragten Mitarbeiter (häufigste Nennung) an, daß die ablehnende Haltung des Ehepartners zur Ablehnung des Auslandsangebotes geführt hat. In der gleichen Untersuchung wurden auch die Arbeitgeber zur Mobilität der Mitarbeiter gefragt. Als häufigsten Grund für die Ablehnung von Mobilität wurde hier konkret die Berufstätigkeit des Ehepartners genannt. Als Fazit schreibt WIRTH (1992, S. 243):

> „Derzeit sind die Gründe aus dem familiären Bereich das Haupthindernis der Mitarbeiter für eine Auslandsentsendung. Deshalb werden zukünftig private Fragen nicht ausgeklammert, sondern gemeinsam mit dem Mitarbeiter erörtert und Lösungen gesucht. Der Ehepartner wird bereits in die Auswahlgespräche miteinbezogen... Bei ‚Dual-career couples' ist es wichtig, Hilfestellungen bei der Suche nach einer adäquaten Aufgabe für den Partner anzubieten. Eine Zielsetzung des Unternehmens sollte sein, die Familie während des Auslandsaufenthaltes nicht zu trennen. Denn, so stellten Firmenvertreter fest, familiäre Stabilität ist nicht nur für den Expatriate positiv, sondern ist auch ‚good business'!"

Teil 3: Forschungsergebnisse – Die Paare
Teilstrukturierte Interviews mit Partnern aus Dual-career couples

3.1. Auswahl der Paare / Strukturdaten

Wie bereits ausführlich beschrieben, ist die Ziehung von Stichproben aus dem Feld der Dcc nicht möglich, da die Grundgesamtheit nur definitorisch, nicht aber statistisch abgrenzbar ist. Daher konnte zur Auswahl der Paare zum Interview nur auf Selbstmeldung von Interviewteilnehmern zurückgegriffen werden. Um Faktoren, die auf Dcc einwirken können, dennoch auf eine empirisch möglichst breite Basis zu stellen, wurde das Quotaverfahren eingesetzt. Hierbei wird versucht sicherzustellen, daß vorher definierte Merkmale sich in der Stichprobe finden. Um entsprechende Interviewpartner zu identifizieren, konnte nur mit der Selbstmeldung der Betroffenen gearbeitet werden. Da ein Kennzeichen der Dcc die Berufstätigkeit ist, lag die Ansprache über den Arbeitsplatz nahe. Für dieses Verfahren ist die Ruhr-Universität Bochum ausgewählt worden. Neben der guten Zugangsmöglichkeiten zu einer großen Mitarbeitergruppe bot die Ruhr-Universität, gegenüber einem vergleichbaren Vorgehen in anderen Großunternehmen verschiedene Vorteile.

- Wie in Abschnitt 1.4. definiert, sollte die Gruppe der Dcc in der vorliegenden Untersuchung u.a. durch Vorliegen eines Studienabschlusses beider Partner gebildet werden. In der Beschäftigtengruppe der Ruhr-Universität gibt es naturgemäß einen hohen Prozentsatz von Akademikern, so daß bei diesem Faktor eine überdurchschnittliche Häufigkeit erwartet werden konnte. Durch Beschränkung der Anfragen auf den Personenkreis der wissenschaftlichen Mitarbeiter war dieser Aspekt für einen Partner automatisch sichergestellt.
- In der Beschäftigtengruppe der Ruhr-Universität konnte ein hoher Prozentsatz von Personen vermutet werden, die in der Art ihrer Partner von traditionellen Rollenbildern abweichen, da Mitglieder aus Universitäten hinsichtlich gesellschaftlicher Änderungstendenzen häufig überdurchschnittlich beteiligt sind.
- Bedingt durch gesetzliche Grundlagen, z.B. Beschränkung der Vertragsdauer auf fünf Jahre und die Organisation des Lehr- und Forschungsbetriebs sind wissenschaftliche Mitarbeiter direkt von hohen Mobilitätsanforderungen betroffen, so daß Erfahrungen bzw. eine Beschäftigung mit diesen Anforderungen vorausgesetzt werden konnte.

- Durch die Altersstruktur der wissenschaftlichen Mitarbeiter an der Ruhr-Universität konnte davon ausgegangen werden, sowohl Paare zu finden, die einen „Dcc-Lebenslauf gemeistert" hatten als auch Paare, die sich am Anfang oder in der Zwischenphase ihrer beruflichen Laufbahn befanden.
- Zusätzlich bot die Beschäftigtengruppe die Option, eine große Spannbreite von beruflichen Qualifikationen abzugreifen und so mögliche Unterschiede innerhalb der Ausbildungsrichtungen zu berücksichtigen.

Ein weiterer Aspekt ist darin zu sehen, daß der Tätigkeit als wissenschaftlicher Mitarbeiter später eine Beschäftigung in einem Unternehmen folgen kann, also in der Befragung dieser Gruppe auch frühzeitig Einstellungen und Werte erhoben werden können, die im Unternehmensalltag erst mit einem gewissen Zeitverzug zu beobachten wären. Damit stellt die Universität zwar keinen typischen Arbeitgeber dar, durch die Kombination der genannten Faktoren war sie für die vorliegende Fragestellung aber gerade interessant, da erwartet werden konnte, früher und umfassender Aspekte der Dcc vorfinden zu können.

Zur Befragung wurde, basierend auf einer Literaturauswertung, ein Themenkatalog erarbeitet, zu dem die Befragten ihre Erfahrungen schildern sollten. Im Rahmen der stattgefundenen, narrativen Interviews wurden sie dann z.B. gebeten, ihren Lebenslauf im Hinblick auf Beruf und Partnerschaft zu erzählen. Die Teilnehmer/-innen deckten sowohl hinsichtlich ihres Alters, ihrer Berufssparte und dem Status ihres Werdegangs sehr unterschiedliche Situationen ab. So wurden Personen zum Zeitpunkt des Berufseintrittes, mit mehrjähriger Berufserfahrung und gegen Ende der Berufslaufbahn befragt. Dementsprechend wurden die Themenkomplexe angepaßt erfragt, z.B. die Bewertung der Berufslaufbahn ex-post oder als Erwartungshaltung.

Für die vorliegende Untersuchung wurden alle wissenschaftlichen Mitarbeiter der Ruhr-Universität Bochum angeschrieben und, soweit sie in einem Dual-career couple leben, um die Mitarbeit an der Studie gebeten. Zusammen mit der Bereitschaftsmeldung, die von potentiellen Interviewpartner zurückgesandt wurde, konnten Merkmale der Partnerschaftsform, Alter, Geschlecht, Kinder erfragt werden. Die Partner aus den Dcc's wurden für die durchgeführten Interviews so ausgewählt, daß sich hinsichtlich der Merkmale die auf der folgenden Seite dargestellte Verteilung ergab:

Tab. 7: Merkmalsübersicht Paarstichprobe

Merkmale	Ausprägung
Partnerschaftsform	6 verheiratete Paare, 5 Lebensgemeinschaften
Alter	jüngster Teilnehmer 26 J. / ältester Teilnehmer 60 J. / Durchschnitt 36, 9 J.
Geschlecht	5 weiblich, 6 männlich
Kinder	5 Paare ohne Kinder, 3 mit 1 Kind, 3 mit 2 u. mehr Kindern

Diese Auswahl sollte zwei Aspekte sicherstellen:
1. Durch Paare, die in unterschiedlichen Umwelten und Lebenszusammenhängen leben, sollten möglichst viele umweltbedingte Faktoren der Dcc-Problematik erfaßt werden.
2. Mögliche Unterschiede bzw. identische Sichtweisen zwischen Paaren unterschiedlicher Faktorkombinationen (z.b. Lebensalter oder Kinder) sollten erhoben werden.

Ziel dieser Auswahl war somit ein möglichst breites Bild der Paarkonstellationen und der Probleme dieser Paare im privaten und beruflichen Umfeld zu erkunden. Aussagen über Verteilungen und Häufigkeiten sind mit diesem qualitativ-explorativen Vorgehen allerdings nur sehr bedingt möglich. Grundlage der in der Regel ein- bis anderthalbstündigen Interviews war ein Leitfaden. Die Teilnehmer wurden zu ihrem Partner, ihrer beruflichen und privaten Situation sowie zu ihren Einstellungen in puncto Beruf, Partnerschaft und Mobilität befragt. Außerdem wurden ihnen Fragen hinsichtlich der Problemlagen bzw. Handlungsoptionen innerhalb ihrer Dcc-Beziehungen gestellt. Die Interviews wurden mit einem Bandgerät aufgezeichnet und anschließend transkribiert.

3.2. Merkmalskombinationen

Neben den Faktoren, die zur Auswahl der Interviewpartner erhoben wurden, beinhaltete der Leitfaden Fragen zum Beruf, den Vertragsbedingungen der Tätigkeit und die Bitte, um Angabe entsprechender Daten für den anderen Partner des Paares. Damit ergaben sich Strukturmerkmale für 22 Personen aus 11 Dcc, die in nachfolgender Tabelle zusammengestellt sind.

Tab. 8: Übersicht aller sozio-demographischen Daten der Stichprobe

	Interviewteilnehmer			Partner der Interviewperson			Paarform	Kind
	A	G	Beruf / Ausprägung	A	G	Beruf / Ausprägung		
1	26	w	Dipl.	0,5 Stelle; befristet auf 2 Jahre	26	m	Dipl.	2/3 Stelle; unbefristet	Lebensgemeinschaft	keine
2	51	m	promov. Biologe	Vollzeit; unbefristet	54	w	Dipl. Biologin	Vollzeit, unbefristet (nicht Uni)	verheiratet	keine
3	60	w	Lehrerin	Vollzeit; unbefristet	---	m	Prof.	Vollzeit; unbefristet	verheiratet	3 Kinder
4	39	w	promov. Philologin	Vollzeit; befristet auf 5 Jahre	---	m	promov. Geisteswissenschaftl.	Lehrauftrag	verheiratet	1 Sohn, 3 Jahre
5	27	w	Dipl. Bauing.	Vollzeit; befristet auf 5 Jahre	---	m	Dipl.-Ing. Maschinenbau	Vollzeit, unbefristet (nicht Uni)	Heirat geplant	keine
6	31	m	Dipl. Ökonom	Vollzeit	30	w	Dipl. Übersetzerin	freiberufliche Tätigkeit	-----	ja
7	28	m	Dipl. Ing. Maschinenbau	Vollzeit; befristet, Jahresvertr. max. 4 Jahre	27	w	Dipl. Kauffrau	Stelle gekündigt, Promotionsstipendium	Lebensgemeinschaft	keine
8	41	m	Pressereferent (Pressestelle)	Vollzeit; unbefristet	39	w	Studienrätin	3/4 Stelle, unbefristet Beamtin	verheiratet	2 Kinder (12/7 J.)
9	31	m	Dipl. Chemik.	Halbjahresverträge mit Verlängerung	29	w	Dipl. Biochemikerin	befristet bis Ende Promot. (Uni-Münster)	Lebensgemeinschaft	keine
10	32	w	Dipl. Pädagogin	befristet mit Verlängerungsoption	30	m	promov.	Zeitverträge	Lebensgemeinschaft	1 Kind
11	40	m	promov., habil. Philosoph	Vollzeit, unbefristet	39	w	promov. Literaturwissenschaftlerin	Vollzeit	verheiratet	1 Kind 2 J.

Betrachtet man die sozio-demographischen Daten (Tabelle 8) so fällt zunächst die geringe Altersdifferenz zwischen den Partnern auf. Eindeutig ist auch die Tendenz, daß mit zunehmendem Alter der Befragten der Anteil derer zunimmt, die Vollzeit und unbefristet beschäftigt sind. Interessant ist ebenfalls, daß die Form der Berufstätigkeit (Zeitumfang, Befristung) bei beiden Partnern ähnliche Ausprägungen annimmt, z.B. beide Partner nur Teilzeit arbeiten oder beide Partner befristete bzw. unbefristete Verträge haben.

Dieser Zusammenhang könnte über die Variable Alter erklärt werden, unterstellt man, daß mit zunehmendem Alter die Befragten auf „sichere" Stellen kommen bzw. in der Vergangenheit entsprechende Stellen erreichen konnten. Die Variable „Voll-/Teilzeitbeschäftigung" kann sicherlich zusätzlich zur Einschätzung der Berufsorientierung Indizien liefern. Zum Befragungszeitpunkt waren 17 der 22 Partner in Vollzeitarbeitsverhältnissen beschäftigt. Unterstellt man, daß zunehmend knappe Mittel im Hochschulbereich dazu führen, daß Stellen nur noch als Teilzeitstellen angeboten werden, somit nicht durch den Wunsch der Mitarbeiter, sondern durch die Finanzsituation bestimmt sind, so ist der Anteil der Befragten mit Vollzeitarbeitsverhältnis unter diesen Rahmenbedingungen äußerst hoch. Für die Annahme, daß die Teilzeitarbeitsverhältnisse nicht unbedingt durch die Beschäftigten gewünscht sind, spricht auch die Zahl der befristeten Arbeitsverträge, die häufig mit einer Teilzeitbeschäftigung einhergehen (10 befristete Verträge).

Ob Kinder in der Partnerschaft existieren, scheint hingegen keinen entscheidenden Einfluß zu haben. Weder hinsichtlich der Art der Beschäftigung des Paares noch bei der Betrachtung der Berufstätigkeit der Frau zeigt sich ein deutlich sichtbarer Einfluß. Zumindest bei der Verteilung der Merkmale in dieser Stichprobe liegt kein Zusammenhang zwischen der Existenz von Kindern und der Wahl der Beschäftigungsform vor ($\Phi=0,069$).

Tab. 9: Kombination Beschäftigungsart / Kinder in der Paarstichprobe

	Beide Partner arbeiten Vollzeit	Ein oder beide Partner arbeiten Teilzeit	
Paare mit Kindern	4	2	6
Paare ohne Kinder	3	2	5
	7	4	11

Alle Befragten und ihre Partner hatten zum Zeitpunkt der Befragung ein Hochschulstudium, sieben davon hatten ein Promotionsverfahren abgeschlossen, zwei Dcc-Partner waren habilitiert. Unter den höheren Qualifikationen finden sich überwiegend die männlichen Partner der Paare. Von den sieben promovierten Dcc-Partnern sind fünf männlich, die beiden habilitierten Partner sind ebenfalls männlich. Interessanterweise sind die promovierten Frauen der Stichprobe in Paaren zu finden, in denen der Mann ebenfalls über eine Promotion verfügt (n = 2). Dieses Bild, daß die formalen Abschlüsse innerhalb der Paare entweder gleich sind oder, soweit ein höherer Status vorliegt, dieser bei dem männlichen Partner liegt, gilt für alle Qualifikationsstufen. Aufgrund der Größe der Stichprobe können hieraus noch keine Schlüsse gezogen werden, im Vergleich mit dem weiteren empirischen Material ist dieser Frage aber entsprechende Aufmerksamkeit zu schenken, da die Qualifikation wahrscheinlich entscheidenden Einfluß auf die Laufbahn ausübt. In welchem Umfang dies ein Indiz für eine gleichgerichtete Berufsorientierung innerhalb der Paare sein kann, wird anhand der inhaltlichen Auswertung der Interviews zu prüfen sein.

Eine weitere, interessante Tatsache ist die Kombination von Qualifikation und Kindern. So haben alle Paare, in denen ein Partner oder beide Partner über eine Promotion verfügen, ein oder mehrere Kinder. Obwohl die Stichprobe für allgemeingültige Aussagen zu klein ist, muß aufgrund dieser Tatsache zumindest ein Fragezeichen hinter häufig geäußerte Aussagen zur „Unvereinbarkeit von Weiterqualifikation, Berufslaufbahn und Kindern" gemacht werden. Eine mögliche Erklärung kann das Durchschnittsalter der Paare liefern, das bei kinderlosen Paaren 33 Jahre, bei Paaren mit Kindern 38,5 Jahre betrug. Da das Alter der Kinder allerdings nicht erfragt wurde, können diese Zahlen nur auf mögliche Ursachen hinweisen, ohne diese verifizieren zu können. Alle Partner aus Paaren mit Kindern sind im Wissenschaftsbereich bzw. in zwei Fällen im Landesdienst (Lehrer, Verwaltung) tätig, so daß eine Erklärung der Vereinbarkeit von Beruf und Kindern im Arbeitsverhältnis und dort vorhandenen Gestaltungsoptionen liegen könnte. Auch dieser Frage wird bei der inhaltlichen Auswertung der Interviews besondere Aufmerksamkeit zu schenken sein. Eine Auswertung der Fachrichtung der berufsqualifizierenden Abschlüsse zeigt keine eindeutigen Schwerpunkte.

Tab. 10: Studienfächer der Partner aus der Paarstichprobe

Fachrichtung	Anzahl
Geisteswissenschaften	7
Naturwissenschaften	4
Ingenieurwissenschaft	3
Lehramt	2
Wirtschaftswissenschaften	2
ohne Spezifikation	4

Allerdings bestätigt sich in der Stichprobe die Annahme, daß Paare häufig im gleichen beruflichen Bereich tätig werden. So haben bei sieben der elf Paare die Partner Berufsabschlüsse im gleichen Studiengang bzw. in Studiengängen in benachbarten Bereichen absolviert. Ein Aspekt, der im weiteren noch hinsichtlich der Ursache, aber auch der Auswirkungen auf Beschäftigungsmöglichkeiten zu hinterfragen sein wird. Damit ergeben sich zumindest theoretisch Optionen, aufgrund der häufig gleichgerichteten Qualifikation der Paare,

Beschäftigungen bei einem Arbeitgeber zu finden. Damit stellt sich aber auch die Frage nach der Existenz von Nepotismusregeln bzw. ihrer Anwendung in der Praxis. Diese Aspekte sind auch in der Befragung der Unternehmen Gegenstand gewesen (siehe 5.3.5).

3.3. Berufsorientierung

Die Hypothesen sowie Vermutungen, die auf Basis der Auswertung der soziodemographischen Daten formuliert wurden, sollen im folgenden durch die inhaltliche Auswertung der Interviews geprüft werden. In den Interviews wurden alle Teilnehmer auf ihre Vorstellungen zur Berufstätigkeit bzw. zum beruflichen Aufstieg angesprochen. Da diese Begriffe vorher nicht definiert worden waren, lassen sich mit Hilfe der Antworten Beschreibungen bzw. Definitionen bilden, wie Berufsorientierung von den Partnern der Dcc's verstanden wird. Aus den Antworten der Befragten lassen sich drei Schwerpunkte herausfiltern, die zur Beschreibung der Berufsorientierung genutzt werden. Der überwiegende Teil der Befragten stellt die beruflichen Inhalte und die Bedeutung, die eine Ausübung für den Befragten hat, in den Vordergrund. Häufig finden sich auch Antworten, in denen beide Aspekte verknüpft werden, also eine fachliche Kompetenz und deren Bedeutung für das Selbstwertgefühl durch Nutzung der Kompetenz. Beispielhaft einige Antworten:

> I 1: „Ich möchte gern das Gefühl haben, daß ich in dem Bereich, in dem ich arbeite, kompetent bin, daß ich wirklich ein Wissen habe, das einem Fachwissen entspricht, also gut sein in dem Bereich..."

> I 2: (Was bedeutet die Berufstätigkeit für Sie ?) „...ziemlich viel. Selbstbestätigung. Daß man nicht nur viel Arbeit hat, sondern daß eben gewisse Anstrengungen zum gewissen Ziel geführt haben."

> I 3: „...viele Interessen, die ich noch vertiefen möchte... Ich hoffe, daß ich noch größere Projekte anfangen könnte. Das möchte ich gerne."

> I 7: „Ich habe keine Lust, irgend etwas zu arbeiten, sondern es muß mir auch schon Spaß machen."

> I 10: „... ja insofern hat der Beruf schon einen ganz zentralen Stellenwert für mich. ...Also ich identifiziere mich sehr stark mit meinem Beruf. Hat aber auch diesen Aspekt, daß ich denke, es ist ein Beruf, der nicht nur für mich selbst sinnvoll ist, sondern auch für die, mit denen ich im Beruf umgehe, in dem Fall die Studierenden...."

Einen zweiten Schwerpunkt stellen die Rahmenbedingungen dar, die der Beruf bieten muß, wie z.B. Selbständigkeit oder beruflicher Aufstieg. Die Rahmenbedingungen sind allerdings nicht unabhängig von inhaltlichen Ansprüchen, da sie teilweise genutzt werden sollen, um inhaltliche Ziele verwirklichen zu können.

> I 3: „Der Beruf nimmt einen sehr großen Stellenwert ein. Meine Selbständigkeit. Mein absolut eigenes Leben. Daß ich meinen Interessen nachgehen kann. ...das zu tun, wofür ich ausgebildet bin."

> I 10: „(beruflicher Aufstieg) ...ist nicht Selbstzweck für mich, sondern eher eine Möglichkeit zu größeren Freiräumen. Ich denke, je weiter man aufsteigt, wenn man so im Bild bleiben kann, desto stärkere Freiräume hat man für sich und seine Arbeit – inhaltlich, aber auch Freiräume in der Arbeitsorganisation, das ist auch ganz klar, weil ich denke, ich habe andere Arbeitsrhythmen als andere Menschen. ...Also es ist im Grunde nicht so, man hat die Arbeitszeit von dann bis dann abzuleisten, sondern es interessiert, daß man die Arbeit leistet, die geleistet werden soll, und für sich auch das erreicht, was man erreichen wollte und ja, da sehe ich eben auch eine große strukturelle Freiheit."

Generell nimmt der Beruf für alle Befragten einen zentralen Stellenwert ein, gleichzeitig ist eine interessante Wechselbeziehung zu beobachten. Wie zuvor dokumentiert, wird ein Beruf angestrebt, der inhaltlich anspruchsvoll ist und entsprechende Rückwirkungen auf die persönliche Ebene hat. Diese inhaltliche Ausrichtung wird aber nicht mit persönlichen Einstellungen oder Ansprüchen begründet. Die Argumentationskette, die sich in den Interviews fand, beginnt immer mit den Rahmenbedingungen des Berufes und leitete aus ihnen den inhaltlichen Anspruch ab.

> I 5: „(Beruf) ist sehr dominant, gerade an der Hochschule, wo man natürlich auch eigene Forschung betreibt, da kommt man natürlich nicht so pünktlich nach Hause... Die Arbeit macht Spaß."

> I 7: „...einen ziemlich hohen Stellenwert. Damit beschäftigt man sich die meiste Zeit seines Lebens. D.h. natürlich auch, daß ich ziemlich hohe Ansprüche an den Beruf stelle."

In der Gedankenwelt der Befragten kann man also einen „Zirkelschluß" vermuten, der vereinfacht so beschrieben werden könnte: Meine Interessen liegen auf einem bestimmten Gebiet. Damit ich auf dem Gebiet entsprechend meiner Interessen arbeiten kann, strebe ich einen Beruf mit bestimmten inhaltlichen Anforderungen an. Ein Beruf mit inhaltlich anspruchsvollen Forderungen und hoher Selbständigkeit stellt aber auch Anforderungen an meine Einsatzbereitschaft, so daß ich große Teile meiner Zeit in den Beruf investieren muß. Wenn ich aber große Teile meiner Zeit in den Beruf investiere, so muß mir dieser Spaß machen und die Rahmenbedingungen müssen stimmen. Sind diese Rahmenbedingungen unzureichend, kann ich meine Interessen nicht verwirklichen. Aus dem beruflichen Interesse entsteht also eine hohe Einsatzbereitschaft, die bei fehlenden Rahmenbedingungen wieder gedämpft wird. Da die subjektive Einschätzung der verschiedenen Parameter dieser Argumentationskette sehr unterschiedlich ist, fällt die Beurteilung der entsprechenden Berufe individuell anders aus. Die Struktur dieses Schemas läßt sich allerdings bei allen Befragten nachzeichnen.

Die generell hohe Bedeutung, die dem Beruf durch die Befragten zugeschrieben wird, differenziert sich in einer weiteren persönlichen Ebene, in konkreten Lebensphasen bzw. Situationen. Dabei verliert der Beruf jedoch nicht die Bedeutung, die ihm vorher zugeschrieben wurde. Vielmehr werden andere Ziele bzw. Werte in der jeweiligen Phase priorisiert. Die Gewichtung der beruflichen und privaten Ziele wird dabei von der Phase der beruflichen Entwicklung (Beginn / Ende) und der familiären Situation der Befragten bestimmt. Beispielhaft seien zwei Interviewpassagen zitiert. Das Interview Nr. 1 stammt von einer Befragten, die ihre berufliche Laufbahn gerade begonnen hat, das 2. Interview stammt von einem Befragten, der dem Ende der beruflichen Laufbahn entgegensieht.

I 1: (Beruf) „...nimmt bedeutenden Stellenwert ein. ...ich sehe das *momentan* schon als wichtigen Aspekt für mich, daß ich mich selbst bestätigen möchte. Deshalb nimmt es auch einen großen Stellenwert in meinem Denken ein."

I 2: „Ich würde sagen in den letzten Jahren langsam absteigend. *Zu Anfang* meiner Berufstätigkeit hat er (Beruf) viel mehr Raum eingenommen an Wichtigkeit wie jetzt. ... Ich bin auf einem Posten, wo ich nicht mehr erreichen kann... Es wird keine Veränderungen mehr bis zu meiner Pensionierung geben."

Entsprechend finden sich in den Interviews auch widersprüchliche Aussagen zur Berufsorientierung, je nachdem, in welcher Lebensphase die Angaben von den Interviewpartnern gemacht wurden. Neben der persönlichen Bewertung und der Lebensphase, in der sich die Befragten zum Zeitpunkt des Interviews befinden, stellen berufliche Rahmenbedingungen, wie bereits angesprochen, eine wesentliche Einflußgröße auf die Berufsorientierung dar. Dabei haben die Rahmenbedingungen eine doppelte Funktion. Zum einen sind die Rahmenbedingungen eine Zielgröße, die angestrebt wird, um berufliche, persönliche und private Interessen mit dem Beruf verbinden zu können. Zum anderen spiegeln die Rahmenbedingungen die Möglichkeiten des Arbeitsmarktes wider, vor dessen Hintergrund die Befragten ihre Ziele wiederum planen, bzw. die Ziele angepaßt werden müssen. Da befristete Stellen im Wissenschaftsbereich inzwischen zur Regel gehören, beinhaltet der Leitfaden auch die Frage, ob eine unbefristete Stelle einen besonderen Stellenwert hat, also ein berufliches Ziel sein könnte. In den Antworten setzt sich der Dualismus von Rahmenbedingungen und inhaltlichen Ansprüchen fort. Wie zu erwarten war, stellt eine unbefristete Stelle zunächst einmal für die meisten Befragten einen Wert da, der angestrebt werden sollte.[16]

> I 1: „Ja. Das würde mir ziemlich viel Sicherheit geben. Daß man nicht immer nach dieser Zeit überlegen muß, was kommt danach."
>
> I 2: „Ja. Wirtschaftliche Sicherheit."
>
> I 3: „Ja, das ist natürlich das A und O. Daß man sicher damit rechnen kann. Man kann längerfristig planen, Kontakte aufbauen und die langfristige Erfahrung."
>
> I 4: „...Anreiz? – Ja, wirtschaftliche Sicherheit."
>
> I 10: „Ja, auf jeden Fall. Ja, ich sage immer, hier dieses arbeiten in befristeten Zusammenhängen, das ist immer so das ‚Esel-mit-der-Mohrrübe-Prinzip'. Also, ich komme mir dann immer vor wie ein Eselchen, was eine Mohrrübe vor der Nase hat oder vor die Nase gehalten bekommt, mit der Aufschrift ‚Verlängerung oder Weiterbeschäftigung'. Ich denke, das führt auch dazu, daß die Leute ganz brav ihren Weg traben hier im Mittelbau ... Andererseits ist eben diese Befristung, da werden wir ja gleich auch noch drauf kommen, in puncto Partnerschaft und Familie, natürlich auch immer eine starke Belastung. Weil man immer in diesem Provisorium lebt. Wie lange bleiben wir beispielsweise noch an diesem Ort? Wie lange hast du noch deine Stelle? Wie lange habe ich noch meine Stelle?"

Gleichzeitig wird von den Befragten betont, daß eine unbefristete Stelle nur die Rahmenbedingungen verbessert, aber kein Wert an sich ist. Gerade an der Gewichtung von Rahmenbedingungen im Verhältnis zu den inhaltlichen Ansprüchen zeigt sich der Eingangs benannte Einfluß der situativen Komponente der Paare auf die Interpretation der beruflichen Werte. Die folgenden Interviewpassagen belegen die beschriebene Situation „der abgestuften Wertehierarchie" anschaulich. An erster Stelle steht das inhaltliche Interesse. Dieses wird nur aufgrund der persönlichen Lebenssituation zugunsten finanzieller Möglichkeiten bzw. Sicherheiten an die zweite Stelle verdrängt, bleibt aber prinzipiell erhalten.

> I 5: (Unbefristete Stelle) „Einen Anreiz nur erst mal insofern, als die Problematik mit dem Kinderkriegen nicht so schwierig ist. ...Die Befristung ist, denke ich, ist auch erst noch mal abhängig von dem Aufgabengebiet. Also wenn ich mich da mit Verwaltungstätigkeiten rumzuschlagen habe, speziell mit unserer Verwaltung oder solche Sachen, dann denk ich mir, daß das keine Alternative ist. Also es müßte schon eine interessante

---

16 Gefragt wurde, ob eine unbefristete Stelle einen Anreiz darstellt bzw. angestrebt wird.

Tätigkeit sein." (Frage Interviewer: Also eine unbefristete Stelle, die inhaltlich uninteressant ist, hat kein Wert für Sie?) „Nein".

I 7: „... es müßte inhaltlich interessant sein. Das wäre eigentlich mehr oder weniger das wichtigste."

I 8: „Ich glaube, ich würde die Stelle, die zeitlich befristet wäre, sogar vorziehen, wenn sie inhaltlich mich interessieren würde ...wobei zeitlich würde ich schon Grenzen setzen, also ich meine, für ein Jahr würde ich es nicht machen, aber wenn es eine längere Zeit wäre, sag' mal so zwischen 3 und 5 Jahren, würde ich das vielleicht machen."

I 9: „Ohne Kinder eine Arbeit, die Spaß macht, auch befristet. Mit Kindern eine, die Geld bringt, also möglichst unbefristet. Das ist einfach der Sicherheitsaspekt."

Die Planungen bzw. die Einstellungen zu beruflichem Aufstieg und Karriere, die sich in den Interviews finden, machen zwei Aspekte deutlich. Zum einen finden sich die verschiedenen persönlichen Werte, an denen sich die Befragten orientieren. Zum anderen werden die vorhanden Rahmenbedingungen reflektiert, in denen sich die persönlichen, beruflichen Ziele umsetzen lassen. Dabei gibt es Aussagen zum beruflichen Aufstieg, die diesen ohne Einschränkung positiv bewerten. Karriere wird bei diesen Interviewpartnern zu einem selbständigen beruflichen Ziel, ein bestimmter beruflicher Status, eine bestimmte Position soll erreicht werden, wie es z.B. in den folgenden Interviewpassagen zum Ausdruck kommt:

I 1: „(beruflicher Aufstieg) ...ist mir schon wichtig. Sonst würde ich wahrscheinlich auch nicht promovieren."

Bei der überwiegenden Zahl der Befragten wird allerdings eine bestimmte Laufbahn nicht direkt angestrebt, erhält also keinen Wert an sich. Wie ein Interviewpartner sagte (I4) „ist der Beruf wichtig, die Karriere ist dagegen nicht so wichtig". D.h. eine Berufstätigkeit mit den oben skizzierten, inhaltlichen Anforderungen und Rahmenbedingungen wird angestrebt, Karriere hingegen wird nicht verneint aber auch nicht direkt angestrebt. Die Rückstufung von Karrierezielen wird in den Interviews zum einen mit den „Begleiterscheinungen" des Werdegangs begründet. Der Interviewpartner Nr. 7 äußerte z.B. Bedenken gegen einen beruflichen Aufstieg, weil er mit ihm zu viele Nachteile verbunden sieht. Eine weitere Begründung, warum eine berufliche Karriere nicht angestrebt wird, ist der hohe Stellenwert, der privaten Werten zugemessen wird. Implizit wird von allen Befragten unterstellt, daß eine Karriere immer zum Nachteil dieser Ziele durchgeführt wird. Deutlich wird dies in der folgenden Passage:

I 11: „Ich bin jetzt habilitiert, ich erwarte einen Ruf in nächster Zeit, sicherlich ist das sozusagen das Ziel. Einfach, wenn man Karriere anstrebt, daß man dann auch möglichst weit in dieser Karriere kommt. Nur, es dürfte nicht so sein, im Privatleben zu viele Opfer zu bringen. Also, da müßte man sehen, daß man dann abwägt, daß man nicht, was weiß ich, Berufungen nach Amerika annimmt, um das extreme Beispiel zu nennen. Also, ich würde sagen, ich würde auch persönlich ungern Abstriche am Endziel des Berufes machen. Ich würde vielleicht Abstriche machen bei den einzelnen Schritten. Daß man das abwägt, gut dann verzichten wir vielleicht auf das, machen dann was anderes, was räumlich in der Nähe ist. ... Ja, also wenn sie sagen, Privatleben und Beruf, die beiden Hauptsäulen nehmen, würde ich sagen, daß das Privatleben für mich die erste Stelle einnimmt. Ich versuche, die beruflichen Dinge an die zweite Stelle zu setzen... Was konkretes, wenn Sie etwa, was weiß ich, so irgendwelche internationalen Tagungen nehmen, daß man sagt, gut, da kann ich nicht hinfahren, weil mich eben die Familie im Augenblick dringend braucht. Da gibt es viele Beispiele. Grundsätzlich also würde ich sagen, Privatleben an erste Stelle." (Berufliches Ziel) „Ja, daß man das beides vernünftig verbinden kann,... Wobei das eine wieder auf das andere rückwirkt, natürlich. Zufriedenheit im Beruf strahlt wieder auf die Familie und umgekehrt. Das trifft beide Partner, also Frau und Mann."

In den Interviews finden sich bei zwei Gesprächspartnern Aussagen, die eine Karriere als Selbstzweck ablehnen. Hier wird Karriere als Mittel angesehen, bestimmte berufliche oder finanzielle Optionen umsetzen zu können. Im Mittelpunkt stehen beruflich-inhaltliche Ziele sowie private Familien- oder Freizeitinteressen. Während Karriere ein Wert an sich sein kann, wie im vorhergehenden Interview, der unter situativen Aspekten relativiert wird, ist er bei anderen nur Mittel zur Erreichung anderer Werte.[17] Gerade im ersten Interview wird aber deutlich, daß die Befragten häufig zwischen unterschiedlichen Zielen schwanken. In der Aussage führt dies auf den ersten Blick zu einer gewissen Widersprüchlichkeit.

I 8: „Also für mich nimmt er (der Beruf)[18] eigentlich nicht so einen hohen Stellenwert ein. Ich muß sagen, ich arbeite eigentlich nur, um ein bißchen Geld zu verdienen, um gut leben zu können. Ansonsten habe ich keine sehr hoch gesteckten beruflichen Ziele mehr. Eigentlich noch nie gehabt. Ich würde aber nochmals wechseln, wenn sich beruflich eine interessante Sache bieten würde, an der ich berufliches Interesse hätte,

---

17 Da die „Werteforschung" nicht primäreres Forschungsinteresse war, wird die Thematik hier nur holzschnittartig auf Basis der Auswertungen, vor dem Hintergrund der Dcc dargestellt. Prinzipiell spiegeln sich in den Interviews aber auch die Ergebnisse der Werte- bzw. Wertewandelforschung wider, die in Kapitel 2.3. ausführlich dargestellt werden.
18 Anmerkung/Erläuterung des Autors

dann würde ich nochmals wechseln. Aber nicht aus finanziellen Gründen. Dann würde ich unter Umständen vielleicht sogar Abstriche am Gehalt hinnehmen... Ja, so ein bißchen ist vielleicht noch so der Antrieb da, daß man noch mal irgendwo in eine höhere Stelle will. Weil hier in der Uni ist ja Schluß für mich."

I 9: „Um Gottes Willen. Welchen Stellenwert der Beruf einnimmt? Ich hab genug Hobbys, um mich ohne Beruf beschäftigen zu können, aber ich muß mich mit dem Beruf beschäftigen, weil ich Geld brauche. Genau den Stellenwert nimmt er ein. Es gibt irgendwo eine Grenze, sagen wir mal 120.000 DM, bis zu der ich bereit bin zu kämpfen. Die andere Grenze von 160.000 DM Jahresgehalt, bis zu der ich bereit bin zu arbeiten. Ab da muß es Spaß machen, und da würde ich es halt einstellen. (Beruflicher Aufstieg?) Nur soweit er Geld bringt oder wenn es Spaß macht."

Damit sind hinsichtlich der Berufsorientierung vier wesentliche Ebenen durch die Befragten genannt worden:

- Inhaltlich-fachliche Ausrichtung des Berufes, verbunden mit Selbstbestätigung.
- Rahmenbedingungen des Berufes (Freiheiten und Sicherheiten).
- Station der persönlichen Biographie.
- Vereinbarkeit des Berufes mit Partnerschaft und Familie.

Die Handlungen des Befragten bezüglich seiner Berufsorientierung, d.h. seines Bewerbungsverhaltens, seiner Einsatzbereitschaft, Motivation usw. sind dabei das Resultat einer Kombination, deren einzelne Faktoren sich teilweise wechselseitig beeinflussen.

Im nachfolgenden Modell (Abb. 2) sind die vorab anhand der Interviews herausgearbeiteten Faktoren hinsichtlich Ihrer Zusammenhänge als Gesamtbild dargestellt. Während zwischen verschiedenen Faktoren gegenseitige Abhängigkeiten bzw. Beeinflussungen vorhanden zu sein scheinen, findet sich in den Interviews keine Wechselbeziehung zwischen familiärer Situation und der Grundeinstellung zum Beruf. Die familiäre Situation wird ausschließlich als Rahmenbedingung für mögliche berufliche Optionen gesehen, die Grundeinstellung bleibt unberührt. D.h. in konkreten beruflichen Entscheidungssituationen beeinflußt die familiäre Situation zwar die Handlung, vom Betroffenen wird diese Abweichung aber als notwendiger Kompromiß, nicht als grundsätzliche Werteänderung betrachtet. Zum einen liegt hier ein mögliches Konfliktpotential, wenn zwei Berufsorientierungen koordiniert werden sollen, zum anderen sind in dieser Differenzierung auch Erklärungsansätze enthalten, die teilweise widersprüchliche Argumentationen von Partnern erklären, die sich für einen „Berufsausstieg zugunsten von Kindern" entschieden haben.

Abb. 2: Modell individueller Berufsorientierung (Modell 1):

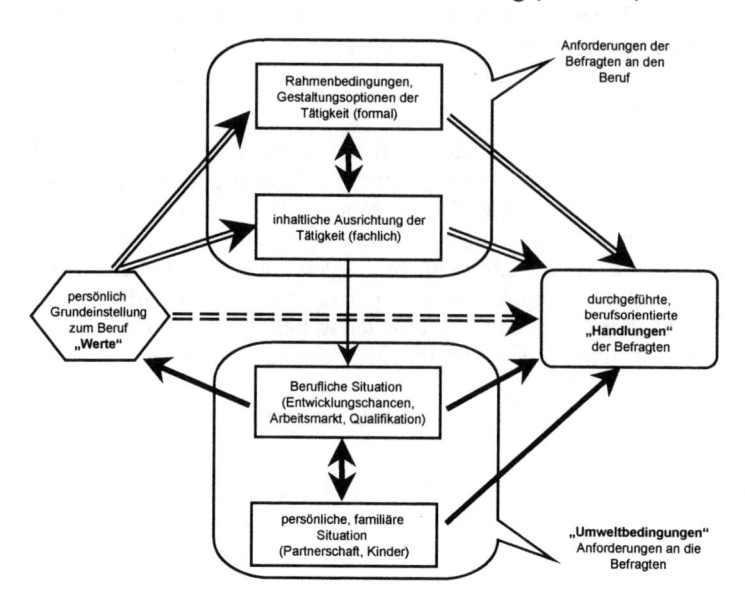

```
                    ┌─────────────────────┐     Anforderungen der
                    │  Rahmenbedingungen, │     Befragten an den
                    │  Gestaltungsoptionen der │ Beruf
                    │  Tätigkeit (formal) │
                    └─────────────────────┘
                              ↕
                    ┌─────────────────────┐
                    │ inhaltliche Ausrichtung der │
                    │   Tätigkeit (fachlich)  │
                    └─────────────────────┘
    ┌──────────┐                              ┌──────────────┐
    │ persönlich│                             │ durchgeführte,│
    │Grundeinstellung│ = = = = = = = = = =➤   │berufsorientierte│
    │ zum Beruf │                             │  „Handlungen"│
    │  „Werte" │                              │ der Befragten│
    └──────────┘                              └──────────────┘
                    ┌─────────────────────┐
                    │ Berufliche Situation│
                    │ (Entwicklungschancen,│
                    │ Arbeitsmarkt, Qualifikation)│
                    └─────────────────────┘
                              ↕
                    ┌─────────────────────┐
                    │ persönliche, familiäre│     „Umweltbedingungen"
                    │     Situation       │     Anforderungen an die
                    │ (Partnerschaft, Kinder)│  Befragten
                    └─────────────────────┘
```

Für Dcc muß dieses Modell nun gedoppelt und hinsichtlich der Zusammenhänge der Wert- und Handlungsmuster von beiden Partnern untersucht werden. Bevor jedoch im Einzelnen auf die Kombination zweier Berufsorientierungen und ggf. Familienmodellen eingegangen wird, muß geprüft werden, ob ein solches Modell für die Partner der Befragten Gültigkeit haben könnte.

3.4. Berufsorientierung der Partner

In den Interviews wurde auch nach den Berufsvorstellungen der Partner gefragt. Bedingt durch die Auswahl der Befragten, die Partner eines Dualcareer-Paares sein sollten, haben die Partner der Befragten durchgehend ähnliche, berufliche Orientierungen wie die Interviewten selbst.

I 2: „Die waren am Anfang und auch jetzt noch weitgehend identisch."

I 3: „Sehr hoch, ... leidenschaftlicher Wissenschaftler, sehr themenzentriert."

I 7: „ähnliche Vorstellungen – Stelle – Promotion..."

Auch hier finden sich die zuvor beschriebenen Differenzierungen der grundsätzlichen Berufsorientierung. So sind sowohl Partner zu finden, für die Karriere an sich ein berufliches Ziel darstellt, andererseits finden sich aber auch Partner der Interviewten, bei denen die Vereinbarkeit von privaten, familiären Zielen und Beruf einen höheren Stellenwert erhält und eine Karriere entsprechend geringer gewichtet wird.

I 1: „Ähnliche Vorstellungen, aber konkretere...aber im Grunde stark am Aufstieg orientiert...also schon Richtung Karriere."

I 5: „Er hat sich eigentlich schon einen ziemlich straff geplanten Karriereweg nach der Promotion vorgegeben."

I 9: „Das sieht etwas anders aus, weil wir natürlich Kinder haben wollen. Sie macht auch Chemie – Biochemie in Münster. Sie macht da jetzt auch ihre Doktorarbeit...Sie möchte hinterher, nach Kindern, wieder arbeiten. Aber das muß man dann eben sehen. Da ist auch noch ein zu großer Zeitraum, um da schon irgend etwas definitiv zu sagen."

I 11: (Gleiche berufliche Ambitionen?) „Ja, und versucht die sozusagen auch mit den familiären Gegebenheiten selbst in Einklang zu bringen. Aber auch unter der Prämisse, daß sozusagen eher der Beruf zurückstecken muß als die Familie, da wir eben ein kleines Kind haben. ...Sie ist im Moment auch kurz davor, ihre Habilitation abzuschließen und dann eine Stelle anzunehmen."

Auch die Abhängigkeit der beruflichen Karriere von den Rahmenbedingungen bzw. von der beruflichen Situation läßt sich bei den Partnern wiederfinden:

I 8: „...(meine Frau ist) Studienrätin und insofern gibt's nicht viel Ambitionen. Man kann also noch Oberstudienrätin werden oder Oberstudiendirektor hinterher. Sie hat aber wenig Lust dazu, weil erstens wird man das ja heute nicht automatisch... Es gibt wenige Stellen. Man muß sich also bewerben, da gibt's halt ein Auswahlverfahren und Prüfungen pi pa po. Dazu hat sie keine große Lust. Ob nun 100 DM netto mehr oder nicht. Inhaltlich macht es ihr sehr viel Spaß. Da ist sie sehr engagiert. Nur nicht hierarchisch, daß sie da also nach oben möchte."

Betrachtet man zusammenfassend die Berufsorientierungen der Befragten und ihrer Partner, so lassen sich alle Muster der Differenzierung bei beiden finden. Auch hinsichtlich des Geschlechts der Befragten oder ihrer Partner, ergaben die Interviews keine grundsätzlich anderen Muster. In welchem Umfang allerdings die einzelnen Gewichtungsfaktoren geschlechtsspezifisch zu unterschiedlichen Bewertungen und damit zu anderen Ergebnissen der

Berufsausübung führen, wird im weiteren noch zu thematisieren sein. Grundsätzlich können aber für beide Partner vergleichbare Zusammenhänge unterstellt werden. In der Erweiterung des oben dargestellten Modells der Berufsorientierung ergibt sich damit folgendes Modell, das für zwei kombinierte Lebens- und Berufsverläufe, auf Basis der befragten Gruppe gilt:

Abb. 3: Modell der Dcc-Berufsorientierung (Modell 2):

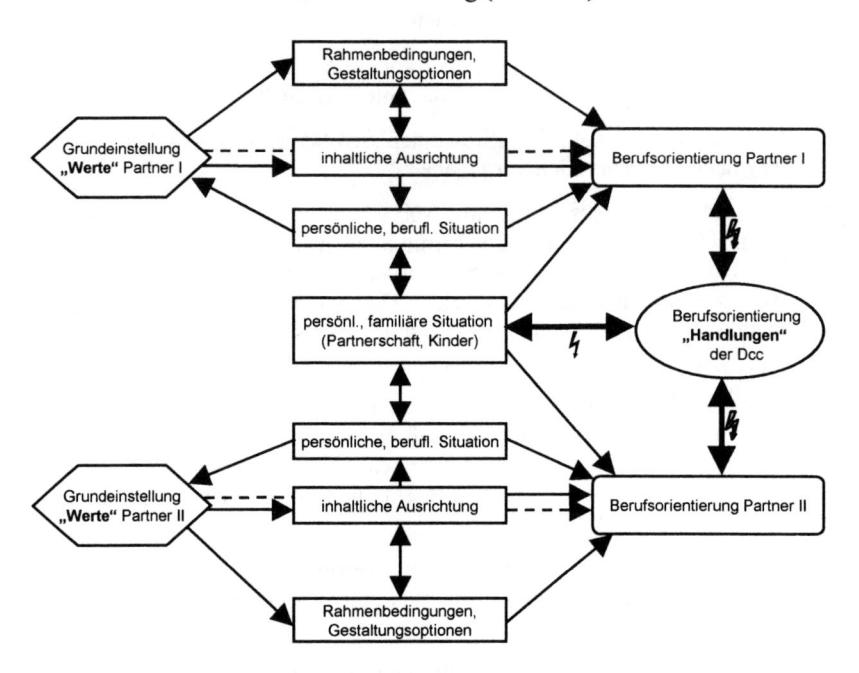

Deutlich wird an diesem Modell, daß offensichtlich innerhalb der Dcc unabhängige Vorstellungen jedes Partners, wenn auch mit gleichgerichteter Systematik existieren, die koordiniert werden müssen. Während im Modell der individuellen Berufsorientierung (Modell 1, Teil 3.3.) die persönliche, berufliche Situation des Einzelnen sowie die familiären Bedingungen (Partnerschaft und Familie) als externe Umweltfaktoren für die Gewichtung der Werte des Individuums als System betrachtete wurden, sind diese Punkte in dem erweiterten Modell die entscheidenden Größen, die zwei solcher „Einzelmodelle" verbinden und werden zu Systembestandteilen. Wie die entsprechend gekennzeichneten Pfeile deutlich machen, können bei der Koordination zweier, individueller Ausrichtungen Spannungslinien zwischen den individuellen Berufsorientierungen beider Partner, aber auch in der Vereinbarkeit der kombinierten Berufsorientierungen und der Familiensituation auftreten.

3.5. Vereinbarkeit von Beruf, Partnerschaft und Familie

Während bisher die Berufsorientierung der Einzelpersonen und die Einflußfaktoren auf deren Berufsorientierung analysiert wurden, wird im folgenden die Kombination der Berufsorientierung innerhalb eines Paares analysiert. Dazu wurden die Interviewpartner nach der Arbeitsteilung im Bereich der Familie und der Kindererziehung gefragt. Dieser Bereich ist einerseits die Schnittstelle zwischen den individuellen Planungen, andererseits stellt er für jeden einzelnen Partner Rahmenbedingungen, die eine Umsetzung eigener, beruflicher Orientierung stark determinieren. Wie in der Gesamtbevölkerung finden sich auch unter den Dual-career-Paaren Konstellationen, in denen die Kindererziehung bzw. die Familienarbeit allein der Frau überlassen wird, also die Umsetzung der Berufsorientierung des Mannes nur gering, die der Frau stark von der familiären Situation beeinflußt wird. So wünschte sich z.B. eine Interviewpartnerin die Beteiligung des Partners, konnte sich aber innerhalb der Beziehung nicht durchsetzen. Begründet wird dies von ihrem Partner mit der beruflichen Situation an seinem Arbeitsplatz.

> I 1: „...aber in dem Bereich, in dem mein Freund tätig ist, hat er mir immer wieder versichert, ist das nicht möglich."

Ähnlich argumentierte auch ein Mann, als er gefragt wurde, ob er lieber berufliche oder partnerschaftliche Einschränkungen hinnehmen würde. Auch er zog sich auf eine gesellschaftliche Begründungsebene zurück, die die Kinderbetreuung durch die Frau festschreibe.

> I 7: „Auf die Gefahr hin, jetzt hier als Macho angesehen zu werden, also bei Frauen endet es ja gelegentlich doch so, daß sie heiraten und Kinder bekommen und das dann eine ziemliche Einschränkung für sie und für die Stelle bedeutet. Also, es gibt ziemlich wenig Arbeitgeber, die sich dann auf halbe Stellen einlassen, also vor allem jetzt in diesen etwas höheren Bereichen. Und daß es vielleicht irgendwann doch mal so aussehen würde, daß ich arbeite und meine Freundin zu Hause bleibt und dann sich um die Kinder kümmert. Deswegen würde ich meiner Stelle natürlich eine etwas höhere Bedeutung zumessen. – Meine Freundin sieht das sicherlich anders."

Frage Interviewer: Und daß die Kindererziehung und die beruflichen Einschränkungen an die Frau geknüpft ist sind, das ist automatisch für Sie so, oder ist das so abgestimmt?

> I 7: „Das ist in dieser Gesellschaft mehr oder weniger automatisch."

Bei weiterem Nachfragen zeigte sich jedoch, daß die Zuweisung der Kindererziehung an die Frau auch auf persönlichen Motiven beruht:

Frage Interviewer: Also für sich selber könnten Sie sich nicht vorstellen, daß Sie eine Zeitlang Teilzeit arbeiten oder Erziehungsurlaub nehmen?
I 7: „Ja, vorstellen kann ich mir das schon. Aber das ist keine sonderlich angenehme Vorstellung."

Eine extreme Situation findet sich in einem Fall, in dem sich die Frau eine Beteiligung des Freundes an der Kindererziehung gewünscht hätte, dies aber von ihm vollkommen abgelehnt wurde. Verschärft stellt sich die Situation der einseitigen Belastung der Frau in dieser Beziehung dar, wenn man die Lebensläufe beider Partner in Beziehung zur Kinderbetreuung setzt. Im vorliegenden Fall hat die Frau ihr Studium eher als ihr Partner abgeschlossen. In der ersten Kinderphase der Frau hat der Freund dann Studium und Promotion abgeschlossen. Aufgrund der Belastung durch die Kinderbetreuung wurde die Promotionsabsicht der Frau immer wieder verschoben. Zum Zeitpunkt des Interviews hatte sie gerade die Arbeit an ihrer Promotion aufgenommen und unterlag somit einer Dreifachbelastung: Beruf, Kind, Promotion. Obwohl ihr Freund „nur" einer Berufstätigkeit nachging, änderte sich an seiner Einstellung nichts.

I 10: „Also das ist schon so die klassische Aufteilung. Dann hatten wir eine Elterninitiative hier in Uninähe, wo auch die Kinder abwechselnd betreut werden, wo ich dann aber auch einen Vormittag in der Woche Elterndienst gemacht habe. Darüber hatten wir mal ganz schlimme Diskussionen, weil ich auch eigentlich erst gesagt habe, mein Freund sollte das dann nach einem Jahr auch mal übernehmen, und er sich dann ziemlich geweigert hat... Er hat da eigentlich sehr traditionelle Vorstellungen... Man denkt praktisch für drei Leute parallel, also für mich, für das Kind und für die Betreuerin möglicherweise. Also es ist ein unheimliches Zeitmanagement."

Wie in dem Interview weiterhin geschildert wurde, führte die Belastung ständig zu einem Konflikt zwischen den angestrebten Zielen, bzw. der Verpflichtung für das Kind zu sorgen. Zum einen hatte die Frau immer wieder überlegt, die Dissertation zu verschieben. Aufgrund des Interesses am Thema und der Stellensituation – auf zwei Jahre befristet – wurde die Arbeit dennoch angefangen. Zum anderen fühlte sie sich durch die alleinige Kindererziehungsbelastung auch in der Form zur Bearbeitung der Arbeit eingeschränkt. Da sie im privaten Bereich keine Optionen sah, die Belastungen umzuschichten, hatte sie sich im beruflichen Bereich mögliche Freiräume geschaffen.

I 10: „Die Magisterarbeit konnte ich in meinem eigenen Arbeitsrhythmus herstellen, also so vom späteren Vormittag an bis in den frühen Abend habe ich gearbeitet. Und mit einem Kind kann man sich diesen Luxus nicht mehr leisten, darauf Rücksicht zu nehmen. Und da habe ich schon meine Bedenken. Weil es ist glaube ich gerade für so eine Diss., die ich auch gerne eigentlich schreibe, aber ja auch eigentlich unabdingbar, ein Stück Zeitlosigkeit für sich zu haben, also das Versenken in ein Problem, und dann einmal vielleicht bis in den Abend zu arbeiten und am frühen Morgen weiterzumachen, drei bis vier tagelang und dann mal wieder auszusetzen und möglicherweise dann was ganz anderes zu machen und dann längerfristig wieder einzusteigen. Ja, das ist so für mich erstmal so nicht möglich. ... Es ist aber so, daß ich jetzt im kommenden Wintersemester keine Lehrveranstaltungen machen muß, weil ich im letzten Semester zwei gemacht habe, und wo ich dann tatsächlich denke, daß ich dann ein Stück auch weiterkommen will."

Während in den ersten drei geschilderten Fällen die klassische Rollenzuweisung offensichtlich gegen die Einstellung der Frauen durchgeführt wird, finden sich in anderen Interviews Partnerschaften, die eine gleiche Rollenzuweisung gewählt haben, allerdings die Frauen die zugewiesene Rolle akzeptieren bzw. in den Interview eine entsprechende Darstellung gegeben wird.

I 3: „Man muß sich entscheiden irgendwann im Laufe der Ehe, wer von beiden Karriere machen kann, sozusagen. Daß beide die gleiche Zeit für ihren Beruf investieren können, das geht einfach nicht. Mein Mann hat lange Jahre mit seiner Habilitation usw. verbracht. ...jedenfalls, da hatte hauptsächlich ich die Kinder zu Hause zu betreuen. Man muß Arbeitsteilung machen, ganz einfach. Und gar kein Prestige darin sehen, aber ich hätte natürlich promovieren können in dieser Zeit, das ist wohl auch vorgesehen bei einer so langen Lektorentätigkeit, aber das ist nicht geschehen und das ist natürlich ein bißchen traurig. Aber das Dilemma, wenn man alles haben will und so."

I 5: „Der (Beruf)[19] ist natürlich schon sehr wichtig, wobei man natürlich als Frau weiß, wenn man Kinder hat, daß man erst einen beruflichen Einbruch erleidet und vielleicht nie so die Stellung erreichen kann wie ein Mann, der vergleichbar fertig ist. ... Erwartungen (aufgrund Kinder)[4] schon etwas heruntergeschraubt, aber nicht ganz herunterschrauben. Das Studium war mit sehr viel Arbeit verbunden. Man möchte natürlich dann auch nicht, daß das alles für die Katz' ist."

I 5: „(Kindererziehung durch den Mann)[4] „Das haben wir auch überlegt. Es ist dann eine Frage zu dem Zeitpunkt, wenn die Kinder kommen, wie weit man dann ist oder wie ist dann die Zukunft abzusehen. Er wäre jederzeit auch dazu bereit. Ihm würde das wohl vielleicht ein bißchen schwerer fallen, aber wenn wir jetzt gleiche Aussichten hätten, ist es

---

19 Ergänzungen im Sinne des Interviewverlaufes durch den Autor

natürlich immer so, dadurch daß Ingenieure insgesamt ein sehr konservatives Völkchen sind, hätte er wahrscheinlich eher Schwierigkeiten hinterher seinem künftigen Arbeitgeber zu erklären, ja, ich habe Erziehungsurlaub genommen und bin zu Hause geblieben."

Wie die Interviewpassagen zeigen, haben die Frauen zwar die traditionelle Rolle übernommen bzw. akzeptiert. Allerdings wird in den Ausschnitten sehr deutlich, wie stark sich die übernommenen familiären Pflichten und die damit verbundenen beruflichen Einschränkungen als Belastung für die Frauen darstellen. Wiederum ist in den Interviews die Argumentation gestützt auf gesellschaftliche Rahmenbedingungen und Arbeitsmarktfaktoren zu beobachten. Ähnlich dem vorhergehenden Block von Interviewpassagen, beruht die Übernahme der Kinderbetreuung nicht auf familiären Rahmenbedingungen, sondern wird ausschließlich mit externen Faktoren begründet. Abweichungen von diesem Muster finden sich in zwei Interviews. Im Rahmen verschiedener Nachfragen und der Aufforderung, daß die Interviewpartner einfach die externen Faktoren ignorieren sollen und ihre Meinung als freie Wahl äußern sollen, wird von zwei Frauen der ausdrückliche Wunsch geäußert, die Kindererziehung, zumindest teilweise, durchzuführen, auch wenn der Partner dies übernehmen würde. Durch einen Interviewpartner wurde eine ähnliche Einstellung auch für seine Partnerin geschildert.

I 9: „(Kindererziehung durch Frau) Das kam eigentlich von ihr. Also wir wollen beide Kinder, das ist ganz einfach. (Frage Interviewer – Kinderbetreuung auch durch den Vater vorstellbar?) Für mich wäre das überhaupt keine Schwierigkeit, weil ich nebenbei noch eine Firma habe, und könnte auch zu Hause Software entwickeln."

In zwei Fällen wird die veränderte Arbeitsteilung im Bereich der Kindererziehung auch umgesetzt, ohne jedoch einen „Rollentausch" zwischen den Partnern vorzunehmen. Vielmehr hat eine organisatorische Planung stattgefunden, mit der versucht wird, die jeweiligen Bedürfnisse der beiden Partner und der zu betreuenden Kinder zu koordinieren. In den betrachteten Fällen wird die Erziehungsarbeit nicht unter den Partnern getauscht, sondern vollkommen neu konzipiert. Dabei hat der Mann zeitweilig bzw. schwerpunktmäßig die Kindererziehung übernommen.

I 8: „Meine Frau hat also ganz normal ihren Schwangerschaftsurlaub genommen und hinterher den Mutterschaftsurlaub... Ich habe dann in der Zeit darauf auf eine halbe Stelle reduziert und sie ist dann auch wieder zur Schule gegangen. ... Jetzt gehen beide zur Schule, die sind ja damals beide in den Kindergarten gegangen, aber die Zeit, wo ich nur einen halben Tag gearbeitet habe, bin ich praktisch vormittags zu Hause gewesen, aber wir hatten trotzdem noch eine Kinderfrau, so daß ich teilweise auch von morgens 10 Uhr bis nachmittags gearbeitet habe. Dann kam eben die Kinderfrau für 2, 3, 4, Stunden. Das war allerdings die Zeit, in der meine Frau ganz gearbeitet hat. (Danach haben wir das so gelöst)[20], wenn ich morgens zur Uni gefahren bin, daß ich die Kinder dann in den Kindergarten gebracht habe. Ja und mittags um 12 war der Kindergarten zu Ende, und da haben wir das so gemacht, daß meine Eltern und Schwiegereltern sich das geteilt haben, den einen Tag waren meine Eltern..."

I 11: „Also im Augenblick ist es so, daß ich aufpasse, wenn meine Frau nicht da ist, mittwochs bis freitags, weil ich hier im Augenblick relativ lockere Verpflichtungen habe. So daß ich eigentlich auf das Kind aufpassen kann in der zweiten Hälfte der Woche."

Interessant ist, daß bei den Paaren, die gemeinschaftlich die Erziehungsarbeit leisten bzw. für sich solche Modelle planen, die Einbeziehung externer Dienstleistungen (Tagesmutter, Kinderfrau, Kindergarten) selbstverständlich mitgeplant wird. Hingegen finden sich in den Interviews der Paare, die ihre Kindererziehung nach dem traditionellen Rollenmodell ausgerichtet haben, starke Ablehnungen gegen externe Hilfen. Unabhängig von der gewählten Form der Kindererziehung und unabhängig vom Geschlecht, war für alle Befragten und ihre Partner durchgängig wichtig, daß sie ihre Berufstätigkeit, wenn auch eingeschränkt, immer fortsetzen wollen. Eine längere Unterbrechungsphase, die über die reine Zeit des Mutterschutzes hinausgeht, kam bei keinem bzw. keiner der Befragten in Betracht. Wie die Darstellung der Berufsorientierung schon vermuten ließ, ist eine Berufstätigkeit für beide Partner in den Dual-career couples ein wesentlicher Bestandteil der Lebensplanung. Eine Beschränkung der Berufstätigkeit auf bestimmte Lebensphasen, z.B. bis zum ersten Kind oder wenn die Kinder aus dem Haus sind, sogenannte empty-nest-phase, kommt für die Dcc nicht in Frage. Maximal werden Unterbrechungen im Rahmen des Erziehungsurlaubs akzeptiert. Präferiert werden allerdings Optionen, die keine Unterbrechung notwendig machen, z.B. Weiterarbeit mit reduziertem Zeitumfang oder selbständige Tätigkeiten. Neben der Wertehaltung hinsichtlich der Berufsorientierung wird aber auch die Gefahr gesehen, durch eine zu lange Kinderpause, den beruflichen Anschluß zu verlieren.

I 8: „Also ich hätte auch keine Probleme, als Hausmann zu Hause zu bleiben, also, wir haben noch zwei relativ kleine Kinder, würde mir nichts ausmachen. Problem ist halt immer, ob man hinterher oder was man hinterher wieder ansetzt, um halt wieder in den Beruf zurückzukehren. Das ist das Problem."

---

20 Anmerkung des Verfassers

I 9: „"...ja, auf alle Fälle (nebenbei arbeiten). Weil die Lücke, wenn zwei oder drei Kinder kalkuliert sind, also sind das mindestens sechs bis acht Jahre. Das ist dann zu groß, wenn man dazwischen nichts tut."

3.6. Familienarbeit – Auswirkungen auf Beruf

Wie die Auswertung der Antworten zur Familienarbeit anschaulich zeigt, bleibt bei allen Befragten die Berufsorientierung, auch im Falle von Kindern, erhalten. Allerdings wird die Kombination, Kindererziehung und Berufsausübung, durch berufliche Einschränkung, z.B. durch eine Reduktion des zeitlichen Umfangs der Berufstätigkeit, „erkauft". Wie die Befragten schildern, war damit auch immer eine Einschränkung der beruflichen Perspektiven sowie Abstriche an beruflichen Zielvorstellungen und Inhalten verbunden. Um diesen Verzicht bzw. die Einschränkung beruflicher Zielvorstellungen für sich zu rechtfertigen, findet eine Umorientierung auf andere, in der Regel familiäre Werte statt, wie das folgende Beispiel anschaulich zeigt:

> I 3: „Ja, auch wenn man auf Karriere verzichtet hat, dann ist man ja bereichert worden auch durch den anderen, der Karriere gemacht hat, und man hat ja schon ein Gepäck mit fürs Leben, dadurch, daß man einen akademischen Beruf hat und ihn auch ausübt, wenn gleich auch auf anderem Niveau als der andere. ... Aber teilweise ist es sehr schwer, alles zu verbinden. Aber teilweise ist es auch von der Frau selbst, glaube ich, ein Wunsch, daß sie nicht in diesem eisigen Winde ganz oben sich befindet, sondern daß sie ein wenig geschützt, in einer niedrigeren Position, durchaus zufrieden sein kann... Wenn ich jetzt Professorin geworden wäre und mein Mann auch, dann wäre ich natürlich viel mehr beansprucht gewesen... "

In diesem Interviewtext wird einerseits deutlich, daß eine berufliche Orientierung weiterhin vorliegt, die zum Teil durch die derzeitige Ausübung befriedigt wird. Deutlich wird aber auch, daß Argumente gesucht werden, den Verzicht auf eine eigene berufliche Karriere zu rechtfertigen. Wie wenig diese Argumente für die Interviewte selber gelten, wird deutlich, wenn man andere Interviewpassagen mit diesen Aussagen vergleicht. Als sie ihren Lebenslauf erzählt, berichtet sie von verschiedenen Schwierigkeiten, die sie als Schwedin zu Beginn ihrer Zeit in Deutschland gemeistert hat. So hat sie z.B. eine Stelle an einem deutschen Gymnasium angetreten, um dort Französisch zu unterrichten, obwohl sie bisher nur Französisch und Deutsch in Schweden unterrichtet hatte. Hier wußte sie nicht, ob sie es schafft, hat es aber versucht. Ähnlich gemeisterte Schwierigkeiten erzählt sie im Interview hinsichtlich der verlangten Mobilität (Umzug mit kleinen Kindern) und der

Jobsuche in Deutschland. Vor dem Hintergrund eines solchen Lebenslaufs erscheinen Aussagen des obigen Interviews, wie z.b., daß Frauen eher in „geschützten Positionen arbeiten sollten", nicht sehr überzeugend. Bei genauer Betrachtung der Formulierung, wird dieser Eindruck zusätzlich verstärkt, da sie nicht sagt, daß sie mit diesen Entwicklungen zufrieden ist, sondern formuliert, daß Frauen dann zufrieden sein müßten. Ähnliche Aussagen finden sich auch in anderen Interviews. So vereinbarte das Paar Nr. 4 zum Beispiel, daß sich der Mann habilitiert und die Frau auf eine Habilitation verzichtet. „Wenn Kinder vorhanden sind, können nicht beide Partner eine Karriere realisieren." (I 4) Wichtig ist der Befragten auch hier, daß sie trotz der Kinder weiterhin wissenschaftlich arbeiten kann.

Während bei einem Teil der Paare die berufliche Einschränkung immer nur einen Partner, in der Regel die Frau betrifft, finden sich unter den untersuchten Paaren auch solche, die sich die Familienarbeit teilen. In diesem Fällen hatten beide Partner entsprechende berufliche Einschränkungen in Kauf genommen. Durchweg war hier das Ziel, daß der Partner die beruflichen Einschränkungen durchführt, bei dem sie sich am einfachsten mit seiner momentanen beruflichen Situation verbinden lassen. Gemeinsames Ziel der Paare ist es, für beide Partner eine Karriere zu ermöglichen und gleichzeitig Kinder und Familie zu haben. Ein Befragter schildert den Abwägungsprozeß der Arbeitsreduktion in Abhängigkeit von der Arbeitsbelastung seiner Partnerin sehr anschaulich:

I 11: „Ja, Einschränkung insofern, daß man bestimmte Dinge nicht machen kann. Also, erstens Einschränkung von der Arbeitsbelastung. Ich für mich gesprochen, ich muß mich halt mehr um das Kind kümmern, kann vielleicht einen Aufsatz, ein Buch weniger schreiben pro Jahr oder was weiß ich, auf einen bestimmten Zeitraum gesehen. Zweite Einschränkung, was ich eben sagte, man kann nicht alle Einladungen annehmen... Erstens, daß meine Frau Zeit hat in der Zeit, so daß sie zu Hause sein kann, daß jemand für das Kind sorgen kann, d.h. daß sie nicht selbst so viel zu tun hat, daß ihr das einfach zu viel wird, wenn sie vor irgendwelchen Arbeiten ist. In dieser Zeit, dann geht es überhaupt nicht. Deshalb sage ich auch viele Sachen im Augenblick ab, ich denke 70 % der Einladungen."

Während hinsichtlich der grundsätzlichen Berufsorientierung keine geschlechtsspezifische Gewichtung in der untersuchten Gruppe feststellbar ist, gibt es bei der Frage der Vereinbarkeit von Beruf und Familie deutliche Unterschiede. In den Aussagen der Befragten lassen sich vier geschlechtsspezifische Grundmuster erkennen, in welcher Form die Vereinbarkeit von Beruf und Familie gelöst wird:

- Frauen übernehmen überwiegend die Familienarbeit verbunden mit beruflichen Einschränkungen. Einerseits gibt es hier Frauen, die diese

Rollenteilung in dieser Form anstreben. Andrerseits gibt es eine zweite Gruppe, die zwar die beruflichen Einschränkungen hinnehmen, allerdings in den Interviews entsprechende Unzufriedenheit äußerten und für sich nach Rechtfertigungen suchen, z.b. daß es in der Gesellschaft keine Alternativen gäbe.
- Frauen, die keine beruflichen Einschränkungen durch Kinder und Familie für sich akzeptieren und nach alternativen Lösungsoptionen suchen.
- Männer, die keine beruflichen Einschränkungen für sich durch Kinder und Familie sehen, da sie die Verantwortung den Frauen zuschreiben.
- Männer, die bewußt berufliche Einschränkungen für Kinder und Familie planen und in Kauf nehmen.

Obwohl in den Interviews nur jeweils ein Partner des Paares gefragt wurde, konnten die verschiedenen Gruppen dennoch identifiziert werden. Zum einen beinhaltete das Interview Fragen zur jeweiligen Einstellung der Partner, zum anderen thematisierten die Befragten die jeweilige Einstellung und daraus ggf. resultierende Konflikte sehr offen. Das entsprechendes Konfliktpotential vorhanden ist, wenn aus den oben beschriebenen Gruppen gegensätzliche Auffassungen in einem Paare zusammentreffen, liegt dabei auf der Hand.

3.7. Gemeinschaftliche / individuelle Planung

Führt man zwei Lebensläufe, im Fall der betrachteten Dcc, zwei Berufslaufbahnen zusammen, ergibt sich neben der Koordination der familiären Belange, auch die Notwendigkeit, berufliche Entscheidungen zu treffen bzw. zu koordinieren. Dieser Thematik wurde daher ein weiterer Fragenblock gewidmet. Die Interviewpartner wurden gefragt, wie sie innerhalb der Beziehung berufliche Entscheidungen vorbereiten. Da berufliche Optionen häufig mit räumlichen Wechseln verbunden sind, wurde nachgefragt, ob entsprechende räumliche Wechsel bei den Interviewpartnern anstanden, anstehen künftig wahrscheinlich werden. Außerdem wurde die Bereitschaft erfragt, entsprechende, beruflich-räumliche Wechsel der Partner mitzuvollziehen.

In den Antworten spiegeln sich zunächst die Arbeitsmarkteinschätzungen der Interviewpartner bzw. ihre Lebenserfahrungen wider. In Abhängigkeit von Fachrichtung und Spezialisierung wird die Notwendigkeit räumlicher Wechsel unterschiedlich in Betracht gezogen. Ein Teil hält einen entsprechenden Wechsel für notwendig, um eine entsprechend geeignete und gewünschte Stelle antreten zu können.

I 1: „In praktischer Hinsicht sehe ich es eigentlich auch nicht so schlecht, daß ich eine Stelle bekomme, allerdings eventuell dann verbunden mit einer weiteren Entfernung."

I 2: „...geographisch waren wir immer ziemlich ungebunden. Es war uns klar, daß man in so einem recht spezialisierten Beruf nicht gleichzeitig noch einen Ortswunsch haben kann und noch den Wunsch nach einer Stelle. Meine Frau und ich sind ins Ruhrgebiet gekommen, obwohl wir aus Süddeutschland stammen, wo wir an und für sich auch lieber tätig wären."

Eine andere Gruppe der Befragten beurteilt die Arbeitsmarktsituation für ihre Fachrichtung in der Region „Ruhrgebiet" als so gut, daß sie davon ausgehen, hier eine adäquate Stelle erhalten zu können. Die Interviewpartner mit einer positiven Einschätzung sind in der betrachteten Gruppe stark in der Minderheit (n=2). Die Beurteilungen der Arbeitsmarktchancen waren dabei unabhängig von der Station im beruflichen Werdegang. An alle Interviewpartner wurde trotzdem die Frage gestellt, wie beruflich-räumliche Mobilitätsanforderungen innerhalb der Partnerschaft koordiniert würden. Die Befragten, die einen Ortswechsel für sich als wenig wahrscheinlich eingestuft hatten, wurden gebeten, eine hypothetische Einschätzung zu geben. Ein Beispiel, in welcher Form die Koordination der beruflichen Planungen erfolgen kann, stellt folgende Aussage dar:

I 2: „Wir haben eigentlich immer versucht, gemeinsam zu planen, wo es eben möglich war. ...z.B. früher, da hatten wir beide eine befristete Stelle, da sollte wenigstens einer versuchen, eine unbefristete Stelle zu haben."

In diesem Fall wurde nicht nur versucht, die beruflichen Einzelinteressen beider Partner zu realisieren. Bei diesem Paar existiert ein gemeinsames, berufliches Ziel, wenigstens einer aus der Beziehung soll eine unbefristete Stelle erhalten. Bezogen auf das Modell der Dcc-Berufsorientierung (Kapitel 3.4.) würden hier die Spannungslinien zur Koordination zweier Ziele entfallen und die gemeinsame Berufsorientierung in den Vordergrund rücken.

In anderen Fällen existieren zwar keine „Partnerziele", innerhalb der Beziehung wird jedoch versucht, die einzelnen beruflichen Optionen der beiden Individuen soweit wie möglich zu koordinieren. Dabei geht es im wesentlichen um die Frage der Gewichtung verschiedener Optionen. Wenn Partner A eine bessere Berufsoption angeboten bekommt und dies einen Wechsel notwendig machen würde, wie sind dann die Optionen für Partner B am neuen Standort?

I 3: „Dann haben wir uns zusammengesetzt. Und dann haben wir alle Vor- und Nachteile aufgelistet. ...In einem Fall hätte sie keine Stelle an der anderen Universität bekommen, im anderen Fall nur eine befristete Stelle, während sie in Bochum über eine unbefristete Stelle verfügte. ... Das ist dann gescheitert an meiner Stelle, die ja schon unbefristet war. Also, so etwas wirft man nicht von einem zum anderen Tag weg."

I 7: „...wenn ein Angebot ins Haus steht, denn vorab, es ist uns beiden eigentlich klar, daß die Stellen im Moment nicht so dick gesät sind, daß man also schon irgendwo in der Lage ist, daß man davon nehmen muß, was man kriegen kann. Sagen wir mal, von vielleicht vierzig Bewerbungen führen vielleicht zehn zu einem Vorstellungsgespräch, warum soll man sich dann über die anderen vierzig große Gedanken machen. Aber so gewisse Sachen diskutieren wir auch schon vorher. Also, was jetzt überhaupt noch relevant ist, wo man überhaupt eine Bewerbung hinschicken sollte. ...z.B. in Süddeutschland gar nicht."

I 11: „...wir warten, was es an äußeren Möglichkeiten gibt und sprechen dann jeden Schritt sehr intensiv durch, was man machen soll und ob man sich etwa hier und da bewerben soll. Welche Möglichkeiten das bringt und welche Risiken. Also es wird eigentlich jeder Schritt sehr, sehr genau abgesprochen, bevor man auch Zusagen trifft. (Werden regionale Beschränkungen abgesprochen?)[21] Ja, soweit es geht. Es ist ja schwierig, weil nicht immer in der Region, wo man bleiben möchte, gerade Stellen ausgeschrieben sind. Also, ein bißchen sicherlich, daß wir ungefähr sehen, in einer bestimmten Region zu bleiben. Es läßt sich allerdings nicht immer so genau durchführen."

Während die bisher zitierten Befragten in unterschiedlicher Intensität und zu unterschiedlichen Zeitpunkten versuchen, ihre Interessen partnerschaftlich zu koordinieren, finden sich auch Paare, die eine Koordination nicht durchführen bzw. sie sogar für problematisch halten.

I 1: (Planung) „...jeder einzeln. Das Problem ist, daß wir nicht zur gleichen Zeit fertig sein werden, weil ich voraussichtlich eher fertig sein werde. Und dann würde ich mich auf Stellen bewerben, die mich interessieren. Ich würde dabei – Stand heute – nicht auf den Ort achten und sagen, ich bleibe hier, weil mein Freund hier ist, sondern wenn ich eine interessante Stelle finde, die weiter weg ist, dann würde ich das – würde ich jetzt sagen – auch annehmen. ...Ich weiß nicht, ob er mir hinterherkommen würde. Ich glaube er würde dann auch gucken, daß er seine Interessen erstmal vertritt."

I 5: „Eigentlich jeder einzeln für sich. Wir hatten auch mal die Überlegung gehabt, ob man sich vielleicht mal gemeinsam selbständig macht. Dann müßte jeder das Tätigkeitsfeld allerdings ein bißchen ändern. Dann hätte man eine Art gemeinsamer Planung, aber erstmal, weil das natürlich auch ein hoher Unsicherheitsfaktor ist, die Planung erst mal getrennt... Wir sind auch nie vor das Problem gestellt worden, daß wir ganz woanders eine Stelle bekommen hätten."

---

21 Frage des Autors/Interviewers

I 10: „Das ist auch, glaube ich, wieder sehr irrational, aber auch typisch, daß wir da konkret wenig drüber sprechen. ...Ja, also vielleicht kann ich mal ein Beispiel aus der Vergangenheit sagen. Als wir noch kein Kind hatten, habe ich mich mal in Hamburg beworben und dann nachher festgestellt, daß mein Freund also schrecklich beleidigt war, daß ich mich nach Hamburg beworben hatte. Das fand ich natürlich lustig...ich denke, daß es eher wieder akut und auch diskutiert wird, wenn das ansteht, wenn unsere Verträge enden. Nein, ich denke auch nicht, daß Vorabsprachen besonders gut sind, weil möglicherweise versteift man sich dann auf Positionen, die über die ganze Zeit eher eine Mißstimmung oder Distanz verursachen und letztlich überhaupt nicht akut werden. ...ich habe auch schon Partnerschaften erlebt, die an dieser Frage völlig zerbrochen sind, obwohl es für sie vielleicht nie akut geworden wäre."

Im Gegensatz zum ersten Interviewprotokoll dieses Abschnittes, in dem die Koordination der Berufsorientierung sogar zu einem gemeinsames Ziel führte, finden sich in den letzten Interviewausschnitten zunehmend Aussagen, die eine gemeinsame Planung mit unterschiedlichen Begründungen negieren. Besonders bei der letzten Aussage wird deutlich, daß der Grund für die fehlende, gemeinsame Planung zum einen in fehlenden Vorstellungen liegt, wie eine solche partnerschaftliche Berufsplanung aussehen könnte, zum anderen spiegelt sich die Angst vor möglichen Konflikten, die in einem notwendigen Handlungsprozeß auftreten würden. Besonders deutlich wird diese „Vermeidungsstrategie" am Beispiel der Bewerbung, die dem Partner erst im Nachhinein zur Kenntnis gegeben wurde.

3.8. Bewältigung der Mobilitätsanforderungen

Zum Teil sind im Rahmen der Fragen zur Planung der beruflichen Zukunft schon Aspekte der Mobilität angesprochen worden. Wie wurden diese Vorstellungen nun in die Praxis umgesetzt und welche Folgen hatte das für beide Partner? Im wesentlichen können die Antworten in drei Varianten der Bewältigung der Mobilitätsanforderung gruppiert werden:

1. Führen einer Pendlerbeziehung über eine Tagespendlerdistanz.
2. Führen einer Wochenendbeziehung, also einer Pendlerbeziehung mit Wochenendheimfahrt.
3. Gemeinsamer Umzug an den neuen Berufsort eines Partners.

Bei der Wahl der verschiedenen Optionen wurde zunächst die zu überbrückende Distanz als Auswahlkriterium betrachtet. Zum anderen wurden die Entscheidungen auch oder gerade vor dem Hintergrund der vorhandenen, in den vorhergehenden Abschnitten dargestellten Berufsorientierung der Partner und der Abstimmungsmechanismen innerhalb der Beziehung getroffen. Da die überwiegende Zahl der Interviewpartner bereits über unterschiedliche Formen von „Pendlererfahrung" verfügten, flossen diese Erfahrungen in die Bewertung der Mobilitätsalternativen ein. Als erste Alternative wird versucht, Arbeitsplätze für beide Partner zu finden, die innerhalb einer Tagespendlerdistanz liegen. Für ein Paar, das bereits während der Studienzeit eine Wochenendbeziehung geführt hatte, war dies die einzige Alternative, wenn auch mit Kompromißmöglichkeiten aufgrund beruflicher Anforderungen.

I 5: „Wenn wir jetzt getrennt wohnen sollten, würden wir das nicht machen... entsprechende Zeiten... für Fahrzeiten oder wenn es mit dem Beruf verknüpft ist, daß er öfter wochenweise unterwegs sein muß im Bereich des Vertriebs... das ginge noch, aber nicht regelmäßig getrennt wohnen."

Die Alternative, beruflichen Standortanforderungen durch Wochenendbeziehungen gerecht werden zu können, wird von allen Befragten als „Übergangslösung" gesehen. Je nach Erfahrung und subjektiver Einschätzung, werden Zeiten zwischen sechs Monaten und maximal drei Jahren genannt, über die man eine Wochenendpendlerbeziehung führen kann. Der Vorteil einer solchen Beziehung, daß ein Partner am alten Standort seinen Beruf weiterführen und die soziale Infrastruktur am alten Standort genutzt werden kann, ist in den Interviews ebenso angesprochen worden, wie der Nachteil, der Entfremdung innerhalb der Beziehung.

I 10: „Ich hab mir natürlich auch schon Gedanken gemacht, was ist, wenn er jetzt eine Stelle weit weg kriegt oder ich und da ist es bei mir z.B. so, ...wenn man eine gute Infrastruktur für ein Kind hat, für Kinderbetreuung, ...dann würde ich sagen, daß ich erstmal eher hier mit dem Kind wohnen bleiben würde. Und dann würde ich sehen, ob das klappt mit so einer Wochenendbeziehung oder so. Es wäre mir in jedem Fall wichtiger, als irgendwo mit ihm hinzuziehen..."

I 7: „Also, als ich in Brüssel war, war das ungefähr sicher jedes 2. Wochenende. Das war für ziemlich genau 9 Monate. Und als meine Freundin in Frankfurt war, ist sie jedes Wochenende zurückgekommen – knapp 6 Monate lang. Der Vorteil ist, daß man unheimlich lange arbeiten kann, wenn man will und nicht unbedingt ein schlechtes Gewissen haben muß. Der Nachteil ist also sicherlich, daß man sich in gewisser Weise entfremdet. Mir ist das ziemlich stark aufgefallen, als ich aus Brüssel zurückgekommen bin, daß ich mich so in den ersten Wochen gefühlt habe, als sei ich zu Besuch da."

(Ist künftig nochmals Wochenendpendeln denkbar?)[22] I 7: „Also wenn ein Ende abzusehen ist, dann ja. – Nicht mehr als 2 Jahre."

In mehreren Interviews zeigt sich bei der Frage der Wochenendbeziehung nochmals das Spannungsverhältnis von Partnerschaft/Familie und Beruf. So äußern mehrere Befragte, wie z.b. der Befragte im letzten Interviewausschnitt, daß ein Vorteil der Wochenendbeziehung genau in der Trennung von beidem liegt. So kann man in der Woche länger arbeiten, ohne Rücksicht auf Familie oder Partner nehmen zu müssen. Allerdings ist eine Pendlerbeziehung nicht für alle Paare akzeptabel. Dabei spielen in der Regel vorhandene Kinder die wesentliche Rolle, da sich die Kindererziehung bzw. die organisatorischen Arbeiten, die notwendig sind, wenn beide Partner berufstätig sein wollen, gleichzeitig Kinder vorhanden sind, nicht vereinbaren lassen.

I 11: (Pendlerbeziehung) „Nein, mit Rücksicht auf das Kind nicht. Wenn wir jetzt kein Kind hätten, vielleicht. – Ja, für kurze Zeit könnte es sein. Aber sagen wir nicht länger als ein, zwei Semester. ...wenn das auf Dauer Schwierigkeiten machte, würde ich dann lieber auf so etwas verzichten. Das Kind ist einfach noch zu klein, dem kann man so etwas nicht zumuten."

Ist eine Tätigkeit im Rahmen einer Pendelbeziehung nicht möglich, scheidet eine Pendlerbeziehung wegen Kindern aus oder ist die Beschäftigung auf einen längeren Zeitraum ausgerichtet, bleibt nur die Option des Umzugs an den neuen Beschäftigungsort. Innerhalb der Gruppe der Befragten war die prinzipielle Bereitschaft zu solchen Wechseln, auch bei persönlichen Einschränkungen, sehr hoch.

(Wie würden Sie sich verhalten, wenn Ihre Partnerin in einer anderen Gegend berufliche Optionen erhalten würde?)[23] I 8: „Wenn ihr das Spaß machen würde, würde ich einfach mitgehen."

Da sich die untersuchten Dcc gerade durch eine hohe Berufsorientierung beider Partner auszeichnen, stellt sich bei allen Befragten das Problem, für den anderen Partner bzw. für sich selbst eine adäquate Beschäftigung zu finden. Der Verzicht auf eine eigene berufliche Tätigkeit wird nur vorübergehend und/oder aufgrund von besonderen Situationen akzeptiert.

(Würden Sie einen gemeinsamer Standortwechsel mit Partner und ggf. verbunden mit beruflichen Einschränkungen akzeptieren ?)[24] I 3: „Ja, wenn es ein höheres Gut wäre sozusagen, z.B. für die Menschheit wichtig – Generalsekretär der UN – aber nicht wenn es nur mehr Geld brächte

---

22 Frage des Interviewers / Autors
23 Frage des Interviewers / Autors
24 Frage des Interviewers / Autors

und ein bißchen Abwechslung. Also, das Finanzielle kann das nie aufwiegen, was mir die Arbeit hier bedeutet, wenn ich arbeitslos würde anderswo."

Wie schwierig die Gradwanderung ist, zwischen den Wünschen, gemeinsam mit dem Partner zu leben und die eigene berufliche Optionen wahrzunehmen, zeigt sich im folgenden Interview. In diesem Fall würde der gemeinsame Standortwechsel mit einer vorhergehenden Phase als Pendlerbeziehung gekoppelt, um für beide Partner bestmöglich die berufliche Optionen zu verbinden.

(Stelle der Partnerin woanders) I 7: „Ja, ich würde das akzeptieren . Also wie gesagt, wir kennen das eigentlich mehr oder weniger, eine Zeitlang getrennt zu leben und mehr oder weniger nur so eine Wochenendfreundschaft zu haben. Und eine Zeit lang kann man damit ganz gut leben. Und man kann auch ziemlich gut damit leben, wenn man weiß, daß es befristet ist. Also, da ich erst jetzt mit der Promotion hier angefangen habe, fände ich das etwas unangenehm, weil ich also noch mindestens 3 1/2 bis 4 Jahre auf jeden Fall hier bleibe und diese Stelle auch nicht aufgeben möchte. Aber danach würde ich versuchen, dann in dieser Region eine Stelle zu bekommen. (Voraussetzungen für Wechsel, wenn er selbst ortsfernes Stellenangebot erhält) I 7: „Tja, ich müßte langfristig die Möglichkeit sehen, daß meine Freundin nachkommt, daß wir zusammenbleiben können."

Eine weitere Möglichkeit, nämlich bei einem Standortwechsel auf die eigene Berufsausübung zu verzichten, wird ebenfalls, allerdings nur von Frauen, genannt. Dabei spielt wiederum die Frage der Kindererziehung eine entscheidende Rolle.

(Beide erhalten attraktives Angebot an unterschiedlichen Standorten) I 8: „Ich glaub', das würden wir nicht machen. Wahrscheinlich würde das Pendel zu einer Seite ausschlagen. Einer würde den Job wahrscheinlich annehmen und der andere nicht. ...Aber wir würden sicherlich nicht auseinanderziehen und jeder für sich den Job machen. Auch schon wegen der Kinder nicht."

Bei dieser Alternative wird allerdings die Berufsorientierung der Frau nicht aufgegeben, sondern nur zugunsten der beruflichen Entwicklung des Partners und der Sorge um die Kinder zurückgestellt. Wie stark die berufliche Orientierung aber trotzdem durchschlägt, vermittelt die folgende Interviewpassage:

I 3: „Als wir heirateten, zog ich nach Deutschland (aus Schweden) und gab meinen Beruf auf, was ich heute nicht verstehen kann. Aber das habe ich gemacht und war dann arbeitslos. ...dann gingen wir nach einem Jahr Deutschland nach Stockholm. Er hatte da einen Beruf und ich konnte gleich da wieder anfangen. Damals gab es überhaupt keine Schwierigkeiten, eine Stelle zu kriegen. Von einem Tag zum anderen bekam ich in meinen Beruf. Und das war natürlich ideal. Ich in meiner Muttersprache... Das war eine Kombination, die sehr gut war. ...wenn nicht das Angebot aus Schweden gekommen wäre, hätte jede Arbeit genommen. Ich hätte in der Bibliothek gearbeitet. Ich hätte Volkshochschulkurse gegeben, ich hätte was auch immer gemacht."

3.9. Unterstützung/Stelle für den Partner

Wie die Interviews des vorausgehenden Abschnittes deutlich zeigen, wird das Problem der Vereinbarkeit von Beruf und Partnerschaft bzw. Familie wesentlich verstärkt, wenn durch den Beruf Mobilitätsanforderungen auf das Paar zukommen. Erhält ein Partner an einem weiter entfernt liegenden Ort eine berufliche Option und will das Paar keine langfristige Wochenendbeziehung führen, wie es von allen Befragten gesagt wird, verbleibt nur der gemeinsame Umzug. Für den mitziehenden Partner bedeutet das zunächst den Verlust seiner Beschäftigung am alten Standort. Obwohl fast alle Interviewpartner dies zunächst als persönliches Problem der Paare ansahen, wurde durch Fragen nach wünschenswerten oder denkbaren Unterstützungsleistungen, z.B. durch Staat oder Arbeitgeber, deutlich, daß entsprechende Hilfen von den Paaren akzeptiert würden und zu einer Entschärfung der Problemlage beitragen könnten. Fast durchgehend existiert der Wunsch, Unterstützungen bei der Information über Jobmöglichkeiten für den Partner zu erhalten. Interessanterweise finden sich die geringsten Anforderungen an Hilfe bzw. Unterstützung bei den Befragten, die bisher noch nicht mit Mobilitätsanforderungen konfrontiert worden sind.[25] Erklärbar wird dies durch die Interviews selbst. Zum einen fehlen Ideen, wie Unterstützungen aussehen könnten. Zum anderen wird eine Hilfe, die über Information zum Jobangebot hinausgeht, abgelehnt, da ein Verlust der individuellen Wahlmöglichkeit befürchtet wird.

I 8: „Das finde ich schon ganz gut, wenn man da irgendwie Hilfe in Anspruch nehmen könnte. Aber ich wüßte jetzt nicht wo. ...na ja ich sag' mal Vitamin B, dann würde ich das auch in Anspruch nehmen. Weil die anderen das garantiert auch machen, und dann sehe ich nicht ein, daß ich das dann nicht mache."

---

25 In diese Gruppe ist auch der Interviewpartner Nr. 7 aufgenommen worden, obwohl das Paar innerhalb der Studienzeit eine Wochenendpendlerbeziehung geführt hatte. Durch die entsprechend anderen Rahmenbedingungen liegen bei diesem Paar also noch keine Erfahrungen hinsichtlich beruflicher Mobilitätsanforderung und ggf. Unterstützungsmaßnahmen vor.

I 7:(Hilfe für Partner?) „Wünschenswert wäre das schon, nur weiß ich nicht genau, wie man das realisieren kann. Also sagen wir mal, wenn das jetzt ein Arbeitgeber anbietet, dann müßte das schon eine ziemlich große Firma sein, die jetzt gleichzeitig Maschinenbauer und Volkswirte einstellen oder was weiß ich für Kombinationen. Also das würde ja die Auswahl der möglichen Arbeitgeber schon ziemlich stark einschränken. Ansonsten weiß ich nicht, ob das dann auf so etwas hinausläuft wie diesen Fachvermittlungsdienst vom Arbeitsamt. Da kann man ja auch angeben, wo man gerne und in welchen Regionen man gerne Angebote haben möchte, und das fand ich auch schon nicht sehr effizient."

In ähnlicher Weise äußerte sich der Interviewpartner 6, der eine Vermittlungsunterstützung ebenfalls mit dem Arbeitsamt gleichsetzte und diese Vermittlung „äußerst unbefriedigend fand, u.a. da man die Bewerbung nicht fallbezogen gestalten konnte" (I 6). Weitere Bedenken von Befragten (I 6 und I 7) lagen darin, daß man die Kontrolle, an wen die Informationen gehen, nicht selbst steuern kann.

Anders stellt sich das Bild bei Befragten dar, die bereits mit beruflich bedingten Mobilitätsanforderungen konfrontiert worden sind. Eine Begründung findet man, da diese Gruppe über einen „Erfahrungsschatz" verfügt. Sie haben in ihrem Leben Probleme kennengelernt, die berufliche Mobilität begleiten. Dabei sind den Betroffenen die Grenzen der individuellen Problemlösung verdeutlicht worden. Zusätzlich haben sie Modelle kennengelernt, wie Unterstützungshilfen aussehen können.

I 3: „Ich war erstaunt, wieviel Hilfen es gab. Ich war völlig platt, daß man als Beamter seinen Umzug bezahlt bekommt, sogar Gardinengeld und alles. Das war für mich ein Novum." (Stellensuche) „Nein, da kümmerte sich kein Mensch um mich."

Während sich die Hilfen in Deutschland vor allem auf materielle Unterstützung des Umzugs oder auf Hilfen bei der Suche nach Kindergarten- oder Schulplätzen beschränken, können Befragte aus anderen Ländern Hilfen nennen, die direkt die Berufsmöglichkeit des mitziehenden Partners betreffen.

I 3: (Hilfen bei der Suche nach einer Stelle für Partner?)[26] „...das kann bei Berufungsverhandlungen (in Schweden) als Punkt mitspielen. Die Bedingungen können sich in diese Richtung bewegen. Das gibt es, daß er sagt, wenn er sehr begehrt ist, ich komme nur, wenn sie für meine Frau eine entsprechende Stelle finden. (Gibt es hierdurch Nachteile gegenüber Konkurrenten?)[27] „Nein, weil die Konkurrenten auch alle Frauen haben, die arbeiten wollen. Das ist nichts Besonderes. Das ist ein Problem (in

---

26 Frage des Interviewers / Autors
27 Frage des Interviewers / Autors

Schweden) das fast alle erleben. Wenn ein Mann eine neue Stelle kriegt, dann ist die Frage, wie kriegen wir eine (zweite) neue Stelle an einem anderen Ort."

I 11: „Ja, also das fände ich sehr wichtig, weil ich kenne das von vielen amerikanischen Kollegen, wo es so etwas gibt. Wenn ein Partner z.B. an eine Universität berufen werden soll, daß man versucht, für den anderen auch irgendeine Möglichkeit zu schaffen. Das ist in Deutschland also noch kaum entwickelt. Wird eher noch als negativ angesehen, wenn jemand kommt und sagt, ich möchte aber bitte für meinen Partner auch eine Stelle haben. Das ist ja bei uns negativ besetzt... Das ist im Grunde auf ein patriarchalisches System abgestellt, wo die Frau mitkommen kann und andere Möglichkeiten werden gar nicht berücksichtigt."

In einem Fall wird die Option, den Arbeitgeber nach einer Berufsmöglichkeit für den Partner zu fragen, im Interview genannt.

I 9: (Hilfe für Partner?) „Ich könnte mir das ganz konkret vorstellen, wenn ich irgendwo wechseln würde, daß ich dann den Arbeitgeber nach einer Stelle für meine Frau frage. Wir sind beide Chemiker, das sollte eigentlich auch gehen."

Obwohl sich Aussagen über das künftige Verhalten der Dcc auf Basis der kleinen Stichprobe nicht generell ableiten lassen, deutet sich an, daß Arbeitgeber sich künftig Bewerbern gegenüber sehen könnten, die auf Basis ihrer Erfahrungen entsprechende Fragen formulieren. In welchem Umfang dies schon heute der Fall ist, wird in den Kapiteln 4 (Befragung der Arbeitsmarktexperten) und 5 (Befragung der Personalverantwortlichen) weiter zu prüfen sein. Auch im Hinblick auf mögliche Unterstützungsmodelle ist eine zusammenfassende Betrachtung mit den Ergebnissen der Befragungen der Personalexperten und der Unternehmensvertreter sinnvoll. Wie dargestellt, sind seitens der Befragten Partner aus den Dcc nur wenige Ideen zu solchen Maßnahmen vorhanden. Hier kann die Betrachtung der Arbeitgeberseite eine Bandbreite möglicher Modelle erbringen. Gleichzeitig wird erst durch Zusammenfassen der verschiedenen Sichtweisen eine umfassende Betrachtung des Themas an der Schnittstelle „Dcc" und „Arbeitsmarkt" ermöglicht.

3.10. Akademischer Beruf des Partners

Der letzte Themenblock der Interviews beschäftigte sich mit der Selbsteinschätzung der Paare in ihrer Konstellation als Dual-career couples. Insbesondere wurde gefragt, ob der Interviewpartner es als Vor- oder Nachteil ansieht, daß der Partner ebenfalls berufstätig bzw. akademisch gebildet ist und wie diese Konstellation zu beurteilen sei. Durchgehend positiv wurde bewertet, daß der Partner ebenfalls Akademiker und berufstätig ist. Dabei wird das gegenseitige Verständnis, sowohl für fachliche Inhalte als auch für die Rahmenbedingungen des Berufes hervorgehoben. Offensichtlich gehen die Betroffenen davon aus, daß die erste Stufe zur Bewältigung von Problemen, die sich aus der Doppelbelastung Beruf und Familie ergeben, das gegenseitige Verständnis ist.

I 1: „...Vorteil ist der gedankliche Austausch, daß man sehr ähnliche Tagesabläufe, ähnliche Vorstellungen vom beruflichen Engagement hat, so daß man den anderen ganz gut verstehen kann, so daß es dann eher förderlich ist."

I 5: „Privat ist es schon sehr angenehm. Man kann mit dem Partner darüber sprechen. Er hat in vielen Bereichen eine ähnliche Vorbildung. Einige Themenbereiche ähneln sich sehr stark, so daß man sich Vorstellungen verschaffen kann, daß man da Tips gegenseitig geben kann zu Problemen."

I 11: „Grundsätzlich, wenn man einen Partner hat, der einen Beruf hat, ist es dann gut, wenn er einen akademischen Beruf hat, weil dann natürlich die freie Zeiteinteilung noch erheblich mehr da ist als wenn sie jetzt jemanden haben, der 8 Stunden fix jeden Tag arbeiten muß. (Gib es auch inhaltliche Komponenten?)[28] Da würde ich für mich auch zurechnen, das ist interessant, wenn ich mich mit jemand unterhalten kann, der Ahnung von den Sachen hat, die ich gerade mache... Mit meiner Frau, wie gesagt, alles durchsprechen zu können oder ihre Sachen zu lesen oder umgekehrt, daß sie meine liest, ist auch eine Hilfestellung, ja."

Die positive Einstellung einem Partner mit akademischer Ausbildung gegenüber bedeutet aber nicht für alle Befragten, daß die Interessens- oder Studiengebiete gleich sein sollten. So finden sich sowohl Aussagen, die eine möglichst große inhaltliche Nähe befürworten als auch Aussagen, die für eine gewisse Differenzierung plädieren. Trotzdem bestand Einigkeit, daß der Partner als Akademiker wünschenswert ist, um generell auch inhaltlich diskutieren zu können.

I 7: „Also sicher von Vorteil, zumal wir zwei verschiedene Fächer studiert haben, so daß das also immer die Möglichkeit für irgendwelche Gespräche und Diskussionen liefert, wovon beide was lernen können. Wenn beide das gleiche täten, wäre es langweilig. Es gibt nichts langweiligeres als Ingenieure."

---

28 Frage des Interviewers / Autors

I 10: „Ich finde es schön, daß man sich inhaltlich austauschen kann. Ich hatte mal einen Partner, der war Architekt. Das war also die gegensätzliche fachliche Leidenschaft, mich interessieren Häuser nicht und ihn interessierten zwar meine Inhalte, aber man kann dann ja theoretisch sozusagen doch nicht so viel voraussetzen, ist ganz klar. Und das finde ich jetzt sehr schön... Wir haben eigentlich eine ganz breite gemeinsame inhaltliche Basis mein Partner und ich. So für eine Beziehung als solches finde ich es einfach unheimlich toll, also daß wir sozusagen Kollegen sind. ...Na vielleicht bin ich auch ein bißchen konservativ. Aber ich könnte mir z.b. einen Partner auch nicht vorstellen, der nicht mein intellektuelles Niveau hat. ...ich sehe als Vorteil, daß wir beide relativ flexibel sind."

Neben den positiven Aspekten, die in den letzten Interviews noch um die Flexibilität ergänzt wurden, sehen die Betroffen auch Nachteile und Probleme, die sich aus dem Leben als Dcc ergeben. Mit Ausnahme eines Interviewpartners, der keine Einschränkungen, aber auch keine großen Vorteile in der Beziehung zwischen berufsorientierten Akademikerpaaren sah, wurden zwei „Problemblöcke" genannt – Alltagsprobleme und Mobilitätsanforderungen. So führen die Erwartungen der Arbeitgeber hinsichtlich Arbeitszeit und Verfügbarkeit schon zu Problemen, wenn „im Hintergrund" kein Partner zur Verfügung steht, der nicht berufstätig ist und die Basisorganisation übernehmen kann. Obwohl diese Probleme existent sind, werden sie von den Befragten nicht als gravierend eingeschätzt, da die doppelte Einkommenssituation das Substituieren benötigter Leistungen durch Externe ermöglicht (Putzhilfe, Essen gehen, etc.).

I 7: „Ja, also eine Einschränkung kann man nicht sagen. Es ist auf jeden Fall eine Mehrbelastung. Ich meine, man hat halt den Haushalt, und da müssen dann beide was machen, und wenn man nach 8 oder 9 Stunden nach Hause kommt, dann ist der Tag noch lange nicht vorbei. ...Ja, also wenn ich das jetzt mal so sehe, wie das bei meinen Eltern ist, daß halt mein Vater arbeitet und wenn er nach Hause kommt, dann ist das Essen fertig und die Wohnung geputzt, das ist für ihn sicherlich deutlich angenehmer, als wenn ich nach Hause komme, und mir dann selbst noch was kochen muß oder sonst irgendwas mache."

I 5: „...gerade an der Hochschule, wo man natürlich auch eigene Forschung betreibt, da kommt man natürlich nicht so pünktlich nach Hause, hat Feierabend und da gibt es öfter Probleme gerade im normalen häuslichen Bereich, so Lebensmittel einkaufen etc., daß man das noch rechtzeitig unter der Woche erledigen kann. Also das ist schon würde ich eher sagen eine Art von Streß. ...Aber man bekommt es natürlich irgendwie immer geregelt. Es ist eine Frage der Einteilung. ... Wenn halt nichts zu essen im Haus ist, dann muß man halt auswärtig essen gehen."

Wie die Interviewpassagen zeigen, nehmen die Partner aus den Dual-career couples sehr genau wahr, daß sie sich in der privaten Alltagsorganisation von traditionellen Beziehungen unterscheiden. Der Beruf, den beide Partner inhaltlich engagiert betreiben, zwingt die Paare zu dieser veränderten Organisation. Durch die Kombination zweier Partner mit starker beruflicher Orientierung, ist gleichzeitig auch die Basis für das gegenseitige Verständnis und die Akzeptanz für die Einschränkungen im Alltag gegeben. Besonders deutlich wird dies bei hypothetischen Aussagen zur Frage, was passieren würde, wenn der Partner nicht eine vergleichbare Bildungs- und Berufsorientierung hätte.

I 1: „Befürchtung bei einem Partner z.b. mit Lehre, daß Ansprüche kommen: Wir wollen jetzt Kinder haben und du bleibst zu Hause."

Während die „Alltagsorganisation" mit ihren Problemen entsprechend gemeistert und als weniger belastend empfunden wird, stellen beruflich bedingte Mobilitätsanforderungen gravierende Probleme dar. Dabei wird deutlich gesehen, daß vergleichbare Mobilitätsanforderungen bei einer traditionell ausgerichteten Partnerschaft, d.h. der Mann macht Karriere und die Frau richtet ihr berufliches Engagement entsprechend nach ihm aus, einfacher zu bewältigen wären.

I 5 (Jobsuche am neuen Standort eines Partners nach Wechsel)[29]„..wenn ein Partner Akademiker wäre, der andere wäre beispielsweise Verkäufer, da ist es viel einfacher, denke ich mal, Stellen zu bekommen. Gerade bei den promovierten Akademikern sind die Stellen ja wenig vorhanden in den Firmen..."

I 8: „Das ist so ein zweiteiliges Schwert. Einerseits finde ich es recht gut (Partnerin Akademikerin)[30], auf der anderen Seite natürlich schwierig, gerade weil sie Beamtin ist, sie eben an diesen Ort gebunden ist als Lehrerin. (Bedeutet der Beruf der Partnerin eine Einschränkung?): Ja, das würde ich schon sagen. Da waren in den letzten Jahren so ab und zu mal Sachen, die mich interessiert hätten, wo ich aber gesagt habe, o.k., machen wir nicht, weil du kriegst da eh keinen Job als Lehrerin, und dann haben wir es eben sein gelassen. Also, die Situation ist schon dreimal vorgekommen."

Obwohl durch die Lebensform als Dcc Probleme entstehen, die in mehreren Fällen, wie z.B. im vorhergehenden Beispiel, zu direkten beruflichen Einschränkungen geführt haben, wird der Wert der Partnerschaft mit einem berufsorientierten Akademiker jedoch von der Mehrzahl der Befragten höher eingestuft als etwaige Probleme.

---

29 Anmerkung / Frage des Interviewers
30 Anmerkung / Frage des Interviewers

I 3: „...je unqualifizierter der Beruf des anderen ist,...je leichter ist es natürlich mobil zu sein. Es wird dadurch erschwert, daß man Akademiker ist. Für das Paar selbst ist das aber eigentlich eine sehr gute Basis für eine Partnerschaft und für zwei selbständige Leben nebeneinander. Ich finde das eigentlich optimal."

3.11. Gruppierung der Dcc

3.11.1. Merkmalskombinationen

Nachdem in vorhergehenden Abschnitten die Sichtweisen der einzelnen Partner dargestellt wurden, ist als weitere Forschungsfrage die Kombination dieser Sichtweisen innerhalb der Partnerschaften zu prüfen. Die dargestellten Interviews haben gezeigt, daß häufig der erreichte berufliche Status oder die Einkommenshöhe als Argumente genutzt werden, wenn in Verhandlungsprozessen innerhalb der Paare die Frage der beruflichen Vorfahrt oder die Verteilung der Aufgaben der Familienarbeit, hier vor allem die Kindererziehung, zu entscheiden sind. Die sozio-demographische Struktur der befragten Paare ist unter 3.2. dargestellt worden. Besonders bei der Verteilung von Teilzeitbeschäftigung und abgeschlossenen Promotionen wurde deutlich, daß der Mann offensichtlich in der Laufbahn immer noch „die führende Rolle" hat. Hier scheint es eine, sich verstärkende Spirale in der Argumentation zu geben. Dem Mann wird im Zweifel die erste Chance eingeräumt, da sich das Paar hierdurch angeblich insgesamt besser steht. Durch seine bessere berufliche Position legitimiert er bei der nächsten Entscheidung wiederum den Vorzug.

Neben der formalen Zusammensetzung der Paare sind die abgefragten Werte und ihre Kombination innerhalb der Paare ein weiterer, wesentlicher Strukturfaktor. Bedingt durch die Fragestellung der Arbeit und die Auswahl der Befragten ergab sich hinsichtlich der Berufsorientierung ein Bild, daß ausnahmslos für alle Partner in den befragten Paaren eine hohe Berufsorientierung zeigt. Stellt man zusätzlich die Wertigkeit der Familie mit der Berufsorientierung in Beziehung, so lassen sich aus den Interviews folgende Paare kombinieren. Die nachfolgnde Tabelle zeigt die geäußerte, grundsätzliche Werthaltung der Partner.

Tab. 11: Kombination der Wertvorstellungen der Partner in befragten Dcc

	Frauen	
Männer	Familie und Beruf gleichwertig	Beruf ist wichtiger als Familie
Familie und Beruf gleichwertig	Paare Nr. 2, 3, 5, 6, 7, 8, 9, 11	Kombination nicht in der Stichprobe
Beruf ist wichtiger als Familie	Paar Nr. 4	Paare Nr. 1, 10

Auffällig ist die starke Belegung der Kombination, in der beide Partner dem Beruf und der Partnerschaft bzw. der Familie einen hohen Stellenwert zuordnen. Trotz starker Berufsorientierung sehen die Befragten die Schattenseite des beruflichen Aufstiegs wie Sachzwänge, zeitliche Einschränkungen etc. Daher tritt neben die Berufsorientierung der Wunsch, für andere Lebensbereiche Zeit zur Verfügung zu haben, die einen eigenen Stellenwert bekommen. In erster Linie wurde in den Interviews die Partnerschaft bzw. Familie genannt, aber auch Hobbys und Freizeit.

Die Kombination, in der der Mann den Beruf in den Vordergrund stellt, die Frau einen Ausgleich zwischen den beiden Werten anstrebt, findet sich nur einmal in der Stichprobe (Fall 4). Die Wertehaltung des Mannes ist hierbei sehr traditionell orientiert. Im Gegensatz zu traditionellen Paaren formuliert die Frau allerdings einen eigenen beruflichen Anspruch.

Der Fall, in dem ein Mann Beruf und Familie als gleichwertig betrachtet und die Frau klar die Berufslaufbahn als wichtigeren Aspekt herausstellt, also eine spiegelbildliche Wertekonstellation, findet sich nicht als Kombination in der Stichprobe. Hier kommt eine ähnliche Tendenz zum Vorschein, die sich in anderen Punkten ebenfalls finden läßt, so z.B. beim formalen Berufsstatus. Wie zuvor dargestellt, befindet sich in der Stichprobe kein Paar, in dem die Frau einen höheren Bildungsabschluß besitzt als der Mann (3.2.). Bezeichnend sind in den Interviews die Aussagen mehrerer Männer, die zwar keine Probleme damit hatten, sich die Familienarbeit und die Kindererziehung mit der Partnerin zu teilen, eine weitergehende Einschränkung des Berufs als dies ihre Partnerin hat, aber ablehnten (3.5./3.6.).

Bei zwei Paaren findet sich eine Kombination, bei der beide Partner die Wertigkeit des Berufs über die der Partnerschaft bzw. Familie stellen. Die Partner in diesen Beziehungen waren bereit, für eine entsprechende berufliche Option eine mittelfristige, oder falls dies vom Partner nicht akzeptiert würde, eine dauerhafte Trennung in Kauf zu nehmen. Dabei wird Partnerschaft oder Familie von diesen Paaren nicht generell negiert, was sich unter anderem darin zeigt, daß eines der Paare ein Kind hat. Allerdings ist der Beruf hier absolut dominantes Element.

Die bisher dargestellten Kombinationen beruhen auf der prinzipiellen Werthaltung der Partner der Paare. Wie sehen aber die tatsächlichen gelebten Lösungsmuster aus? Anhand der beiden Faktoren Kindererziehung und Entscheidungsfindung bei beruflichen Anforderungen sollen im folgenden die tatsächlichen Handlungen der Paare nachgezeichnet werden.

3.11.2. Kindererziehung

Ein Teil der Paare der Stichprobe hat bisher keine Kinder oder beabsichtigt keine Kinder zu bekommen, so daß diese für eine Betrachtung der Zuweisung der Kinderziehung innerhalb der Partnerschaft ausscheiden. Für die Paare, die bereits über Kinder verfügen bzw. Kinder für die Zukunft planen, ist die Zuordnung der Kindererziehungsaufgaben allerdings ein interessanter Aspekt. Je nach Umfang, in dem die Kindererziehung übernommen wird bzw. werden soll, werden damit berufliche Optionen definiert oder es ist eine entsprechende Einschränkung der beruflichen Möglichkeiten erfolgt.

In den Fällen, in denen Kinder vorhanden oder konkret geplant sind, äußerten die Befragten in fünf Fällen, daß die Betreuung überwiegend durch die Frau wahrgenommen wird bzw. werden soll. Dabei gibt es zwei Paare, in denen dies als ausdrücklicher Wunsch der Frau gesehen wird. Diesen Frauen ist zwar ein qualifizierter Beruf wichtig, aber sie wollen zumindest mit gleicher Intensität die Hauptverantwortung für die Kindererziehung übernehmen. Dabei wird betont, daß der berufliche Anspruch nicht aufgegeben wird. Eine dauerhafte Tätigkeit, mit kurzfristiger Unterbrechung oder zeitlicher Einschränkung zur Koordination der beiden Anforderungen Beruf und Kinder wird angestrebt bzw. ist realisiert worden. In den drei weiteren Fällen, in denen auch der Frau die Kindererziehung zugeschrieben wird, identifizieren sich die Frauen nicht in dem zuvor beschriebenen Maß mit der Rolle. Vielmehr sehen sie die Einschränkungen, die sie in ihrem Beruf hinnehmen müssen, um die von ihnen erwartete Aufgabe ausfüllen zu können. Deutlich wird in den Interviews, daß die Partnerinnen die Rolle zwar übernehmen, gleichzeitig aber unzufrieden sind, da sie ihren beruflichen Anspruch nicht realisieren können. Zur Kompensation des Widerspruches werden entsprechende Argumente gesucht, z.B. „es kann nur einer Karriere machen", „das wird in den Firmen immer noch so gesehen", die in den vorherigen Interviews dargestellt wurden.

In zwei Fällen wurde die Kindererziehung durch beide Partner durchgeführt, indem jeder abwechselnd zeitweilige berufliche Einschränkungen akzeptierte. In einer Paarschaft mit zwei Kindern nahmen beide Partner jeweils für ein Kind Erziehungsurlaub. Zusätzlich wurden wechselnde Teilzeitarbeitsphasen beider Partner eingelegt, um so dem jeweils anderen Partner berufliche Freiräume und die Kindererziehungsarbeit zu ermöglichen.

Das zweite Paar hat ein Kind und beide Partner sind berufstätig. Die Kindererziehung wurde bzw. wird hier durch wechselnde, berufliche Einschränkungen der Partner realisiert. Dabei wird für definierte Abschnitte jeweils einem Partner die Option zu stärkerem beruflichem Engagement zugebilligt.

Tab. 12: Zuweisung der Kindererziehung

Kindererziehung	Paar Nr.
- überwiegend durch die Frau; als Wunsch der Frau	4, 9
- überwiegend durch die Frau; als Notwendigkeit gesehen	3, 5, 10
- durch beide Partner	8, 11

Nimmt man die Kindererziehung als Indikator, der zumindest teilweise eine Familienorientierung beschreibt, und vergleicht die realisierte Verteilung der Aufgabe der Kindererziehung zwischen den Partnern mit den vorher dargestellten, geäußerten Werten, so fallen die Einstellungen deutlich auseinander. Obwohl bei den weitaus meisten Paaren beide Partner Familie und Beruf als gleichwertig einstufen (Tabelle 11), haben in der Praxis lediglich die Paare 8 und 11 die Kindererziehung gleichberechtigt umgesetzt. In allen anderen Fällen findet sich eine eindeutige Zuweisung der Kindererziehung zur Frau. In der Konsequenz führt dies dazu, daß der Beruf des Mannes einen größeren Stellenwert einnimmt. Die vorher geäußerten gleichen Wertepräferenzen für Beruf und Familie können hier nicht nachgezeichnet werden. Nur in einem Fall (Nr. 4) sind die Aussagen zu Werten und praktizierter Kindererziehung mit Blick auf den Mann konsistent. Bei den Wertepräferenzen galt der Beruf als wichtigeres Feld, die Familie bzw. Partnerschaft hatte nachrangigen Charakter. In diesem Paar hat die Frau die Erziehung des Kindes übernommen und der Mann geht uneingeschränkt seiner Berufstätigkeit nach, so daß sich für ihn kein Widerspruch ergibt. Da die Übernahme der Kindererziehung als Wunsch der Frau erfolgte, sind hier auch keine Konfliktlinien zu erwarten. Interessant ist ein weiterer Fall, in dem die Frau künftig die Kindererziehung übernehmen will (Nr.9). Im Interview äußerte der Mann ausdrücklich seine Bereitschaft, sich umfangreich an der Kindererziehung zu beteiligen. Dabei stellte er sogar dar, wie sich dies im Rahmen seiner Tätigkeit umsetzen ließe. Da seine Freundin aber auf der Rolle der Mutter besteht und hierzu ihre Berufstätigkeit unterbrechen will, wird die Abweichung des Handlungsmusters von seinen Wertepräferenzen durch die Partnerkonstellation erklärbar.

In den Fällen 3, 5, 10 tritt allerdings eine Konfliktlinie innerhalb der Partnerschaft zutage, die auf der Differenz zwischen Werten und gewählter Rollenzuweisung basieren könnte. Beim Paar 10 zeichnet sich dies schon bei der Betrachtung der Wertepräferenzen ab, da beiden Partnern der Beruf wichtiger als die Familie ist. Bei dieser Präferenz ist voraussehbar, daß eine

Einschränkung des Ziels aufgrund der Kindererziehung nicht gewollt ist. Im vorliegenden Fall hat sich der Mann durchgesetzt und die Mithilfe bei der Kindererziehung abgelehnt. Von der Frau wird die Kindererziehung zwar geleistet, allerdings wird im Interview deutlich, daß sie dies als starke Belastung und Einschränkung ihrer beruflichen Optionen und Wünsche empfindet. Aufgrund der Haltung ihres Partners sieht sie aber keine andere Option, als die Kindererziehung zu übernehmen. In den beiden anderen Fällen (3,5) ist die Wertigkeit von Beruf und Familie bei beiden Partnern gleich wichtig. In beiden Fällen liegen die Gründe für die Übernahme der Kindererziehung durch die Frau und einer Einschränkung ihrer Berufstätigkeit in schlechteren Arbeitsmarktchancen des Mannes begründet. Die Frauen hatten in beiden Fällen ihre Ausbildungen zuerst abgeschlossen und beide verfügten über einen Beruf mit guten Arbeitsmarktchancen. Damit die Männer aber eine, ihrem Studium entsprechende Stelle annehmen konnten bzw. können, gleichzeitig eine Kinderbetreuung gewährleistet werden soll, stellen die Frauen ihre eigenen beruflichen Ansprüche zurück. In den Interviews wird allerdings deutlich, daß diese Lösungsoption ein entsprechendes Unzufriedenheitspotential beinhaltet. Gerechtfertigt wird die Entscheidung damit, daß die Gesellschaft diese Rollenteilung fordere und eine Frau außerdem schlechtere Bedingungen auf dem Arbeitsmarkt bzw. beim Aufstieg habe. Zugleich betrachtet man sich ‚als am Erfolg des Mannes mitbeteiligt'. Da die Frauen in den konkreten Fällen aber die besseren Berufs- und Arbeitsmarktchancen hatten, können diese Argumente wiederum nur als Rechtfertigung für die Wahl eines traditionellen Modells dienen. Die Widersprüchlichkeit ist offensichtlich.

3.11.3. Entscheidungsfindung bei beruflichen Anforderungen

Ein weiteres Prüfkriterium für die Gleichberechtigung beruflicher Interessen beider Partner bzw. das Gleichgewicht zwischen Beruf und Familie / Partnerschaft ist die Betrachtung des Prozesses, in dem berufliche Entscheidungen getroffen werden. Auch hier sollen die zuvor dargestellten Wertepräferenzen im Paarzusammenhang betrachtet werden. In den Interviews gibt es im wesentlichen zwei vorherrschende Modelle der Entscheidungsfindung. So finden sich zwei Paare (1, 10), bei denen keine weitreichenden Abstimmungen über berufliche Planungen der beiden Partner stattfanden. Zunächst versucht jeder Partner bestimmte, eigene berufliche Optionen zu erreichen und sie dann mit dem Partner bzw. der Familie zu koordinieren. Hier spiegeln sich die dominierenden Wertigkeiten des Berufs wieder, die zu Beginn dargestellt wurden.

Alle anderen Paare nutzen partnerschaftliche Abstimmungsmechanismen, die durch die Festlegung von Rahmenbedingungen und Einzelfallentscheidungen versuchen, die Balance zwischen den beruflichen und partnerschaftlichen Anforderungen herzustellen. Im Gegensatz zu der Kindererziehung zeigen die Interviews auch konkrete Beispiele auf, in denen die Partner auf berufliche Optionen verzichtet haben, um dem jeweils anderen Partner eigene Berufstätigkeit bzw. berufliche Optionen zu ermöglichen.

Tab 13: Entscheidungsfindung innerhalb der Paare

Entscheidungsfindung	Paar Nr.
Jeder sucht getrennt seine Berufsoptionen und entscheidet, dabei soll die Partnerschaft möglichst wenig belastet werden	1, 10
Im Vorfeld gibt es Abstimmungen, die als Rahmen für beide Partner dienen, bei vorliegenden Option wird diskutiert und entschieden	2, 3, 5, 6, 7, 8, 9, 11

Diese, etwas widersprüchliche Konstellation läßt sich beispielhaft am Paar 3 skizzieren. Beide Partner sind stark berufsorientiert, messen aber auch der Partnerschaft und der Familie eine großen Stellenwert bei, wie z.B. die drei vorhanden Kinder belegen. Bei den Planungen der beruflichen Optionen haben beide Partner innerhalb des gemeinsamen Lebenslaufs auf berufliche Optionen verzichtet, um damit dem Partner die weitere Berufstätigkeit zu ermöglichen. Trotzdem gibt es innerhalb des Paares ein Ungleichgewicht, daß durch die Zuweisung der Kindererziehung an die Frau entstanden ist. Hierdurch war der Frau die weitere beruflichen Entwicklung nicht möglich. D.h. der Partner in dieser Beziehung berücksichtigt den Wunsch der Berufstätigkeit seiner Frau und war auch bereit, entsprechende, berufliche Nachteile in Kauf zu nehmen (auch Absagen von Angeboten), die Einschränkungen gingen aber nicht soweit, daß eine grundsätzliche Rollenänderung eingetreten ist.

3.11.4. Typenbildung

Legt man die zuvor dargestellten Kombinationen der einzelnen Faktoren in den Paaren übereinander, kommt man zu Paartypen, in denen sich gleiche Strukturmuster abzeichnen. Dabei wurden die zuvor dargestellten Wertemuster und die entsprechenden Bewältigungsstrategien berücksichtigt. Zur besseren Abgrenzung der Paartypen ist zusätzlich der Typ 1 – traditionelle Paare – aufgenommen worden.

Typ 1 – Traditionelle Paare

sind Paare mit klassischer Rollenverteilung, in denen der Mann die Rolle des berufstätigen Familienernährers und die Frau die Familienarbeit gegebenenfalls ergänzt um eine Berufstätigkeit als Hinzuverdienerin übernimmt. Entsprechend dieser Rollenzuweisung orientiert sich das Paar an der beruflichen Situation des Mannes. Im Falle beruflicher Anforderungen an den Mann, z.b. beruflich bedingte Mobilität, richtet sich die Familie entsprechend aus. Sofern die Frau berufstätig ist, wird die Tätigkeit aufgegeben oder ein Ersatz am neuen Standort gesucht. Wichtig ist in erster Linie die Laufbahn des Mannes. Nicht nur im Bezug auf Beruf bzw. Karriere sind hier konservative Muster anzutreffen. Auch die Familienarbeit wird bei diesem Typ der Frau zugeordnet. Eine Inanspruchnahme von externen Dienstleistungen, besonders für die Kindererziehung, wird abgelehnt; die Zuständigkeit liegt hier bei der Frau. Da bei der Frau keine Berufsorientierung im definierten Sinne dieser Arbeit, also dem Anstreben einer eigenständigen Berufslaufbahn vorzufinden ist, sind diese Paare nicht als Dcc im Sinne dieser Arbeit zu betrachten.

Typ 2 – Modernisiert-traditionelle Paare

unterscheiden sich von den traditionellen Paaren (Typ 1) durch eine starke Berufsorientierung der Frau. Diese Berufsorientierung wird vom Mann innerhalb des Paares zwar akzeptiert, die dominante Rolle seines Berufes wird aber durch beide Partner nicht in Frage gestellt. Im Gegensatz zu Typ 1 handelt es sich also hier um ein Paar, in dem beide Partner berufsorientiert sind, bei Konfliktsituationen aber eine vergleichbare Lösung wie bei Typ 1, in Form von Karriereverzicht der Frau gewählt wird. In diesen Partnerschaften finden sich dann sogenannte fragmentierte Lebensläufe (KRÜGER 1990, MAYER 1990a/b) der Frau. D.h. die Frau unterbricht immer wieder ihre eigene Berufslaufbahn, sei es aufgrund von Kindern oder bedingt durch die Versetzung ihres Mannes. Der jeweilige Neuanfang, u.U. mit längeren Pausen sorgt dann für ein Abflachen bzw. eine Unmöglichkeit einer eigenen Karriere. Trotzdem versuchen Frauen innerhalb dieser Partnerschaft aufgrund ihrer Berufsorientierung immer wieder in den Beruf zu kommen. Wie skizziert, ist in diesem Typ Kindererziehung und Familienarbeit der Frau zugeordnet, wenn sich auch Ansätze zeigen, daß sich Männer an der Kindererziehung beteiligen. Dies geschieht aber immer nur in dem Rahmen, wie er für Beruf und Karriere des Mannes „unschädlich" ist. Eine umfassende Entlastung der Frau von diesen Aufgaben findet damit nicht statt. Eine Entlastung durch externe Dienstleistungen, z.B. zur Kindererziehung durch eine Tagesmutter, wird von diesen Paaren abgelehnt.

Innerhalb dieses Partnerschaftstyps muß eine Differenzierung beachtet werden, die sich durch die Motivation der Frau im Hinblick auf die Übernahme der traditionellen Rolle ergibt. So finden sich in der Stichprobe Frauen, die trotz Berufsorientierung die traditionelle Mutterrolle übernehmen wollen. In diesen Paaren (Typ 2a) werden berufliche Einschränkungen für die Frau durch diese akzeptiert und der Anspruch an den Beruf wird für eine zeitlich begrenzte Phase reduziert. In dieser Gruppe findet sich interessanterweise auch ein Paar, in dem der Mann bereit gewesen wäre, sich verstärkt oder überwiegend um die Kindererziehung zu kümmern. Aufgrund des Wunsches seiner Frau wurde jedoch die traditionelle Rollenzuweisung gewählt.

Unter den modernisiert-traditionellen Paaren finden sich aber auch Frauen, die ihre beruflichen Ansprüche nicht oder nur ungern zurückstellen (Typ 2b). Eine gleichberechtigte Verteilung der Erziehungsarbeit wäre eher im Interesse dieser Frauen gewesen. Trotzdem haben sie die traditionelle Frauenrolle übernommen. Warum die Frauen, entgegen ihren Wertvorstellungen, diese Verteilung akzeptieren, konnte in den Interviews nicht abschließend ergründet werden. Als Begründung wurden von den Frauen immer wieder persönliche und gesellschaftliche Rahmenbedingungen genannt, z.B. „einer muß sich ja um die Kinder kümmern" oder „als Frau hätte man ohnehin weniger Aufstiegschancen". Das die genannten Begründungsmuster nicht stichhaltig sind, läßt sich verschieden zeigen. So waren die Frauen dieser Gruppe in ihrem Beruf durchaus erfolgreich, z.T. sogar erfolgreicher als ihre Männer – eine Benachteiligung oder schlechtere Berufsaussichten lassen sich in den vorliegenden Fällen nicht nachzeichnen. Die fehlende Stichhaltigkeit der Argumente wird von den Frauen selbst gesehen und führt zu deutlich artikulierter Unzufriedenheit, da man die beruflichen Ansprüche nicht gemäß seiner Ziele verwirklicht.

Die Übernahme der traditionellen Frauenrolle aufgrund persönlicher Rahmenbedingungen hingegen ist nachvollziehbar. In allen Paaren dieses Typs findet sich eine ablehnende Einstellung zur Kindererziehung durch Dritte. Es wird argumentiert, wenn man sich schon zu Kindern entscheide, so müsse man sie auch selbst erziehen. Ohne eine Unterstützung durch Dritte ist eine entsprechende Verteilung der Erziehungsaufgaben innerhalb des Paares, welche beiden Partnern eine Berufstätigkeit ohne größere Einschränkungen ermöglicht, nicht vorstellbar. Bei diesen selbst gewählten Rahmenbedingungen sind umfassende berufliche Einschränkungen eines Partners nahezu zwangsläufig. Die Frauen übernehmen die Rolle, da sie keine anderen Lösungsoptionen in der Kombination zweier Berufslaufbahnen und vorhandener Kinder sehen. Deutlich wurde in den Interviews ein Rollenkonflikt der Frauen zwischen ihren eigenen, beruflichen Ansprüchen, die zurückgestellt oder aufgegeben werden mußten und den Anforderungen, die sich aus der Situation vorhandener Kinder und ihren Pflichtbewußtsein, für deren Erziehung zu sorgen ergaben.

Typ 3 – Gleichberechtigte Paare

zeichnen sich nicht nur durch eine Berufs- und Familienorientierung beider Partner aus. Darüber hinaus gibt es auch keine Festschreibung von Rollen oder Prioritäten, wenn es zwischen konkurrierenden Interessen bzw. Werten zu einem Konfliktfall kommt. Innerhalb der Partnerschaft haben weder Frau noch Mann hinsichtlich ihres beruflichen Karrierepfades eine Priorität vor dem anderen. Kennzeichnend für diese Paare ist eine frühzeitige Diskussion von Problemsituationen, die durch die Dcc-Konstellation entstehen können sowie der Entwurf von Handlungsoptionen. Dabei wissen beide Partner, daß im Spannungsverhältnis „Berufsorientierung Mann – Berufsorientierung Frau – Partnerschaft" nur durch wechselseitig notwendige Einschränkungen eine Realisierung möglich ist. Wie die Beispiele (Paare 8 + 11) zeigen, sind beide Partner bereit, auf berufliche Optionen zu verzichten, wenn dies im Widerspruch zu den Zielen des Partners steht.

Neben der wechselseitigen Beschränkung der Partner versuchen diese Paare durch Inanspruchnahme von externen Leistungen (Putzhilfe, Tagesmutter, Kindergarten, etc.) einen Teil der Belastung, die durch Familienarbeit entsteht, abzubauen. Die verbleibende Familienarbeit wird abwechselnd von beiden Partnern übernommen. Bei der Frage, welcher Partner wann Kindererziehung und Familienarbeit übernimmt, finden sich Absprachen, so daß nach Möglichkeit der Partner mit der höheren beruflichen Beanspruchung entlastet wird. Neben der Entlastung durch Dritte und der Verteilung der Familienarbeit innerhalb der Partnerschaft versuchen diese Paare, durch gezielte Ansprüche bzw. Forderungen an die Arbeitgeber Belastungen durch die Berufstätigkeit zu verringern. Dabei geht es ihnen allerdings nicht darum, Arbeitsmengen oder inhaltliche Ansprüche zu reduzieren, sondern Rahmenbedingungen einzufordern, die die Auswirkungen des Berufs auf die Partnerschaft möglichst gering zu halten bzw. eine Koordination zweier Berufslaufbahnen erleichtern (Zeitflexibilisierung, Jobsuche für Partner).

Typ 4 – Fragmentiert-individualistische Paare

bezeichnen Partnerschaften, deren Partner beide stark berufsorientiert sind, und keiner von beiden bereit ist, zugunsten der Partnerschaft auf berufliche Optionen zu verzichten oder Einschränkungen in Kauf zu nehmen. In diesen Partnerschaften finden sich dominant individuelle Zielvorstellungen, eine Paarperspektive konnte nicht aufgezeigt werden, es kommt sogar zu eingeplanten Bruchstellen (Fragmentierung) der Beziehung, wenn die individuelle Sicht nicht umgesetzt werden kann. Das starke Individualisierungsstreben der Partner führt zu sehr unterschiedlichen Handlungsrichtungen in der Partnerschaft. Dieser permanente Spannungsbogen zwischen den Partnern wird durch eine Strategie der Verdrängung und Überformung gelöst. So wird von diesen Paaren grundsätzlich eine Planung oder die Ausarbeitung von gemeinsamen Handlungsoptionen abgelehnt. Probleme werden erst im Augenblick ihres aktuellen Vorkommens ins Blickfeld gelassen. Beispielhaft ist hier z.B. die Aussage einer Frau, die sich ohne Wissen des Partners auf eine Stelle beworben hatte, für die ein Ortswechsel nötig gewesen wäre.

Wie die Betroffene schildert, kommt es dann bei Vorliegen von Konflikten zu entsprechend heftigen Auseinandersetzungen. Getragen wird dieses Vorgehen von einer anderen Gewichtung des Stellenwertes der Partnerschaft. Während die Partnerschaft im Vergleich zur Karriere in den ersten Typen zumindest gleichwertig, wenn nicht sogar als wichtiger angesehen wird, benennen die Befragten aus Paaren des Typs 4 die Karriere als oberstes Ziel. Dies geht so weit, daß hierfür auch Beziehungen zur Disposition gestellt werden. Entsprechend der Priorität des Berufs, ist der Mann im vorliegenden Fall auch nicht bereit, sich an der Kindererziehung zu beteiligen oder Einschränkungen seines Berufs hierdurch hinzunehmen. Die Beteiligung an der Kindererziehung wird in diesem Einzelfall ebenfalls hinter das berufliche Engagement gestellt. Damit fällt die Erziehungsaufgabe auf die Frau zurück oder wird durch Nutzung externer Hilfen von dieser weiter delegiert. Hierdurch ermöglicht sich die Frau ebenfalls die eigene Berufsorientierung, zumindest teilweise. Sowohl in puncto Berufsorientierung, Partnerschaft oder Kindererziehung wird die Wertigkeit innerhalb dieser Paare deutlich. Trotzdem betonen die Befragten, eine Partnerschaft führen zu wollen.

Vergleicht man die verschiedenen Paartypen anhand einiger Merkmale, so fällt auf, daß der männliche Partner, mit Ausnahme des Typs 3, seinen Beruf weiterhin in den Vordergrund stellt, auch wenn er sich überwiegend für eine Gleichberechtigung beruflicher und familiärer Werte ausspricht. Die Partner des Typs 3 haben demgegenüber ihr Verhalten und die geäußerten Wertevorstellungen in Übereinstimmung gebracht. Hier findet sich eine Veränderung gegenüber dem traditionellen Rollenbild. Bei den Frauen existieren drei realisierte Rollen. Bei Paaren des Typs 2, traditionell-modernisierte Paare, findet sich die Übernahme der traditionellen Frauenrolle, wenn auch aus unterschiedlichen Motiven, verknüpft mit Einschränkungen der beruflichen Ziele. Unter den gleichberechtigten Paaren gibt es Frauen, die versuchen, berufliche und familiäre Ziele parallel zu realisieren. Bei den fragmentierten Paaren finden sich Frauen, die durch ihre ausgeprägte Berufsorientierung stark an das traditionelle, männliche Rollenverhalten erinnern.

Zwischen den Paartypen und dem Verhalten zur Lösung von Problemen läßt sich zudem eine wechselseitige Beziehung zeigen. So akzeptieren die Paare der Typen 2 und 4 die Anforderungen des Arbeitsmarktes und die Belastungen durch die Familienarbeit als internes Problem der Partnerschaft. Lösungen werden entsprechend durch Aufgabenverteilung in der Partnerschaft gesucht, was in der Regel eine Einschränkung der beruflichen Optionen der Frau bedeutet. Akzeptiert die Frau diese zugewiesene Rolle nicht (Typ 4), so kann es zum Bruch der Partnerschaft kommen.

Die Paare des Typs 3 hingegen versuchen aktiv die Rahmenbedingungen zu gestalten. Bevor über die Verteilung der Belastungen in der Beziehung entschieden wird, werden möglichst umfassend Hilfen Dritter gesucht und genutzt sowie Anforderungen an Arbeitgeber und Arbeitsplatz gestellt.

Es zeigen sich zwei Grundeinstellungen der Partner:
- eine individualistische Zielverfolgung jedes Partners und
- eine kooperative Strategie mit einem gemeinsamen Ziel der Partnerschaft.

Diese kooperative Verfolgung eines Ziels wird beispielhaft an der Aussage eines Paares deutlich: „Wichtig war für uns, daß immer einer von uns eine feste Stelle hatte." (Paar 2).

Die Typisierung findet selbstverständlich Grenzen, wenn bestimmte Einzelfälle abgegrenzt werden sollen, z.b. wenn sich in einem Paar die Konstellation aus traditioneller Rollenzuweisung der Kindererziehung, verbunden mit Einschränkung der Berufsperspektiven des Mannes zugunsten einer Berufsausübung der Frau findet. Hier sind Elemente des Typs 2 und des Typs 3 vorzufinden. Wie zuvor geschildert, finden sich auch solche Kombinationen innerhalb der Stichprobe. Daher kann die vorgestellte Typisierung nur als Gedankenmodell verstanden werden, durch das sich Verhaltensweisen der Paare besser erklären lassen, z.B. als Handlungen am Arbeitsmarkt. Außerdem muß berücksichtigt werden, daß Handlungsweisen und Einstellungen einem Wandel unterliegen, so daß Paare zu verschiedenen Betrachtungszeitpunkten verschiedenen Typen zugeordnet werden könnten. Eine zusammenfassende Darstellung der Kriterien für die Typenbildung findet sich in nachfolgender Tabelle.

Tab. 14: Übersicht der Kriterien der Typenbildung

	Typ 1 Traditionelle Paare*1	Typ 2a Traditionell- modernisierte Paare	Typ 2b	Typ 3 gleichbe- rechtigte Paare	Typ 4 fragmentierte Paare
Berufsorien-tierung der Frau *2	gering bzw. keine	mittel bis hoch in Abhängigkeit von Kindern	hoch	hoch	sehr hoch
Präferenzen der Frau	Familie und Karriere des Mannes	Familie vor eig. Karriere / Kindererziehung Wunsch der Frau	Familie und eigener Beruf gleichwertig	Familie und eigener Beruf gleichwertig	eigener Beruf / Selbständigkeit vor Partnerschaft
Präferenzen des Mannes	eigener Beruf	eigener Beruf ggf. mit Einschränkungen für Partnerkarriere	eigener Beruf ggf. mit Einschränkungen für Partnerkarriere	Familie und eigner Beruf gleichwertig	eigener Beruf
Dominante Berufslaufbahn	Mann	Mann	Mann	keine	beide
Kindererziehung	ausschließlich Frau	vorwiegend Frau	vorwiegend Frau	beide wechselseitig in Abstimmung mit Berufsanforderung	vorwiegend Frau
externe Leistungen (Erziehung, Putzen)	i.d.R. keine externen Leistungen	wird für Erziehung prinzipiell abgelehnt	wird für Erziehung prinzipiell abgelehnt	ja, als Mittel zur Koordination von Beruf und Familie	ja, als Notlösung
Abstimmung über Berufslaufbahn beider	nein – nur Laufbahn Mann	ja	ja	ja	nein
Konfliktlösung beruflicher Anforderungen beider Partner	kein Konflikt, da „Ein-Karriere-Partnerschaft"	kein Konflikt durch Kindererziehung, partnerschaftliche Lösungen bei Berufsanforderungen	Kindererziehung wird zum Rollenkonflikt der Frau (Individualisierung / Verlagerung)	a) Kauf externer Leistungen b) Ansprüche an Arbeitsplatz / Arbeitgeber c) Karriereeinschränkung	Einzelfallkonfrontation der Partner ggf. Auflösung der Partnerschaft

*1 Paartyp 1 ist als Vergleichstyp aufgenommen worden. Im Sinne dieser Arbeit ist dies jedoch **kein Dcc** da ein Hauptmerkmal, die Berufsorientierung beider Partner nicht vorhanden ist.
*2 Bei den Männern findet sich unabhängig von der Paarkonstellation eine hohe bzw. sehr hohe Berufsorientierung, daher ist auf einen Ausweis in der Tabelle verzichtet worden.

Teil 4: Forschungsergebnisse – Der Arbeitsmarkt
Leitfadengestützte Interviews mit Arbeitsmarktexperten

4.1. Auswahl der Experten

Um einen Einblick in themenspezifische Erfahrungen und Einstellungen, sowohl auf Seiten der Unternehmen als auch seitens der hochqualifizierten Arbeitnehmer mit karriereorientiertem Partner zu erhalten, wurden 28 Personalberatungsunternehmen angeschrieben. Dieser Expertengruppe kommt eine besondere Rolle zu, da sie beide Seiten des Arbeitsmarktes kennen. Gleichzeitig sind die größeren Beratungsunternehmen auch Arbeitgeber, so daß sie in dieser Eigenschaft zudem befragt werden konnten.

Die angeschriebenen Unternehmen sind bewußt aus einer vorher gebildeten Grundgesamtheit ausgewählt worden, die mit Hilfe verschiedener Quellen zusammengestellt wurde. Einerseits fand die Auswahl anhand eines beschreibenden Verzeichnisses (Handbuch der Praxis 1993) sowie einer Mitgliederliste des Bundesverbandes Deutscher Unternehmensberater (BDU) statt. Ferner wurden über mehrere Wochen von Personalberatungsunternehmen geschaltete Stellenanzeigen aus der Frankfurter Allgemeinen Zeitung gesammelt und Teilnehmerverzeichnisse von Fachtagungen ausgewertet. Durch diese Vorgehensweise sollte erreicht werden, daß die Stichprobe der Experten sich aus Vertretern großer, organisierter Beratungsunternehmen und kleinerer oder neu am Markt befindlicher, aktiver Personalberatungen zusammensetzt. Die Selektion verfolgte das Ziel, möglichst unterschiedliche Beratungsunternehmen aufzunehmen, um eine breite Sammlung von Meinungen und Einschätzungen zu erhalten. Von den angeschriebenen Unternehmen haben 16 geantwortet, acht davon positiv. Ein Interview konnte in fünf Fällen durchgeführt werden.[31] Soweit die Absage der Firmen telefonisch erfolgte, konnte in vier Fällen die Begründung erfragt werden.[32]

Die Expertengespräche wurden mit Hilfe eines Interviewleitfadens geführt und variierten in ihrer Dauer zwischen einer Dreiviertelstunde und zwei Stunden.[33] Um das Meinungsbild auf eine möglichst breite Basis zu stellen, war beabsichtigt, zusätzlich Vertreter von Interessenverbänden und Dach-

---

[31] Neben den durchgeführten Interviews lagen Zusagen für drei weitere Gespräche vor, die aus Termingründen nicht stattgefunden haben. In einem Fall wurde die Zusage zurückgezogen.
[32] Am Ende der Auswertung wird auf die hierbei gewonnen Auskünfte noch näher eingegangen.
[33] Soweit von den Gesprächspartnern keine Einwände bestanden, wurden die Interviews mit einem Diktiergerät aufgenommen und später transkribiert.

organisationen zu befragen. Dazu wurden zehn Berufs-, Fach-, oder Unternehmensverbände angeschrieben. Interviews fanden mit drei Experten aus diesem Bereich statt. Die teilnehmenden Experten repräsentieren folgende Personalberatungsunternehmen bzw. Organisationen[34]:

Personalberatung A:

Das Unternehmen ist in den Sparten Unternehmens- und Personalberatung in der Regel für größere Firmen tätig. Es beschäftigt insgesamt 500 Mitarbeiter und ist durch mehrere Niederlassungen in Deutschland und einer starken Ausdifferenzierung der Verantwortlichkeiten gekennzeichnet. Eine Spezialisierung der Personalberatung auf bestimmte Branchen liegt nicht vor. Es werden Aufträge im Zusammenhang mit Neubesetzungen von Stellen ab einem Jahresgehalt von ca. 100 000 DM angenommen, so daß eine Vermittlung von Nachwuchskräften nur in Ausnahmefällen stattfindet. Der Tätigkeitsschwerpunkt liegt in der Auswahl geeigneter Kandidaten zur Besetzung vakanter Stellen, sowohl über Anzeigen als auch durch Direktansprache. Eine Beratung der Klienten in personalwirtschaftlichen Fragen findet in der Regel nur im Hinblick auf die zu besetzende Stelle statt, z.B. Eingruppierungshilfe durch Gehaltsvergleiche.

Personalberatung B:

Das Unternehmen B beschäftigt als reine Personalberatung, die sich auf Personalsuche spezialisiert hat, 30 Mitarbeiter. Von den sechs Niederlassungen in Deutschland werden hauptsächlich mittelständische, inhabergeführte Unternehmen betreut. Die Leistungen des Unternehmens erstrecken sich auf die Beratung der Klienten in allen Fragen der Personalsuche und auf die Vermittlung im konkreten Einzelfall.

Personalberatung C:

Mit vier Mitarbeitern stellt die Beratung C das kleinste Unternehmen aus dem Teilnehmerkreis dar. Das auf einen Standort beschränkte Unternehmen hat sich auf die Suche von Führungskräften für die Branchen Medien und Pharma durch Direktansprache spezialisiert. Neben der Direktsuche führt C aber auch Beratungen in Form von Seminaren durch.

---

34 Da von einigen Befragten der Wunsch einer Anonymisierung geäußert wurde, werden im folgenden die Charakteristika der Unternehmen bzw. Organisationen genannt. Für die inhaltliche Bewertung der Aussagen ist das unkritisch.

Personalberatung D:

Das Unternehmen D arbeitet in Deutschland mit 4 selbständigen Büros und 40 Mitarbeitern hauptsächlich im Bereich der Direktansprache von Top-Führungskräften. Der Kundenkreis setzt sich aus Großunternehmen, vorwiegend aus den Sektoren Finanzdienstleistungen und Technologie, zusammen.

Personalberatung E:

Ähnlich wie Unternehmen A arbeitet auch das Unternehmen E mit mehreren hundert Mitarbeitern, die auf Büros in ganz Deutschland verteilt sind, sowohl im Bereich der Personal- als auch der Unternehmensberatung. Eine Spezialisierung auf Unternehmensgrößen oder Branchen existiert nicht. In der Regel findet eine Beratung bei der Besetzung vakanter Fach- und Führungspositionen statt. Die Vermittlung von Hochschulabsolventen stellt eine Ausnahme dar. Parallel hierzu bietet das Unternehmen auch eine Beratung in Personalfragen für Unternehmen an.

Organisationen:

Die Gesprächspartner F und G vertreten jeweils Unternehmensverbände, und zwar handelt es sich bei F um eine Organisation, die im Untersuchungsfeld stark spezialisiert ist, bei G hingegen um einen Verband[35], der eine breite Palette von Unternehmen repräsentiert. Bei beiden Gesprächspartnern handelt es sich um den Geschäftsführer des Verbandes. Als Vertreter einer Arbeitnehmerorganisation konnte ein Gespräch mit einem Experten geführt werden, der im folgenden mit H bezeichnet wird. Dabei handelt es sich um den zuständigen Fachreferenten in der Zentrale der Gewerkschaftsorganisation.

4.2. Gesellschaftliche Entwicklung, Personalstruktur und Personalbedarf

Die Befragung der Experten teilt sich in mehrere Abschnitte. Zur Validierung vorhandener Studien wurden zunächst allgemeine Trends erfragt, bevor spezielle Fragen zu den Dcc gestellt wurden.

---

[35] Der Begriff Verband ist hier bewußt allgemein gewählt, um eine Anonymisierung zu ermöglichen. Daher darf er nicht im einschränkenden Sinne verstanden werden, sondern soll auch Vereine, Kammern etc. umfassen.

Dabei wurden generelle Einschätzung der Experten zu folgenden Themen erfragt

- Internationalisierung von Unternehmen
- Gesamtwirtschaftliche Entwicklung
- Auswirkungen der Veränderungen auf den zukünftigen Bedarf der Wirtschaft an Fach- und Führungskräften
- Qualifikationsprofil künftiger Mitarbeiter erkundet.

4.2.1. Internationalisierung

Einstimmigkeit herrscht unter den Befragten hinsichtlich der Internationalisierung als generellem Trend. Die Experten verweisen jedoch auf eine unterschiedliche Betroffenheit der einzelnen Unternehmen, in Abhängigkeit von ihrer Größe und ihrer Branchenzugehörigkeit. Deutlich wird dies durch die Aussage des Beraters der Firma B, der für mittelständische Betriebe feststellt, daß zwar internationale Handelsbeziehungen existieren, eine internationale Verflechtung oder internationale Kontakte der Führungskräfte nur in Ausnahmefällen vorhanden sind. Auch die Antworten der anderen Befragten bestätigen eine Differenzierung zwischen Mittelstand und Großunternehmen. Bei den Großunternehmen scheint die Internationalisierung bereits weit fortgeschritten zu sein und ist durch verschiedene Beziehungen und organisatorische Verflechtungen gekennzeichnet, im Mittelstand beschränkt sie sich auf Kunden-Lieferanten-Beziehungen.

Eine zusätzliche Differenzierung nimmt der Experte F vor, der die unterschiedliche Geschwindigkeit der Globalisierung von Unternehmen eher branchenabhängig beurteilt. Die Internationalisierung in den Sektoren Finanzdienstleistungen und Informationstechnologien ist nach seiner Meinung sehr weit fortgeschritten, in anderen Bereichen, beispielsweise in der Konsumgüterindustrie gibt es nur wenige Firmen, die „einen globalen Auftritt haben". Als Beispiel nennt er Coca-Cola als „global-player" mit weltweit einheitlichen Produkten; im Gegensatz zu dem Sportartikelhersteller Nike, der, je nach Marktsituation, sehr unterschiedliche Produkte offeriert. Diese allgemeine Einschätzung kann durch Aussagen des Experten G abgesichert werden. Er stellt eine Untersuchung seiner Organisation vor, wonach 30 % aller befragten Unternehmen Investitionen im Ausland getätigt haben oder dies beabsichtigen. Hierbei gibt es allerdings regionale Differenzierungen in Abhängigkeit vom Tätigkeitsspektrum und der Investitionsgröße. Als Hauptregion für Investitionen gelten die ost- und südeuropäischen Staaten sowie das Baltikum. An dritter Stelle stehen die USA, gefolgt von Staaten des pazifischen Raums. Zusätzlich spiegeln die Ergebnisse der o.g. Untersuchung den Zusammenhang der Größe des Unternehmens und der jeweiligen Auslandstätigkeit wider. Bei einer Größenordnung von 500 Mitarbeitern und weniger sinkt die Investitionskurve rapide. Der wirtschaftlicher Ausdehnungsbereich liegt in einem 100 Kilometer Umkreis des Betriebes. Somit sinken die Mobilitätsanforderungen entsprechend der Betriebsgröße.

4.2.2. Gesamtwirtschaftliche Entwicklung

Trotz der Internationalisierung wird von dem Experten F ausdrücklich auf die Bedeutung des deutschen Marktes verwiesen, an dem sich eine starke Konzentration abspielt, die ebenfalls räumliche Mobilität von den Mitarbeitern verlangt. In ähnlicher Weise werden die Fragen zu diesem Themenkomplex von dem Vertreter der Arbeitnehmerorganisation beantwortet. H betonte vor allem Betriebszusammenlegungen, Rationalisierungsvorhaben und damit verbundene Mobilitätsanforderungen an die Mitarbeiter. Eine weitere Facette wird von E hinzugefügt, der zunächst vergleichbar mit H eine Zunahme von Unternehmenszusammenschlüssen und Zusammenlegungen von Betriebsteilen konstatiert, gleichzeitig darauf aufmerksam macht, daß Unternehmen zukünftig nicht mehr in der bisherigen Großkonzernstruktur überleben können. Die daraus folgende Dezentralisierung von selbständigen Einheiten innerhalb der bisherigen Riesengebilde benötige an vielen Standorten entsprechend qualifizierte Mitarbeiter. Dieser Dualismus von verstärkter Konzentration einerseits und dezentraler Ausgestaltung der Strukturen andererseits wird auch von D gesehen, ohne nach In- oder Ausland zu unterscheiden.

4.2.3. Arbeitsmarkt für Fach- und Führungskräfte

Es stellt sich die Frage, welche Auswirkungen die ökonomischen Veränderungen auf die Gruppe der Fach- und Führungskräfte haben, und wie der qualitative und quantitative Bedarf dieser Mitarbeitergruppe durch die Experten gesehen wird. Zunächst teilen auch in diesem Punkt die Experten die Einschätzung, daß es zukünftig erhöhte Anforderungen an Fach- und Führungskräfte geben wird. Unterschiedliche Auffassungen werden bei einer differenzierten Betrachtung der prognostizierten Bedarfssteigerung deutlich. Während zwei Berater eine quantitative Bedarfssteigerung bei qualifizierten Mitarbeitern prognostizieren (A und D), wird von anderen Gesprächspartnern ein mengenmäßig gleichbleibender Bedarf, aber zunehmende Anforderungen hinsichtlich des Qualifikationsniveaus angenommen (B und C). Die übrigen Befragten wollen sich in diesem Punkte nicht festlegen und schildern verschiedene Umstrukturierungsprozesse (s.o.).

4.2.4. Qualifikationsprofil künftiger Mitarbeiter

Einheitlich ist das Meinungsbild bei der Schätzung des qualitativen Bedarfs. Hier sehen alle Befragten eine Zunahme qualifizierter Tätigkeiten, bei gleichzeitiger Abnahme von Tätigkeiten auf niedrigerem Qualifikationsniveau. Weiterhin wird verstärkter Bedarf an mobilen und auslandserfahrenen Führungskräften gesehen. Insgesamt wird ein „Mehr" an Qualifikation verlangt, das von Zusatzqualifikationen über Auslands- und Praxiserfahrung bis hin zu sozialen Fertigkeiten reicht. In dem Punkt, in welchem Umfang sich diese beschriebenen Tendenzen in konkreten Bedarfszahlen niederschlagen, wollen sich die Experten E, F und G nicht festlegen. Nach Ansicht von G läßt sich das nicht konkret abschätzen, da neben der wirtschaftlichen Entwicklung Tendenzen bei weiteren Faktoren unklar sind. Beispielsweise ist offen, ob der zukünftige, durch Auslandsengagement entstehende Bedarf der Unternehmen durch einheimische oder ausländische Führungskräfte gedeckt wird. Neben der Differenzierung nach Unternehmensgröße (Großunternehmen vs. Mittelstand) und der Auslandsaktivität der Organisation ist das Tätigkeitsfeld für die geforderte Qualifikation des zukünftigen Mitarbeiters entscheidend. Im einzelnen wurden folgende Qualifikationen genannt und zugeordnet:

- Die soziale Kompetenz sowie ein kooperativer Führungsstil werden generell als „enorm wichtig" (D) angesehen, im Mittelstand jedoch noch nicht und nicht in „Hardliner-Branchen" (C) wie z.B. in der Automobil- oder Maschinenbauindustrie. Soweit hier noch „alte Führungsriegen" (B) herrschen, sei „soziale Kompetenz" ein Fremdwort, das sich höchstens in Firmenbroschüren findet. Im Kontrast dazu werden die Bereiche EDV, Chemie, Pharma und Medien genannt, in denen Mitarbeitermotivation und Teamgeist die Führung als „Machtinstrument" (C) ersetzen.
- Praxiserfahrung und Mehrfach- bzw. Zusatzqualifikationen werden durchgängig in ihrer Wichtigkeit betont. Das Interesse der Unternehmen besteht vor allem deswegen, weil sie den Mitarbeiter auf verschiedenen Positionen einsetzen können. In der Konsequenz heißt dies aber auch, daß für Spezialistenpositionen die Notwendigkeit der zuvor genannten Qualifikationsarten nicht zwingend gegeben ist.
- Auslandserfahrung stellt hingegen eine fachabteilungs-, unternehmens- und branchenabhängige Qualitätsanforderung dar. Während die Globalisierung der Märkte dazu führt, daß die Großunternehmen ihre Mitarbeiter durch Jobrotation „auf die obligatorische Europatour" (B) schicken bzw. sich als Prototyp einen „Europamanager" (D) wünschen, ist die Forderung nach Auslandserfahrung von Mitarbeitern bei mittelständischen Unternehmen die Ausnahme. Aber auch bei Großunternehmen variiert das Ausmaß der notwendigen Auslandserfahrung. So werden z.B. Vertrieb und Marketing als Unternehmensbereiche genannt, in denen

Auslandserfahrung besonders wichtig ist (A). Für Führungspositionen ist die in anderen Kulturkreisen gewonnene Erfahrung „ein Muß" (D). Mobilität und Auslandserfahrung sind für Führungspositionen enorm wichtig und beste Voraussetzung für eine Karriere (A). Aus der Sicht von F herrscht heute in Unternehmen zunehmend die Meinung, daß jeder, der eine Führungsposition anstrebt, am eigenen Leib gespürt haben muß, was es heißt, in Ländern mit unterschiedlichen Kulturen und unterschiedlichen Sprachen gearbeitet zu haben.

4.2.5. Frauen in Führungspositionen

Ausgehend von statistischen Daten (z. B. HIS 1991, S. 300 ff.), die eine Zunahme höherer beruflicher Qualifikation bei Frauen aufzeigen, wurden die Gesprächspartner gefragt, ob und wie die Veränderungen in der Praxis sichtbar werden. Es zeigt sich, daß es immer noch gravierende Vorbehalte und Vorurteile im Zusammenhang mit der Besetzung von Fach- und Führungspositionen mit Frauen gibt. Dabei werden „die Schwangerschaftsproblematik" sowie eine unterstellte Immobilität von Frauen als Ursachen für die negative Einstellung der Unternehmen genannt. Aus Sicht der Unternehmen wird argumentiert, mit Frauen in Führungspositionen sei schwerer zu kalkulieren, da sie im Fall einer Schwangerschaft möglicherweise ausscheiden (C). Außerdem sei eine Top-Karriere nicht mit familiären Verpflichtungen vereinbar. Die den Frauen in der Regel unterstellte Immobilität führt dazu, daß sie seltener ein Angebot unterbreitet bekommen, wenn Stellen mit Mobilitätsanforderungen zu besetzen sind. Bei Positionen, die Auslandseinsätze erfordern, gestaltet sich die Situation noch extremer. Bewerben sich Frauen um solche Stellen, würden sie im Hinblick auf ihre Mobilität wesentlich intensiver befragt als Männer, z.B. ob der Partner mit der Mobilität auch einverstanden sei (A und C).

Nach Beobachtung von A und C sind diese Vorurteile nicht in allen Unternehmen vorzufinden und lösen sich in bestimmten Bereichen zugunsten der Frauen auf. So seien kleine und mittlere Unternehmen flexibler als Großunternehmen, auch im Hinblick auf die Besetzung von Stellen mit Frauen. Ferner gebe es Branchen, in denen Frauen nur geringe Chancen hätten, Führungspositionen zu bekleiden, z.B. bei den Banken. In anderen Bereichen, wie z.B. im Marketing haben Frauen bessere Aussichten, da man dort nicht so festgefahren, sondern rein erfolgsorientiert sei (A). In der Vergangenheit mußte eine erhebliche Überzeugungsarbeit durch die Berater geleistet werden, wenn für eine bestimmte Position eine Frau vorgeschlagen wurde. Inzwischen konnten durch positive Erfahrungen die Vorurteile bei einigen Unternehmen abgebaut werden. Dort stehen weiteren Einstellungen von Frauen in verantwortlichen Positionen keine Vorbehalte entgegen.

B: „Viele Unternehmen haben anfänglich Zweifel oder Abneigungen und müssen sich erst überzeugen lassen, daß die Bewerberin die Richtige für die Stelle ist. Häufig kommen dann positive Rückmeldungen und bei weiteren Einstellungen von Frauen gibt es keine Vorbehalte mehr."

C: „Spitzenfrauen, die fachlich fit sind und über eine entsprechende Persönlichkeit verfügen, bekommen auch heute ihre berufliche Chance."

Der zunehmenden Bereitschaft einiger Unternehmen, Frauen in gehobenen Positionen einzusetzen, steht nach Darstellung der Befragten keine ausreichende Zahl von Frauen für diese Positionen gegenüber. Die Berater äußerten sich alle dahingehend, daß in Unternehmen die Ansicht vertreten werde, es sei schwer, entsprechend qualifizierte Frauen für Führungspositionen zu finden. C und F bestätigten diese Erfahrung auch aus der Praxis der Personalberatung. In letzter Zeit hatten sie bei Aufträgen versucht, Frauen für ausgeschriebene Positionen zu gewinnen, mußten ihre Bemühungen aber einstellen da keine ausreichende Bewerberlage vorlag. Somit stellt sich die Arbeitsmarktsituation für Frauen aus Sicht der Personalberatungsunternehmen so dar, daß sie einerseits immer noch schlechtere Chancen haben als Männer, andererseits für offene Stellen keine ausreichende Anzahl qualifizierter Frauen zur Verfügung steht. In der Folge bilden Frauen in Führungspositionen also eher die Minderheit. So äußert der Experte C auch, daß in den Positionen ab Abteilungsleiter- bzw. Hauptabteilungsleiterebene mit einem Jahresgehalt von ca. 150 000 DM Frauen nur selten zu finden sind. Im Statement von D wird diese Situation wie folgt zusammengefaßt:

„Frauen in Führungspositionen sind eher die Minderheit. Es gibt zwar die erklärte Absicht, beispielsweise durch die Anzeigenkampagne von McKinsey dokumentiert, und sie haben aufgrund ihrer Qualifikation bessere Chancen als in der Vergangenheit, insgesamt haben sie sich aber noch nicht durchgesetzt."

Die aus Sicht der Frauen mißliche Situation wird mit ihrer Lebensgestaltung und hemmenden Rahmenbedingungen erklärt. C äußerte sich dahingehend, daß Frauen nicht so aufstiegsorientiert wie Männer seien. Wenn sich Frauen beruflich verbessern können, überlegten sie oft erst, was ihnen die Veränderung wirklich bringe. Männer wirken karriereorientierter. Bei ihnen stelle der Aufstieg immer einen starken Anreiz dar, so daß sie bei einer entsprechenden Chance schneller zugreifen. Ferner stecken Frauen für private Dinge eher zurück als Männer, indem sie eine Begleitung des Partners bei Mobilitätsanforderungen z.B. durch eine Babypause und einen befristeten beruflichen Ausstieg ermöglichen. Nach Beobachtung von C haben sich zudem die Rahmenbedingungen zur Vereinbarkeit von Beruf und Familie als schlecht erwiesen. Es mangelt an Kinderbetreuungsmöglichkeiten und an Zeitflexibilität. Da die Kindererziehung überwiegend „Frauensache" ist, sind weitere berufliche Einschränkungen für die Frauen gegeben. Damit stützen die Beobachtungen der Experten in diesem Punkt die Aussagen der Partner aus den Dcc's bzw. die Beobachtungen bei diesen Paaren.[36]

Insgesamt zeigen die Antworten der Experten ein traditionelles Bild hinsichtlich der Beschäftigung von Frauen in Führungspositionen. Eine gravierende Änderung, bedingt durch einen weitreichenden Einstellungswandel in den Unternehmen oder durch das größere Angebot an qualifizierten Frauen auf dem Arbeitsmarkt, läßt sich nicht feststellen. Offen bleibt, aus welchen Gründen die statistisch ausgewiesene, zunehmend größere Anzahl an Frauen mit qualifizierten Abschlüssen von Personalberatern als nicht ausreichend eingestuft wird. Neben fehlender Kinderbetreuungsmöglichkeiten und Zeitflexibilität werden zusätzlich zwei Erklärungsmuster genannt. Entweder verfügen Frauen noch nicht über das von (Beratungs-)Unternehmen erwartete Qualifikationsniveau, z. B. Studium und entsprechende, mehrjährige berufliche Erfahrungen, oder nach Abschluß des Studium erfolgt bei Frauen nur in unzureichender Zahl der Übergang ins Berufsleben. In beiden Fällen würde dies jedoch keine grundsätzliche Änderung der Relevanz der zu untersuchenden Thematik der Dcc's bedeuten, sondern nur auf eine Verschiebung in die Zukunft hindeuten, da die Frauenerwerbstätigkeit mit der Zunahme von Karrierepaaren verbunden ist. Von einem Beratungsunternehmen wurde die Frage, warum sich so wenig Frauen in Managementpositionen finden für so relevant gehalten, daß hierzu ein Forschungsprojekt durchgeführt wurde.[37]

4.2.6. Trend zu karriereorientierten Paaren

Die Frauenerwerbstätigkeit und die Zunahme von Frauen in qualifizierten Fach- und Führungspositionen stellt sicherlich ein Indiz für eine Zunahme von Karrierepaaren dar. Zur weiteren Verifizierung des abgeleiteten Trends, wurden die Experten auch direkt zur mengenmäßigen Entwicklung von Karrierepaaren befragt. Soweit die Personalberater bzw. Verbandsvertreter eine Häufigkeitsschätzung vornahmen, wurde übereinstimmend die Meinung geäußert, daß ein Trend zur Zunahme der Dcc auf dem Arbeitsmarkt zu beobachten ist. Insgesamt wurde die Gruppe der Dcc aber noch als relativ klein angesehen. Der angenommene Zusammenhang zwischen der gestiegenen Berufsqualifikation und -tätigkeit von Frauen und der Zunahme von Dualcareer couples wurde von den Personalberatern bestätigt. Die Entwicklung dorthin ergebe sich auch deshalb, da die Frauen der heutigen Generation versuchen, Beruf, Partnerschaft und Familie zu verknüpfen. Frauen früherer Generationen mußten zumeist Entweder-Oder-Entscheidungen treffen. Sofern Frauen früher in Führungspositionen aufrücken konnten, war dies meistens

---

36 vergl. auch Teil 2 hinsichtlich Frauenerwerbstätigkeit/Kinderbetreuung
37 SPENCER STUART 1993. „Women in management. Why so few at the top?"

mit dem Verzicht auf ein gleichzeitiges Familienleben verbunden. Außerdem sei zu beobachten, daß Frauen im Vergleich zu ihrem Partner in der Regel immer noch geringerwertige Stellen wahrnehmen, z. B. im Hinblick auf Einkommen oder betriebliche Hierarchie. Wenn Frauen weiter aufstiegen, werde es schwierig, alle Anforderungen an das Paar zu koordinieren (C). Von den Befragten werden auch die Probleme gesehen, die mit der Zunahme von berufstätigen Akademikerpaaren verbunden sind. Durch die wachsende berufliche Orientierung von Frauen hängt die Mobilitätsbereitschaft nicht mehr primär an einem, in der Vergangenheit meist männlichen Arbeitnehmer. Die „mit umziehende" Partnerin als Hausfrau wird durch eine Partnerin mit eigenen beruflichen Interessen und Standortanforderungen ihres Arbeitgebers ersetzt. So vertritt E die Meinung, daß

> „...wenn man fragt, warum die Leute weniger mobil sind. Tatsache ist, die Familie ist ein wesentlicher Punkt. Da gibt es die Ehefrau oder Lebenspartnerin, die auch Karriere machen will, und da ist es halt problematisch, weil ein zweiter Arbeitsplatzwechsel damit verbunden ist."

Zum anderen entfallen bei einer zu starken beruflichen Orientierung der Frau Funktionen, die traditionellerweise von ihr übernommen wurden, wie z. B. Repräsentationsaufgaben. E betont,

> „...je hierarchisch höher, um so wichtiger sind auch gewisse Repräsentationspflichten. Das gehört zum heutigen, wenn auch tradierten Bild einer Ehefrau dazu. ... Es schadet nicht, wenn sie selbst auch Karriere macht, aber es sollte irgendwo schon, ich sag mal eine Ehefrau vorhanden sein."

Die Lebensform der Dual-career couples wird nicht ausschließlich negativ bewertet, sondern ambivalent. So finden es die Unternehmen durchaus positiv, wenn die Ehefrau des Kandidaten etwas „Sinnvolles" (E) macht und einem Beruf nachgeht. Probleme können sich ergeben, wenn die Partnerin aus einer anderen Stadt ein attraktives Angebot erhält. Daher versucht man im Gespräch mit dem jeweiligen Kandidaten diese Thematik zu diskutieren und nimmt eine Beurteilung des Einzelfalls vor.

4.3. Mobilität

4.3.1. Mobilitätsanforderungen

Neben den formalen Qualifikationsanforderungen wurden die Personalberater auch zu den Mobilitätsanforderungen befragt, die Arbeitgeber im Rahmen der Aufgabenerfüllung an ihre Mitarbeiter stellen. Mit Ausnahme des Personalberaters B, dessen Firma im wesentlichen den Mittelstand betreut, stellen die anderen steigende Mobilitätsanforderungen durch die Unternehmen fest. Wie zuvor erörtert, führen verschiedene Entwicklungen der Unternehmensstrukturen (Internationalisierung, Unternehmenskonzentration mit gleichzeitiger Dezentralisierung) zu einem wachsenden Bedarf an mobilen Fach- und Führungskräften.[38] Mobilität stellt eine unabdingbare Voraussetzung für eine berufliche Karriere dar und wird im Falle der Nichterfüllung mit Sanktionen, in Form von beruflichen Nachteilen, belegt. Diese Einstellung der Unternehmen wird in Aussagen wie „Beförderung ist mit Mobilitätsanforderungen verknüpft" (A), „wer nicht mobil ist, kann sich verabschieden" (C) oder „wer nicht mobil ist, disqualifiziert sich selbst" (D) deutlich. Neben der allgemeinen Forderung nach Mobilität, die sowohl national wie international definiert wird, ist der Faktor des Auslandsaufenthaltes ein besonderer Aspekt in der Berufslaufbahn, wie folgende Statements zeigen.

A: „Mobilität und Auslandserfahrung sind enorm wichtig und beste Voraussetzung für eine Karriere."

D: „Auslandserfahrung ist für eine Führungskraft ein Muß."

Mitunter wird stark differenziert. So meint C, daß Auslandserfahrung formal hoch gehandelt werde (Firmenbroschüren, Zeitschriftenartikel). Teilweise erweise sich ein Auslandsaufenthalt aber als Karrierehemmnis, wenn z. B. bei der Rückkehr die entsprechende Position fehlt. Einigen Kandidaten, die in der Auslandsniederlassung an der Hierarchiespitze standen, falle es schwer, sich bei Rückkehr in die Zentrale wieder unterzuordnen. Die Betroffenen bringen zu hohe Erwartungen hinsichtlich des Lebensstandards aus dem Ausland mit. Damit stellen die Unternehmen im Hinblick auf räumliche Mobilität und Flexibilität bereits hohe Anforderungen. Wie ein Beispiel zeigt, finden sich in der Praxis zusätzlich Kombinationen von Anforderungen und Sanktionen, die den Druck auf die Mitarbeiter verschärfen. Einem Vorstandsassistenten wurde das Angebot unterbreitet, für ein halbes Jahr nach Mexiko zu gehen und in einem Zweigwerk ein Problem zu lösen. Er sollte sich binnen weniger Tage entscheiden. Eine Ablehnung hätte das Ende seiner Karriere bedeutet.

Die geforderte Mobilität soll im folgenden unterschieden werden in organisationsinterne Mobilität, also die Versetzung eines Mitarbeiters innerhalb eines Unternehmens, und organisationsexterne Mobilität, bei der ein Arbeitnehmer durch Standortwechsel den Arbeitgeber verläßt. Wie das obige Beispiel des Vorstandsassistenten zeigt, ist bei der internen Mobilität die Transparenz hinsichtlich Mobilitätsart und Zeitpunkt der Versetzung für den betroffenen Mitarbeiter nicht immer gegeben, d. h. Mitarbeiter werden kurzfristig

---

[38] Der Zusammenhang zwischen Mobilitätsanforderungen und Unternehmensgröße wird auch deutlich, wenn man die geringe Verflechtung von Mittelstandsunternehmen (Unternehmensverbünde) oder das geringe internationale Engagement berücksichtigt.

mit Mobilitätsanforderungen konfrontiert, die sich aus dem Geschäftsablauf ergeben und in dieser Form nicht vorhersehbar sind.[39] Bei einem Arbeitgeberwechsel werden die Mobilitätsanforderungen in der Regel deutlich formuliert sowie von den Bewerbern in ihrem Umfang richtig wahrgenommen und beurteilt. Nach Aussage des Experten A wird den Bewerbern gesagt, daß sie nicht nur am Schreibtisch säßen, sondern welche konkreten Mobilitätsanforderungen an sie gestellt würden. Die Selbsteinschätzung der eigenen Mobilitätsfähigkeit und -bereitschaft der Kandidaten sei meist richtig.

4.3.2. Arten der Mobilitätsanforderung

Neben der Differenzierung nach organisationsinterner versus -externer Mobilität müssen auch andere Faktoren berücksichtigt werden. Die von den Experten genannten Mobilitätsarten unterscheiden sich u.a. in ihrer Dauer. Unter kurz- und mittelfristigen Mobilitätsarten versteht man z. B. ein- oder mehrtägige Dienstreisen, temporär begrenzte Projektarbeiten an einem anderen Standort, so daß der Mitarbeiter in der Regel nur am Wochenende zu Hause ist, oder die Arbeit in internationalen Projektgruppen. Diese nimmt eine Sonderstellung ein: Da die Distanzen für eine Wochenendheimreise zu groß sind, findet eine mehrmonatige Abwesenheit statt.

Zu den langfristigen Mobilitätsarten gehört der Umzug an den Standort des neuen Arbeitsplatzes, eine Auslandsentsendung bzw. eine Rotation, bei der sich zwei- bis dreijährige Auslandseinsätze mit einer ebenso langen „Heimatstation" abwechseln. „Weltenbürger" pendeln sogar von Auslandsstation zu Auslandsstation, ohne einen Heimatstopp. Langfristige Mobilität fordern auch Rotationen auf nationaler Ebene. So stellen gerade Organisationen mit einem großen Niederlassungsnetz die innerdeutsche Mobilität als Aufstiegskriterium heraus. Neben der Differenzierung nach Ort und Zeit sind auch Arbeitsform und Funktion der Mobilitätsanforderungen sehr unterschiedlich. Schlaglichtartig sollen nur die wesentlichen genannt werden, wobei in der Praxis häufig Mischformen zu finden sind:

- Ausbildungsentsendungen, training off the job/training on the job
- Besetzung vakanter Stellen – Aufgabenwahrnehmung, Know-how Transfer
- Traditionelle Arbeitsentsendungen, job rotation
- Personaltausch – cross-change, Jobtausch auf Zeit
- Projektarbeit, bilateral und multilateral [40]

---

39 Beispielhaft werden dafür häufig jene Führungskräfte genannt, die durch die deutsche Einheit plötzlich neuen Mobilitätsanforderungen gegenüberstanden.
40 Aufgrund des Forschungsinteresses wird der Aspekt der Arbeitsorganisation hier nicht weiter verfolgt.

4.3.3. Umsetzung der Mobilitätsanforderungen

Um die Auswirkungen von Mobilitätsanforderungen auf die Lebens- und Berufssituation von Dual-career couples beurteilen zu können, ist die Betrachtung der personalpraktischen Umsetzung der Anforderungen zwingend erforderlich. Hier ist die Unterscheidung in unternehmensinterne und -externe Wechsel sinnvoll.[41] Soweit von den Personalberatern Aussagen über interne Wechsel vorgenommen werden konnten, wurden Versetzungen eher als „Reaktionen auf Vakanzen" und weniger als langfristige Planungen unter Einbeziehung der Mitarbeiter gekennzeichnet. Der Experte D meint, daß es nur wenige gezielte Entwicklungsprogramme gäbe. Wenn der Auslandsaufenthalt eines guten Mitarbeiters anstünde, würde sein Vorgesetzter ihn nicht gehen lassen wollen. Außerdem spiele bei Auslandseinsätzen der Zufallsfaktor eine große Rolle. Somit könne seiner Meinung nach das Fazit gezogen werden, daß nur wenige Programme existierten, die regeln wer wann wohin geht. Im Einzelfall sind diese dann auch noch schwer umsetzbar. Es zeige sich eine deutliche Diskrepanz zwischen Theorie und Praxis. F vertritt den Standpunkt, daß Ad-hoc-Versetzungen häufig vorkommen.

> F: „Sie wissen ja, daß wir auf der einen Seite wunderbare Pläne haben, und das ist auch gut so. Aber Sie wissen auch, daß auf der anderen Seite Leute ausfallen oder weggehen, und dann muß man von den tollen Voraussetzungen mal ein oder zwei übersehen."

Die extremste Position stellt die Aussage von H dar, der eine „hundertprozentige Verfügbarkeit des Arbeitnehmers" als das von vielen Unternehmen angestrebte Idealbild beobachtet. Wenn Versetzungen in Unternehmen häufig ad hoc und ohne Beteiligung der Mitarbeiter vorgenommen werden, folgt daraus, daß auch der Partner des versetzten Mitarbeiters nicht entsprechend berücksichtigt wird.

> F: „...wenn wir den Partner sehen, dann wird da sicherlich gesündigt. Da werden die Leute in die Gegend geschickt. Nur wenige Firmen beziehen die Frauen mit ein in die Vorbereitung."

Bei diesen Äußerungen ist zu berücksichtigen, daß die Personalberatungsunternehmen die Probleme als organisationsexterne wahrnehmen, und somit ihr Bild durch die „auffälligen Versetzungen" stärker geprägt ist als durch reibungslose Abläufe im Zusammenhang mit Mobilitätsanforderungen. Gleichzeitig wurde in den Interviews deutlich, daß der Blick auf den männ-

---

41 Da die befragten Experten in der Regel mit Mobilitätsanforderungen, die sich aus einem Arbeitgeberwechsel ergeben, beschäftigt sind, wurden demzufolge schwerpunktmäßig die Fragen dahingehend beantwortet. Einen Einblick in die Praxis der internen Wechsel in den Unternehmen haben nur wenige Personalberater bzw. Organisationsvertreter, zumeist aufgrund persönlicher Erfahrung als Mitarbeiter in einem Unternehmen.

lichen Mitarbeiter gerichtet ist, da der miteinzubeziehende Partner „die Frau" ist. Der Wohnort bildet einen wesentlichen Faktor im Spannungsverhältnis beruflicher Mobilität und Privatleben. Daher wurden die Experten gefragt, in welchem Umfang Unternehmen im Zusammenhang mit Mobilitätsanforderungen Einfluß auf die Wohnortwahl des Mitarbeiters nehmen, also, ob sich in der Praxis beispielsweise eine Residenzpflicht finden läßt. Für Dual-career couples ist eine mögliche Residenzpflicht von großer Bedeutung, da der Pool der Lösungsoptionen dadurch erheblich eingeschränkt wird. Mit Ausnahme des Experten B, „der Wohnort des Mitarbeiters ist für die Firma nicht interessant", dessen Firma überwiegend mittelständische Unternehmen vertritt, äußeren alle Befragten die Ansicht, daß zumindest langfristig ein Wohnortwechsel zum neuen Arbeitsort im Interesse des Arbeitgebers liegt.

> E: „Der Arbeitgeber sieht es gerne, wenn am Ort gewohnt wird. Das ist einfach so."

> C: „Wochenendbeziehungen und Pendeln werden nicht gern gesehen."

> A: „Meist wird dem Mitarbeiter eine Übergangszeit eingeräumt, um sich zu arrangieren. Aber danach wird erwartet, daß der Lebensraum des Mitarbeiters, die Familie, am Sitz der Firma ist."

In ähnlicher Weise äußerte sich auch D:

> „Die Leute sollen nicht commuten[42]. Meist wird dies auch im Arbeitsvertrag mit einer Übergangszeit von einem bzw. einem halben Jahr festgelegt . Bis zu diesem Zeitpunkt soll der Mitarbeiter mit seiner Familie seinen Wohnsitz an den neuen Standort verlegt haben."

Einen Zusammenhang zur hierarchischen Position des Betreffenden stellt G her, und zwar:

> „Je höher die Position der Führungskraft, desto höher die Präsenzerwartung. Das würde ich auf jeden Fall so sehen, weil auch der aktuelle Bezug zum Unternehmen, auch bei Zeiten, die nicht regelmäßig Arbeitszeit sind, möglich sein muß. Es wird in den Arbeitsverträgen eine Präsenzpflicht festgelegt. Außerdem gibt es einen ganz klaren wirtschaftlichen Druck. Ab einer gesetzten Frist hört die Zahlung der Trennungsentschädigung auf. In den ersten drei Monaten hält man das zumutbar für beide Seiten, daß jemand pendelt. Aber innerhalb von drei Monaten hält man es ebenfalls für zumutbar, daß er einen neuen Standort für die Unterbringung seiner Familie findet. Und deshalb werden für die Mehrkosten der Pendlerzeit zusätzliche Dotationen der Unternehmen sehr häufig bereitgestellt. Und dann entfallen die. Und wenn das eine arbeitsvertragliche Verpflichtung ist und durch die Nichteinhaltung dieser

---

42 aus dem Englischen - to commute = pendeln/wechseln

Verpflichtung bestimmte Aufgaben eben nicht erledigt werden, dann ist eine verständliche Reaktion die Auflösung des Arbeitsverhältnisses."

Insgesamt zeigt sich keine einheitliche Verfahrensweise zur Residenzpflicht. Vielmehr überwiegen Überlegungen, in welchem Umfang ein Zweitwohnsitz am neuen Arbeitsort mit der Tätigkeit, sowohl inhaltlich als auch hinsichtlich der persönlichen Belastung, sinnvoll erscheint. Diese Ambivalenz spiegelt sich auch in den Antworten zur Akzeptanz von Wochenendbeziehungen wider. In der Regel werden nach Meinung von B Wochenendbeziehungen von den Unternehmen akzeptiert, insbesondere, wenn das Paar im Gespräch überzeugend diese Form wünscht.

B: „Die Unternehmen interessiert nur die Leistung des Mitarbeiters, die private Situation geht sie nichts an."

Die Unternehmen sähen sogar positive Aspekte in einer Wochenendbeziehung, betont C, da die Mitarbeiter immer einsetzbar sind. Soweit diese Lebensform für die Betroffenen keine Probleme bringe, werde sie akzeptiert. Daneben gibt es auch kritische Stellungnahmen zu Wochenendbeziehungen. A vertrat den Standpunkt, daß Wochenendbeziehungen von den Unternehmen nicht gerne gesehen würden. Andere begründen ihre Einschätzung mit der starken psychischen Belastung und mit partnerschaftlichen Auswirkungen.

E: „Der Arbeitgeber sieht es gerne, wenn am Ort gewohnt wird. Ich denke mal, ab einem gewissen Zeitpunkt ist das Pendeln unfunktionell und geht auch zu Lasten der Beziehung. Das belastet ja auch irgendwie die private Beziehung ... für manche ist es vielleicht nicht so, aber für die meisten ist es so. Das wirkt sich dann auch auf die Arbeit aus."

Auch D betont den Aspekt der privaten Belastung:

„...je länger Wochenendbeziehungen geführt werden, um so eher geht die Beziehung auseinander. Wochenendbeziehungen sind nur für eine Übergangszeit sinnvoll, da ansonsten die ganze Institution der Ehe in Frage gestellt wird. Was soll dann die ganze Veranstaltung?"

A nennt einen zusätzlichen Gesichtspunkt:

„Wochenendbeziehungen sind nur nachteilig, da durch das Pendeln vermehrter Streß vermutet wird, besonders bei großen Distanzen. Bei Dual-career-couple-Bewerbern läßt man den Kandidaten lieber fallen, als daß man eine Wochenendbeziehung akzeptiert. In Deutschland ist das Denken noch zu konservativ, um solche Lebensformen zu akzeptieren."

C teilte ebenfalls diesen Standpunkt, beobachtet aber andere Konsequenzen.

„Wochenendbeziehungen bzw. Pendeln werden von den großen Chemiefirmen in Deutschland als Belastung der Beziehung gesehen. Da die

Beziehung direkte Auswirkungen auf die berufliche Leistungsfähigkeit hat, wird versucht, durch Placement-Aktivitäten ein Pendeln oder eine Wochenendbeziehung zu vermeiden."

Wie die Stellungnahmen zeigen, bewerten die Experten die Akzeptanz von Wochenendbeziehungen durch Unternehmen eher negativ, da sie mit erheblichen familiären Nachteilen und psychischen Belastungen verbunden seien, die sich negativ auf Arbeitsmotivation und Leistungsfähigkeit auswirken könnten. Daneben stehen Bedenken wegen fehlender Verfügbarkeit des Mitarbeiters an Wochenenden, z. B. für Repräsentationsaufgaben oder bei Störfällen. Gleichzeitig wird ein Vorteil von Wochenendbeziehungen betont, eine vermutete, höhere Leistungsbereitschaft der Mitarbeiter, die sich durch eine größere zeitliche Verfügbarkeit ergibt.

Interessant scheint mir die Bandbreite der Äußerungen, die sich auf Reaktionen der Unternehmen gegenüber Wochenendpendlern beziehen. Während A deutlich macht, daß Unternehmen aufgrund einer konservativen Werthaltung lieber auf einen Mitarbeiter verzichten, als bei diesem eine Wochenendbeziehung zu akzeptieren, stellt G den finanziellen und arbeitsrechtlichen Druck auf den Mitarbeiter heraus. Dieser soll langfristig bewirken, daß der Mitarbeiter das Wochenendpendeln einstellt. Eine noch weitreichendere Option zeigt C auf, in der ein Unternehmen der Ursache des Pendelns nachgeht und möglicherweise versucht, durch eine Arbeitsplatzbeschaffung für den Partner oder die Partnerin direkt unterstützend einzugreifen. Insgesamt gesehen verdeutlichen die Antworten die Variationsvielfalt der Mobilitätsanforderungen sowie deren praktischer Umsetzung. Die Größe und die Werthaltung des Unternehmens stellen entscheidende Einflußgrößen dar. Die beiden Extrempositionen lassen sich dabei wie folgt beschreiben.

In konservativ geprägten Unternehmen wird der Mitarbeiter als Einzelperson gesehen, der für seine Tätigkeit entlohnt wird. Für diese Entlohnung hat er seinem Arbeitgeber sowohl zeitlich als auch räumlich zur Verfügung zu stehen. Die sich ergebenden Konsequenzen werden nicht betrachtet. Eine Führungskraft mit einem entsprechendem Gehalt muß in der Lage sein, diese Probleme selbst zu lösen, ansonsten verzichtet man lieber auf den Mitarbeiter. In diesen Unternehmen findet inzwischen eine geringfügige Abkehr von der strengen Zuweisung der Rollen nach traditionellem Muster statt. Die Vorstellungen weichen jedoch nicht soweit auf, daß auch eine Rollenumkehr möglich wäre. Eine Führungskraft ist als Hauptverdiener und karriereorientiertes Individuum immer männlich. Seine Partnerin kann zwar einer eigenen Berufstätigkeit nachgehen, die jedoch nicht zu einer zu großen Selbständigkeit der Frau führen sollte. Man verlangt von ihr, daß sie bei einem Wohnortwechsel ihrem Mann folgt und für Repräsentationsaufgaben zur Verfügung steht. Demgegenüber werden Unternehmen beschrieben, die den Mitarbeiter in ganzheitlicher Perspektive sehen und somit auch die Wechselwirkungen zwischen Beruf- und Privatleben berücksichtigen. Hier steht der Leitgedanke im Vordergrund, Strukturen zu schaffen, die dem Mitarbeiter optimale Voraussetzungen bieten, seine Aufgabe zu bewältigen. In der Konsequenz bedeutet das die Einbeziehung der Interessen des Mitarbeiters mit entsprechender Unterstützung bis hin zur Hilfe bei der Suche nach einer geeigneten Stelle für den Partner.

4.3.4. Mobilitätsbereitschaft

Der nächste Themenblock des Interviewleitfadens betrifft die Gruppe der hochqualifizierten Mitarbeiter mit karriereorientiertem Partner direkt. Einen zentralen Punkt stellt die Mobilitätsbereitschaft der Betroffenen dar. Nach Meinung der Experten sind hinsichtlich der Mobilitätsbereitschaft deutliche Unterschiede zwischen organisationsinterner und -externer Mobilität zu beobachten. So wurde von E festgestellt, daß die Mobilitätsbereitschaft bei externen Wechseln in der Regel höher sei als bei vergleichbaren internen Versetzungen. Inwieweit hier eher die Faktoren des Arbeitsmarktes und wirtschaftlicher Druck (Push-Faktoren) oder Karrierechancen sowie Freude an neuen Aufgaben und Herausforderungen (Pull-Faktoren) ausschlaggebend sind, konnte nicht beantwortet werden. Vakante Stellen, die Mobilität erfordern, sind jedoch durch den externen Arbeitskräftemarkt nicht prinzipiell leichter zu besetzen, da neben Mobilitätsanforderungen andere Faktoren relevant sind z. B. Alter oder Qualifikation, und

„je mehr Faktoren Sie zu berücksichtigen haben, um so schwerer ist die Besetzung der Stelle" (F).

Unabhängig von der Frage der organisationsinternen bzw. -externen Mobilität zeichnet sich zunächst ein widersprüchliches Bild ab, da eine geringe Mobilitätsbereitschaft dahingehend beklagt wird, daß Stellen, die Mobilität erfordern, schwerer zu besetzen seien. Daneben wird zum Teil aber auch eine „enorme Mobilitätsbereitschaft" (D) herausgestellt. Nach näherer Analyse lassen sich diese Widersprüche erklären. Durch die Stichprobenauswahl der teilnehmenden Beratungsunternehmen und die damit erzielte Streuung hinsichtlich Größe und Klientenstruktur befinden sich in dem Expertensample sowohl Personalberater, die Mitarbeiter für das Top-Management suchen, als auch solche, die im gesamten Fach- und Führungskräftebereich, bis zur Ebene der Nachwuchskräfte, tätig sind. Daraus ergibt sich eine erste Differenzierung nach der hierarchischen Position der betrachteten Personen. Bei Top-Kräften gibt es keine Einschränkung der Mobilitätsbereitschaft, im Mittelmanagement lassen sich die Mitarbeiter nicht im geforderten Maße auf Mobilität ein, in den unteren Ebenen ist die Mobilitätsbereitschaft so gut wie nicht mehr vorhanden. So betont D:

„Bei Top-Leuten findet man eine enorme Flexibilität, bei vielen anderen im Mittelmanagement ist Mobilität das Hauptproblem, weshalb ihr Weg vielleicht auch hier endet."

Der Experte E bestätigt diese Einschätzung, denn

„... je höher man in der Hierarchie steigt, um so mobiler sind die entsprechenden Kandidaten. Ich denke mal, das hängt einfach damit zusammen, daß dort andere Prioritäten in der Lebens- oder auch Berufsplanung Einzug gehalten haben."

Auch F vertrat diesen Standpunkt und sagte:

„Also je weiter 'rauf in der Hierarchie sie kommen, desto mobiler werden die Leute."

Außerdem wurden von F und G verschiedene Beispiele genannt, bei denen die Versetzungen oder das Anwerben von Mitarbeitern unterhalb der Leitungs- bzw. Führungsebene gescheitert sind.[43] Der Experte D vermutet jedoch, daß kurz- bis mittelfristig eine Änderung der Mobilitätsbereitschaft eintreten wird. Seine Annahme begründet er mit dem Abbau der sozialen Sicherheit in der BRD. Ähnlich argumentierte auch F, der eine Ursache der mangelnden Mobilitätsbereitschaft in dem hohen Lebensstandard sieht. Seiner Meinung nach stellen sich viele Mitarbeiter die Frage, warum sie ins Ausland gehen sollen, wenn sie dort schlechtere Lebensverhältnisse vorfinden.

F: „Weshalb soll ich mich mit den schlechten Bedingungen in Buenos Aires oder mit der schlechten medizinischen Versorgung in Großbritannien auseinandersetzen?"

Von G wird der wirtschaftliche Druck als Einflußfaktor für Mobilitätsbereitschaft genannt:

„Also die Mobilität ist ja nicht gleich Null, intraregional oder interregional in der BRD. Das sehen Sie spätestens seit der Öffnung der Grenzen zu den neuen Bundesländern. Also die Bewegung ist ja riesig groß. Und ich würde mal sagen, wenn der wirtschaftliche Druck groß genug wird und bestimmte Kapitaloperationen es möglich machen, daß daraus Beschäftigung erwächst, dann gehen die Arbeitskräfte auch dahin, jedenfalls ein großer Teil."

Von entscheidender Bedeutung für die Mobilitätsbereitschaft ist weiterhin die Lebensqualität und Attraktivität die ein neuer Standort bietet. So ist es schwieriger, Mitarbeiter zu einem Wechsel innerhalb Deutschlands zu bewegen, als sie für eine Auslandsstation zu gewinnen.

---

43 Zu gleichen Aussagen kommt eine Studie der Firma Baumgartner und Partner, die im Rahmen des Interviews zur Verfügung gestellt wurde (MARTENS 1993)

E: „Die Leute sind bereit – ich sage mal ein Beispiel – von Hamburg nach London zu gehen, aber nicht von Hamburg nach Düsseldorf"[44].

Nach Meinung der Experten gibt es dies in gleicher Form auch als „Attraktivitätsgefälle" zwischen Standorten in Deutschland bzw. zwischen Standorten im Ausland.[45]

Neben der Lebensqualität am neuen Standort stellen die Charakteristika der neuen Position einen wesentlichen Faktor dar, der unter Umständen die Mobilitätsbereitschaft fördert. So äußert sich C dahingehend, daß immaterielle Anreize, wie die Übernahme von Verantwortung, die berufliche Weiterentwicklung und Schaffung von Freiräumen für die Mobilitätsbereitschaft des einzelnen wichtig sind. Ein erhöhtes Jahresgehalt von 30.000 DM hingegen stelle keinen Anreiz dar. Die „Basics" wie z.B. Gehalt müßten ohnehin stimmen. Gestützt wird diese These von E, der die größten Probleme sieht, wenn der Mitarbeiter keinen persönlichen Entwicklungsschritt machen kann, also nur die Nachteile der Mobilität zu tragen hat.

Mehrere Experten verweisen außerdem auf eine „Altersgrenze". Bei älteren Kandidaten, von C wurde hier ein Alter oberhalb von 40 Jahren genannt, sollen diese Werte, z.b. Karrierechancen, nicht so entscheidend sein wie bei jüngeren. Ähnlich äußerte sich auch der Experte G:

„Also die Transferbereitschaft, sagen wir mal bei den heute unter 40jährigen, aber schon im Berufsleben stehenden, ... die nach Abschluß des Studiums und einer gewissen Grundlaufzeit im Betrieb eigentlich die Personalressource sind, die man rausschicken sollte, um Erfahrungen zu sammeln, ist außerordentlich gering."

Im Gegensatz dazu werden bei jüngeren Kandidaten immaterielle Anreize, die die Position bietet, aber auch die Kombination von Beruf und Privatleben sowie Freizeitinteressen immer wichtiger. Obwohl diese Einschätzung fast durchgängig von den Experten geteilt wird, sind doch einige der Meinung, daß dies nur ein vorübergehender Trend sei, und sich die Mitarbeiter früher oder später dem alten Wertemuster zuwenden werden (C). Zusammenfassend lassen sich folgende Faktoren herausheben, die nach Ansicht der befragten Experten die Mobilitätsbereitschaft beeinflussen:

- Hierarchieebene: Je höher die von dem Mitarbeiter bekleidete Positionen ist, desto größer ist die Mobilitätsbereitschaft.
- Funktionsbereich: Es gibt Funktionsbereiche, die hohe Mobilitätsanforderungen stellen, und solche, die niedrige Mobilitätsanforderungen stellen.

---

44 Vgl. OPASCHOWSKI 1991.
45 Dieser Faktor hängt indirekt mit der Frage der Lebensqualität zusammen.

Entsprechend mobil oder immobil sind auch die Mitarbeiter. Folgende Faktoren bestimmen die Mobilitätsbereitschaft, wobei das <u>Alter</u> offenbar eine vermittelnde Variable darstellt. Der Einfluß der folgenden Faktoren auf die Mobilitätsbereitschaft ist altersspezifisch, d. h. bei jüngeren Mitarbeitern stehen diese Faktoren in einer engeren Beziehung zur Mobilitätsbereitschaft.

- Intrinsische Anreize der neuen Position (neue und interessante Aufgaben)
- Persönliche Entwicklungsmöglichkeiten und ähnliche, immaterielle Werte
- Vereinbarkeit von Beruf und Privatleben
- Standortattraktivität des neuen Arbeitsplatzes
- Lebensqualität als Sammelbegriff für immaterielle Werte, Vereinbarkeit von Beruf- und Privatleben sowie einer entsprechenden Wohnortqualität

Nachrangige Faktoren sind nach Ansicht der Experten mögliche Einkommensverbesserungen oder frühere Mobilitätserfahrung. Dabei werden Fragen der Bezahlung als Hygienefaktoren (vgl. HERZBERG 1954) gesehen, frühere Mobilitätserfahrungen nur als Erleichterung für Mobilität, aber nicht als bestimmender Faktor. Keine Unterschiede gibt es nach Meinung von F hinsichtlich der Mobilitätsbereitschaft zwischen Frauen und Männern gleichen Alters: „...wenn Frauen berufstätig sind, sind sie mindestens so mobil wie Männer."

Eine für die Mobilitätsbereitschaft ganz wesentliche Einflußgröße stellt die Familie dar. Je nach partnerschaftlicher und familiärer Konstellation variieren die Einflußfaktoren und die sich aus den Mobilitätsanforderungen ergebenden Probleme. So werden von den Experten der berufliche Status des Partners sowie das Alter und die damit einhergehende Schulpflicht der Kinder genannt. Je mehr dieser Faktoren zu berücksichtigen sind, desto größer sind die Auswirkungen auf die Mobilität. Die geringsten Mobilitätsprobleme lassen sich bei Partnerschaften beobachten, in denen nur ein Partner berufstätig ist und keine Kinder vorhanden sind. Jeder zusätzliche Faktor (z.B. Suche nach einer geeigneten Schule für die Kinder, Suche nach einer adäquaten Stelle für den Partner) vergrößert die Mobilitätsproblematik. Neben diesen „Familienfaktoren" werden aber auch andere Bereiche genannt, die auf die Mobilitätsentscheidung Einfluß nehmen, allerdings mit geringerem Stellenwert. Der Experte E verdeutlicht:

„Die Faktoren sind zuerst die Familie, Eigentum ist sicherlich auch ein Thema, das regionale und soziale Umfeld, Attraktivität des Standortes und dann auch solche Dinge wie Karriere nicht um jeden Preis machen zu wollen."

Zusätzlich wird die Bequemlichkeit (E, F, G) bzw. die soziale Sicherheit und der Lebensstandard in Deutschland genannt,

„wodurch die Leute wenig motiviert sind, sich zu verändern" (F).

4.3.5. Probleme der räumlichen Mobilität

Die oben genannten „Familienfaktoren" beeinflussen nicht nur die Mobilitätsbereitschaft, sondern, wenn der Ortswechsel vollzogen wird, auch den organisatorischen Ablauf. Eine adäquate Beschäftigungsmöglichkeit für den Partner zu finden, stellt dabei einen zentralen Punkt dar und wird von allen Experten herausgehoben. Bei dieser Suche fielen in den Interviews verschiedene Problembereiche auf. Ein besonderes Mobilitätsproblem liegt bei Paaren vor, bei denen ein Partner den Beruf des Lehrers/der Lehrerin ausübt. Ohne in den Interviews nach speziellen Berufsgruppen oder Partnerkombinationen gefragt zu haben, sprachen vier Experten diese Berufsgruppe an. Sie hatten in der Vergangenheit, zum Teil sogar mehrfach, die Erfahrung gewonnen, daß ein geplanter Ortswechsel eines Partners innerhalb Deutschlands an der Lehrertätigkeit des anderen Partners gescheitert war, da dieser in dem entsprechenden Bundesland keine Einstellung erhalten hätte.

Besonders detailliert wurde dieses Problem von einem Experten geschildert, der neben den Fällen aus seiner Berufspraxis auch seine persönlichen Erfahrungen einbringen konnte, da er mit einer Lehrerin verheiratet ist. Die Ursache dieses Mobilitätshemmnisses liegt nach Meinung der Experten in dem föderalen Schulsystem Deutschlands und dessen Ausgestaltung. Als Hauptprobleme werden „Protektionismus einzelner Länder" (E), „Probleme bei der Anerkennung der Examen aus anderen Bundesländern" (F), „Unterschiedliche Einstellungsvoraussetzungen in den einzelnen Bundesländern" (G), „Unflexible Stellenkegel und Fächerkombinationen" (G) genannt. A schildert die Situation drastisch: „Eine Lehrerin ist ein Klotz am Bein, da diese meist immobil ist. Der Partner scheidet als Bewerber aus."

Neben Problemen bei Versetzungen von Paaren, in denen ein Partner im Lehramt tätig ist, sehen die Befragten weitere Problemfelder bei in der Eingliederung von Rückkehrern (F und G) und in der Kurzfristigkeit, mit der Mobilitätsanforderungen an die Mitarbeiter zum Teil gestellt werden. Bei der Eingliederung von Rückkehrern ist wiederum die Stellensuche für zwei Personen zu bewältigen. Während der entsandte Mitarbeiter in der Regel eine adäquate Stelle in seinem Unternehmen findet, existiert diese Möglichkeit für den mitgereisten Partner nur selten. Ebenfalls ohne auf spezielle Beispiele einzugehen, nannten die Experten Schwierigkeiten bei der Vorbereitung der Mitarbeiter und der jeweiligen Partner, wenn die Mobilitätsanforderungen kurzfristig gestellt wird. Durch die doppelte Berufstätigkeit eines solchen Paares, ist eine Mobilität immer mit erhöhtem organisierten Aufwand verbunden, der entsprechende Zeit benötigt.

Um das Bild zu vervollständigen, wurden die Experten befragt, ob die Kandidaten in Gesprächen, die im Vorfeld der Beschäftigung stattfinden, die oben geschilderten Probleme thematisieren. Es ergaben sich unterschiedliche Standpunkte. Einige Experten treffen die Einschätzung, daß von Seiten der

Bewerber selten Probleme oder der Wunsch nach einer Stelle für den Partner geäußert würde (E und A). In den Interviews fanden sich aber auch andere Einschätzungen.

> B: „Ca. 15% der Paare, bei denen beide Partner eine Führungsposition haben, meinen, daß sie ihr Mobilitätsproblem selbst lösen müssen. Ursache ist hier das eigene Rollenverständnis."

> D: „Der Wunsch nach einer Stelle für den Partner kam schon häufiger vor. Bei freiberuflich tätigen Partnern wenden sich die Kandidaten an die Personalberatung mit der Bitte um Einschätzung der Möglichkeiten am neuen Wohnort hinsichtlich des Kundenstamms oder der Absatzlage."

In welchem Umfang die dargestellten Unterschiede verschiedene Kundengruppen bzw. unterschiedliche Wahrnehmung der Personalberater zu erklären sind oder auf differenzierte Anforderungen durch die Dual-career couples zurückgehen, kann aufgrund der Interviews mit den Personalberatern nicht eindeutig bestimmt werden und muß im Rahmen der Interviews mit Partnern aus Dcc weiter untersucht werden.

4.4. Personalpolitische Strategien

Es stellt sich die Frage, wie Unternehmen in ihrer Personalpraxis auf die zuvor aufgezeigten Probleme der Paare reagieren. Hierzu wurden die Personalberater und Verbandsvertreter um ihre Einschätzung gebeten. In den Antworten zeigt sich eine erhebliche Bandbreite. A vertritt den Standpunkt, daß es erwartet werde, daß die Mitarbeiter die Probleme „in Eigenregie managen". F hingegen betont, daß auch die Umfeldbedingungen stimmen müßten, wenn der Mitarbeiter gute Arbeit leisten soll. Die unterschiedlichen Einschätzungen lassen sich durch verschiedene Faktoren erklären, die im vorhergehenden Abschnitt bereits dargestellt wurden. Von entscheidender Bedeutung sind die Attraktivität des Unternehmens und seines Standortes sowie Alter und berufliche Position der betroffenen Mitarbeiter und die Verfügbarkeit von vergleichbaren Mitarbeitern am Arbeitsmarkt.

Unternehmen, die von mindestens einem dieser Faktoren betroffen sind (beispielsweise eine junge Belegschaft mit entsprechenden Wertvorstellungen oder einem unattraktiven Standort), sahen, wie ihre Personalpolitik zunehmend unter Druck geriet und haben sich entsprechende Konzepte überlegt. Andere Unternehmen haben versucht, durch Selektion der Mitarbeiter, nach dem Kriterium der Mobilitätsbereitschaft, den Problembereich zunächst zu umgehen. Es zeigt sich aber, daß sie gegenüber jenen Unternehmen, die sich aufgrund der mangelnden Mobilitätsbereitschaft ihrer Mitarbeiter frühzeitig mit der Thematik beschäftigt und entsprechende Konzepte entwickelt haben, benachteiligt sind, da Personalpolitik in Zeiten steigenden Wettbewerbs zur strategischen Frage wird. Eine Stellungnahme von E soll dies verdeutlichen:

„Die (Unternehmen), die jetzt viel machen, ... die haben das Problem rechtzeitig erkannt und steuern dagegen. Die, die jetzt noch nichts machen, haben es vielleicht noch nicht so erkannt, haben vielleicht, weil sie gewisse andere Kriterien haben, weil sie in einer besonders interessanten Stadt liegen, vielleicht auch nicht die ganz großen Probleme. Und von daher ist das Problem noch nicht so offenkundig geworden. Aber auch die werden damit zu kämpfen haben."

Personalpolitische Konzepte, die der Unterstützung von Mitarbeitern dienen, wenn an diese Mobilitätsanforderungen gerichtet werden, sind nach Angaben der Experten nur bei organisationsexternen Wechseln vorzufinden. Für interne Versetzungen sind den Experten keine Programme bekannt. Eine Erklärung, warum die Personalberater keine Unterstützungsprogramme für interne Wechsel kennen, liegt in der die Art ihrer Tätigkeit begründet. Da sie ausschließlich bei externen Stellenbesetzungen tätig werden, ist ihre Beobachtung entsprechend eingeschränkt. Das in der Unternehmenspraxis auch Programme zur Unterstützung interner Wechsel vorliegen wird durch die Befragung der Experten aus den Unternehmen (Kapitel 5) belegt und durch eine Vielzahl von Veröffentlichungen dokumentiert.

Richtet man den Blick auf die externen Wechsel, so finden sich in den Aussagen der Personalberater eine Reihe von Maßnahmen zur Erleichterung und Unterstützung der Wechsler. Neben allgemeinen Mobilitätshilfen (Umzugshilfe, Wohnungssuche) sind Unternehmen auch dazu übergegangen, den Partner bei einem Stellenwechsel mit einzubeziehen. C betont beispielsweise, daß Großunternehmen Placement-Aktivitäten durchführen, damit der Partner auch an den neuen Standort zieht und ein Wochenendpendeln vermieden werden kann, da eine private Ausgeglichenheit und Stabilität direkte Auswirkungen auf den beruflichen Erfolg und auf die Leistungsbereitschaft haben. Es kommt auch vor, daß das Unternehmen beide Partner einstellt. Allerdings besteht offensichtlich eine Diskrepanz zwischen dem theoretischen Anspruch der Hilfestellung und der Realität, wie G an seinem persönlichen Beispiel verdeutlicht.

G: „Ich selbst habe das Thema dreimal durchlebt. Und alle drei Male hat mir mein neuer Arbeitgeber bei den Gesprächen hoch und heilig versichert, daß er bei der Jobsuche für meine Frau behilflich sein würde. Passiert ist überhaupt nichts, nichts, gar nichts. Das mußte man alles alleine machen."

4.5. Nepotismusregeln

Vorausgesetzt, die Anzahl der berufstätigen Akademikerpaare nimmt wie vermutet zu, steigt auch die Wahrscheinlichkeit, daß beide Partner eines Paares in einem Unternehmen beschäftigt sind oder sich dort kennenlernen. Darüber hinaus kann eine Lösungsmöglichkeit zur Verminderung von mobilitätsbedingten Problemen der Dual-career couples darin bestehen, den Partner eines Mitarbeiters einzustellen und das Paar gemeinsam im Unternehmen zu versetzen. Daher ist die Einstellung der Organisation bzw. von Verantwortlichen der Organisation zur paarweisen Beschäftigung von Bedeutung. Vor dem Hintergrund dieser Überlegungen wurde in den Interviews danach gefragt, ob den Experten die Anwendung sogenannter Anti-Nepotismusregeln, die eine gleichzeitige Beschäftigung beider Partner untersagen, in den Unternehmen bekannt, und in welcher Ausgestaltung diese unter Umständen anzutreffen sind. Beispielhaft für die Antworten kann folgende Interviewsequenz gelten:

> I[46]: „Kennen Sie Firmen, in denen es Anti-Nepotismusregeln gibt?"
> F: „Diese hier zum Beispiel, ja natürlich. ... Und ich meine, da ist ja was dran. Aber ich denke, daß wir das in mittelständischen Unternehmen akzeptieren können, in Großunternehmen eben nicht. Da gibt es unterschiedliche Abteilungen, unterschiedliche Locations, unterschiedliche Geschäftsbereiche etc. Da wird das ein bißchen lächerlich, wenn das noch in Stein gemeißelt in irgendwelchen Büchern steht."
> I: „Also sind diese Regeln in der Praxis noch anzutreffen?"
> F: „Ja, ja, also Sie können das bei uns – und wir sind bestimmt kein altväterliches Unternehmen – sehen. Es ist halt nicht gut, wenn in einem Office Mann und Frau, Vater und Sohn oder ähnliche Kombinationen arbeiten. Und daß der Chairman sich vorbehält zu sagen, tut mir leid, also das ist nicht gut."
> I: „Das bezieht sich dann aber immer auf ein direktes Zusammenarbeitsverhältnis, bzw. eine gleichzeitige Beschäftigung in einem engen Arbeitsbereich?"
> F: „Ja, ich denke, was darüber hinaus in den Büchern steht, ist dann doch revisionsbedürftig."

Die Experten sind der Ansicht, daß Anti-Nepotismusregeln noch vorhanden sind, aber offenbar in ihrer Bedeutung abnehmen (A). C vertritt die Meinung:

> „Die gleichzeitige Beschäftigung beider Partner wird recht locker gesehen. In manchen Branchen ist es sogar recht häufig der Fall, daß

---

46 Mit -I- ist hier die Rolle des Interviewers gekennzeichnet

Mitarbeiter untereinander Beziehungen eingehen. So sind in manchen Computerfirmen ganze Abteilungen untereinander verheiratet."

Der Experte G spricht die Problematik des Über- und Unterordnungsverhältnisses an.

> G: „Warum sollten nicht Mann und Frau in ein- und demselben Unternehmen sein? Ich habe hier auch schon Vater und Tochter bei mir gehabt. Also, es ist nicht auszuschließen, daß daraus Schwierigkeiten erwachsen, aber dies um so weniger, als die Position gleichrangig sind. Wenn es Über- oder Unterordnungsverhältnisse gibt, dann wird es kompliziert, weil dann Entscheidungen u. U. mal gefällt werden müssen, die dann einen Rücksichtnahmeaspekt haben. Aber weshalb soll ein Mann nicht in der Konstruktion und die Frau im Vertrieb sein. Da sehe ich überhaupt keinen Sinn, weshalb nicht?"

Die Erklärung für das unterschiedliche Bild bei der Anwendung von Nepotismusregeln liegt offenbar in der Nähe der Zusammenarbeit beider Partner. Mit zunehmender Größe der Firma wird eine solche, enge Zusammenarbeit als Problem gesehen, wie auch die Interviewsequenz und die Stellungnahme von G verdeutlicht. Die Berater A, B und C schließen sich dem Meinungsbild an. Neben Beschäftigungsnähe beider Partner und den Problemen aus Über- und Unterordnungsverhältnissen wird von den Experten noch auf zwei weitere Punkte hingewiesen. So macht C darauf aufmerksam, daß es kritisch werden könnte, „wenn die Frau erfolgreicher ist als der Partner oder die Möglichkeit angeboten bekommt, an dem Mann vorbeizuziehen."

In solchen Fällen käme es vor, daß die Frau ein Stellenangebot ablehnt, um dem Ego des Mannes nicht zu schaden (Vgl. SCHMIDT 1989; HERMANN / FÄRBER 1992). A hingegen betont den Aspekt, daß solche Paare problematisch seien, die beide im gleichen Bereich bzw. mit gleicher Tätigkeit für Konkurrenzunternehmen tätig sind, beispielsweise Konstrukteure bei zwei verschiedenen Automobilkonzernen. In solchen Fällen muß meist einer von beiden gehen. B vertritt die gegenteilige Meinung:

> B: „Arbeiten beide Partner eines Paares für konkurrierende Arbeitgeber, stellt dies in der Regel kein Problem dar. Es wird auch nicht danach gefragt."

Da die Statements nur als singuläre Beispiele vorliegen, sollen hier keine interpretierenden Schlußfolgerungen vorgenommen werden. Die dargestellten Problembereiche müssen jedoch als Hinweise auf Aspekte der Dcc-Problematik gewertet werden, die es im Zusammenhang mit anderen empirischen Befunden zu interpretieren gilt.

4.6. Beispiele aus der Praxis

Nachdem die Aussagen der befragten Experten zu einzelnen Aspekten dargestellt wurden, sollen zur Verdeutlichung der Diskrepanz zwischen Theorie und Praxis und der Bandbreite der tatsächlichen Gegebenheiten einige Fallbeispiele wiedergegeben werden, die von den Experten geschildert wurden.

(1) Die Partner eines Paares, die sich in dem Unternehmen kennengelernt haben, waren zunächst getrennt in zwei Niederlassungen beschäftigt. Auf Wunsch des Paares erfolgte eine Versetzung der Frau an den Niederlassungsstandort des Mannes. Nachdem beide Partner in einem Hause arbeiteten, kam es zu vermehrten Auseinandersetzungen, durch die große Unruhe in die Niederlassung getragen wurde. Die Situation endete in der Trennung des Paares und in beruflicher Hinsicht in der Versetzung eines Partners an einen anderen Standort. In dem gleichen Unternehmen existiert eine Partnerschaft zwischen zwei Mitarbeitern einer Niederlassung, deren Zusammenarbeit sehr gut funktioniert. Aus den unterschiedlichen Erfahrungen heraus, erachtet es das Unternehmen für wichtig, die Lösung den individuellen Bedürfnissen der Betroffenen anzupassen.

(2) Bei einem Unternehmen hat sich eine Frau beworben, deren Mann bei einer Bank beschäftigt ist. Es ist bekannt, daß der Mitarbeiter alle 2-3 Jahre versetzt wird und zwar weltweit. Aufgrund der Qualifikation der Bewerberin hat das Unternehmen sich zur Einstellung entschieden. Damit diese qualifizierte Mitarbeiterin nicht nach kurzer Zeit wieder aus dem Unternehmen ausscheidet, wurde beschlossen, sie jeweils in die Nähe des Standortes zu versetzen, an dem sich ihr Mann gerade befindet. Zusätzlich wurde für solche Fälle ein Finanzpool zur Finanzierung von Schulungskosten gegründet, der durch Umlage von allen Niederlassungen getragen wird. Das konkrete Gehalt wird von der jeweiligen Niederlassung gezahlt, bei der die Mitarbeiterin beschäftigt ist.

(3) Ein Unternehmen wollte einen Bewerber für die Rechtsabteilung in München einstellen. Auch für die Frau des Kandidaten, die im Forschungsbereich tätig war, hätte es eine adäquate Stelle gegeben. Die Forschungsabteilung war jedoch in Hamburg ansässig. Eine vergleichbare Stelle in München konnte nicht angeboten werden, der Wechsel scheiterte.

(4) Eine geplante Standortverlagerung einer Niederlassung wurde wieder verworfen, da die meisten Mitarbeiter diesen Wechsel nicht mitvollzogen hätten und somit dem Unternehmen verloren gegangen wären. Die Weigerung der Mitarbeiter gründete sich im wesentlichen auf die familiäre Situation und die sozialen Kontakte am alten Standort.

Wie die Beispiele zeigen, sind die organisatorischen Voraussetzungen in den Unternehmen, die Ursachen für die Mobilitätsanforderungen und die Paarkonstellationen sehr unterschiedlich. In drei der vier Fälle wurden jedoch Lösungen gewählt, die dem Interesse des Paares bzw. der Mitarbeiter entsprachen. In dem verbleibendem Fall ist ebenfalls der Wille zu erkennen, dem Paar zu helfen und seine Mobilität zu sichern. Die fehlende Übereinstimmung zwischen der Qualifikation der Frau und der Unternehmensorganisation führte jedoch zum Scheitern einer gemeinsamen Lösung.

4.7. Handlungsoptionen für die Personalberatung

Abschließend wurden die Experten gefragt, welche Möglichkeiten sie im Rahmen ihrer Tätigkeit sehen, Dienstleistungen zur Lösung oder zumindest zur Entschärfung der Mobilitätsproblematik für Paare anzubieten. Dabei zeigt ein Teil der Befragten die Bereitschaft, auch für den Partner eines Kandidaten tätig zu werden. So meint D, wenn eine Ablehnung des unterbreiteten Angebotes aufgrund der Berufstätigkeit des Partners droht oder wenn der Wunsch nach einer Stelle für den Partner direkt geäußert wird, bemühen sie sich und prüfen, was getan werden könne. Die Lösungen müssen immer individuell gefunden werden. Die Beratung könne dabei nur eine Hilfestellung bieten, die Entscheidung liege bei den Betroffenen selbst. Die Aufträge der Unternehmen enthalten in solchen Fällen nicht immer explizit auch die Suche nach einer adäquaten Stelle für den Partner. Aber aufgrund ihrer Firmenphilosophie würde trotzdem eine Beratung des Partners stattfinden. Tendenziell würde dies vom Auftraggeber bei Top-Führungskräften auch gewünscht, bei Nachwuchskräften wird es als individuelles Problem betrachtet.

Wiederum wird, wie schon in den Fallbeispielen, die Wichtigkeit von Einzelfalllösungen betont. Darüber hinaus zeigt sich, daß von den Unternehmen zum Teil bereits die Vergabe von Aufträgen an Personalberater mit dem Wunsch, auch für den Partner bei Bedarf eine angemessene Stelle zu suchen, verbunden wird. Eine Personalberatung bemüht sich sogar ohne den konkreten Auftrag durch das Unternehmen für die berufstätigen Partner der Kandidaten eine Lösung zu finden. Begründet wird dies mit dem Selbstverständnis bzw. der Firmenphilosophie. Sie versuchen, Klienten und Kandidaten zusammenzubringen. Dazu gehört es auch, in den Gesprächen mit dem Kandidaten nach seiner familiären Situation und nach der Berufstätigkeit des Partners zu fragen. Dadurch können Lösungen erarbeitet werden, die alle Beteiligten befriedigen. Einschränkend ist hinzuzufügen, daß die intensiven Bemühungen hauptsächlich auf den Kreis der oberen Führungskräfte zutreffen, bei mittleren Positionen oder beim Nachwuchs gilt nach der Devise „it´s your business" Eigeninitiative als Mittel zur Lösung. Trotzdem waren insgesamt gesehen die Vermittlungsbemühungen für den Partner bei dem oben zitierten Unternehmen (D) am stärksten ausgeprägt.

Die Personalberatung A gibt sich zurückhaltender. Prinzipiell seien Hilfen auf Einzelfallbasis möglich, allerdings sei eine Vermittlung des Partners oft deshalb schwierig, da der Kandidat meist männlich, der Partner somit weiblich und das Beratungsunternehmen in Bereichen tätig sei, in denen nur wenige Stellen an Frauen vergeben werden. Unterstützungen werden nur erbracht, wenn sich Beschäftigungsmöglichkeiten für den Partner im Rahmen der normalen Tätigkeit des Beratungsunternehmens, im Sinne der Nutzung von Synergien, ergeben. Eine gezielte und aktive Suche nach vakanten Positionen findet jedoch nicht statt.

Der Befragte B sieht in der Vermittlung von Tätigkeiten für den Partner ein grundsätzliches Problem, da Hilfen dieser Art der Firmenphilosophie seines Unternehmens entgegenstehen. Ziel sei es demnach, eine möglichst hohe Übereinstimmung von Kandidat und Position zu erzielen. Eine Unterstützung des Partners könne gegebenenfalls nur zu einem suboptimalen Ergebnis führen. Folglich bietet das Beratungsunternehmen keine Placement-Aktivitäten an, höchstens im Sinne von Zufallslösungen, wenn sich gerade eine passende Vakanz ergibt. Im Vergleich der Antworten werden zwei Grundrichtungen deutlich. Beratungsunternehmen, die den vermittelten Bewerber nicht nur hinsichtlich seiner beruflichen Qualifikation und Einsatzmöglichkeiten sehen, sondern diesen auch in seinem Gesamtumfeld betrachten und somit eine erfolgreiche Beratungsleistung die Berücksichtigung dieser Bereiche einschließt. Daneben gibt es immer noch Beratungsunternehmen, die nur den isolierten Blick auf den Bewerber richten. Insgesamt gesehen zeigt sich, daß Placement-Aktivitäten bei den Personalberatungen noch eher die Ausnahme bilden. Ob dies durch fehlende Nachfrage oder durch mangelndes Problembewußtsein hinsichtlich der Dual-career-couple-Problematik begründet ist, konnte in den Interviews nicht zweifelsfrei beantwortet werden.

Teil 5: Forschungsergebnisse – Die Unternehmen
Leitfadengestützte Interviews mit Personalverantwortlichen aus Großunternehmen

5.1. Auswahl der Experten

Für den dritten Interviewblock konnten Experten gewonnen werden, die in Personalabteilungen von Großunternehmen tätig sind. Ziel der Befragung dieser Expertengruppe war es, die Bedingungen zu evaluieren, mit denen Paare in ihrer Berufstätigkeit konfrontiert werden. Zusätzlich wurden Einschätzungen der Personalfachleute zur Thematik der Dcc abgefragt, mögliche Personalentwicklungs- bzw. -unterstützungsmaßnahmen diskutiert und eigene Erfahrungen der Befragten erkundet. Während bei der Befragung der Partner aus Dcc's die Arbeitnehmersicht und bei der Befragung der Arbeitsmarktexperten eine übergeordnete, unabhängige Sicht erfragt wurde, kommt mit den Unternehmensvertretern nun die Sicht der Arbeitgeberseite zu Wort.

Zur Auswahl der Experten wurden Unternehmen nach den Kriterien Größe, Akademikeranteil unter den Beschäftigten und Überregionalität bzw. Internationalität aus dem HANDBUCH DER PRAXIS (1993) ausgewählt, in dem die 600 größten Industrie-, Handels- und Dienstleistungsunternehmen porträtiert sind. Über Tagungsverzeichnisse, Zeitschriften u. ä. konnten 50 Personen namentlich identifiziert werden, die in verantwortlichen Positionen in den zuvor ausgewählten Unternehmen tätig waren. Um die Rücklaufquote zu verbessern, wurden alle Anschreiben entsprechend persönlich adressiert. Bedingt durch diese Direktansprache wurde eine Rücklaufquote von 60 % erreicht, die sich differenziert wie folgt darstellt:

Tab. 15: Rücklauf Unternehmensanfrage

Geführte Interviews:	10
Offene Interviewtermine:	3
Telefoninterviews:	4
Telefonische Absagen:	2
Schriftliche Absagen:	11
Summe:	**30 = 60 % (50 Anschreiben)**

Neben den persönlich geführten Interviews, deren Ergebnisse im folgenden Kapitel dargestellt werden, sind die Telefonate und Antwortbriefe der Unternehmen ebenfalls aufschlußreich gewesen. Wie sich aufgrund der hohen Rücklaufquote bereits vermuten läßt, kam auch in den Inhalten der Telefonate und Briefe deutlich zum Ausdruck, daß das Thema der Dual-career couples zunehmende Relevanz in der Praxis erhält. Das Interesse der Unternehmen an dem Forschungsthema zeigt, daß sie entweder bereits mit dem Problemkreis konfrontiert sind oder vermuten, in Zukunft betroffen zu sein.

Soweit es sich bei den Rückmeldungen der Firmen um Absagen handelte, wurden diese mit formalen Problemen begründet. Aufgrund von Umstrukturierungsprozessen und Personalfreisetzungen fehlten die Ressourcen zur Teilnahme, die angeschriebenen Unternehmen hatten in letzter Zeit an mehreren Befragungen teilgenommen und/oder es mangelte an konkreten Beispielen oder Erfahrungen, da Versetzungen und Entsendungen nur in geringem Ausmaß praktiziert wurden. Auch in Absagebriefen wurde die grundsätzliche Relevanz des Themas aber immer wieder bestätigt.

Lediglich in einem Fall äußerte ein Personalverantwortlicher die Meinung, das Thema sei nicht relevant. Wie die Nachfrage im Rahmen eines 30minütigen Telefoninterviews ergab, wird in diesem Unternehmen eine Personalauswahl nach dem Kriterium der Mobilitätsbereitschaft durchgeführt und arbeitsvertraglich festgelegt. Gleichzeitig versucht die Firma, die Zahl der längerfristigen Auslandsentsendungen zu beschränken. Hierdurch entfallen aus Sicht des Unternehmens die mit einer Mobilität verbundenen Probleme, Ortskräfte sind zudem billiger und der entsandte Mitarbeiter fehlt nicht an seinem Platz in Deutschland. Um den notwendigen Know-how-Transfer sicherzustellen, werden Kurzfristentsendungen zwischen drei und zwölf Monaten durchgeführt. Durch die Aussage, daß Probleme durch Kurzfristentsendungen und Arbeitsverträge ‚ausgeschlossen' werden, bestätigt sich allerdings indirekt, daß Probleme zumindest vermutet werden. Zusätzlich spricht auch die Angabe des Gesprächspartners, daß ca. 85 % der Beschäftigten des Unternehmens im Ausland tätig sind, dafür, daß auch in diesem Unternehmen Dcc existieren werden.

Bei den Experten, mit denen ein Interview durchgeführt wurde, fanden die Gespräche überwiegend mit den Leitern der Personalbereiche, in einem Fall mit dem zuständigen Fachreferenten statt. Die geführten Interviews dauerten zwischen anderthalb und zweieinhalb Stunden, sind mit einem Diktiergerät aufgezeichnet und anschließend transkribiert worden.[47] Die teilnehmenden Befragten repräsentieren folgende Unternehmen:

---

47 Vor den Gespräch wurden die Interviewpartner um ihr Einverständnis gebeten. In einem Fall, mit entsprechendem Wunsch, wurde keine Bandaufzeichnung erstellt und handschriftlich protokolliert - entsprechend sind in dieser Auswertung keine wörtlichen Zitate möglich.

Unternehmen K:

Das Unternehmen K, ein weltweiter Konzern, der schwerpunktmäßig in der Elektro-, Verkehrs- und Umwelttechnik tätig ist. Der Konzern ist ein Zusammenschluß von über 1000 nationalen Gesellschaften mit mehr als 210 000 Mitarbeitern in 140 Ländern. Die Unternehmensaktivitäten liegen mit ca. 50 % in Europa und weiteren 25 % in Nordamerika. Die deutsche Tochter beschäftigt ca. 40 000 Mitarbeiter, davon sind ca. 1000 - 2000 Mitarbeiter für den Konzern bzw. die Konzernunternehmen im Ausland tätig.

Unternehmen L:

Mit 27 000 Beschäftigten in Deutschland und 29 000 Beschäftigten weltweit liegt der Schwerpunkt des Unternehmens L aus dem Bereich der Finanzdienstleistungen in Deutschland. Ausgehend von diesem Schwerpunkt unterhält das Unternehmen mit 70 Stützpunkten in ca. 30 Ländern inzwischen aber ein weltweites Netz an Niederlassungen. In diesen Auslandsdependancen sind zur Zeit ca. 200 Deutsche als Entsandte tätig.

Unternehmen M:

M ist ein weltweit tätiger Hersteller von Erfrischungsgetränken. In diesem weltweiten Verbund sind die jeweiligen nationalen Gesellschaften als selbständige Konzerne tätig, die einerseits eigene Tochterunternehmen leiten, andererseits aber als Franchisegeber mit einer größeren Anzahl ebenfalls selbständiger Unternehmen verbunden sind. Insgesamt beschäftigen das Unternehmen und seine Töchter mehrere Tausend Mitarbeiter in Deutschland. Trotz der unterschiedlichen Rechtsformen und Eigentumsverhältnisse findet ein Personalaustausch sowohl zwischen den nationalen Konzerngesellschaften als auch zwischen dem Konzern und den Lizenznehmern statt.

Unternehmen O:

O ist ein Unternehmen der Versicherungsbranche und ausschließlich in Deutschland tätig. Seine, von einer Zentrale aus gesteuerten Leistungen werden über ein Zweigstellennetz mit 250 Geschäftsstellen angeboten und abgewickelt, das nach der Wiedervereinigung auch auf Ostdeutschland ausgedehnt wurde. Das Unternehmen beschäftigt insgesamt ca. 20 000 Mitarbeiter.

Unternehmen P:

Das Unternehmen P ist ein Joint-venture eines deutschen und eines amerikanischen Chemiekonzerns, in dem die Aktivitäten eines Geschäftsfeldes der beiden Muttergesellschaften gebündelt wurden. Das Unternehmen, dessen Europazentrale in Deutschland ansässig ist, beschäftigt in Europa ca. 4000 Mitarbeiter. Der Vertrieb der Produkte findet schwerpunktmäßig in Europa und Nordamerika statt, die Produktionsstätten liegen in verschiedenen europäischen Ländern und in Nordamerika.

Unternehmen R:

Stellt einen Mischkonzern mit über 105 000 Mitarbeitern dar. Er ist tätig in den Bereichen Energie- (Elektrizität, Kohle, Mineralöl) und Technologie (Maschinen-, Anlagen-, Hoch-, Tiefbau, Ingenieurbauplanung und Entsorgung). Schwerpunkt der Aktivitäten der Konzerntöchter ist Deutschland. Weitere Standorte finden sich in verschiedenen europäischen Staaten und Nordamerika. Einzelne Tochterunternehmen sind weltweit tätig.

Unternehmen S:

Das Unternehmen S ist ein traditionsreiches deutsches Unternehmen mit den Geschäftsbereichen Feinwerktechnik, Elektrotechnik/Elektronik, Chemie/Pharma, Optik/Optoelektronik. Insgesamt beschäftigt das Unternehmen ca. 16 000 Mitarbeiter, davon 4 000 im Ausland. Schwerpunkt von Produktion, Entwicklung und Verwaltung ist Deutschland, zusätzlich gibt es 23 ausländische Fertigungsstellen und Vertriebsbüros in 100 Ländern.

Unternehmen U:

U ist ein Konsumgüterhersteller, der im wesentlichen Markenartikel des täglichen Bedarfs und chemische Spezialprodukte produziert. Der Konzern ist in weltweit 80 Ländern mit 283 000 Mitarbeitern tätig. Deutschland ist nach USA und GB umsatzstärkstes Land der Gruppe. Der Konzern ist in Deutschland durch verschiedene, selbständige Töchter mit ca. 27 000 Mitarbeitern vertreten.

Unternehmen V:

Mit den Geschäftsfeldern Energie, Rohstoffe, Grundstoffe, Handel und Dienstleistungen, Transport und Logistik ist das Unternehmen V ein Mischkonzern. Der Schwerpunkt der Unternehmensaktivitäten liegt in Deutschland, in einzelnen Geschäftsfeldern sind die Konzernunternehmen in Europa bzw. weltweit tätig. Die in den letzten Jahren verstärkt durchgeführte Expansion auf Auslandsmärkten ist durch den Zukauf von Unternehmen im Ausland und eigene Marktaktivitäten der Töchter erreicht worden. Insgesamt sind zur Zeit ca. 80 000 Mitarbeiter für den Konzern tätig.

Unternehmen W:

W ist ein Konzern aus dem Bereich der Finanzdienstleistung mit Tochterunternehmen im Bereich Touristik und Industrie. Ohne Tochterunternehmen beschäftigt das Unternehmen im Stammgeschäft ca. 9000 Mitarbeiter in Deutschland und ca. 1000 Mitarbeiter im Ausland. Entsprechend ist der Unternehmensschwerpunkt Deutschland. Darüber hinaus unterhält das Unternehmen zur Zeit Auslandsniederlassungen in 30 Ländern weltweit, mit Schwergewicht in Europa und zunehmend im asiatischen Raum.

5.2. Rahmenbedingungen aus Unternehmenssicht

5.2.1. Arbeitsmarktlage

Die Arbeitsmarktlage ist eine wesentliche Rahmenbedingung, mit der Dualcareer couples konfrontiert werden. Einerseits wird durch sie die Wahrscheinlichkeit verändert, daß beide Partner an einem Standort gemeinsam eine adäquate Stelle erhalten können, andererseits wird durch den Arbeitsmarkt die Verhandlungsposition gestärkt bzw. geschwächt, aus der Dcc Forderungen an Unternehmen stellen können.

Im Gegensatz zu den Aussagen der Personalberater, die in ihren Einschätzungen sehr unterschiedliche Aussagen gemacht haben, zeichnet sich in allen Aussagen der Personalverantwortlichen der Unternehmen das gleiche Bild ab. Sowohl die Zahl der Einstellungen für den Führungs- und Führungsnachwuchsbereich als auch der Umfang der Personalentwicklungsprogramme bleibt nach den Expertenaussagen in allen Unternehmen konstant. Zwar fänden insgesamt keine Ausweitungen oder große Steigerungen mehr statt, Kürzungen seien aber auch nicht festzustellen (V). Tendenzen seien lediglich in einer Umschichtung zwischen dem „Abbau in einigen Bereichen – Aufbau in anderen Bereichen" (K), oder in der Form der Entwicklungsmaßnahmen, „preisbewußtere Auswahl der Personalentwicklungsmaßnahmen" (M), festzustellen. Unter anderen begründete die Expertin S dies damit, daß gerade aufgrund der wirtschaftlichen Entwicklung und der Rezession erkannt worden ist, daß gute Leute in den eigenen Reihen unentbehrlich sind. Ebenfalls aufgrund der Rezession sei erkannt worden, wie teuer es ist, auf dem externen Markt Mitarbeiter einkaufen zu müssen. Zum einen sei der Marktpreis relativ hoch, zum anderen gehe man ein Risiko ein, erst nach mehreren Jahren zu erfahren, wie gut der gekaufte Mitarbeiter ist. Im Gegensatz hierzu kenne man sowohl den Marktpreis als auch Schwächen und Stärken der eigenen Mitarbeiter, die man intern gefördert hat. Die Konsequenz hieraus bedeute weiterhin, die Wichtigkeit der internen Mitarbeiterschulung zu stärken. Andere Experten merken an, daß in früheren Rezessionsphasen im Bereich der Personalentwicklung gespart wurde, dadurch entsprechende Lücken und negative Folgen heute noch spürbar seien, so daß aufgrund dieser Erfahrungen heutzutage ähnliche Sparmaßnahmen unwahrscheinlich seien. In ähnlicher Form äußern sich auch die anderen Befragten, alle mit dem bereits beschriebenen Fazit: Trotz Rezession keine Einschränkung interner Personalentwicklung. Obwohl alle Befragten angaben, bei der Zahl der Einstellungen im Bereich qualifizierter Mitarbeiter in der Summe in den letzten Jahren etwa konstant zu sein, merkten mehrere Befragte an, daß der Arbeitsmarkt durch ein erhöhtes Angebot von Bewerbungen stark unter Druck steht, sich also die Relation von Bewerbern und offenen Stellen vorschoben hat.

K: „Wir haben, das ist sicherlich 'ne Zahl, die etwa so den Trend angibt, wir hatten vor 2 Jahren, unaufgeforderte Bewerbungen hier in der Zentrale, wobei jetzt nicht mitgezählt die in den dezentralen Gesellschaften, unaufgeforderte Bewerbungen pro Monat etwa 150. Wir haben im Moment pro Monat 600 unaufgeforderte Bewerbungen:"

R: „Unverkennbar ist der Arbeitsmarkt kaputt, wie man so schön sagt für die akademischen Berufe, speziell kaputt für Physiker und Chemiker. Das haben wir hier hautnah selbst erfahren. Im letzten Quartal des letzten Jahres haben wir eine Anzeige veröffentlicht, mit der wir eine(n) Chemiker/-in suchten für unseren Forschungs- und Entwicklungsbereich. Wir haben also eine Flut von Bewerbungen auf die Anzeige gehabt. Das hat also unsere kühnsten Erwartungen übertroffen. Das waren 700 bis 800 Bewerbungen, die wir hier zu bearbeiten hatten, alles sehr gute Studienabschlüsse."

Aus Sicht der Unternehmen existiert also am Arbeitsmarkt ein Überangebot qualifizierter Kräfte im Nachwuchsbereich, dem ein relativ gleichbleibender Arbeitskräftebedarf der Unternehmen sowie gleichbleibende Personalentwicklungsprogramme in den Unternehmen gegenüberstehen.

5.2.2. Mobilitätsanforderungen der Firmen

Wie sieht es nun mit den Anforderungen aus, die durch die Unternehmen an die Mitarbeiter gestellt werden? Zunächst wird durchgängig eine gute Qualifikation als Voraussetzung genannt. Darüber hinaus wird seitens der Unternehmen eine hohe Mobilitätsbereitschaft gefordert. Ohne Ausnahme sind alle Experten der Ansicht, daß heute eine Berufslaufbahn in ihrem Unternehmen nicht mehr oder nur noch in wenigen Ausnahmefällen ohne entsprechende Standortwechsel der Mitarbeiter möglich ist. Dabei wird Mobilität nicht als formale Voraussetzung gesehen, sondern stellt einen wesentlichen Entwicklungsschritt dar, um eine zusätzliche Qualifikation im Bereich der sozialen Kompetenz zu gewinnen, wie im folgenden Interview ausführlich beschrieben wird:

> K: „Aber ohne solide Kenntnisse in einer Fremdsprache läuft überhaupt nichts mehr. Ohne die Bereitschaft von vornherein sich auch bereit erklären ins Ausland zu gehen, läuft auch nichts mehr. Auch für Führungskräfte, wenn nicht die Bereitschaft da ist, es wird nicht immer gelingen, daß einer bevor er im Ausland war Führungsaufgaben übernimmt. Aber grundsätzlich muß er damit rechnen, daß seine, zumindest seine Chance für Führungsaufgaben deutlicher wird, wenn er im Ausland war, oder wenn Sie im Ausland war. Für ein so international agierendes Unternehmen ist es einfach wichtig, daß die Leute verstehen, mit anderen Kulturen umzugehen. Das können Sie halt nicht, nur wenn Sie mal für einen Sommerurlaub nach Spanien fahren. Wenn Sie mal zwei Jahre in Spanien gelebt haben, ist das was anderes. Das muß nicht Spanien sein, auch Indonesien, oder Pakistan oder weiß der Teufel was, aber wichtig ist einfach, daß man einfach mal raus geht aus dieser Kultur und einfach dieses interkulturelle Verhalten etwas trainiert."

Dabei wurde in allen Interviews betont, daß die Mobilitätsanforderungen stark mit der Qualifikation und der beruflichen Stellung bzw. der Zielsetzung der Berufslaufbahn korrespondieren. Dabei gilt im wesentlichen die Tendenz: Je höher die angestrebte berufliche Position, desto größer sind die Mobilitätsanforderungen und die Notwendigkeit von Auslandserfahrungen.

> L: „Je höher in der Hierarchie, desto größer muß die Bereitschaft zur Mobilität sein. Der Mitarbeiter in der Kantine in Frankfurt – das ist jetzt keine Wertung, sondern einfach eine Feststellung –, der braucht sicherlich nicht die Mobilität haben, in die Kantine nach Korea zu gehen, weil das auch nicht in Frage käme. Aber mit steigender Verantwortung muß die Bereitschaft zur Mobilität zunehmen. Verzicht auf Mobilität in höheren Führungspositionen geht einher mit einem Verzicht auf weitere Karrieremöglichkeiten."

P: „Wir haben eine Grundsatzaussage an alle unsere Führungskräfte und potentiellen Führungskräfte gegeben und die hieß, jeder, der in eine Ebene – wir nennen das D-Ebene, also die Ebene der Direktoren, das ist die 1. und 2. Direktunterstellung unter die Geschäftsführung – muß im Ausland gewesen sein. Das ist ein extrem multikulturelles Unternehmen. Wir haben eine Geschäftsführung, die setzt sich zusammen aus einem Italiener, einem Franzosen, einem Holländer, einem Amerikaner und zwei Deutschen. Wer da nicht im Ausland war innerhalb einer Führungsfunktion, der hat eigentlich keine Chance."

S: „So wird von den Personen, die auf der sogenannten N-Liste (60 Personen von denen z.Zt. sieben im Ausland sind) aufgeführt sind, erwartet, daß eine prinzipielle Mobilitätsbereitschaft vorhanden ist. Für Geschäftsführerposten wird schon die nächste Ebene vorausgesetzt. Hierbei wird erwartet, daß bereits mindestens eine Station im Ausland oder an einem anderen deutschen Standort durchlaufen wurde. Für die Ebene des Geschäftsleitungsnachwuchses erwartet man schon eine qualifizierte Auslandserfahrung, d.h. hier reicht es nicht mehr, nur in einem anderen deutschen Standort oder nur kurzfristig im Ausland gewesen zu sein. "

Diese, zunächst sehr absolut vorgetragen Aussagen wurden von zwei Befragten dahingehend eingeschränkt, daß dies ein erklärtes Ziel sei, in der Praxis aber noch nicht immer durchgängig so verfahren würde. Zudem wurde von einigen Befragten dargestellt, daß Mobilität nicht immer „Versetzung ins Ausland" bedeuten muß, sondern auch innerdeutsche Mobilität einen wichtigen Stellenwert hat.

W: „Bei der W würde ich jedem Bewerber sagen, ja das ist unabdingbar (im Ausland gewesen zu sein), ich weiß aber, daß es nicht ganz stimmt. Also bei der Mutter ist bis heute nach wie vor die Möglichkeit, auch ohne Mobilität Karriere zu machen. Aber wir werden immer die Philosophie fahren, daß wir jemanden mit Auslandserfahrung für einen solchen Job bevorzugen."

L: „Es muß ja nicht jeder, der zwar mobil ist von Hamburg nach München, mobil sein, um sich nach Peking zu setzen. Für einen kleineren Kreis, der angibt, daß er auch weltweit mobil ist oder auch europaweit, gilt dann eben diese Form der Mobilität und die kommen dann für einen Auslandseinsatz in Frage."

Im weiteren Interviewverlauf wurden die Experten gefragt, ob eine Veränderung der Mobilitätsanforderungen, z.B. aufgrund neuer Telekommunikationstechniken oder verbesserter Reiseverbindungen möglich sei, und evt. ein entsprechender Rückgang der Anforderung denkbar sei. Dies wurde von den Befragten durchgängig verneint. Sie verwiesen auf die Gründe für eine

Versetzung, die immer unter zwei wesentlichen Aspekten zu sehen seien. Zum einen sei am anderen Standort der Firma eine Tätigkeit durchzuführen, die in der Regel auch die Anwesenheit erfordere. Zum anderen solle der Mitarbeiter durch einen Wechsel in ein anderes Umfeld, ggf. auch ein anderes Land oder eine andere Kultur, entsprechende Erfahrungen machen, andere Sichtweisen kennenlernen und entsprechende Sozialkompetenz aufbauen. Genau diese Punkte könnten aber nicht über kurze Tagesreisen oder durch einen Telekommunikations- und Medieneinsatz erreicht werden.

> R: „Also Mobilität ist uneingeschränkt wichtig. In dem Bereich, über den wir hier sprechen, den akademischen Bereich, uneingeschränkt wichtig, kann auch nicht ersetzt werden. Ich kann Mobilität und Mobilitätsbereitschaft nur fördern und unterstützen durch begleitende Maßnahmen, aber ersetzen kann ich sie nicht, auch nicht durch die moderne Telekommunikation. Wenn ich jemanden bitte, eine bestimmte Funktion auszuüben, in einer anderen Region, dann muß er die vor Ort ausüben. Es gibt also Führungsaufgaben, die kann ich nicht mittels Telekommunikation abwickeln. Ich kann mit Telekommunikation Konferenzen machen, Videokonferenzen und ähnliches mehr, aber ich kann eine konkrete Führungsaufgabe nur vor Ort ausführen, von daher kann die Telekommunikation oder können andere Dinge eine solche Geschichte nicht ersetzen, also entweder bin ich mobil und flexibel, oder ich bin es nicht. Also ich sage mal, zu Mobilität gibt es keine Alternative. Im Führungsbereich sowieso nicht. Also wenn ich eine Personalentwicklung mache im Sinne von Karriere sag ich jetzt mal, dann kann ich diese Versetzung nicht umgehen. Die Stelle ist dort, wo sie frei ist, zu besetzen und dann muß ich dahingehen oder ich bleib' weg."

Die einzige Ausnahme dieser Sicht stellt das eingangs zitierte Telefoninterview dar. In diesem Unternehmen wird die Entsendung ausschließlich unter Kostengesichtspunkten durchgeführt. Entsprechend finden längere Aufenthalte und Personalentwicklungsmaßnahmen nicht statt.

Eine letzte Frage zu dem Themenkomplex der Mobilitätsanforderungen betraf das Verhalten der Unternehmen, wenn die gestellten Mobilitätsanforderungen durch den Mitarbeiter nicht erfüllt wurden oder werden konnten. Obwohl der Mitarbeiter nach Aussage der Personalverantwortlichen in der Regel nicht jedes Angebot annehmen muß, ist die Möglichkeit, entsprechende Anfragen abzulehnen, stark eingeschränkt. Bei wiederholten Absagen, so die Aussage mehrerer Experten, wird der Kandidat dann bei weiteren Anfragen übergangen. Dies ist gleichbedeutend mit dem Ende seines Entwicklungspfades.

> K: „Also, ich mein wer was anderes sagt, der wird lügen. Natürlich ist es so, man kann mal ablehnen, aber begründet. Aber von Führungskräften erwartet man ja vor allen Dingen auch ein starkes Interesse an dem

Unternehmen, eine starke Loyalität. Wenn wir jemanden ansprechen und sagen, Du hast eine einmalige Chance, wir haben Bedarf dort oben und wir brauchen Dich in dieser Funktion, dann kann man vielleicht einmal ablehnen, ein zweites Mal vielleicht auch noch, ein drittes Mal wird man sicherlich in den seltensten Fällen noch mal fragen."

Für die Dual-career couples bedeutet dies, beide Partner müssen sich den skizzierten Anforderung stellen, auch hinsichtlich der Mobilität, wenn sie in ihrer Berufslaufbahn keine Änderung der Ziele vornehmen und auf eine entsprechende Karriereausrichtung verzichten wollen. Allerdings sehen die Personalverantwortlichen auch die Schwierigkeiten auf seiten der Mitarbeiter, diesen Anforderungen uneingeschränkt nachzukommen. Gleichzeitig verweisen sie auf die Unternehmenspraxis, in der Grundsätze nicht dogmatisch, sondern mit vielen Ausgestaltungsoptionen umgesetzt werden. Hier scheinen Optionen zur Entschärfung der Problematik zu liegen:

U: „Wir ermutigen die Leute immer zu sagen, was sie wollen, was sie nicht wollen. Es ist immer furchtbar einfach zu sagen, ich möchte gerne in die Vereinigten Staaten. Das ist das positive. Man kann aber auch und sollte auch sagen, und das ist inzwischen auch allgemein zur Kultur geworden, ich bin in den nächsten drei Jahren überhaupt nicht mobil, weil mein Partner studiert hier noch in Hamburg, oder ich habe 'ne pflegebedürftige Schwiegermutter und 'nen Altersheimplatz oder Pflegeheimplatz kriegen wir erst in eineinhalb Jahren. Alles gute Gründe. Wir wollen Mobilität, das ist also für so einen internationalen und weit verstreuten, auch hier in Deutschland, verhältnismäßig verstreuten Konzern sehr wichtig, daß man also Leute wirklich bewegen kann, im Gegensatz bis Ende der 70er Jahre, wo man sagen konnte, paß mal auf Franz, da gehste hin. Es heute eben nicht mehr die einseitige Weisung, sondern es ist eigentlich die Abstimmung wir wollen das, und es paßt auch gut in deine Karriere, daß du dich irgendwann mal bewegst, daß du was anderes siehst, Breite ist 'ne gute Basis für 'ne hohe Karriere aus statischen Gründen schon."

L: „Wenn ich hier feststelle in einem Personalgespräch, daß eigentlich kein individuelles Interesse an diesem Auslandseinsatz vorliegt, sondern der nur als Karrierebaustein gesehen wird, rate ich ab. Sie müssen natürlich noch den Unterschied machen, wohin das geht. Den nach Brüssel zu setzen, ist nun wirklich kein Thema oder nach Zürich oder nach Luxemburg. Aber wenn es darum geht, jemanden gerade nach Asien zu versetzen. Wenn ich dieses Interesse und diese Ambition nicht feststelle, dann kommt er da nicht hin."

Damit sind die Anforderungen der Unternehmen relativ klar umrissen. Zur Durchführung von Aufgaben und als Instrument der Personalentwicklung ist Mobilität grundsätzlich unabdingbar. Spielräume in den Mobilitätsanforderungen bestehen in der unterschiedlichen Ausprägung hinsichtlich der Regionen, in die Versetzungen stattfinden, der Länge der Versetzungen oder des Zeitpunktes des Beginns. Zusätzlich besteht auch vielfach die Bereitschaft, dem Mitarbeiter entgegenzukommen. Offensichtlich sind hier zwei Faktoren ausschlaggebend: Die Sicht des Mitarbeiters in der Unternehmenskultur – Partner oder Weisungsempfänger – und eine entsprechende Kommunikation zwischen Mitarbeiter und Unternehmen.

5.2.3. Mobilitätsbereitschaft

Im nächsten Block wurden die Personalexperten gefragt, wie die Mobilitätsbereitschaft der Mitarbeiter durch die Personalverantwortlichen eingeschätzt wird bzw. welche Erfahrungen sie mit der Mobilitätsbereitschaft der Mitarbeiter gemacht haben. Während sich das Bild bei den Anforderungen relativ homogen darstellt, differieren die Aussagen der Experten hier sehr stark. Im Gegensatz zu den Personalberatern[48] sehen einige der Befragten eine sehr weitgehende Mobilitätsbereitschaft, die ihrer Einschätzung nach, besonders unter den jüngeren Mitarbeitern, eher noch zunimmt.

U: „Wenn die (Führungsnachwuchskräfte) so zweieinhalb bis drei Jahre bei uns sind, dann ziehen wir sie noch einmal zusammen, so ca. 15 bis 20 Leute, die etwa zeitgleich eingestellt wurden, um zu hören, was sind so deine ersten Erfahrungen. Dann reden wir so drei Tage mit denen und bekommen so gewisse Informationen von denen. Ich gehe seit Jahren hin und frage, wer von Ihnen möchte gerne ins Ausland? Vor fünf Jahren ging dann ein Drittel, höchstens die Hälfte der Hände hoch. Heute gehen alle Hände hoch, einheitlich."

R: „Also viele, die wir einstellen, fragen gezielt danach. Habe ich denn mal die Möglichkeit, ins Ausland zu gehen und was tun Sie dafür? Ich bin bereit dazu. Also d.h., Arbeitsmarkt auf der einen Seite, auf der anderen Seite aber auch ganz klare Vorstellungen über die weitere berufliche Perspektive und Karriere. Die fordern dann auch. Das sind dann welche, die sagen, ich möchte gerne ins Ausland. Ich komme nur zu Ihnen, wenn Sie mir über Job-Rotation-Programme und ähnliches zusichern können, daß ich innerhalb der nächsten zwei, drei Jahre mal drei Monate nach Amerika, Australien, wo Sie sonst, das tätig sind, gehen kann, um mich dort mal weiterzuqualifizieren. Ich möchte ganz einfach dieses standing haben in meiner Vita, daß ich auch mal ein halbes Jahr irgendwo an einem Projekt beteiligt war im Ausland."

---

48 Teil 4

Neben der prinzipiellen Mobilitätsbereitschaft spricht ein Experte einen wesentlichen Faktor zur Einschränkung dieser Bereitschaft an: die zeitliche Lage der Mobilitätsanforderung.

> P: „Auch da gilt, wir haben heute eine Generation, so zwischen 30 bis 35, die haben damit überhaupt kein Problem. Und da ist die Bereitschaft, also die Bereitschaft zur Mobilität ist bei denen sehr hoch. Ich habe ein Problem mit dem Zeitpunkt, völlig einverstanden. Ja, wirklich ein Problem mit dem Zeitpunkt. Wenn Sie den Leuten aber die Flexibilität im Zeitpunkt nehmen und sagen, du paß mal auf, also was weiß ich, morgen (mußt Du nach ... gehen)."

Eine weitere Einschränkung der Mobilitätsbereitschaft sehen die Experten in Zusammenhang mit dem vorhandenen Qualifikationsniveau. Dabei erhöht sich zwar die Mobilitätsbereitschaft mit zunehmendem Qualifikationsniveau, aus Sicht eines Experten tritt aber gleichzeitig erschwerend hinzu, daß bei akademischen Mitarbeitern der Berufsanspruch des Partners berücksichtigt werden muß.

> R: (gewerbliche Mitarbeiter) „In aller Regel sind das Gründe, die dann zum Scheitern verurteilt sind. Wir erleben immer wieder, daß man sich bemüht, in der Region dann zu bleiben....Ganz anders bei akademischen Damen und Herren. Die verfügen in der Regel über eine größere Mobilitätsbereitschaft und Flexibilität. Da ist das etwas einfacher, in der Tat. Da kommt es aber dann darauf an, was macht die Frau?"

Andere Experten sind in der Einschätzung der Mobilitätsbereitschaft zurückhaltender und meinen, daß die Mobilität der Leute weder groß gestiegen ist, noch groß gesunken sei (K). Einige Befragte sind auch der Meinung, daß die Mobilitätsbereitschaft abgenommen habe. So führt der Experte O dies auf die schlechter werdende Wirtschaftslage zurück und meint, eine Tendenz festzustellen, festzuhalten an dem, was man hat. Damit verbunden sieht er auch eine Abnahme der Mobilitätsbereitschaft.

> O: „Also früher war es eigentlich klar, wer hier bei der O einen Aufstieg machen wollte, der mußte mobil sein. Das wußten die alle, das wissen die heute auch alle. Nur heute endet es früher. Zufriedenheit weil beide arbeiten und dadurch ein Lebensstandard erreicht ist, was früher nicht so unbedingt so üblich war, hier jedenfalls im Westen, im Osten ja in viel stärkerem Maße als hier. ... Ich sag mal, die Rate der mitarbeitenden Ehefrauen ist ja deutlich gestiegen. Also in dem Maße ist die Mobilitätsbereitschaft verfallen, weil der Lebensstandard erreicht ist, man kann zweimal in Urlaub fahren, man hat zwei Autos vielleicht noch, in vielen Fällen, man hat ein Haus, was will man mehr. Viele sagen dann, sind ja nicht alle so karriereorientiert."

Besonders in den letzten beiden Statements ist deutlich geworden, wo die unterschiedlichen Einschätzungen von Mobilitätsbereitschaft liegen könnten. Während die Aussagen, die eine sehr positive Einstellung zur Mobilität beobachten, sich meistens auf die Gruppe der jüngeren Nachwuchskräfte beziehen, stehen beim letzten Statement Mitarbeiter im Vordergrund, die hinsichtlich ihrer privaten Situation bereits verschiedene Lebenslaufstationen hinter sich haben. Sowohl beim vorletzten (R), wie auch letzten Interview (O) wird bereits die Paarproblematik und der Einfluß auf die Mobilitätsbereitschaft angesprochen. In beiden Fällen wird dabei auf die Berufstätigkeit des Partners, einmal mit Blick auf die Art der Tätigkeit, im anderen Interview mit dem Fokus auf das Einkommen als entscheidender Punkt verwiesen. Besonders deutlich wurden die Einflußfaktoren nochmals in einer anderen Interviewpassage mit O benannt.

> O: „Insbesondere stellen wir fest, daß die Führungskräfte selber durchaus noch eine große Bereitschaft zeigen, weil die das genannte Beförderungssystem kennen, in ihm groß geworden sind, Aufstieg läuft über Mobilität. Zeigen auch Bereitschaft. Dann führ' ich freitags mit denen ein Gespräch und sage dann, ja überlegen Sie noch mal, ja, das hört sich gut an, und will ich mir mal positiv durch den Kopf gehen lassen, muß dann aber noch mit meiner Frau sprechen. Dann ruft der montags an und sagt, also wenn ich nicht gleichzeitig hier die Scheidung riskieren will, dann geht es nicht, meine Frau will da nicht hin, die Kinder wollen da nicht hin, oder die Kinder sind kurz vor dem Schuleintritt. Wir haben die größte Mobilitätsbereitschaft eigentlich, wenn die Kinder noch nicht zur Schule gehen und die Frauen nicht berufstätig sind. Die anderen beiden Faktoren sind sehr große Mobilitätshemmnisse und kein Haus haben, das sind so die drei Punkte, die wir immer wieder feststellen, wobei einige durchaus auch bereit sind, ihr Haus zu verkaufen."

Daß der Schwerpunkt der Mobilitätseinschränkungen sicherlich durch den Partner bestimmt wird, bestätigen auch andere Interviewpassagen mit verschiedenen Experten.

> W: „Berufstätigkeit des Ehepartners oder sagen wir der stärkeren Position, die die Familie, die Frau vor allem in der Lebensplanung letztlich hat. Natürlich dann manchmal auch Kinder die man grad' zu dem Zeitpunkt nicht aus der Schule nehmen will und gut früher spielte das vielleicht keine Rolle."

> K: „Die Hauptliemmnisse sind einmal sicherlich Immobilität zum anderen aber familiäre Gründe. Frau verdient mit. Frau sagen wir mal extrem Beamtin, hat auf dem anderen Arbeitsmarkt keine Chance wieder Fuß zu fassen, oder Mann, das betrifft ja auch die wenigen Prozent Frauen, die wir halt haben. Aber die betrifft's halt auch. So daß einfach der Partner

nicht mehr Fuß faßt. Das ist ja nicht ganz einfach, wir können ja nicht immer 'ne Garantie geben, also, wenn Du da runter gehst, Dein Lebenspartner kriegt dann auch gleich einen adäquaten Job von uns. Dafür haben wir ja auch nicht die Kapazitäten. Das ist mit die Hauptursache, aber auch sicherlich eine gewisse Bequemlichkeit."

Die dabei in dem ersten Interview (O) hervorgehobene Abstufung der Mobilitätseinschränkung, in erster Linie durch die Berufstätigkeit der Partner, wird auch von den anderen Personalverantwortlichen durchgehend als Hauptproblem bestätigt, daß noch vor den Problemen mit den Kindern oder dem Immobilieneigentum genannt wird.[49] Dabei ist als berufstätiger Partner, der einen Entsandten begleiten soll, allerdings nicht automatisch die Frau zu verstehen. Zunehmend kommen auch Frauen in Positionen, in denen für sie ein Ortswechsel ansteht, bei denen sich das Partnerproblem verstärkt zeigt.

L: „Ja, es kommt noch ein Mobilitätshemmnis dazu, das ist der Mann. Das ist eins mehr, also das haben sie bei den Männern meist nicht, es sei denn, die Frauen sind auch berufstätig, dann ist es was ähnliches. Meist ist der Faktor bei den Frauen, der Faktor der Berufstätigkeit des Mannes, sehr viel dominanter als bei den Männern."

Interessant sind die Aussagen der letzten beiden Passagen hinsichtlich der berufstätigen Frauen. Hier wird das Problem des berufstätigen Partners noch einmal verstärkt gesehen. Offensichtlich handelt es sich um ein Wahrnehmungsproblem, wie auch im vorletzten Statement angedeutet wird. Sobald es sich um ein Dual-career couple handelt, sind die Probleme offensichtlich in erster Linie immer darin zu sehen, die Berufstätigkeit des Partners bei einem Wechsel fortführen zu können. Da Frauen, wenn diese als Mitarbeiter von Unternehmen versetzt werden sollen, offensichtlich überwiegend in einem Dcc leben, tritt dies Problem fast unweigerlich auf. Bei Männern hingegen gibt es eine Vielzahl von Mitarbeitern, die in traditionellen Partnerschaften leben, in denen die Frau keinen Anspruch auf eine Berufslaufbahn erhebt. Entsprechend ist das Problem in dieser Form bei Männern nur vorhanden, wenn diese in Dcc leben. Der Schluß, daß aber die Mobilitätshemmnisse bei Frauen größer sind, ist daher ein Fehlschluß – Ursache ist hier nicht das Geschlecht des Mitarbeiters, sondern seine Lebensform in der Partnerschaft und die überproprotioanle Wahrnehmung dieser Partnerschaftsform bei weiblichen Mitarbeitern.

Neben den familiären Bedingungen wurde auch in mehreren Interviews das Interesse bzw. die Ablehnung bestimmter Standorte durch Mitarbeiter dargestellt. Dabei konnten alle Befragten genau die populären bzw. die

---

[49] Zur gleichen Reihenfolge der mobilitätshemmenden Faktoren kommt auch eine Studie der Firma Mummert & Partner, in der 100 Personalverantwortliche befragt wurden (MARTENS, HÖLZCHEN 1993).

unbeliebten Standorte hinsichtlich möglicher Besetzungen benennen. Eine ‚Ursachenforschung', worin die Ablehnung bestimmter Regionen bestand, fand allerdings nicht statt. Stellvertretend folgendes Statement:

> W: „Die Leute haben ganz klar ihre Prioritäten wo sie hinwollen. Wir haben nie ein größeres Problem damit, London oder Paris zu besetzen. Mailand und Madrid in der zweiten Stufe sind auch noch recht attraktiv. Aber ich bin das ganze Jahr über immer nur mit der Kuhglocke durch die Bank gelaufen und habe Prag gerufen und keiner hat hier geschrien. Nach Prag wurd's ganz schwierig, und nach Rotterdam ging's noch schwieriger, das ist ja langweilig, das ist ja nicht mal richtig Ausland und Amsterdam ist es auch nicht, kein Bankplatz und keiner will hin."

Die vermuteten Gründe der Befragten reichten hier von der beruflichen Attraktivität des Standortes, wie im zitierten Interview angesprochen, über die Möglichkeit, in der Region für den Partner eine Beschäftigung zu finden bis zur Fragen der Schule für Kinder und der Lebensqualität, beides jedoch mehr für Standorte in Extremregionen z.B. Osteuropa oder Asien. Damit werden keine anderen Gründe genannt, als zuvor schon als generelle Mobilitätshemmnisse genannt wurden. Durch die ausgeprägter Anforderung treten allerdings Ablehnung schneller oder stärker hervor. Damit zeichnet sich im Spiegel der Interviews folgendes Bild ab:

- Generell wird eine Mobilitätsbereitschaft für die Gruppe der Fach- und Führungskräfte bestätigt.
- In der jüngeren Generation ist eine gleichbleibende, oder nach Meinung einiger Experten, eine steigende Mobilitätsbereitschaft zu beobachten. Gleichzeitig treten in der jüngeren Generation verstärkt mobilitätshemmende Faktoren auf, die dazu führen, daß die allgemeine Mobilitätsbereitschaft nicht genutzt werden kann.
- Gegenüber der älteren Generation ist die Berufstätigkeit und der dauerhafte Berufswunsch beider Partner eines Paares ein neuer, zusätzlicher, mobilitätshemmender Faktor.
- Aus Expertensicht stellt der Wunsch nach Berufstätigkeit beider Partner das zur Zeit größte Mobilitätshindernis dar.
- Die Umsetzung von Mobilitätsanforderungen der Unternehmen erfolgt bei der jüngeren Generation nicht mehr, ohne daß eigene Interessen bzw. die Vereinbarung mit individuellen Planungen berücksichtigt wird. Dies gilt besonders für den Zeitpunkt der Versetzung bzw. Entsendung.

Differenziert betrachtet kann also nicht von einer Abnahme der Mobilitätsbereitschaft in der jüngeren Generation der Fach- und Führungskräfte gesprochen werden. Vielmehr sind Rahmenbedingungen seitens der Unternehmen notwendig, wenn die allgemeine Bereitschaft im konkreten Einzelfall auch Bestand haben soll. Wie in einem Interview deutlich wurde, können die

Unternehmen nicht mehr über die Mitarbeiter verfügen und diese versetzen. Besonders bei den Dcc ist durch die doppelte Berufstätigkeit eine höhere finanzielle Unabhängigkeit entstanden, die diese Paare nutzen, um individuelle Präferenzen einbringen zu können.

5.3. Dcc aus Unternehmenssicht

Im Rahmen der Fragen zur Mobilität ist das Thema der Kombination von zwei Berufslaufbahnen innerhalb eines Paares immer wieder als Problem aus Sicht der Unternehmen angesprochen worden. Wie deutlich wurde, gehen die Befragten davon aus, daß bei Frauen in Führungs- oder Nachwuchsposition überwiegend mit dieser Problematik zu rechnen ist. Dabei ist es unerheblich, ob die Frauen direkt im Unternehmen beschäftigt sind oder als Partnerin eines im Unternehmen beschäftigten Mannes ihrer Berufstätigkeit nachgehen. Die gesamtgesellschaftlichen Daten, die eine Zunahme der Frauenberufstätigkeit, kombiniert mit einer immer höheren Qualifikation zeigen, deuten darauf hin, daß zunehmend Frauen in höhere Positionen gelangen können. Damit eng verknüpft ist folglich auch die Zunahme der Dcc.

5.3.1. *Frauenanteil in Unternehmen*

Da die Frauenerwerbstätigkeit ein Schlüssel zur Abschätzung der Entwicklung von Dcc ist, wurde in den Interviews mit den Experten der Unternehmen deren Sichtweise hinsichtlich Frauenerwerbstätigkeit erfragt. In den Antworten bestätigten sich die Aussagen der Personalberater, wonach der Anteil von Frauen in leitenden Positionen in Unternehmen nach wie vor nicht besonders hoch ist. Allerdings bestätigen die Personalverantwortlichen aber auch die statistischen Trends hinsichtlich der Zunahme der Frauen.

> U: „Noch vor fünf Jahren war das eben so, daß das erstemal Frauen in Firmen unserer Art, also in der Industrie sagen wir mal, zu finden waren, das ist heute noch verschwindend gering, aber ich kann Ihnen Zahlen sagen, das sind Steigerungsraten, die verdoppeln sich alle fünf Jahre oder so. Und zweitens, selbst wenn die Frauen nicht unbedingt alle bei uns arbeiten, der arbeitende Mann, Manager, Führungskräfte oder was auch immer, das sind ja die, die wir versetzen und wenn der mit jemanden liiert ist, der ebenfalls in einem gewissen Maß Karriere machen will und entsprechend arbeitet. Diese Faktoren, d.h. also, daß die Frauen in zunehmendem Maße jetzt in das Berufsleben einsteigen und im Berufsleben bleiben will."

Betrachtet man den Frauenanteil in den besuchten Unternehmen, so gibt es nach Angabe der Befragten deutliche Unterschiede. Während Unternehmen, die im kaufmännischen, verwaltenden und dienstleistenden Bereich tätig sind, durchweg eine Quote von ca. 10 % Frauen in Führungspositionen angaben, lag der Frauenanteil in stark ingenieurwissenschaftlich/naturwissenschaftlich ausgerichteten Unternehmen bei 3 %. Bei der Nachfrage im Rahmen des Interviews, worauf der geringe Frauenanteil zurückgeführt wird, begründeten die Experten dies mit ihrer Branche. Aus Sicht der vorliegenden Auswertung aller Interviews zeichnet sich ebenfalls eine Abstufung der Frauenquote, je nach Branche ab. Nach Einschätzung der Experten liegt die Ursache für den branchenspezifischen Frauenanteil jedoch nicht in den Unternehmen oder deren Strukturen begründet, sondern resultiere allein daraus, daß entsprechend weniger qualifizierte Frauen für diese Fachbereiche zur Verfügung stünden. Stellvertretend für weitere Aussagen von Firmenvertretern aus dem technisch/naturwissenschaftlichen Bereich wird dies in folgendem Statement deutlich.

> K: „Das Problem, bei uns ist ja alles sehr stark Technik orientiert. Und wenn Sie an die Technischen Hochschulen gehen, dann haben Sie etwa diese 3 % auch als Studentinnen in den technischen Fakultäten. Das spiegelt sich bei uns relativ exakt wieder. Auf der Ingenieurseite haben wir etwa auch nur 3 % und dann relativiert sich natürlich wenn wir sagen, wir haben jetzt 3 % Frauen in Führungsetagen."

Eine weitere Begründung für den geringen Frauenanteil sehen einige Befragte in der geringeren Mobilitätsbereitschaft der Frauen.[50] Da Mobilität immer noch vielfach Voraussetzung für die Übernahme von Führungspositionen ist, findet hier offensichtlich eine Selektion statt.

> O: „Stellt sich jetzt die Frage, woran liegt es denn, daß wir so wenig förderungswürdige Frauen haben? D.h. es hängt u.a. im wesentlichen mit der Mobilitätsfrage zusammen, wenn Frauen gut sind, stellen sie sich häufig für Führungspositionen nicht zur Verfügung, weil sie dann genau wissen, daß sie auch in irgendeiner Form Mobilität an den Tag legen müssen, sollen. Viele Frauen die also förderungswürdig wären, sind nicht förderungswillig aus den Gründen auch."

> W: „Ja, also aus der W fallen mir jetzt auf Anhieb etwa drei Frauen ein so auf einem Führungskräftelevel, die ich sehr gerne hätte, die ich auch schon angesprochen habe, die aber nicht kommen, weil sie wissen, das mündet irgendwann mal in einem Angebot, ins Ausland zu gehen. Und das geht dann oft bei denen aus privaten Gründen schlecht."

---

50 In welcher Form Frauen eine geringere Mobilitätsbereitschaft haben oder dies auf entsprechende Partnerschaftsformen und unterschiedliche Wahrnehmungen durch die Experten zurückgeführt werden kann, ist im vorhergehenden Kapitel diskutiert worden.

Betrachtet man den Anteil von Frauen in Führungspositionen in Unternehmen, muß man allerdings auch die Zeitspanne beachten, die zwischen dem Einstieg des Führungskräftenachwuchs in ein Unternehmen und dem Erreichen von Führungsebenen liegt. Nach Aussagen der Experten findet in allen Unternehmen eine Einstellungspolitik statt, in der Frauen in dem Maß berücksichtigt werden, wie sie entsprechend ihrer Qualifikation dem Arbeitsmarkt zur Verfügung stehen. So liegt z.b. in einem Unternehmen (M) der Frauenanteil unter dem akademischen Nachwuchs bereits bei 40 bis 50 %. Auch andere Unternehmen sehen den Trend der zunehmenden Bewerbung und Einstellung von Frauen in dem Nachwuchsbereich (R, V, U). Beispielhaft wird die Entwicklung von einem Experten so geschildert:

> U: „Wir haben noch vor wenigen Jahren viel zu wenig Frauen, die sich in für uns relevanten Zweigen der Universitäten tummelten, gehabt. Wir haben Frauen die Philologie oder was weiß ich studieren, die holen wir nicht ins mittlere Management. Was wir suchen, sind Betriebswirte, vielleicht Volkswirte, Juristen, Chemiker, Ingenieure, das sind so primär die Berufsrichtungen, die wir ansprechen. In zunehmendem Maße sind Frauen z.B. bereit BWL zu studieren. In zunehmendem Maße sind Frauen auch bereit, deutlich weniger noch, in technische Berufe zu gehen. So also finden wir in zunehmendem Maße auch Frauen, die für uns passen könnten, an den Universitäten. Die bewerben sich bei uns, wir laden sie ein, sie kommen im etwas besseren Ausmaß sogar durch unsere Auswahlveranstaltungen. Frauen sind offensichtlich die relativ intelligenteren oder geeigneteren, das ist auch ein interessanter Aspekt. Das macht nicht so viel aus, aber man sieht immer, das mehr Frauen hängen bleiben als Männer. So, auf diese Weise hat sich die Frauenrate in den Nachwuchskräften, die wir jedes Jahr einstellen, ja diese gut 100 Leute, die wir von der Uni holen, innerhalb von sehr kurzer Zeit von 15 bis 20 % auf über 40 % verdoppelt. Wir haben also letztes Jahr 41 % Frauen eingestellt, ja, davor 35 %, 32 % und davor war das eben 25 % und davor ging's rapide. Hat nichts mit uns zu tun, wir tun da gar nichts dran, sondern ich kann Ihnen Statistiken zeigen, Übersichten zeigen, die Relation ist genau die, relevante Studierende, studieren also in relevanten Fachgruppen, geht genau so hoch wie Bewerbungen bei uns anteilmäßig, geht genau so hoch wie Einstellung. So, wenn wir jetzt zurückgucken wieviel Frauen hatten wir im Management 1980 sag ich mal, dann waren das 3,5 % oder so was ähnliches. So und inzwischen 1993 sind eben zehn, noch was Prozent. Wenn Sie mich fragen wie das weitergeht, das geht genau so schnell weiter bis 15, 18 höchstens 20 % und dann wird irgendwo die S-Kurve sich krümmen, weil dann wird es doch wohl langsamer sein."

Parallel zu den Einstellungen von weiblichen Nachwuchskräften werden Frauen aber auch zunehmend direkt für Managementpositionen eingestellt, wenn diese neu zu besetzen sind.

> P: „...dadurch, daß wir diese Bereiche neu aufgebaut haben, hatten wir natürlich auch die Chance, in viele Funktionen Frauen einzustellen, die, ich sage mal, Ihrer Generation entsprechen. Also ich sage mal, wenn ich das auf die Zentrale beziehe, was wir neu aufgebaut haben, Leiter European IDP ist eine Frau, Leiter des gesamten Auslandspersonalmanagements ist eine Frau, das Inlandspersonalmanagement ist eine Frau. Wir haben also hier einen relativ großen Frauenanteil. Was ich aber um Gotteswillen bitte nicht in Ihren Köpfen behalten möchte als, jetzt sage ich mal, eine Veränderung von Frauenpolitik im Unternehmen. Sondern, wir haben einfach die Chance gehabt mit einem Neustart."

Gemeinsam betonen die Vertreter aller Unternehmen, daß es keine speziellen Frauenförderprogramme gegeben habe, gleichzeitig aber eine Steigerung der Frauenanteile zu beobachten ist und mit einer Fortsetzung des Trends gerechnet wird.

5.3.2. Zunahme der Dcc aus Unternehmenssicht

Wie in den Statements zum Frauenanteil und in dem Aussagen zur Mobilität deutlich wird, orientiert sich die Personalarbeit der Unternehmen immer noch an dem einzelnen Mitarbeiter, wenn auch zunehmend Probleme erkannt werden. Entsprechend dieser Einzelbetrachtung verfügen die Unternehmen über keine systematischen Angaben zur Berufstätigkeit der Partner. Nur in Ausnahmefällen, wenn aufgrund von konkreten Problemen, deren Ursache in der Berufstätigkeit des Partners liegt, entsprechende Informationen durch den Mitarbeiter gegeben werden, ist eine Kenntnis vorhanden. Obwohl keine konkreten Zahlen vorliegen, gehen die Befragten aber von einer Zunahme der Gruppe der Dcc aus. Begründet wird dies zum einen als logische Folge aus der zuvor dargestellten Zunahme der qualifizierten Frauen in Führungs- und Führungsnachwuchspositionen.

> U: „Aber damit kommt eben auch die Problematik auf. Wir haben z.Z. eben 10 % Frauen und das nimmt bei anderen auch zu. Diese Frauen werden von uns genau so versetzt, und genau so behandelt wie Männer, ob das national oder international ist. Also 10 % Frauen im Management, wir haben auch 10 % Frauen z.Z. im Ausland. Also wir haben 1.600 Männerjobs (Führungskräfte) hier in Deutschland und wir haben weitere 130 Führungskräfte im Ausland. Von den 1.600 sind 10 % Frauen und von den 130 sind auch 10 % Frauen."

O: „Dual-career couples ist ein sehr, sehr beliebtes Stichwort, was in der Praxis bei uns eigentlich noch eine untergeordnete Relevanz hat. Es nimmt aber zu. (Sind Dcc eher unter jüngeren Mitarbeitern zu finden?)[51] Also die Aussage ist von der Zielrichtung her absolut richtig. Ist ja keine Frage. Sie haben völlig Recht, die älteren haben noch die klare Aufteilung der Partnerschaft und da spielt das nicht die Rolle."

L: „... das Thema gewinnt tatsächlich zunehmend an Bedeutung."

5.3.3. Dcc auf Führungsebene

Da der Frauenanteil in den höheren Führungsebenen gering ist und aufgrund des höheren Durchschnittsalters zu erwarten ist, daß dort vorherrschend traditionelle Beziehungen vorzufinden sind, in denen der Mann eine Berufslaufbahn absolviert und die Frau ihn entsprechend begleitet, wurde in den Interviews trotzdem gefragt, ob sich in den Führungsebenen heute bereits Dcc befinden. Wie zuvor dargestellt, sind den Personalverantwortlichen in der Regel nur selten die Berufstätigkeiten der Partner bekannt. Daher wurde die Frage eingeschränkt auf Dcc's auf Führungsebene, die beide im Unternehmen tätig sind. Obwohl diese starke Einschränkung keine positiven Antworten erwarten ließ, konnten drei der zehn Befragten spontan mehrere Fälle nennen. In der Kette der Indizien ist dies ein weiterer Beleg für die Relevanz des Themas ‚Dcc'.

M: „Paare auf Führungskräfteebene – ja"

R: „Wir haben zwei mir vor Augen stehende Fälle, wo der Ehepartner bei uns in der Holding ist, der andere bei der XX-AG[52], wo beide also hier in den beiden Gebäuden arbeiten. Das gibt's schon."

K: „Ja, auch. Also es gibt da keine Faustregel. Das sind auch bei oberen Managern zunehmend Frauen, die berufstätig sind. Wobei es da natürlich in der Regel halt Absprachen gibt, wer macht die Karriere. Es ist also selten, daß wir zwei haben, die gleichermaßen Karriere machen. Dann erleben wir es natürlich öfter, wenn das der Fall ist, daß dann, das hatten wir einige Male, daß dann der Mann halt unter der Gruppe hier oder sonstwo ist und die Frau noch an dem alten Heimatort ist. ... Der Mann arbeitet hier, die bauen das ja hier nicht neu auf in der Regel, sondern der Mann ist also unter der Woche hier und fährt dann am Wochenende nach Hause."

---

51 Frage des Interviewers /Autors
52 Tochterunternehmen, Firmenname durch Autor anonymisiert

Im Zusammenhang mit dieser Frage thematisierte der Experte K wiederum die Mobilitätsproblematik, die eingangs bereits dargestellt wurde. Auch hier findet sich erneut der Hinweis auf eine höhere Mobilitätsbereitschaft, ggf. unter Hinnahme der zeitweisen Trennungen, wenn bestimmte berufliche Positionen angestrebt werden sollen. Zu dieser Thematik wird unter dem Punkt ‚Versetzungen' von den Experten noch ausführlich Stellung genommen.

5.3.4. Unternehmen als „Ehestifter"

Im Rahmen der Interviews wurden von den meisten Befragten zwei „Sonderfälle" von Dcc genannt, die durch spezielle Probleme bzw. Verhaltensmuster gekennzeichnet sind. Eine Gruppe stellen die „Firmenpärchen" dar, die von den Unternehmensvertretern als „relativ häufig anzutreffen" beschrieben wurden. Wie ein Befragter sagte, könne dies nicht verwundern, wenn man in einem Traineeprogramm entsprechend viele intelligente und etwa gleichaltrige Menschen zusammenbringt. Im Hinblick auf Mobilitätsmöglichkeiten wurden die Firmenpärchen im Vergleich zu der Gruppe der anderen Akademikerpaare positiv bewertet. Zwar ist nicht generell von einer höheren Mobilitätsbereitschaft bei diesen Paaren auszugehen, die Organisation von Versetzungen und Entsendungen seitens der Personalabteilung gestaltet sich jedoch einfacher. Einen weiteren Aspekt bildet die Tatsache, daß der Partner durch seine Tätigkeit im gleichen Haus die Arbeitsanforderungen und die Unternehmenssituation kennt und ein größeres Verständnis für Mobilitätsanforderungen aufbringt. Beispielhaft zu diesem Themenbereich eine Aussage:

> R: „Es gibt auch die Fälle, daß die Ehe hier gestiftet worden ist, natürlich. Hier arbeiten ja immerhin 2.400 Mitarbeiter. Also diese Fälle gibt es natürlich auch. Und daß beide gemeinschaftlich hier angefangen haben, das ist relativ selten. Also ich würde mal sagen, einfach behaupten wollen, das hat es nicht gegeben, daß sich zwei hier bewerben. Aber, daß man sich hier kennengelernt hat, dann geheiratet dann und dann eben beide hier sind. Oder der Ehepartner bewirbt sich später um eine Anstellung und kommt dann zu uns. Das ist schon denkbar. Die Fälle gibt es."

5.3.5. Nepotismusregeln

Im Rahmen der Fragen zu den Dcc hatten die Experten, teilweise sogar belustigt, von den Firmenpärchen erzählt, die sich sozusagen zwangsläufig innerhalb der Unternehmen bilden. Zwar konnte die Zahl dieser Paare nicht genau genannt werden, aber aus Sicht der Experten handeltet es sich nicht um wenige Paare, sondern um eine relevante, beachtenswerte Größe im Unternehmen. Damit stellt sich die Frage, wie im Hinblick auf etwaige Anti-Nepotismusregeln verfahren wird. Entsprechend wurden die Experten gefragt, ob es Regelungen gibt, daß Verwandte, aber speziell Paare nicht zusammenarbeiten. Dabei war herauszuarbeiten, ob solche Regeln als formelle Regeln bestehen und ob Dcc Paare durch solche Regeln weitere, zusätzliche Belastungen oder Einschränkungen erfahren. Keiner der Befragten Experten konnte die Existenz von festgelegten, dokumentierten Regeln in seinem Unternehmen bestätigen. Lediglich in einem Unternehmen gab es klare Nepotismusregeln, allerdings nicht für Paare.

> L: „Klare Regelungen haben wir nur, was Beziehungskinder angeht. Also die Beschäftigung von Kindern oder Schwiegerkindern von Vorstandsmitgliedern, amtierenden oder ehemaligen im Hause, bedarf der Zustimmung des Vorstands, um so etwas wie Nepotismus zu verhindern, aber nicht in Bezug auf Partnerschaften."

Allerdings schilderten alle Befragten einen differenzierten Umgang, wenn die Zusammenarbeit eines Paares zu betrachten war. Dabei kamen zunächst drei Aspekte zur Sprache:

1. Die direkte Zusammenarbeit beider Partner über den ganzen Tag – also die Frage des Innenverhältnisses in der Partnerschaft und möglicher Belastungen aus der Zusammenarbeit.
2. Das Unterstellungsverhältnis, in dem ein Partner Vorgesetzter des anderen ist – damit verbunden die Frage von sozialen Konflikten in der Abteilung z.B. Bevorzugung des Partnern bei Urlaub, Entlohnung.
3. Beide Partner in verschiedenen Abteilungen, aber die Informationen sollten nicht zwischen den Abteilungen ausgetauscht werden – die Frage der Vertraulichkeit und Loyalität des Einzelnen gegenüber Kollegen und Vorgesetzten einerseits, und dem Partner auf der anderen Seite.

In allen drei Fällen versuchen die Unternehmen bzw. die Personalverantwortlichen, die dargestellten Konstellationen zu vermeiden.

> V: „Man achtet eher drauf, daß das nicht vorkommt, weil, es gibt viele Leute, die da Bedenken haben. Also ich z.B. hätte Bedenken, zwei Ehepartner in einer Abteilung möglichst mit Unterstellungsverhältnis arbeiten zu lassen. Das würde ich vermeiden. Weil Sie dann automatisch Gefahr laufen, private Probleme in den Betrieb zu kriegen, und das ist immer schädlich für die Motivation der anderen."

> K: „Ja, das versuchen wir zu vermeiden. D.h., also wenn dann die Frau den eigenen Mann in der Abteilung als Mitarbeiter hat, das ist immer ein bißchen problematisch. Das versuchen wir zu vermeiden. Wir versuchen auch nach Möglichkeit, die Ehepartner nicht in einer Abteilung oder einem sehr engen Bereich parallel einzustellen. Es gibt auch einige

Bereiche, wo wir sagen, also da können wir nicht Ehepartner einstellen. Nicht, weil wir denen nicht trauen oder so. Oder nehmen Sie mal hier an, wenn hier jetzt sagen wir mal eine meiner Mitarbeiterinnen einen Kollegen vom Rechnungswesen heiratet oder irgend etwas. Das Problem ist ja nicht, daß die dann weniger vertrauenswürdig ist, wenn sie plappern will, kann sie das auch vorher. Das Problem ist, wenn irgendwo geplappert wird, dann nimmt ja das Umfeld keine Rücksicht darauf, wer es war, sondern dann liegt es ja auf der Hand. D.h., da wo solche hoch vertraulichen Daten gehandelt werden, da versuchen wir, keine Partner einzustellen."

R: „Wenn Sie sich das mal in einer großen Abteilung vorstellen. Da ist die Frau die Sekretärin des Chefs, und er ist also irgendwo leitender Angestellter in einer Unterabteilung in einer Gruppe. Dann gibt es natürlich ein Problem der Vertraulichkeit. Die Frau kriegt als Sekretärin des Chefs natürlich Informationen mit, die nicht unbedingt in jedem Fall für den Mann von Bedeutung sind, aber die er nun mal nicht wissen soll. Da gibt es natürlich Konflikte in solchen Fällen. Um die dann zu schützen, wird sie auch schon einmal umgesetzt. D.h., sie wird dann ihren Job als Sekretärin woanders ausüben und nicht in dem gleichen Bereich. Hat es zufällig, deshalb erzähle ich das, hier in dem Bau gegeben. Ansonsten sehe ich das nicht als besonders problematisch an. Das müssen die beiden natürlich mit sich selbst ausmachen, wie tolerant sind die dann gegeneinander. Können die sich nun so gut leiden, daß sie also auch nun die acht oder neun Stunden oder zehn Stunden dann auch noch sich gegenseitig im Beruf reiben."

L: „Wir haben eine ganze Reihe von Mitarbeitern, die mit Ehepartnern im Hause tätig sind. Wenn sich das an einem Platz wie Frankfurt abspielt, hätte ich überhaupt kein Problem bei dieser Vorstellung. Ich hätte niemals, und ich glaube, diesen Standpunkt teilen eine ganze Reihe oder die Mehrzahl meiner Kollegen, mit meiner Frau, so sehr ich sie liebe, in der Filiale Hongkong zusammenarbeiten wollen. Also, je kleiner die Einheit ist, desto problematischer sehe ich es unter einem Dach zusammenzuarbeiten. Aber das ist mehr ein persönlicher Standpunkt."

Im letzten Statement kommt ein weitere Aspekt hinzu, der bisher noch nicht genannt worden ist, die Größe der Unternehmenseinheit im Ausland. Gerade im Rahmen einer Entsendung eines Mitarbeiters würde sich die gemeinsame Entsendung beider Partner eines Paares anbieten, wenn beide im Unternehmen tätig sind. Dabei ist es für Unternehmen natürlich einfacher, Versetzungs- und Rotationspläne zu erstellen. In diesem Fall kann man die berufliche Situation des anderen berücksichtigen. Gleichzeitig können mobilitätsbedingte Dcc-Konflikte entschärft werden. Für die Unternehmen ergeben sich Vorteile durch Kostenersparnisse, z.B. durch Wegfall einer Auslandszulage, gegenüber der getrennten Entsendung beider Partner. Genau hier greifen die

Nepotismusvorbehalte allerdings am stärksten, da durch die Größe der Niederlassungen befürchtet wird, daß sich alle oben genannten Probleme der direkten Zusammenarbeit ergeben.

> W: „Wir machen es aber auch ansonsten ungern, daß wir zwei Ehepartner in einer kleinen Niederlassung zusammen einsetzen, dann noch irgendeiner als Expatriate, dann haben sie sehr schnell so, ja gewisse soziale Probleme mit den lokalen Mitarbeitern."

Damit bieten die „Firmenpärchen" nur auf den ersten Blick eine vorteilhaftere Ausgangslage hinsichtlich der parallelen Bewältigung von Mobilitätsanforderungen an beide Partner.

> U: „... ist auch nur bedingt einfacher, dadurch zu lösen das man sagt, na ja nun haben wir sie beide in der Hand. Ja, das sind doch nicht parallel laufende Karrieren, der eine soll nun versetzt werden, dann ist der andere noch nicht soweit, dann geht der schon mal, ja dann muß aber dann da, wo der nun hingegangen ist, weil dadurch haben wir es ja schon fixiert, muß der andere dann hin. Und soll er in die gleiche Firma, auf jeden Fall nicht in die gleiche Abteilung, das ist also etwas was wir nicht wollen, das Ehepaare nun was weiß ich, möglichst noch Vorgesetzte und Mitarbeiter sind oder sowas. Am liebsten also in eine andere Firma. Ja müssen Sie also schon wieder einen Standort suchen, wo also an dem gleichen Orte zwei verschiedene Firmen sind. Das gibt es häufig, aber nicht allzu häufig. Also sehr viel einfacher ist es dadurch nicht."

In allen Interviews fällt auf, daß ein erheblicher Ermessensspielraum bei den jeweiligen Personalverantwortlichen betont wird. Dabei wird deutlich, daß die Einschätzung, was toleriert werden kann, teilweise stark voneinander abweicht (z.B. im Interview von W zwischen Niederlassungsleiter und Personalbereich). Im Einzelfall wird es also für das Paar darauf ankommen, gegenüber den Entscheidungsträgern im Unternehmen ihre Position und die möglicherweise gewählte oder zu lösende Situation bestmöglich darzustellen. Damit kommt bei einer gleichzeitigen Entsendung beider Partner eines Paares das Innenverhältnis des Paares und deren Fähigkeit konfliktarm zusammenzuarbeiten, in das Blickfeld von Vorgesetzten und Personalbereich.

5.3.6. *Sonderfall – Lehrer/-innenpaare*

Ein besondere Gruppe hinsichtlich der räumlichen Mobilität stellen Paare dar, in denen ein Partner den Beruf des Lehrers bzw. der Lehrerin ausübt. Durchweg wurden Probleme und Erfahrungen mit dieser Gruppe berichtet, welche die Aussagen der Personalberater und Verbandsvertreter untermauern (Kapitel 4.3.5.). Hierbei stehen Lehrer bzw. Lehrerinnen als Partner stellvertretend für Beschäftigte im Beamtenverhältnis. Im Falle einer befristeten Entsendung des Unternehmensmitarbeiters ins Ausland kann diese Beschäftigungsform, aufgrund der rechtlichen Rahmenbedingungen, vorteilhaft sein.

W: „Ja, der typische Fall, der uns immer wieder begegnet ist, daß die Frau Lehrerin ist. Gott sei Dank läßt sich so was so halbwegs lösen. Weil die Frauen, die Lehrerin sind, die freuen sich meistens auch, wenn sie drei bis vier Jahre ausspannen können. Die können sich ja auch beurlauben lassen und haben nach drei oder vier Jahren immer noch wieder einen Beschäftigungsanspruch. Aber d.h. natürlich, daß der finanzielle Vorteil der aus einer Zulage und einem Expatriatepackage meistens aufgefressen wird, dadurch, daß das zweite Einkommen wegfällt."

U: „...und das ist dann einfach, weil diese Lehrerinnen können sich ja fünf bis sieben Jahre beurlauben lassen und das löst das Problem. Ja sagen wir mal so, es wirft keine Barriere auf, um jemanden zu versetzen. Es wird dann ein Problem, wenn gesagt wird, paß mal auf, die Karenzzeit meiner Frau läuft demnächst ab und ich muß wieder nach Hause."

Aber auch für die Gruppe der Lehrer/-innen bzw. der Paare mit einem beamteten Partner ist die Dcc-Problematik nicht gelöst. Im Gegenteil verschärft sie sich, wenn es um eine längerfristige Versetzung des Partners im Unternehmen geht oder eine Beurlaubung aus finanziellen oder persönlichen Gründen für das Paar nicht in Frage kommt. Sobald eine Versetzung in ein anderes Bundesland oder ins Ausland führt, ist eine Fortsetzung des Berufs in der Regel nicht mehr möglich oder stark erschwert und das Dcc-Problem, für den Partner eine Stelle zu finden, tritt schwergewichtig auf.

K: „Und gerade mit den Lehrern innerhalb Deutschlands können wir es nicht regeln. Das ist hier nicht ganz verständlich. Ein baden-württembergischer Lehrer, der darf ja nicht einmal in Rheinland-Pfalz anfangen. Zumindest hat er keinen Beschäftigungsanspruch. In Baden-Württemberg, wenn man da den Mann versetzt, hat der einen Beschäftigungsanspruch. Aber nur innerhalb des Bundeslandes."

K: „Ja, da kam ein Mitarbeiter, der hat eine Rechnung aufgemacht, ich brauch' 50.000,- DM mehr Gehalt, war das etwa das Einkommen seiner Frau. Seine Frau war ja Lehrerin in Hessen und jetzt sollte er runter nach Bayern gehen, und dort könne sie nicht Lehrerin werden, sie kann sich beurlauben lassen für eine gewisse Zeit, aber er hat einfach den Verdienstausfall. Wie wir uns dann denn das vorstellten? So, dann kommen Sie ins Grübeln, was sie für einen Ausgleich zahlen oder sonst was?"

Damit schränken sich Lösungsoptionen für entsprechende Paare stark ein. Da die Gruppe sowohl in den Interviews mit den Arbeitsmarktexperten als auch in den Interviews mit den Personalverantwortlichen von diesen angesprochen wurde, ohne daß eine entsprechende Frage existierte, läßt auf entsprechende Relevanz schließen. Erklären ließe sich diese erhöhte Wahrnehmung dadurch, daß diese Fälle für die Befragten besondere Probleme darstellen oder häufiger vorkommen.

5.3.7. Umgang mit Dcc in Unternehmen

Wie bei der Beschreibung der Rahmenbedingungen und der Dcc aus Unternehmenssicht immer wieder deutlich wurde, nehmen die Unternehmensvertreter die Dcc im wesentlichen wahr, wenn Probleme auftreten, die durch Mobilitätsanforderungen ausgelöst sind. Das für die Unternehmen neue Problem, der Berufsorientierung beider Partner, wird auch durch die Abgrenzung zu traditionellen Partnerschaften, in denen die Frau sich auf die beruflichen Anforderungen des Mannes einstellte, verdeutlicht.

> U: „Früher hat man die Leute ausgeschickt für ungefähr drei Jahre oder auch für vier Jahre und hat sie wieder reingeholt, und das war's. Dann Pause, Pause, Pause und vielleicht ging derselbe dann wirklich noch mal raus. Drei Jahre und kam wieder zurück. Heute machen wir das gleiche und haben sofort ein Problem, weil der Mitarbeiter sagt und wo ist der Job für meinen Partner."

> U: „Meine Frau arbeitete auch solange bis unser erstes Kind kam. Dann hat sie aufgehört und nicht wieder angefangen, so, das war der easy way – sowohl für mich als auch für meine Frau. Heutzutage ist das so, teilweises kriegen die gar keine Kinder, weil sie sagen, ich will meine Karriere nicht unterbrechen lassen. Und wenn sie Kinder kriegen, kriegen sie das Kind und sind relativ schnell wieder da – zwischen zwei Wochen und maximal drei Jahren. ... Die Problematik von welcher Seite ich sie betrachte, ist ganz egal. Die Problematik ist das couple und nicht der eine von den beiden. Ich geh mal davon aus, daß die Frauen, die in solchen Funktionen arbeiten, die haben sag ich mal, eigentlich alle einen arbeitenden Partner, wenige haben diese Ausnahme, die ich vorhin als Beispiel so anekdotenhaft nannte. Von den Männern gibt es natürlich nach wie vor 10, 15 % die jemanden haben, der sagt, ach, keine Sache wo wir hingehen, und ich geh mit. Also insofern ist da schon ein ganz kleiner Unterschied."

Alle Interviewpartner sehen, daß die Unternehmen durch die Dcc mit einer neuen Problematik konfrontiert werden. Unterschiedlich sind jedoch die Positionen, die hinsichtlich des Umgang mit den Problemen der Dcc's eingenommen werden. So schilderte ein Befragter, daß das Problem auf die Beziehungsebene der Partner verlagert wird. Da alle Stellen offen ausgeschrieben werden und sich auf jede Stelle fünf Mitarbeiter bewerben, muß derjenige, der ins Ausland gehen will, mögliche Probleme selbst geklärt haben.

M: „Also ich glaube, daß bei uns sich diese Probleme eigentlich im privaten Rahmen abspielen, also zwischen den Partnern abspielen..."

Die in diesem Fall vorgefunden „Angebots- und Nachfragementalität" blieb in den Interviews der Ausnahmefall. Im Verlauf des Interviews schränkte der Interviewpartner die ausschließliche Verlagerung der Probleme auf die Paare etwas ein.

M: „Manchmal ist es natürlich so, daß wir sagen: ‚Wollen Sie nicht mal gucken, das scheint auch auf ihr Profil zu passen, hätten Sie kein Interesse daran?' Und wenn es dann doch zu Problemen kommt, die werden dann natürlich schon häufig angesprochen, dann ist es wahrscheinlich doch wieder so, wie es klassisch häufig gelöst wird, daß nämlich dann der Partner in den meisten Fällen wahrscheinlich dann doch die Frau, auch hier ihre Karriere aufgibt, und daß das vorher so besprochen worden ist. D.h. wir unterstützen das natürlich auch, es gibt da zusätzliche Sonderzahlungen natürlich auch für diesen Auslandseinsatz und in Atlanta beispielsweise da würde sich dann auch um den Partner gekümmert, daß die auch sozial irgendwo eingebunden sind ..."

Wie die vorhergehenden Interviewausschnitte dokumentieren, ist die Bereitschaft des Unternehmens, auf Probleme des Paares einzugehen, wesentlich von der Frage des „Wertes" des Mitarbeiter abhängig. Besteht ein starkes Interesse an dem Mitarbeiter, was sich z.B. durch die gezielte Ansprache eines bestimmten Mitarbeiters dokumentiert, so kommt man ihm entgegen und bietet Unterstützung an. Gibt es eine Vielzahl von Mitarbeitern, die für eine entsprechende Position zur Verfügung stehen, so bleiben Probleme reine Privatsache. Die Sichtweise, die Mitarbeiter unterschiedlich zu behandeln, wird jedoch nicht von allen Befragten geteilt:

U: „Das hat nichts mit der Führungsebene zu tun. Für alle, die wir versetzen tun wir das, oder versuchen wir das zu tun."

Daneben war eine Argumentation anzutreffen, die den Mitarbeiter in den Vordergrund stellte und dem Unternehmen die Verpflichtung zuschrieb, Rahmenbedingungen zu schaffen, damit der Mitarbeiter, die von ihm erwartete qualitative Leistung erbringen kann.

P: „Das ist nämlich die Frage nach der Effizienz des einzelnen. Und seine Effizienz steigt mit sinkender Belastung oder umgekehrt, seine Effizienz sinkt mit steigender persönlicher Belastung. Insofern sage ich mal, ich es eine ganz klare, keine besondere soziale Prägung, sondern eine ganz klare betriebswirtschaftliche Rechnung. Der, der dort rübergeht oder der, der hierher kommt, muß effizient sein. Der muß seinen Job machen können. Und das soll er bitte schön so tun, wenn wir dabei helfen können. Das tun wir, daß er es ohne größere Belastungen tun kann. Das war das, was wir beide da gerade mit den Amerikaner diskutiert haben. Wenn Sie dreimal am Tag angerufen werden von der heulenden Ehefrau, dann werden die ihren Job satt und schmeißen ihre Klamotten hin und sagen, ich will zurück, Karriere hin, Karriere her. Da müssen Sie eingreifen."

Im letzten Interview wird deutlich, wohin eine „Privatisierung" der Dcc-Problematik führen kann. Die Unzufriedenheit des mitreisenden Partners kann dazu führen, daß der Mitarbeiter am Arbeitsplatz in seiner Leistungsfähigkeit eingeschränkt wird. Im Extremfall kann es zum Scheitern der Entsendungsmaßnahme kommen. Neben diesen Auswirkungen auf das Beschäftigungsverhältnis ist eine entsprechende Belastung innerhalb des Paares zu unterstellen.

5.3.7.1. Fragen nach Partner durch Unternehmen

Vor dem Hintergrund der Erfahrungen, daß der Partner hinsichtlich der Mobilitätsbereitschaft des Paares einen wesentlichen Faktor darstellt, gehen die Experten zunehmend auf Mitarbeiter zu, die versetzt werden sollen. Dabei versuchen sie, sich an der Lösung möglicher Probleme zu beteiligen. Auf jeden Fall halten Sie es aber für unverzichtbar, daß in den Paaren im Vorfeld einer Entsendung die Probleme diskutiert werden. Diese Diskussion anzuregen, betrachten sie ebenfalls als ihre Aufgabe.

L: „Ich frage gezielt, weil ohne das hundertprozentige Einverständnis des Partners hat das überhaupt keinen Sinn, das Gespräch weiterzuverfolgen. Das ist meine fest Überzeugung. Denn, das habe ich am Anfang nicht gemacht. Aber ich habe eine ganze Reihe von Gesprächen geführt wo wir dann sehr weit waren und wo das Ganze hinterher kippte, weil der Ehepartner das nicht mitgemacht hat oder was noch schlimmer ist, wo beide dann rausgegangen sind. Und dann hat es draußen nicht funktioniert. Und hinterher hat sich herausgestellt, daß der Ehepartner von vornherein dagegen war. Und da das dann mit ziemlichen nicht nur materiellen, sondern eben auch menschlichen Problemen verbunden ist, ist das unerfreulich für eine Personalarbeit."

R: „Also, wenn es zu einem längerfristigen Auslandseinsatz kommt, dann wird die Familie immer miteinbezogen, immer. Also in die vorbereiteten Maßnahmen. Erstens wird die Entscheidung nicht ohne die Ehefrau fallen, bei demjenigen, der da ausgeguckt ist. Und wenn die Entscheidung dann positiv ist, d.h. also mit Zustimmung des Ehepartners gefällt worden ist, wird auch der Ehepartner, wird auch die Familie in die Vorbereitung auf den Auslandseinsatz miteinbezogen."

K: „Er sollte eigentlich miteinbezogen werden. Wenn wir die Kandidaten ansprechen, klärt bitte zu Hause ab, geht es, klärt eure Bereitschaft von vornherein. Es bringt ja nichts, wenn man die Leute ständig in Verlegenheit bringt. Wir sprechen also die Leute durchaus an."

Eine etwas andere Situation liegt vor, wenn es sich um die Neueinstellungen eines Mitarbeiters handelt. Hier bietet das Einstellungsgespräch die Möglichkeit, zwischen Personalverantwortlichen und Mitarbeitern Informationen über die berufliche und private Situation auszutauschen. Entsprechend wurden die Experten befragt, in welchen Umfang Fragen zur persönlichen Situation des Bewerbers, z.B. auch nach der Berufstätigkeit des Partners, gestellt werden. Seinem Mitarbeiterbild folgend merkte der Experte M an, daß er Unternehmensanforderungen, z.B. hinsichtlich der Mobilität klar darstelle und die Ableitung möglicher Partnerprobleme dem Gesprächspartner überlasse.

M: „Nein nicht nach dem Partner, sondern das ist eine allgemeine Frage ob man mit einer Mobilität Probleme hat, obwohl das eigentlich erst in der Eingangsfrage ist. Das da jeder ja zu sagt, entweder das er da keine Probleme mit hat. Ich frag das dann vor allen Dingen auch, wenn jemand aus einer räumlich ganz anderen Ecke kommt, also aus Norddeutschland, oder aus Süddeutschland, Bayern kommt. Lege dann noch einmal ganz genau den Traineeplan vor, wo es auch darauf ankommt, zumindest während dieser Zeit recht flexibel zu sein und frage dann noch einmal genauer nach wie sieht das aus, können sie sich das vorstellen z.B. hier im Ruhrgebiet zu wohnen. Dann 'ne Zeitlang nach Berlin zu gehen, dann wieder dahin zu gehen? Also ich versuche das eben sehr deutlich zu machen, was auf jemanden zukommt und frage dann schon danach. Ob ich dann eine ehrliche Antwort bekomme, weiß ich natürlich nicht."

Zum Ende seines Statements räumt der Interviewpartner selbst Vorbehalte ein, ob die Antwort seines Gesprächspartners zutreffend ist. Dabei ist die besondere Situation eines Bewerbungsgesprächs zu sehen, in der ein Bewerber nicht unnötigerweise Probleme aufwerfen wird, besonders wenn er in allgemeiner Art nach seiner Mobilitätsbereitschaft gefragt wird. Es ist anzunehmen, daß es dem befragten Experten also weniger darum zu geht, Hinweise auf mögliche Probleme und damit Handlungsnotwendigkeiten zu erhalten, vielmehr ist der Fragestil eher als rhetorische Frage zu werten, durch dem einem Kandidaten deutlich gemacht werden soll, mit welchen Anforderungen er konfrontiert wird.

Diese Interpretation bestätigt sich auch durch andere Aussagen des Experten M, der z.B. im bereits beschriebenen, vorhergehenden Fragenblock, in dem er die Bewältigung der Dcc-Probleme alleine den Paaren zuschrieb. Bei anderen Experten hingegen wurde geschildert, daß gezielt nach der Berufstätigkeit der Partner gefragt wird. Bei diesen Fragen steht eindeutig das Interesse des Fragenden im Vordergrund, mögliche Problemkonstellationen frühzeitig erkennen zu können. Da die Berufstätigkeit des Partners, aus Sicht der Experten, zu den gravierendsten Problemen gehört, wird auch gezielt nach diesem Bereich gefragt.

P: „Also frage ich natürlich auch nach seiner Ehefrau, wobei ich immer hinzufüge, mich interessiert nicht Ihre Frau oder Ihr Mann oder was die tun. Sondern mich interessiert ist sie Lehrerin z.B. – d.h., gibt's ein größeres Problem innerhalb Deutschlands umzuziehen. Unsere Leute machen in der Regel auch eine Vertriebsausbildung. Also sie ziehen auch innerhalb Deutschlands um. Und mit einem Lehrer aus Baden-Württemberg kommen Sie halt nun einmal nicht nach ..."

R: „Also wir fragen, wenn der betreffende Bewerber sich nicht erkennbar, sagen wir jetzt im Fragebogen, den er also vor jedem ersten Bewerbergespräch oder Einstellungsgespräch bekommt, oder in einem Bewerbergespräch von sich aus selbst erklärt hat, fragen wir schon danach. ...Meistens ist der Beruf des Ehepartners nicht unbedingt erkennbar, dann fragen wir natürlich. ...daß wir sagen, hören Sie mal, Sie haben sich hier bei uns beworben. Sie hätten es nicht getan, wenn das irgendwo ein Problem wäre. Dennoch hätten wir ganz gerne mal gewußt, was macht Ihr Ehepartner? Ist er berufstätig? Sehen Sie da Probleme?"

L: „Wenn es um Einstellungen für das Ausland geht, ja. Da frage ich auch. Da kommt auch die Fragestellung. Wir haben jetzt einen Mitarbeiter eingestellt für Singapur. Da frage ich sofort, ob die Ehefrau das möchte. Oder er sagt, es sei von vornherein abgestimmt. Wir wollen gerne nach Singapur. So wie in diesem Fall."

In gleicher Weise, wie dies im vorhergehenden Abschnitt für interne Versetzungen thematisiert wurde, differenziert der Befragte auch hier, um welche Art der Bewerbung es sich handelt. So ist die Bereitschaft, auf Probleme einzugehen, wenn der Bewerber „nur Hochschulabsolvent" ist, wesentlich geringer bzw. nicht mehr vorhanden.

K: „Bei Absolventen, also wenn sie sich hier bewerben, da unterstelle ich mal, daß die wissen, daß die hierhin müssen, sonst würden sie sich hier nicht bewerben. Da sind wir dann etwas rigider und fragen da nicht so sehr nach, sind Sie schon verheiratet?"

5.3.7.2. Fragen nach Job für den Partner durch Bewerber

Da Bewerbungsgespräche keine einseitigen Interviewsituationen sind oder sein sollen, interessierte, ob der Themenkreis der Doppelberufstätigkeit von den Bewerbern selbst thematisiert wird. Bedingt durch die Bewerbungssituation kann jedoch davon ausgegangen werden, daß die Hemmschwelle, entsprechende Probleme anzusprechen, relativ hoch liegen dürfte. Zudem deuten die Auswertungen der Interviews mit Partner der Dcc darauf hin, daß viele Paare die Bewältigung entsprechender Probleme als individuelle Aufgabe ansehen und von den Arbeitgebern wenig Unterstützungen oder Lösungen erwarten. Um so interessanter ist, daß die Ansprache von Problemen durch die Bewerber vor allem durch den Experten M beobachtet wird, der versucht, wie oben thematisiert, die Dcc-Thematik zu privatisieren.

M: „Es kommt relativ häufig vor, daß das erwähnt wird und vor allen Dingen dann, also der Zeitpunkt ist häufig der, daß man ein erstes Gespräch hinter sich hat, der Kandidat oder Bewerber weiß, das er zum engeren Kreis der Bewerber gehört und man dann sagt, ja, stehen sie immer noch dazu, also haben sie sich's auch überlegt, würden sie gerne zu uns kommen, dann wird häufig eine Bedenkzeit ausgebeten und gesagt, also man würde gerne noch mit dem Partner darüber sprechen, weil der ja auch berufstätig sei, oder gerade einen Berufseinstieg suche und man sich dann eben überlegen muß, ob man das eben räumlich unter einen Hut bekommt. Also das ist der häufigste Grund."

Obwohl der Experte M mögliche Probleme nicht aktiv erfragt und in seinen Statements deutlich macht, daß er mögliche Probleme der Doppelberufstätigkeit einer Lösung durch die Paare zuschreibt, wird er von den Bewerbern mit dem Thema konfrontiert. Vor dem Hintergrund einer Bewerbungssituation ist dies erstaunlich und deutet möglicherweise auf einen vorhandenen Problemdruck der Paare hin. Über die Schilderung von Problemen hinaus werden Paare auch aktiv. Dabei wird z.B. überlegt, in welchen Maße für den Partner eine Beschäftigung in der gleichen Firma möglich wäre.

R: „Es kann natürlich sein, daß der Wunsch geäußert wird – ich kann das statistisch jetzt nicht mit irgendeiner Ziffer belegen – daß dann auch jemand kommt und sagt, meine Frau ist auch Chemikerin oder was weiß ich oder Ärztin. Besteht da nicht eine Möglichkeit, daß Sie uns zumindest bei der Stellensuche behilflich sind? Im Einzelfall wird man das sicherlich tun. ... Das ist ganz selten, daß mal einer eine Bewerbungsunterlage schon direkt aus der Tasche zieht und sagt, für den Fall, daß Sie sich für mich entscheiden. Hier ist die Bewerbungsunterlage meiner Frau. Das hat einer gemacht, weil wir zeitgleich hier eine Stelle im juristischen Bereich zu besetzen hatten, die wir auch in der Zeitung veröffentlicht hatten, die die Frau gelesen hat. Dann hat die gesagt, mein Gott, das ist ja toll. Wenn du eine Chance hast, und ich würde den anderen Job da kriegen, dann würde das ja wie die Faust aufs Auge passen, ja. Das kommt selten vor. Aber daß mal gefragt wird, wie beurteilen Sie das denn überhaupt mit Ehegattenbeschäftigung, das kommt auch schon vor."

Im Extremfall können die Forderungen der Mitarbeiter sogar soweit gehen, daß eine Versetzung an einen anderen Standort abgelehnt wird, wenn es dort keine Beschäftigungsmöglichkeiten für den Partner gibt.

L: „Wir hatten den Fall, daß jemand nicht ins Ausland geht, weil wir nicht in der Lage sind, den Beruf des Partners sicherzustellen."

5.3.8. Gesamteinschätzung Dcc aus Unternehmenssicht

Zusammenfassend läßt sich feststellen, daß alle Personalverantwortlichen einen deutlichen Trend bei der Zunahme qualifizierter Frauen in Unternehmen sehen. Als Konsequenz dieser Entwicklung sehen sie die Zunahme der Lebensform der Dcc. Alle Experten kennen die Dcc-Thematik, sind jedoch in unterschiedlichster Weise mit Problemen aus diesem Themenfeld konfrontiert. Uneinheitlich sind die Verhaltensmuster, mit denen die Einzelnen mit dem Thema umgehen. Die Beispiele reichen vom Versuch, die Probleme zur Privatsache der Paare zu erklären, bis zur offensiven Problemanalyse und Lösungssuche. Da es sich bei der Frage der Dcc um ein relativ neues, gesellschaftliches und personalwirtschaftliches Thema handelt, können die Experten nicht auf vorhandenes Wissen zurückgreifen und sind auf eigene Erfahrungen angewiesen. Dies bestätigt sich in den Interviews, in denen die Experten eigene Handlungen oder Verhaltensweisen mit ihren Erfahrungen und der Reflexion dieser erklärten. Mit Ausnahme eines Experten, sehen alle Experten aufgrund dieser Erfahrungen eine Notwendigkeit, die Dcc in der Bewältigung beruflich bedingter Mobilitätsanforderungen zu unterstützen. Wie solche Unterstützungen aussehen können, soll in den folgenden beiden Abschnitten, durch die Analyse von Fallbeispielen und die Betrachtung von theoretischen Unterstützungsoptionen untersucht werden.

5.4. Dual-career couples in der Berufspraxis – Fallbeispiele

Im Rahmen der Interviews wurden die Probleme, die von den befragten Experten gesehen werden, immer wieder an Fallbeispielen beschrieben. Dabei brachte ein Experte das Problem aus seiner Sicht so auf den Punkt:

U: „Die Lösung ist der Job für den Partner. So simpel ist das. So und wenn der Job nicht da ist, ist er auch unzufrieden. Mindestens, vielleicht mehr – und dann scheitert es an dieser Geschichte."

Da in der Praxis selten beide Partner einen Job erhalten, müssen entsprechende Kompromißlösungen angestrebt werden. Die geschilderten Fallbeispiele stellen in unterschiedlicher Form solche Kompromisse dar. Dabei lassen sich die Fälle in zwei Hauptgruppen teilen, differenziert nach der Einstellung der Paare zu Beruf bzw. Partnerschaft. In der einen Gruppe wird auf jeden Fall die Versetzung zusammen mit dem Partner gewünscht. Dieses Ziel dominiert alle anderen Bedingungen so, daß entweder berufliche Einschränkungen eines Partners beim Wechsel in Kauf genommen werden oder der Wechsel nicht zustande kommt, möglicherweise wiederum verbunden mit beruflichen Nachteilen. Die zweite Gruppe ist dadurch charakterisiert, daß die Option, eine bestimmte berufliche Aufgabe übernehmen zu können, in der Wertigkeit der Paare höher steht als das permanente Zusammenleben. In dieser Gruppe gibt es zwei „Unterformen" für die in der Literatur die Begriffe LAT – Living apart together[53] und commuter marriage geprägt worden sind. Der erste Begriff bezeichnet Paare, die nicht in einer gemeinsamen Wohnung zusammenleben (LAT), trotzdem aber eine dauerhafte Beziehung führen. Mit dem zweiten Begriff werden „Pendlerbeziehungen" bezeichnet, also Partnerschaften, die z.B. nur an Wochenenden bestehen, wenn die Partner von ihren Berufsorten zum gemeinsamen Wohnort pendeln. In diesen Phasen leben dann beide Partner zusammen. Darüber hinaus wurden von den Experten Fallbeispiele genannt, bei denen die Lösung in der Vermeidung von Mobilität lag. In diesen Fällen trat das „Wechselproblem" nicht auf, da innerorganisatorische Maßnahmen der Unternehmen getroffen wurden.

5.4.1. *Gemeinsamer Wechsel der Partner*

Ein Wechsel, in dessen Verlauf beide Partner am neuen Standort einer befriedigenden beruflichen Tätigkeit nachgehen können, wäre sicherlich aus Sicht der Dcc die Ideallösung. Obwohl seitens der Experten immer wieder auf den Einzelfall oder eine besonders glücklichen Zufall verwiesen wurde, konnten die befragten Experten eine Reihe von Fällen schildern, in denen dies gelungen ist. Bedingt durch die unterschiedlichen Ausgangskonstellationen, z.B. durch verschiedene Beschäftigungsarten der Partner, findet sich in den Fallbeispielen nicht „die Lösungsform". In allen Fallbeispielen, in denen die Partner gemeinsam den Standort wechselten, finden sich Unterstützungsleistungen des jeweiligen Unternehmens, häufig kombiniert mit Kompromissen seitens des Paares. Die Form des Kompromisses seitens des Paares kann im Zugeständnis bestehen, zur Realisierung eines dauerhaften, gemeinsamen Wechsels, in der Übergangsphase eine Trennung zu akzeptieren. Eine andere Form ist der befristete Verzicht eines Partners auf eigene berufliche Optionen.

---

[53] Der Begriff wurde von C.J. Straver geprägt (nach SCHMITZ-KÖSTER 1990), siehe auch Teil 2.5.

5.4.1.1. Vermittlung des Partners innerhalb des Unternehmens

Innerhalb der Versetzungsfälle mit Ziel eines gemeinsamen Standorts des Paares, lassen sich verschiedene Hilfs- und Unterstützungsaktivitäten gruppieren. Dabei ist der erste Block der Fallbeispiele dadurch gekennzeichnet, daß die Unternehmen für den Partner des zu versetzenden Mitarbeiters eine Beschäftigung innerhalb des Unternehmens gesucht und angeboten haben. Zunächst verwundert dies, denkt man an die Äußerungen der Befragten hinsichtlich der Anti-Nepotismusregeln. Bei näherer Betrachtung stellt sich aber heraus, daß eine Zusammenarbeit der Partner in allen Fällen dadurch vermieden wurde, daß man die Partner in verschiedene Tochterunternehmen des jeweiligen Konzerns vermitteln konnte.

Fall 1:
Der Frau eines Mitarbeiters, der versetzt werden sollte, wurde am neuen Standort eine *Stelle in der Firma angeboten*, so daß es dem Paar möglich war, gemeinsam zu wechseln.

> U: „Ja, ja, das ist das erste was wir immer angucken (ob in der Firma selbst eine Beschäftigungsmöglichkeit besteht). Wenn wir die Möglichkeit haben, prima. Wir haben so einen Fall jetzt hier, wo ein Österreicher jetzt in Bremen bei einer Tochterfirma arbeitet und seine Frau war keine Firmenmitarbeiterin. Die arbeitet jetzt z.Z. in einem anderen unserer Tochterunternehmen in Bremerhaven. Das ist die Erfolgsstory."

Fall 2:
Beide Partner waren im gleichen Unternehmen beschäftigt. Beim anstehenden Wechsel konnten beide Partner zum gleichen Standort wechseln. Um Probleme hinsichtlich informeller Nepotismusregeln zu vermeiden, wurden sie *in zwei Töchter am gleichen Standort versetzt*.

> L: „Ja, das haben wir gehabt, nach Tokio, wo wir allerdings den Vorteil haben, daß wir da aufgrund dieses Trennbankensystems eine Filiale und eine Wertpapiertochter haben. Und der Mann ging in die Filiale, und die Frau ging in die Wertpapiertochter. Aber wissen Sie, das sind so glückliche Umstände. Da muß wirklich alles gerade passen. Denn ich glaube, kein Mitarbeiter wird und kann den Anspruch stellen, daß für seine Ehefrau eine Position geschaffen ist, die in Wirklichkeit überhaupt nicht benötigt wird. Das ist auch auf die Dauer frustrierend. Natürlich könnten wir sagen, wir setzen Sie jetzt da hin, und Sie machen die Tür auf und zu. Aber spätestens nach einer Woche merkt der- oder diejenige dann, daß hier eigentlich gar keine klare Aufgabe gegeben, sondern künstlich um ihn oder sie herumgezimmert wurde. Und das kann auf die Dauer nicht funktionieren."

Fall 3:
Beide Partner waren im gleichen Unternehmen beschäftigt. Eine Einstellung beider Partner in *verschiedene Töchtern der Firma am gleichen Standort* war schwierig, so daß eine *Phase der Trennung* durch das Paar in Kauf genommen werden mußte. Der gefundene Job für den mitversetzten Partner war aber *inhaltlich nicht ausreichend befriedigend*, so daß *die Versetzung vorzeitig abgebrochen* wurde.

> U: „Es war also ein Firmenpärchen. Sie, also in diesem Fall, hatte einen Job so wie er geplant war und wie er sich gehörte. Für ihn, er blieb erst noch einmal in seinem Heimatland, daß war auch kein Problem. Wenn man sagt, ein paar Monate – die Leute sind sehr flexibel. Er hat also seinen alten Job in der Company in seinem alten Land. Wir haben gesucht wie die Wahnsinnigen, hier im Hamburger Raum, wo wir sehr stark vertreten sind und keinen passenden Job gefunden. Und dann haben wir schließlich gesagt, na gut, also die sollten und wollten wieder zusammen, also haben wir einen Job, der unter seinem Niveau war, ja, also sagen wir mal, er war knapp unter dem Niveau was er hatte, und am liebsten hätte er einen gehabt, knapp über dem Niveau, was er hatte, logisch. So, den haben wir ihm angeboten. Den hat er zögerlich angenommen. Wir haben gesagt, komm, das ist gut, da bist Du erst mal an Ort und Stelle. Dann sieht man Dich und Du siehst anderes viel leichter. Dann haben wir aus diesem Job, der also kein schlechter Job war, und der war auch nicht unter seiner Ehre oder so, den hatten wir zugefügt, also im Haushaltsplan, was auch schon nicht schlecht war. Dann war er wohl jeden Monat einmal hier, mal hören Herr S, gibt's nicht was Neues? Er hat dann schließlich gesagt, also dann sollen wir sie wieder beide zurückversetzen. Waren aber inzwischen anderthalb Jahre vergangen oder so, also sagen wir mal, man konnte das schon ein bißchen Auslandserfahrung nennen. Dann haben wir die beiden wieder in ihr Heimatland zurückgelassen."

Fall 4:
Obwohl in diesem Fall der Versetzungswunsch durch den nicht im Unternehmen beschäftigten Mann initiiert wurde, ist dieser Fall hier eingruppiert worden, da das Unternehmen tätig wurde, um dem mitwechselnden Partner einen Arbeitsplatz anzubieten. Zur Realisierung des gemeinsamen Wechsels wurde in diesem Fall von der Frau eine zeitweilige *Sucharbeitslosigkeit* in Kauf genommen. Da ihr bisheriger Arbeitgeber an der Mitarbeiterin interessiert war, wurde versucht, die Mitarbeiterin konzernintern zu vermitteln.

> R: „Also wir haben hier einen Kündigungsfall gehabt. Eine junge Dame, die einen Volkswirt geheiratet hat – sie ist selbst auch Volkswirtin – der hat jetzt promoviert, ist fertig und hat eine Anstellung bekommen in Frankfurt. So, und sie ist hier beschäftigt. Sie hat jetzt bei uns gekündigt,

hat aber gleichzeitig darum gebeten, daß wir über dieses Datenbanksystem doch uns bemühen, sie im Konzern bei einer anderen Konzerngesellschaft im Raum Frankfurt unterzubringen. Und das scheint zu gelingen. D.h. also, hier versuchen wir, der Ehepartner ist extern, konzernextern, verändert sich beruflich, und wir versuchen unser Datenbanksystem einzusetzen, um zumindest dafür zu sorgen, daß das Know-how der Dame, der Mitarbeiterin, über den Konzern nicht verloren geht, sondern im Konzern bleibt. So etwas machen wir."

Neben der Illustration, daß Unternehmen durchaus Arbeitsplätze für Partner aus Dcc vermitteln bzw. bereitstellen können, wird in Fall 2 und Fall 3 von den Experten ausdrücklich darauf verwiesen, daß eine Beschäftigung alleine nicht ausreichend ist. So wie die starke Berufsorientierung der Dcc-Partner für die Unternehmen wertvoll sein kann, führt sie im Fall einer Beschäftigung auf einem nicht adäquaten Arbeitsplatz zur Frustration. Im Extremfall kann die Unzufriedenheit zum Abbruch einer Entsendung führen. Gleichzeitig zeigen die Fallbeispiele die Bereitschaft der Dcc, Einschränkungen hinzunehmen, wenn sich insgesamt eine befriedigende Lösung abzeichnet, so z.B. im Fall 3, in dem die Partner zeitversetzt wechselten oder im Fall 4, in dem eine Sucharbeitslosigkeit in Kauf genommen wurde.

5.4.1.2. Vermittlung des Partners an andere Unternehmen

Neben der Vermittlung eines Arbeitsplatz innerhalb des eigenen Unternehmens, bemühen sich die Firmen, für die Partner der entsandten Mitarbeiter am neuen Standort auch bei anderen Unternehmen einen Arbeitsplatz zu finden.

Fall 5:
In diesem Fall setzte das Unternehmen seine Nachfragemacht ein, um bei einem Auftragnehmer für den mitentsandten Partner eine Stelle zu ermöglichen.

U: „Wir haben ein schönes Beispiel einer Senior-Managerin, die in Malawi ist als Marketingdirektor und der Mann ist selbständiger Grafiker/Designer. Das war natürlich relativ einfach, daß wir in unser Werbebüro, sie können sich vorstellen, Markenartikler wie wir, die Millionenbeträge aber x-stellige Millionenbeträge investieren in Werbung, also gute Kontakte zu Werbefirmen hat, so also haben wir gesagt zu der dortigen Werbefirma in Malawi, habt ihr denn nicht einen Grafiker nötig, und somit haben wir für die (beide einen Job)."

Fall 6:
Da der Mann aus dem Paar auf die Position eines Niederlassungsleiter versetzt wurde, übernimmt er eine Doppelrolle. Einerseits ist er als Vertreter des Unternehmens bei der Suche nach einer Berufsoption tätig, andererseits ist er Partner der mitentsandten Mitarbeiterin. In dem Interview wurde aber der Eindruck gewonnen, daß ein ähnliches Engagement auch üblich ist, wenn keine eigene Betroffenheit vorliegt.

W: „Unser Repräsentant in Moskau, verheiratet mit einer Kollegin ebenfalls aus der Bank, hat relativ unproblematisch in Moskau für seine Partnerin einen Job gefunden, nach wenigen Monaten, außerhalb der Bank natürlich."

Fall 7:
Auch bei Neueinstellungen gibt es Bemühungen, für den Partner des neuen, zu dem Unternehmen gewechselten Partners, eine adäquate Beschäftigung zu finden. Nachdem ein Partner *befristet allein* am neuen Standort tätig war, wurde versucht, entsprechende Qualifikationsmaßnahmen für die Partnerin zu organisieren und entsprechend finanziell zu unterstützen. Dabei ist die Vermittlung eines Studienplatzes in diesem Fall durchaus vergleichbar mit der Vermittlung einer Stelle, daher wurde der Fall hier aufgenommen.

K: „Ja. Gut, wir haben jetzt einen Fall z.B. und haben jetzt gerade einen jungen Schweden hier eingestellt mit einer internationalen Aufgabe. Und jetzt geht es darum, von der Betreuung, was können wir für ihn tun. Wie können wir ihm bei der Wohnungshilfe behilflich sein bis zum Autodarlehen und den ganzen Behördengängen usw. Das haben wir eben jetzt alles gemacht. Jetzt ist er da, jetzt sagt er, seine Freundin, die möchte er gerne nachholen. Das wird natürlich etwas schwieriger, klar. Finanziell unterstützen wir auch das. Auch die Freundin konnte sich hier erst einmal die Gegend mitangucken. Und die war also auch einmal mit eingeladen. Aber jetzt wird es natürlich schwierig. Die Dame studiert in Schweden Jura. Ob wir da natürlich jetzt hier in der Nähe gleich einen Studienplatz für sie finden, das haben wir nicht in unserer Hand. Aber zumindest versuchen wir, unsere Beziehungen spielen zu lassen. Aber das kann man nicht garantieren. Das ist nicht drin."

Fall 8:
Trotz der Bemühungen des Unternehmens konnte der Wunsch des Paares, an einem *gemeinsamen Standort* berufstätig sein, nicht realisiert werden, da kein Jobangebot für die Frau erreicht werden konnte. Wahrscheinlich wird die Versetzung in diesem Fall scheitern.

W: „Die Skandinavierin hatte, an die ich vorhin gedacht habe, wobei es inzwischen mehr als einen Fall gibt, aber die, an die ich speziell gedacht habe, die hat einen sehr, sehr lukrativen Job, die wird genauso gut bezahlt wie ihr Mann, der hier für die Bank arbeitet, und der wird auch nicht schlecht bezahlt. Für die ist es schlicht und einfach unmöglich, einen solchen Job wieder zu finden in einem fremden Umfeld. Damit ist sie nicht bereit aus Dänemark rauszugehen. – Es gibt Sachen, ich hab eine mit einer Entsendung im Moment festgefahren, weil wir für die Partnerin keine Lösung finden. Wenn wir keine finden werden vor Ort, da kümmert sich ebenfalls der Niederlassungsleiter, dann wird die Entsendung nicht zustande kommen. Ganz einfach."

Fall 9:
Auch in diesem Fall bemühte man sich, den Partner an ein anderes Unternehmen zu vermitteln. Da kein Jobangebot für den Partner, in diesem Fall der Mann, realisiert werden kann, wird diese Versetzung wahrscheinlich scheitern.

U: „Das nicht der richtige Job zur richtigen Zeit da ist. Wir haben das mal ausprobiert mit „Mercedes" hier im Zweigwerk im Ruhrgebiet, mit einem englischen Pärchen. Sie ging nach Wesel am Niederrhein, und er hatte schon Vorerfahrung von England im Automobilgeschäft. Durch den Kontakt, den ich mit dem Vorsitzenden Personaldirektor hatte, hat er ein Gespräch gekriegt. Aber die hatten in dem Bereich dafür keine Vakanz."

Die Fallbeispiele verdeutlichen das Engagement der Personalbereiche, für Partner aus Dcc's eine Tätigkeitsmöglichkeit zu vermitteln. Dabei werden die Kontakte zu anderen Firmen gezielt eingesetzt. Eine Chance, die ein Paar, das sich selbst um eine entsprechende, zweite Beschäftigung bemühen müßte, nicht hat. An den letzten beiden Fällen, bei denen eine Versetzung nicht realisiert werden konnte bzw. kann, wird die Dcc-Problematik besonders deutlich. Ohne entsprechende Joboptionen für beide Partner sinkt die Wechselbereitschaft des Paares stark.

5.4.1.3. Kombination zweier Laufbahnen durch Flexibilität der Arbeitgeber

In zwei Fällen konnte ein Wechsel realisiert werden, da die Firmen hinsichtlich des Entsendungszeitpunktes ihres Mitarbeiter sehr flexibel waren. Die Unterstützung bestand hier in der Abstimmung zwischen Firmeninteressen und privaten Planungen des Paares.

Fall 10:
Die Partner initiierten bei ihren jeweiligen Arbeitgebern *zeitgleich, an den gleichen Standort* versetzt zu werden.

L: „Ich selbst hatte das Glück, aber das ist glaub' ich wirklich 'ne Ausnahme, bevor wir nach Hongkong gingen, war meine Frau bei der Dresdner Bank und wir haben erreicht, daß wir beide von unseren jeweiligen Arbeitgebern nach Hongkong delegiert werden. Allerdings natürlich nur einer mit dem Auslandspaket, sonst wäre ich sicher nicht mehr aus Hongkong zurückgekommen."

Fall 11:
In diesem Fall wurde stark auf die private Planung des Paares Rücksicht genommen. Durch zeitliche Flexibilisierung konnten die *persönliche Planungen und Mobilitätsanforderungen* durch die Firmen *kombiniert* werden.

P: „Wir haben gerade über einen Fall gesprochen, dem habe ich 1992 angeboten, weil er hier drin Marketingleiter werden soll – der ist momentan Verkaufsleiter für Norddeutschland –, daß er vorher ins Ausland muß. Und wir haben ihm angeboten, also paß auf, in unserer Nachfolgeplanung bist du 1997 dran. Bis dahin mußt du eine 2. Sprache beherrschen, richtig beherrschen. Und bis dahin mußt du irgendwann im Ausland gewesen sein. Der ist 1992 nicht rausgegangen. Und dann hat er uns Mitte 1993 angerufen und gesagt, ich werde stolzer Vater. Der hatte 1992 das Problem, daß seine Frau Abteilungsleiterin bei Philipps war. Da war es sehr schwer ins Ausland zu gehen. ‚Meine Frau möchte ihren Job nicht aufgeben.' Jetzt kriegt seine Frau ein Baby. Und das ist primär natürlich eine Frage dieser Altersgeneration. So, und dann hat er gesagt, ich kann sofort. – (Frau) Die nimmt jetzt ihren Kinderurlaub. Und es gibt ein vergleichbares Beispiel, wo der Mann seinen Kinderurlaub nimmt. – Das erstere Beispiel ist sehr häufig. Das zweite Beispiel ist seltener. Ich habe wirklich nur einen promovierten Akademiker, der einen solchen Vaterschaftsurlaub nimmt."

5.4.2. *Beruf vor Partnerschaft*

Wie bereits bei der Darstellung der Ergebnisse der Interviews mit Partner aus Dual-career couples deutlich wurde, hat der Beruf bzw. die Berufsausübung für beide Partner eine hohe Wertigkeit. Innerhalb der verschiedenen Typen, die identifiziert wurden, gab es auch eine Gruppe, in der die Berufsorientierung so dominant war, daß partnerschaftliche Belange klar eine geringerwertige Priorität erhielten. Auch in der Beobachtung der Personalexperten gibt es Fälle, in denen die Paare zur Realisierung der Berufsanforderungen relativ starke Einschränkungen in der Lebensführung der Partnerschaften hinnehmen. Zum einen sind dies Beziehungen, bei denen die Partner über gewisse Zeiträume getrennt leben, in einer anderen Form leben die Partner nur in der Woche getrennt, die sogenannten Wochenendehen oder commuter marriage.

5.4.2.1. Living apart together (LAT)

Für Beziehungen, in denen beide Partner in eigenen Wohnungen und an verschiedenen Standorten leben, hat die amerikanische Soziologie den Begriff des „Living apart together" geprägt. Inzwischen wird der Begriff allerdings auch verwandt, wenn keine größere, räumliche Distanz zwischen den Partnern vorherrscht und ausschließlich das Kriterium der getrennten Wohnung vorhanden ist. In diesen Partnerschaften hat die Berufsorientierung einen absolut hohen Stellenwert. Um entsprechenden, beruflichen Anforderungen gerecht werden zu können, sind die Paare bereit für eine gewisse Dauer getrennt zu leben bzw. sich nur selten zu sehen.

Fall 12:
Da die beruflichen Optionen beider Partner auseinanderfallen, ist ein gemeinsamer Wechsel für dieses Paar ausgeschlossen. Weil die Distanz der Standorte zu groß ist, um eine Wochenendbeziehung zu führen, hat sich das Paar für eine Phase des getrennt Lebens entschlossen. Die Beziehung wurde aber nicht in Frage gestellt, darum liegt hier ein Fall des LAT vor.

> W: „Wir haben auch einen anderen Fall. Den sollte ich Ihnen auch schildern. Wir haben eine junge oder jüngere Dame, Anfang Dreißig, in Spanien als deutsche Auslandsentsandte und deren Mann arbeitet noch in Deutschland auch für die Bank. Die haben das Problem der commuter marriage mal anders gelöst. Das ist gar keine. Sie ist praktisch voll in Spanien, begrenzt auf drei Jahre. Sie haben damals die Prioritäten mal nicht nach den normalen Rollenmustern in Anführungsstrichen gesetzt. Ja, wir waren überrascht, daß das so kam, haben aber verstehen können auch, daß da die Frau die berufliche Priorität gesetzt hat. Sie war vorher bereits so praktisch ein bißchen mit einer internationalen Orientierung eingesetzt im Gegensatz zu ihrem Mann, der sicherlich so ohne weiteres nicht die Chance hatte, sich zu internationalisieren. Und wir haben es, wie man sieht, nicht daran scheitern lassen. Im Gegenteil, ich fand das eigentlich prima, daß wir da auch mal eine Dame dann hatten. Und es läuft hervorragend bisher."

Fall 13:
Auch im nächsten Fall liegt eine Form des LAT (Living apart together) vor. In diesem Fall wäre ein gemeinsamer Wechsel theoretisch möglich gewesen, da beide Partner international orientiert sind. Aufgrund der Rahmenbedingungen und dem derzeitigen Interesse an der Tätigkeit haben sich die Partner aber entschieden, ihrem jeweiligen Job einen höheren Stellenwert zuzuordnen. Besonders deutlich wird in diesem Fall die zeitliche Befristung einer solchen Lösung.

P: „Also der Mann von Frau J. ist derzeit in Polen. Aber unabhängig davon, ob Frau J. in Polen einen entsprechenden Job kriegen würde als Dolmetscherin oder so. Sie hat sich mit ihrem Mann ganz einfach entschieden, daß sie einfach aus Deutschland und aus diesem Job nicht raus will, jedenfalls nicht nach Polen. Es ist was anderes nach England, Frankreich. Also wir haben noch ein Beispiel, ein Akademikerehepaar, wo beide derzeit einen Job haben. Ich denke, daß man für eine befristete Zeit so eine Belastung auch für eine Ehe auf sich nehmen kann. Man kann es natürlich nicht ewig machen, nicht. Aber, wenn Sie über Entsendungen reden, reden Sie in der Regel über zwei Jahre. Zwei Jahre ist schon ein bißchen eine lange Zeit für eine Ehe, aber immer noch machbarer ... Aber es ist deren Arrangement. Also ich meine, ich nehme mal ein bißchen Einfluß auf sie, weil ich sie nicht verlieren will, klar. Aber das ist außerhalb meiner offiziellen Funktion. Das ist mehr meine persönliche Funktion, nämlich hier ihr Vorgesetzter zu sein. Da nehme ich durchaus ein bißchen Einfluß auf sie. Aber ich würde nicht als Company Einfluß darauf nehmen, wie die beiden sich arrangieren."

Fall 14:
Das nächste Fallbeispiel zeigt die Schwierigkeiten, die bei einem solchen „Getrenntleben" entstehen können. Da die Basis für die Trennung die beruflichen Anforderungen waren, die entsprechend hoch priorisiert wurden, können weitergehende berufliche Anforderungen zu einer extremen Belastung der Beziehung führen, die u.U. eine Trennung nach sich ziehen könnte.

R: „Ich habe den Fall einer Mitarbeiterin und eines Mitarbeiters vor Augen im Bereich Mineralölsparte in Hamburg, promovierter Chemiker, die Dame ist ebenfalls Mitarbeiterin des Hauses im Personalwesen. Der Ehemann ist jetzt in Texas, ursprünglich für ein halbes Jahr. Die haben geheiratet, und er ging sofort weg. Und da hat man gesagt, o.k., für ein halbes Jahr, das ist ja eine Perspektive. Und da wird dann aus dem halben Jahr ein Dreivierteljahr und daraus ein Jahr, und irgendwann hat man das Gefühl, der kommt überhaupt nicht mehr wieder. Die Dame ist auf der anderen Seite auch Akademikerin, ist auch mit ihrem Beruf glücklich und zufrieden und kann sich nicht vorstellen, selbst wenn er da drüben jetzt Karriere machen würde, ihm nach Amerika zu folgen, was auch äußerst schwierig wäre für sie, im gleichen Bereich dann tätig zu bleiben. Also, es wird darauf hinauslaufen, daß der Mann wahrscheinlich doch wieder nach Deutschland zurückkommt und die Gesellschaft das Versprechen einhält, daß es nur ein vorübergehender Einsatz war. Ansonsten läuft man Gefahr, daß solche Beziehungen kaputt gehen über eine solche Dauer. Das sind Probleme. Die muß man sehen."

5.4.2.2. Wochenendpendler / commuter marriage

Ebenfalls aus der amerikanischen Soziologie kommt ein Begriff, der eine partnerschaftliche Lebensform kennzeichnet, in der beide Partner in der Woche getrennt leben und sich nur jeweils am Wochenende sehen – die commuter marriage. Ähnlich wie in den Interviews mit den Partnern aus Dcc finden sich auch bei den befragten Experten sehr unterschiedliche Einschätzungen, wie dies bereits an der Schilderung der Fallbeispiele deutlich wird.

Fall 15:

U: „Das ist eine der bisher am besten praktizierten Lösungsmöglichkeiten für diese Eheproblematik. Wir haben Fälle gehabt, daß z.b. eine Dame, die hier in Hamburg wohnte und arbeitete, von hier nach Kopenhagen versetzt haben, die hat dort zweieinhalb Jahre gearbeitet und ausschließlich eine Wochenendehe geführt. Sie fand das sehr akzeptabel."

Fall 16:

U: „Wir haben jetzt wieder einen Fall, wo jemand nach Polen gegangen ist, ein junger Mann und der hat gedacht er könnte also eine Wochenendehe mit seiner Partnerin hier in Hamburg führen. Nach neun Monaten kam er und sagte, meine Beziehung geht dabei drauf. Ich hab mir das anders vorgestellt, das haut nicht hin, mein Job dort. Er macht da Marketing. Es ist einfach schlecht, wenn ich da nur im Büro bin und nicht mal am Samstag da in den Läden bin, einkaufen, gucken, was macht die Hausfrau so – ist ein sehr engagierter Mann. Das ist also schlecht, auch schlecht für meine Beziehung, ich komm nach Hause wir arbeiten da sehr viel und ich brauch' das Wochenende um auszuruhen, um was weiß ich, mal auszugehen, und was weiß ich alles. Ich habe Ende des Jahres, kurz vor Weihnachten Gespräche mit ihm geführt und wir suchen etwas für ihn, um zurückzukommen. Der Mann würde unglücklich, kann man sagen: sein Problem. Seine Beziehung geht auseinander – sein Problem. Er macht da einen schlechten Job – sein Problem. Also selbst wenn Sie bei den ersten beiden sagen würden: Ihr Problem. Beim letzten schon gar nicht. Irgendwie müssen wir das schon lösen. Wir schicken nur die besten Leute raus. Es wäre verdammt schade, wenn wir jemanden verlieren würden. Wenn wir nicht schnell was für ihn regeln, ist er weg."

In den vorgenannten Fällen sprechen die Experten bereits die Probleme der Wochenendehe an. Einerseits ist dies die zeitliche Befristung, die aber je nach subjektiver Einschätzung sehr unterschiedlich betrachtet werden kann[54].

---

[54] siehe hierzu auch Aussagen aus den Interviews mit den Partnern aus Dcc, Kapitel 3.8.

5.4.3. Quervergleich der Fallbeispiele

Während die Einzelfälle nochmals die Probleme durch die Kombination der unterschiedlichen Faktoren verdeutlichen, soll durch den folgenden Quervergleich der Fallbeispiele versucht werden, Strukturen und Systematiken der Fälle herauszuarbeiten.

5.4.3.1. Strukturmerkmale der Fallbeispiele

Obwohl alle Interviewpartner direkt auf Fallbeispiele angesprochen wurden, ist die Anzahl auswertbarer Schilderungen von Einzelfällen sehr unterschiedlich ausgefallen. Einige Experten konnten keine Fallbeispiele nennen oder die Ausführungen waren zu ungenau, um sie auswerten zu können. Allerdings korrespondieren die Häufigkeiten auch mit der Einschätzung der Dcc-Problematik durch die Experten, die diese an anderer Stelle gegeben haben.

Tab. 16: Anzahl der Dcc-Fallbeispiele pro befragtem Experten

Experte	U	W	L	P	R	K
Häufigkeit	6	3	2	2	2	1

So gehört z.B. der Experte U auch in der Einschätzung der Zunahmen der Dcc-Problematik zu den Experten, die hier den größten Handlungsbedarf sehen. Die Frage, ob die Kenntnis der Einzelfälle hier Einfluß auf die Einstellung gehabt hat oder ob die Problematik seine Wahrnehmung für Einzelfälle geschärft hat, ist dabei offen. Auffällig ist jedoch, daß den Experten, die eine Bewältigung der Dcc-Problematik den Paaren zuschreiben, z.B. M und V, keine Einzelfallbeispiele nennen konnten. Die Paarkonstellation in den genannten Beispielen ist heterogen. Einerseits finden sich Paare, deren Partner bei verschiedenen Arbeitgebern beschäftigt sind, daneben gibt es aber auch Fälle, in denen der Partner freiberuflich tätig ist oder noch studiert. Auffällig ist allerdings die hohe Anzahl der Firmenpärchen (6 von 16). Die entsprechenden Aussagen der Experten zu diesem Thema bestätigen, daß sich diese Paarkonstellation unter den verschiedenen Lösungsoptionen verteilt und offensichtlich keine „einfacheren" Problemlösungen ermöglicht (u.a. auch ein Fall mit abgebrochener Entsendung, Fall 3). Eine weitere Bestätigung der Expertenaussagen hinsichtlich des Frauenanteils in höheren Positionen findet sich ebenfalls unter den Fallbeispielen. So war zwar in zehn Fällen der Mann als entsandter Mitarbeiter der Auslöser für einen Wechsel, immerhin aber in fünf Fällen die Frau. Aufgrund des Zufallscharakters der Fälle, muß ein solcher Zahlenvergleich allerdings sehr kritisch betrachtet werden.

Tab. 17: Übersicht der Fallbeispiele und Lösungsvarianten

Nr	Paar / Arbeitgeber	Auslöser	Kompromiß des Paares	Unterstützung durch Unternehmen	Lösung für Beruf Partner	Lösung Partnerschaft	Gesamtergebnis
1	Versch. Arbeitgeber	Mann hat Stelle an neuem Ort	keiner	Einstellung der Frau in Tochterunternehmen	Stelle für Frau vorhanden	gemeins. Standortwechsel	erfolgreicher Wechsel
2	Firmenpärchen	unbekannt	keiner	Versetzung beider Partner in Töchter an einem Standort	adäquate Stellen für beide Partner	gemeinsamer Standortwechsel	erfolgreicher Wechsel
3	Firmenpärchen	Frau wird versetzt	Befristete Trennung des Paares in der Suchphase	Suche einer Tätigkeit für den Mann im Unternehmen	Stelle für Mann nicht adäquat / unbefriedigend	gemeins. Standortwechsel mit Einschränk.	Entsendung abgebrochen
4	verschiedene Arbeitgeber	Mann hat Stelle an neuem Ort	Arbeitslosigkeit der Frau am neuen Ort	Konzerninterne Stellensuche f. Frau durch Altarbeitgeber	wahrscheinlich Stelle für Frau gefunden	gemeinsamer Standortwechsel	erfolgreicher Wechsel
5	Partner ist Freiberufler	Frau wird versetzt	keiner	Vermittlung Partner an andere Untern.	Aufträge für Mann gefunden	gemeins. Standortwechsel	erfolgreicher Wechsel
6	Firmenpärchen	Mann wird versetzt	Arbeitslosigkeit d. Frau am neuen Ort	Vermittlung der Frau an anderes Unternehmen	Stelle für Frau gefunden	gemeinsamer Standortwechsel	erfolgreicher Wechsel
7	Partnerin Studentin	Mann wird versetzt	Befristete Trennung des Paares	Suche nach Studienplatz durch Unternehmen	wahrsch. Studienplatz für Frau gefunden	gemeins. Wechsel mit Einschränkungen	erfolgreicher Wechsel
8	verschiedene Arbeitgeber	Mann soll versetzt werden	keiner	Bemühungen Job zu finden	keine adäquate Stelle für Frau	gemeins. Alt-Standort behalten	Wechsel kam nicht zustande
9	verschiedene Arbeitgeber	Frau soll versetzt werden	keiner	Vermittlungsversuch für Mann an anderes Unternehmen	keine adäquate Stelle für Mann	Gemeinsamer Alt-Standort beibehalten	Wechsel kam nicht zustande
10	verschiedene Arbeitgeber	Mann wird versetzt	Verzicht auf Auslandszulage eines Partners	Arbeitgeber der Frau versetzt diese gleichzeitig	adäquate Stellen für beide Partner	Gemeinsamer Standortwechsel	erfolgreicher Wechsel

Tab. 17: Übersicht der Fallbeispiele und Lösungsvarianten – Teil 2

Nr	Paar / Arbeitgeber	Auslöser	Kompromiß des Paares	Unterstützung durch Unternehmen	Lösung Beruf Partner	Lösung Partnerschaft	Gesamtergebnis
11	verschiedene Arbeitgeber	Mann wird versetzt	Wechsel in Babypause der Frau	Arbeitgeber richtet Entsendung zeitl. flexibel nach Paar aus	Frau verzichtet vorübergehend auf Job	Gemeinsamer Standortwechsel	erfolgreicher Wechsel
12	Firmenpärchen	Frau wird versetzt	befristetes Alleinleben	keine	alte Stelle beibehalten	Getrennte Standorte (LAT)	erfolgreicher Wechsel
13	Firmenpärchen	Mann wird versetzt	befristetes Alleinleben	Wochenendheimflüge und verlängerte Wochenenden	alte Stelle beibehalten	Getrennte Standorte (LAT)	erfolgreicher Wechsel
14	Firmenpärchen	Mann wird versetzt	befristetes Alleinleben	keine	alte Stelle beibehalten	Getrennte Standorte (LAT)	erfolgreicher Wechsel
15	unbekannt	Frau wird versetzt	Wochenendbeziehung	keine	-----	commuter marriage	erfolgreicher Wechsel
16	verschiedene Arbeitgeber	Mann wird versetzt	**Wochenendbeziehung und Einschränkung des Anspruches an den Beruf**	Unterstützung vorzeitige Rückkehr	-----	commuter marriage	**Entsendung wurde abgebrochen**

Legende: grau hinterlegt = Abbruch der Versetzung bzw. Grund für den Abbruch

5.4.3.2. Erfolgsfaktoren

Wie die Übersicht zeigt, macht die Vielzahl der unterschiedlichen Fälle eine Isolation weniger Erfolgsfaktoren im Sinne von Hilfs- und Unterstützungsfaktoren unmöglich. Sicherlich ist hierin auch der Grund zu sehen, warum bisher für diese Gruppe keine Lösungskonzepte vorhanden sind. Allerdings ist auffällig, daß die Unterstützungsmaßnahmen immer individuell auf die Bedürfnisse der Paare zugeschnitten waren. Bei einer genauen Betrachtung fällt auf, daß ein unbefriedigendes Ergebnis im Sinne eines vorzeitigen Abbruchs der Entsendung oder eines Nichtzustandekommens, immer dann vorliegt, wenn ein Partner mit der für ihn vorhandenen Option der Berufstätigkeit unzufrieden war (grau hinterlegt). Interessanterweise muß dies jedoch nicht immer die Unzufriedenheit des begleitenden Partners sein. Wie Fall 16 zeigt, kommt es zu einem vorzeitigen Ende der Entsendung, da der entsandte Mitarbeiter bei der gewählten Lösungsoption (Wochenendehe) seinen Anspruch auf die Qualität seiner Berufsausübung nicht nachkommen kann.

5.5. Lösungsoptionen im Spiegelbild der Expertenmeinung

Unabhängig davon, ob die Experten konkrete Fallbeispiele nennen konnten, wurden die Experten um die Einschätzung verschiedener Hilfs- und Unterstützungsoptionen gebeten, die seitens der Unternehmen angeboten werden könnten.

5.5.1. Nutzung des unternehmensinternen Arbeitsmarktes

Wie die Fallbeispiele anschaulich belegen, verfügen die Unternehmen, vor allem die Großkonzerne, durch ihren internen Arbeitsmarkt und entsprechende Einflußnahmeoptionen auf diesen, über Lösungsmöglichkeiten der Dcc-Problematik. Dies ist allerdings keine universale Lösung, da entsprechend der Qualifikation des Partners Stellen am Standort vorhanden sein müssen, andererseits diese Stellen aufgrund von Nepotismusvorbehalten keine unmittelbare Zusammenarbeit der Partner mit sich bringen sollten. Grundvoraussetzung, diese prinzipielle Möglichkeit zu prüfen, ist aber eine entsprechende Bereitschaft der Verantwortlichen in den Unternehmen.

K: „Wir haben ja sogar diese Stelle im Personalmarketing. Die hilft ja. Wenn einer jetzt so, sagen wir mal, die Gesellschaft X holt ihren Mitarbeiter rüber von Düsseldorf nach Mannheim. So, jetzt sagt der, meine Frau braucht aber auch eine Stelle. Dann kann er sich an diese Stelle wenden und denen sagen, was gibt es denn da? Meine Frau hat die und die Qualifikation. Und dann können die gemeinsam hingucken. Was haben wir denn da an offenen Stellen zu melden. Dann vermitteln wir das ja auch. Das versuchen wir ja auch."

5.5.1.1. Entsendung von Mitarbeiterpaaren

Wenn beide Partner im selben Unternehmen beschäftigt sind, ist bei einer Auslandsentsendung die Nutzung des internen Arbeitsmarktes die erste Option. In den Fallbeispielen spiegelt sich dies in den Fällen 2, 3, 6 wider. Von der Expertin S wird im Rahmen der Interviews nochmals die Nepotismusproblematik angesprochen, daß also bei einer Entsendung von Firmenpärchen immer ein anderes Tochterunternehmen in der Nähe sein muß. Fehlt diese Voraussetzung, kommt für S eine Entsendung von beiden Partnern an den neuen Standort nicht in Frage. Damit liegt die Grundsatzproblematik der Entsendung von Firmenpärchen im Vorhandensein entsprechender Stellen.

> K: „Meistens ist das etwas schwieriger, weil, die Stellen sind ja rar. Und wenn dann die Gesellschaft XY sagt, wir brauchen den Entwicklungsingenieur. Und wir kommen dann dahin und sagen, wir haben auch noch die Frau, die ist Planungsingenieur. Nimm die doch gleich mit. Dann sagt der, nein, nein, da brauche ich ja keinen."

Auf eine andere Problematik bei der Versetzung weist der Experte O hin. Dabei geht es um Fragen des Status bzw. der Wertigkeit der Tätigkeit des Mannes im Vergleich zur Beschäftigung der Frau.

> L: „Bei den reinen Firmen-Ehen sag ich jetzt mal so, wo beide bei uns beschäftigt sind, da gehen wir allerdings individuell drauf ein, und das kommt auch häufig vor, führt allerdings auch zu Wahnsinnskonflikten, weil da kommt es also durchaus schon mal vor, da haben wir die Probleme, daß die Frau vielleicht der bessere Part ist in der Familie, und dann sagt sie ja, mein Mann möchte auch gern gefördert werden. Also dann gucken wir uns den Mann an und sagen, ja der ist aber nun wirklich manchmal 'ne Pfeife, also sie ist top, aber er geht gerade noch so. Dann die passenden Wege zu finden, daß er dann wieder auf die gleiche Position kommt und sie dann auf die Aufstiegsposition, das führt zu sehr starken sozialen Konflikten, aber wir bemühen uns in diesen Fällen eigentlich fast immer."

In welchem Umfang ähnliche Spannungen zum Abbruch der Entsendung (Fallbeispiel 3) geführt haben, kann anhand der Schilderung des Falles nicht genau geprüft werden. Möglich ist jedoch, daß neben der unbefriedigenden Berufsgestaltung die Frage der Wertigkeit im Vergleich mit der Partnerin einen entsprechenden Einfluß ausgeübt hat. Forschungen von HERRMANN & FÄRBER (1992) und HERRMANN (1992) zeigen, daß die überwiegende Zahl von Männern Probleme hat, wenn die Partnerin höherwertige oder besser bezahlte Stellen einnimmt oder angeboten bekommt. Damit überlagern zusätzliche Spannungen, die innerhalb der Beziehung existieren können, die Versetzungs- und Mobilitätsproblematik. Da diese Facette aber nur im Rahmen der Experteninterviews, in einem Einzelfall auftrat, muß dieser Aspekt weiteren Forschungen vorbehalten bleiben und kann nur als Merkposten betrachtet werden.

5.5.1.2. Einstellung des Partners von entsandten Mitarbeitern

Eine weitere Option, den internen Arbeitsmarkt der Unternehmen zu nutzen, wäre die Einstellung des Partners eines entsandten Mitarbeiters in das Unternehmen. Neben dem oben geschilderten Beispielen (Fall 1) wird dies auch in anderen Unternehmen praktiziert. So bestätigt z.B. Experte K, Partner von entsandten Mitarbeitern eingestellt zu haben. Daneben gab es allerdings auch kritische Aussagen von Experten. Obwohl die Bedenken identisch mit den zuvor für die Entsendung von Firmenpärchen geschildert waren – bei einer Einstellung des Partners wird das Dcc automatisch zum Firmenpärchen – bestanden bei einigen Experten zusätzlich Vorbehalte gegen diese Lösung.

> S: „Nein, das betrachte ich eher als ausgeschlossen. Dieses begründet sich, da nur S-Mitarbeiter entsandt werden können. Ein Ehepartner wäre in diesem Fall ja kein S-Mitarbeiter."

Allerdings ist auch hier die Ablehnung nicht grundsätzlich, sondern es scheint auch Ausnahmemöglichkeiten zu geben:

> S: „Im Einzelfall könnte man sich hier allerdings Möglichkeiten denken."

5.5.1.3. Versetzung des Mitarbeiters zur Begleitung des Partners

Sofern nicht beide Partner bei einem Unternehmen beschäftigt sind und der nicht im Unternehmen beschäftigte Partner von seinem Arbeitgeber versetzt wird, stellt sich ebenfalls die Frage, ob der interne Arbeitsmarkt genutzt werden kann. In diesem Fall besteht zwar für das Unternehmen kein primäres Interesse an dem Wechsel, andererseits treten auch die zuvor immer wieder genannten Nepotismusprobleme auf. Ein Beispiel hierfür findet sich in Fall 4. Ähnlich positiv wurde eine solche Konstellation auch vom Experten O bewertet.

> O: „Auch, da können wir natürlich viel anbieten. Wir haben ja fast in jedem Kleinkleckersdorf, hätte ich fast gesagt, eine Geschäftsstelle. Und wenn jetzt irgend jemand, der Mann nach München oder nach Hamburg oder Flensburg, wenn's nur in Deutschland ist, sage ich mal, hinzieht, auch in die neuen Bundesländer, da gibt es irgendwo eine Geschäftsstelle. Und dann stellen die einen Versetzungsantrag, mein Mann wird dann und dann dahin versetzt. Und wenn es irgendwie geht, kommen wir dem auch nach."

Das einzige Hindernis bei einer Unterstützung dieser Art ist, daß eine vakante Stelle vorhanden sein muß. Aber auch hier sind die Unternehmen durchaus flexibel, wenn es darum geht, Mitarbeiter im Unternehmen zuhalten.

O: „Ab und zu, dann machen wir es auch durchaus so, daß wir mal Stellen überbesetzten, und dann die Fluktuation berücksichtigen, irgendwann im nächsten halben Jahr oder so. Da sind wir eigentlich sehr flexibel."

5.5.1.4. Neueinstellung von Mitarbeitern

Während sich die bisherigen Optionen, durch Nutzung des internen Arbeitsmarktes die Dcc-Problematik zu entschärfen, auf Mitarbeiter und deren Partner bezogen, die bereits im Unternehmen tätig sind, ist die Bereitschaft, neu eingestellte Mitarbeiter als Partner aus Dcc in ähnlicher Form zu unterstützen, wesentlich geringer.

V: „Den Partner gleich mit einstellen, das dürfte hier die ganz große Ausnahme sein. Weil üblicherweise schreibt man ja dann die freie Stelle aus und hat nicht noch sackweise hinten welche dabei für irgendwelche Partner die noch da sind. Also das glaube ich, kann ich ausschließen."

M: „Also das machen wir nicht, nein. Das ist für uns auch 'ne andere Situation, wenn wir Mitarbeiter z.B. bekommen aus anderen Organisationskonzernen, dann ist das für uns irgendwo eine andere Verpflichtung sage ich mal auch den Partner zu unterstützen, als wenn wir jemanden neu aufnehmen, wo wir erst mal sagen dürfen, wir möchten gerne, oder wir gehen erst mal von einer grundsätzlichen Mobilität aus und ja, können das im Prinzip auch von der Personalkapazität her, in der Personalabteilung nicht leisten, daß wir uns dann auch noch darum kümmern, die Partner berufsmäßig hier zu versorgen."

5.5.2. *Vermittlung an anderes Unternehmen*

Sofern keine Stellen im eigenen Unternehmen vorhanden sind, die man zur Lösung der Frage einer Doppelberufstätigkeit für das Dcc nutzen kann, liegt es nahe, Kontakte zu anderen Unternehmen zu nutzen. Auch hierzu gab es in den Fallbeispielen anschauliche Schilderungen, die eine entsprechende Bereitschaft zeigen (Fall 4). Dabei kann diese Option nicht isoliert gesehen werden sondern wird bei den Unternehmen im Rahmen der Unterstützungsmöglichkeiten geprüft, wenn eine Nutzung des internen Arbeitsmarktes erfolglos blieb.

O: „...eben der Punkt für den Partner ggf. eine Stelle zu beschaffen, am Ort, entweder bei der O selbst, auch wenn er vorher nicht da beschäftigt war, oder eben befreundete Unternehmen anzusprechen z.B. Ich denke, daß wir in diesen Kreis viel stärker einsteigen müssen, als wir es bisher tun. Das ist nur wahnsinnig arbeitsaufwendig. Das ist der Punkt, der uns immer so ein bißchen geschreckt hat in dieser Richtung."

Die Kette der Optionen, die geprüft werden muß, wenn für den Partner eines entsandten Mitarbeiters ebenfalls eine adäquate Stelle gefunden werden soll, reicht dabei aber nicht nur vom internen Arbeitsmarkt bis zur Suche bei anderen Unternehmen. Wie die folgende Aussage zeigt, kommen noch Aspekte der jeweiligen regionalen, landesspezifischen Rahmenbedingungen zum Tragen.

K: „Wenn es möglich ist und ich sage mal, ein Berufsbild ist, das irgendwo reinpaßt, dann versuchen wir auch, Arbeitsplätze in den Ländern für die Ehepartner zu schaffen. ... Das ist beides, auch manchmal bei Kunden oder bei irgendwelchen kooperierenden Unternehmen. Das ist unterschiedlich. Es gibt natürlich auch Länder, da kann man das alles von vornherein vergessen. Versuchen Sie mal, nach Saudi Arabien zu gehen und für die Frau eine Stelle zu finden. Es gibt da bestimmte Stellen. Aber ich glaube nicht, daß da eine Europäerin auf diese Stellen unbedingt scharf ist. Es gibt diese Länder noch. Da haben Sie keine Chance."

K: „Ich meine, wenn die dann kommen und sagen, Menschenskinder, meine Frau usw., natürlich versuchen wir dann irgendwo bei befreundeten Firmen, bei Bekannten oder übers Arbeitsamt oder über alle Stellen, die wir kennen und wo wir Kontakt zu haben, auch etwas für die Frau zu bekommen. Das ist im Service mit drin für die Leute, klar. Das ist ja auch unsere Aufgabe."

W: „Dann gibt's immer mal wieder den Versuch, daß der Niederlassungsleiter vor Ort sich mal rumhört im Kreise anderer Banken oder Geschäftspartner, ob es Möglichkeiten gibt für Beschäftigung von Partnern, weil diese Partner ja dann für denjenigen der sie beschäftigt einen Vorteil haben können. Leute aus dem deutschen Umfeld, wenn dies gerade deutsche Unternehmen sind, mit deutschem Know-how, sie aber nicht als Expatriates bezahlen muß. Insofern kann das manchmal durchaus was haben."

Im letzten Interview kommt bei der Vermittlung von Dcc-Partnern ein Vorteil für Unternehmen zur Sprache. In diesen Fällen bekommen sie häufig einen deutschen Mitarbeiter im Ausland, ohne für diesen die entsprechenden Auslandszulagen zahlen zu müssen, da dieser dort meist als „local" eingestellt wird (siehe auch Fall 10). In einem Fall schilderte der befragte Experte, daß es schon eine institutionalisierte Zusammenarbeit zwischen verschiedenen Firmen gibt, in der sich die Firmen gegenseitig zugesichert haben, entsprechende Mitarbeiter aufzunehmen.

L: „Wir haben aber darüber hinaus eine Initiative aufgegriffen, nicht unternommen, weil sie ging von Petrofina in Belgien aus. Wir haben seit Mitte Juni 1991 einen Kreis von sieben Unternehmen, Nestlé, Peugeot,

Setwig, St. Gobain, Fiat und Petrofina und wir selbst, die sich speziell zusammengesetzt haben zu diesem Thema, Dual-career couples, und sich gegenseitig zugesichert haben, Partner von Mitarbeitern die ins Ausland versetzt werden, in den jeweiligen Unternehmen / Partnerunternehmen aufzunehmen. ... wir gehen so weit, daß wenn wir angesprochen werden, und das jemand ist, der nun nicht unbedingt in der Bank arbeiten will, daß wir unsere Kunden vor Ort eben auch ansprechen, ob sie unter Umständen Interesse haben an X oder Y. Also das ist sicherlich ein Feld, was wir in Zukunft noch etwas stärker beackern werden, als im Augenblick. Aber es stellt sich in der Praxis nach meinem Dafürhalten dann häufig viel komplizierter dar, als man sich das bei einem solchen Treffen, was sonst sehr fruchtbar war, vorstellt."

Insgesamt wird auch diese Unterstützungsmaßnahme von den befragten Experten als sinnvoll angesehen und ist bereits von mehreren Befragten praktiziert worden. Andere Unternehmen halten diese Unterstützungen zwar für sinnvoll, sind aber noch in der Phase, solche Angebote aufzubauen (S). Auch in diesem Zusammenhang finden sich wiederum unterschiedliche Meinungen, ob man dem Paar weitgehende Unterstützung zukommen lassen sollte, um so die Arbeitsfähigkeit zu sichern (P, K, U, W) oder, da es sich ja um Führungskräfte handelt, diese in der Lage sein müßten, entsprechende Probleme eher selbst zu lösen (S, M).

5.5.2.1. Nutzung persönlicher Kontakte

Eine Erklärung für die unterschiedliche Bewertung von Hilfsangeboten, vor allem der Vermittlung an andere Unternehmen, hängt auch mit den Möglichkeiten zusammen, die von den Befragten für ihr Handlungsfeld gesehen werden. Dabei spielen persönliche Kontakte sicherlich eine wesentliche Rolle, um die vorab dargestellten Option in der Praxis realisieren zu können.

K: „Ja, zunächst einmal gucken wir, was ist das für eine Qualifikation. Und gibt es noch andere (K-)Stellen in der Nähe, und ist dann bei irgendeiner dort etwas zu machen? Gibt es irgendwelche Lieferanten oder gibt es Kunden, mit denen wir eng zusammenarbeiten? Oder gibt es befreundete bekannte Firmen. Man baut ja im Laufe des Lebens auch irgendwo Netzwerke auf. So finden sich ja hier auch sehr viele Personalleiter aus dem Mannheimer Raum. Die rufe ich dann und sage habt ihr nicht, wollt ihr nicht usw. Und die rufen mich natürlich auch an und genauso auch andere Firmen. Das beruht immer auf Gegenseitigkeit. Ab und zu gelingt's mal."

V: „Im Einzelfall fragt man bei Unternehmen bzw. Tochterunternehmen an. Alles aber informelle Maßnahmen, die auf persönlichen Kontakten beruhen und von dem Verhältnis zum Mitarbeiter abhängen. Und da lassen wir auch in dem Fall, wo wir wirklich Möglichkeiten dafür sehen, auch unsere Verbindungen natürlich spielen."

P: „Na ja. Das kennt man ja. Heute ruft man mal ein paar Kollegen an und hilft sich untereinander auch. Lieber nicht in der gleichen Company. Aber ich meine, da reichen eigentlich die Kontakte aus, daß man sich gegenseitig hilft. Man ruft mal bei einem anderen an. Wenn der nichts weiß, dann vielleicht der nächste. Also in der Regel klappt das. Das klappt nicht immer zu dem Zeitpunkt, an dem die dann hierüber kommen. Aber mit dem time leg von drei bis vier Monaten hat die auch ihren Job."

P: „Also ich muß relativ häufig meine Beziehungen spielen lassen. Es ist uns sogar schon gelungen, Lehrer zu versetzen von einem Bundesland in ein anderes."

Bei ausländischen Niederlassungen der Unternehmen existieren zudem noch Kontakte in der jeweiligen Region, da sich dort häufig eine Art „deutscher Gemeinde" befindet.

W: „In aller Regel sprechen wir dann vor Ort Geschäftspartner oder zum Teil auch andere Banken an, weil das mit anderen Banken, nicht immer unproblematisch ist, das können dann auch nicht so übermäßige vertrauliche Bereiche sein, in denen die Leute da sitzen. Aber manchmal geht auch das. Ich persönlich hab da eher die Haltung zu sagen, man sollte sich einfach mal eine suchen und sagen, so machen wir das gegenseitig öfter. Das weiß sowieso jeder. Gerade im Ausland weiß sowieso jeder was der andere gerade macht. Das ist meist in der international banking community relativ überschaubar und oft sitzt man eben auch am gleichen Deal, dann ist das manchmal schwierig, wenn man da die Partnerin als direkten Konkurrenten hat. Aber sonst, über Geschäftspartner geht das über diverseste Kanäle."

5.5.2.2. Organisatorische und technische Netzwerke

Obwohl von einigen Experten der persönliche Kontakt als beste Möglichkeit zur Vermittlung von Partnern betont wurde, sind auch andere, organisatorische Mittel denkbar, eine solche Vermittlung zu bewerkstelligen. Dabei kann man sich sowohl Vakanzlisten vorstellen als auch Datenbanksysteme, die von unterschiedlichen Stellen abgefragt werden können. Damit würde eine Systematisierung der oben beschriebenen Vermittlung „über Kontaktnetzwerke" erfolgen, deren Erfolg stark vom den Kontakten des jeweiligen Personalverantwortlichen abhängt. Bei der Frage nach solchen Systemen konnten mehrere Experten darauf verweisen, daß solche Systeme für den internen Arbeitsmarkt des Unternehmens zur Verfügung stehen. Dabei ist der Umgang mit Information über freie Stellen sehr unterschiedlich. So schildern zwei Experten, daß sie über entsprechende Informationssysteme verfügen, die Einsichtnahme in diese Daten aber nur für Personen des Personalbereiches möglich ist.

V: Existieren und sind im Personalbereich für Tochterunternehmen bekannt, werden aber den Mitarbeitern nicht transparent gemacht. Weitergabe der Informationen nur im Einzelfall, „wenn es paßt".

R: „Firmeninterne Datenbank für Bewerber (extern) und veränderungsbereite Mitarbeiter und Personalfreisetzungen ... Das ist natürlich, genau, das ist natürlich auch Bestandteil unserer Datenbank. Die wäre ja unvollständig. Es werden auch offene Stellen eingegeben. D.h. also, ich bin schon in der Lage heute zu sehen, ist zufällig irgendwo im Konzern eine Stelle vakant in diesen 18 Gesellschaften, die jetzt noch für den Ehepartner interessant sein könnte, wo man den vielleicht mit einspannt. Das deckt das System mit ab."

Im Rahmen der Interviews wurde auch deutlich, welche Nutzungspotentiale in solchen Datennetzen vorhanden sind, wenn sie genutzt würden. So führt R aus, daß diese, bisher nur für Mitarbeiter und interne Versetzungen genutzten Netze durchaus auch für die Vermittlung von Partnern einsetzbar wären. Gleichzeitig wird aufgrund des vermuteten Einzelfallcharakters aber auch die Anwendung in Frage gestellt und auf soziale Netze verwiesen.

R: „Ein Versetzungsfall und der Ehepartner hätte also auch Interesse daran, sich zu verändern für eine solche Zeit, dann würden wir das natürlich auch über ein solches System mit steuern können. Dann können wir das im Profil vermerken, und dann käme da praktisch ein Partnerprofil rein. Wir haben es noch nicht gemacht, das möchte ich deutlich sagen, weil wir die Anforderung noch nicht hatten. Aber das wäre kein Thema. Das könnte man miteinander verknüpfen und verbinden. Das wäre auch im übrigen wahrscheinlich ein solcher Einzelfall. Das würden wir u.U. sogar außerhalb des Datenbanksystems lieber brieflich tun, weil man das erläutern muß so nach dem Motto, unser leitender Angestellter XY wird also für die Dauer von zwei Jahren und wir hätten ganz gerne Ihre Unterstützung für die Beschäftigung des Ehepartners in der Region da oben. Dann wäre das zielgerichtet. Und dann kommt in der Regel nicht der ganze Konzern für in Frage, sondern immer nur punktuell."

Im Unternehmen des Experten K werden die Daten über vakante Stellen auch direkt an die Mitarbeiter weitergegeben. Allerdings meldet der Experte auch Bedenken hinsichtlich der Zuverlässigkeit der Daten an.

K: „Haben wir, funktioniert aber nicht. Über die Datenbank an sich läuft noch gar nichts. Wenn halt, wenn jetzt sagen wir mal Rio alle Stellen, die sie haben dort, einspeisen würde, dann wäre das ja mal was Feines. Tun sie aber nicht. Wir erleben hier leider Gottes sehr oft im internationalen Geschäft, daß die Stellen schon irgendwo besetzt sind, bevor überhaupt irgend jemand Wind davon kriegt. Hier in Deutschland haben wir zwar auch das System. Aber das ist auch sehr viel Papier. Und da wird die Datenbank wenig oder nur begrenzter gebraucht. ... die Verpflichtung an alle Personalleiter, alle offenen Stellen in einem sogenannten Stellenmarkt zu erfassen mit einer Beschreibung wie, was, wo. So, das kriegen also die Mitarbeiter. Die können das Heftchen mit nach Hause nehmen und das auch ihrem Ehepartner zeigen und sagen gucke mal, in der Region sehen wir uns mal selber nach einer Stelle um."

Experten, die zur Zeit in ihrem Unternehmen noch nicht über solche Personalinstrumente verfügen, beurteilen diese sehr unterschiedlich. So wurden vom Experten P Bedenken hinsichtlich des Pflegeaufwandes angesprochen, wie sie vorab bereits geschildert wurden. Die Expertin S nannte als weiteres Gegenargument die Personalhoheit der einzelnen Tochtergesellschaften sowie ihren Überblick über die vakanten Stellen. Analog zu den firmeninternen Netzwerken wäre auch der systematische Informationsaustausch zwischen Firmen hinsichtlich vakanter Stellen oder suchender Mitarbeiter denkbar. Da das Auswärtige Amt zusammen mit den Industrie- und Handelskammern versucht, ein solches System aufzubauen, wurden die Experten auch um eine Einschätzung hierzu gebeten. Zunächst gab es seitens der Befragten eine relativ breite, prinzipielle Zustimmung. Allerdings sahen die Praktiker auch schon einige Hürden, die bei der Realisierung von Projekten dieser Art auftreten können. Zum einen wurde hier genannt, daß dies vermutlich die Geschäftsleitung nicht gerne sähe, da sonst nach außen transparent würde, welche und wieviel Stellen man besetzen möchte. Diese Daten würden aber innerhalb der Firma als sensible Daten gehandhabt (M, S). Eine gleiche Ambivalenz, aus Sicht der Personalabteilung positiv, Bedenken bei anderen im Haus äußerte auch der Experte W.

W: „Diese Pool-Geschichte, ich persönlich würde das begrüßen, befürworten. Ich weiß aber, daß es da auch andere Auffassungen gibt, daß einfach eine Reihe von Mitarbeitern und Führungskräften aus unserem Haus noch aus anderen Häusern sagen, sie wollen eigentlich diese Transparenz nicht. Das wäre 'ne Transparenz gegenüber der Konkurrenz. Also ich persönlich aus Personalabteilungssicht würde das absolut begrüßen."

Ein weiterer Experte begrüßte einen solchen Informationsaustausch ebenfalls, machte aber auch die Probleme einer EDV-Lösung und die Schwierigkeiten der Datenpflege aufmerksam, die bereits bei internen Datennetzen angesprochen wurden.

U: „Sehr viel in der Theorie, das ist das, was wir ganz im Anfang glaub ich angeschnitten hatten, wir haben so etwas mal angesprochen und haben mit der DGFP und hatten denn gesagt, ja, also gut, können wir uns zumindest erst mal drüber informieren, an welchen Standorten in der Welt sind wir eigentlich vertreten, um dann sagen zu können, na gut, dann weiß ich auch die richtige Ansprechstelle, weil wenn Sie sagen, 'ne Datenbank, wer pflegt die Datenbank für U weltweit, sag ich mal, und dann gleichzeitig für Daimler-Benz und für die Deutsche Bank. Wo gehen die Meldungen hin, wenn Sie eine Datenbank haben mit Vakanzen. Wer ruft es ab, das ist ein solch komplexes System, das ist viel viel schwieriger als das Buchungssystem der Lufthansa. Das ist ein Dauerprojekt würde ich sagen."

Zusätzliche Probleme sah der Experte R auch in der unterschiedlichen Struktur der verschiedenen Unternehmen und damit in der Möglichkeit der Personalbereiche, auf Daten zugreifen zu können oder Zusagen für die Beschäftigung von Mitarbeitern machen zu können.

R: „Wissen Sie, das bringt ja auch, je nachdem mit wem sie es zu tun haben, wenn sie es mit einem Chemiegiganten zu tun haben, BASF oder wenn sie es mit dem Volkswagenwerk zu tun haben, da reicht's dann vielleicht aus, wenn Sie den Kollegen in Wolfsburg anrufen, der hat den Durchgriff bis nach dahin. Aber wir haben es mit eigenständigen Unternehmen zu tun, die die Personalhoheit ausüben d.h. also, hier entscheidet nicht Essen, ob da jemand eingestellt wird. Also wenn mich jetzt umgekehrt der VW-Mensch anrufen würde, und sagen würde, ich hab da jetzt einen Entsendungsfall nach Houston, ich könnte nicht dafür sorgen, daß da, selbst wenn da Bedarf wäre, könnte ich denen nicht sagen, ihr nehmt den Bayer-Mann oder irgendeinen. Sehen Sie, das ist ein Unterschied, wie weit reicht der Arm."

Faßt man die Anmerkungen der Experten zusammen, so läßt sich ein institutionelles Vermittlungssystem für Partner aus Dcc nicht in größerem Umfang firmenübergreifend realisieren, da von Vorbehalten gegen zu große Transparenz über technische Probleme und Kosten bis hin zur Frage der Pflege, die Probleme sehr umfangreich werden. Immer wieder angesprochen wurde aber, daß es sinnvoll sei, eine Transparenz über Kontaktpartner herzustellen, um so die Kontakte für persönliche Lösungsmöglichkeiten zu verbessern. Dabei reichen die Ideen von der situations- bzw. ortsbezogenen Betrachtung bis zu globalen Netzen.

5.5.2.3. Vermittlung über externe Berater

Neben persönlichen Kontakten und institutionalisierten Vermittlungs- oder Kontaktnetzwerken bleibt als weitere Alternative die Beauftragung von externen Personalvermittlern, um für die Partner der entsandten Mitarbeiter Stellen in anderen Unternehmen zu finden. Auch diese Möglichkeit wird in der Praxis von einigen Unternehmen genutzt.

L: „Wenn wir niemanden anderen haben, und nun diesen einen Kandidaten unbedingt auf diese Stelle setzen wollen, könnte ich mir auch vorstellen, daß wir es über eine Personalberatung versuchen, klar. Aber es ist letztlich ein bißchen eine Frage der Kosten, der Opportunitätskosten, wenn Sie so wollen."

S: „Im Prinzip ja, wir machen so etwas schon zum Teil. Unter Umständen muß sich aber das Paar an den Kosten, die durch die Nutzung von Agenturen entstehen, beteiligen."

Andere Unternehmensvertreter verwiesen hingegen auf die dargestellten Instrumente und hielten die zusätzliche Beauftragung von Beratern für unnötig.

W: (interne Kanäle und Geschäftskontakte effizient) „Wir brauchen also eigentlich nicht einen Headhunter oder so dabei einzuschalten."

V: „Ob das soweit geht, daß man dann auf Firmenkosten einen Personalberater einschaltet, das wage ich noch zu bezweifeln, daß ist etwas weitgehend, also solche Dinge sind ja von vornherein gleich ausgesprochen teuer. Also das wird man wohl nicht tun, aber daß man guckt, ich sag mal, offizielle oder auch inoffizielle Kontakte nutzt und versucht eben für die Familie was zu tun im gewünschten Sinne, das wird man sicher machen."

5.5.3. Flexibilisierungsoptionen

Wie die Interviews mit den Partnern aus Dcc gezeigt haben, sind die Rahmenbedingungen der Tätigkeit ein entscheidender Faktor, um die Belastungssituation des Paares zu senken. Dabei sind in erster Linie Möglichkeiten zu verstehen, durch Flexibilisierungsoptionen die Berufs- und Partnerschaftsanforderungen besser miteinander abzustimmen. Dieser Zusammenhang wurde von einigen Interviewpartnern nicht gesehen. So tauchten häufiger Fragen auf, warum die Flexibilisierungsthematik im Zusammenhang mit den Problemen der Dcc im Interview überhaupt angesprochen wurde.

5.5.3.1. Timeflexi

Neben der direkten Hilfe bei der Suche oder Vermittlung eines Arbeitsplatzes, sind auch andere Unterstützungsoptionen durch Unternehmen denkbar, von denen die Flexibilisierung der Arbeitszeit sicherlich zu den zur Zeit aktuellsten gehört. Dabei ist kommt diese Option im wesentlichen als Unterstützungsmaßnahme zum Tragen, wenn die Partner Tätigkeiten nachgehen, die in Tagespendlerdistanz liegen, somit der Tagesablauf des Paares und ggf. die Versorgung von Kindern abgestimmt werden kann. Oder wenn die Zeitflexibilisierung sich auf die Wochenarbeitszeit bezieht und hierdurch z.B. längere gemeinsame Wochenenden bei Wochenendpendlern möglich werden. Deutlich wurde bei den Fragen zu diesem Themenabschnitt, daß generell ein Bekenntnis der Experten zu mehr Flexibilität abgegeben wurde.

> R: „Wir müssen flexibler sein. Wir müssen also wegkommen von diesen starren Arbeitszeiten im Betrieb, das ist völlig klar, wir müssen auch zu Alternativen kommen."

Auch finden sich in den Interviews eine Vielzahl von Passagen, in denen Flexibilisierungsmodelle beschrieben werden. Dabei handelt es sich fast immer um Flexibilisierungen, die durch die beruflichen Anforderungen bestimmt waren. Ein Beispiel sind Montagetätigkeiten, bei denen wochenweise an anderen Standorten gearbeitet wird, eine generelle Entsendung oder Verlegung des Arbeitsortes aber nicht vorliegt.

> K: „Die Modelle gibt's, ja. Die haben wir. Die bewähren sich auch. Wir haben es z.B. im Bereich der Montage sehr stark, daß wir die Baustellen erst am Montagmittag aufmachen und dafür am Freitagmittag wieder schließen, und dann halt die ausgefallene Arbeitszeit unter den anderen Tagen wieder auffangen. Weil einfach die Leute sagen, was soll ich da abends dann rumsitzen in einem fremden Ort. Und die sind dann am Wochenende zu Hause. Das funktioniert auch sehr gut."

> L: „Daß es Situationen geben kann, wo so etwas paßt, gerade übrigens, wenn es vorübergehender Natur ist, will ich nicht bestreiten. Das machen wir auch. Wir haben auch Mitarbeiter im Inland, die beispielsweise Mitte fünfzig sind. Und die wir von Düsseldorf nach Frankfurt versetzen und denen wir zubilligen, daß ihre Familie in Düsseldorf bleibt, weil der von vornherein sagt, ich habe in Düsseldorf mein Haus. Mit 63 möchte ich ohnehin in Pension. Ich will jetzt nicht mehr mit Mann und Maus und Sack und Pack umziehen. Gebt mir doch bitte ein Bankappartement in Frankfurt, und ich bin die Woche über hier und arbeite hier und fahre dafür am Freitag ein bißchen früher nach Hause und am Montagmorgen wieder hierher. Das machen wir, machen's aber ungern. Für eine Auslandsgeschichte kommt es glaube ich nicht in Frage."

Ein anderes Beispiel sind Anforderungen, die durch den Fachkräftebedarf im Rahmen der Wiedervereinigung entstanden. Auch hier wurden entsprechende Optionen hinsichtlich der Flexibilisierung der Wochenarbeitszeit in den Unternehmen eingeführt.

> O: „Also wir haben es in den Anfängen so gemacht, die konnten montags anreisen und freitags zurückfahren, so daß die Zeit, die sie dann für die An- und Abreise benötigten, Arbeitszeit war. Das ist auch positiv angekommen. Wir haben gesagt Anfahrts- und Abfahrtszeit ist Arbeitszeit, ja. Und die mußten nicht montags morgens um 8.00 Uhr da sein und freitags bis 13.00 Uhr in der Geschäftsstelle sein, sondern konnten dann montags morgens von zu Hause wegfahren und freitags vormittags dann losfahren nach Hause."

Weitet man die Frage allerdings aus, in welchem Umfang solche verbal bekundeten und bei betrieblichen Notwendigkeiten auch realisierbaren Flexibilisierungsoptionen eingesetzt werden, um den privaten Interessen der Mitarbeiter zu dienen und ggf. auch die Dcc-Problematik zu entschärfen, fallen die Meinungen der Experten stark auseinander. Dabei schränkt eine Gruppe der Experten die Flexibilisierungsoptionen, gerade für die Zielgruppe der Führungskräfte und damit die Partner aus Dcc stark ein. Zum Beispiel erklärt ein Experte die durchgeführten Flexibilisierungen, der Wochenarbeitszeitregelungen im Zusammenhang mit der Entsendung in die neuen Bundesländern zu Ausnahmefällen. Andere Experten begründen Vorbehalte gegen Arbeitszeitflexibilisierung bei Führungskräften mit dem Zeitaufwand, der mit solchen Stellen verbunden ist.

> R: „...weil es einfach so ist, daß man im leitenden Bereich erwartet, daß man seine Arbeitszeit dem Bedarf anpaßt. Das erwarten wir nicht nur im leitenden Bereich, das sag ich auch jedem Hochschulabsolventen. ... Wir erwarten ganz einfach, daß die Einsatzbereitschaft da ist. Das ist ein Stück Flexibilität, das jeder einzelne mitbringen muß. Die Bereitschaft auch mal länger zu machen."

> S: „Wenn eine Führungskraft heute schon zehn bis zwölf Stunden täglich arbeitet, ..."

Nach Meinung dieser Experten ist aufgrund der zeitlichen Ausdehnung der Arbeit eine Flexibilisierung, z.B. an Wochenenden nicht möglich. Anders wird dies vom anderen Teil der Experten beurteilt, die entsprechende Flexibilisierungen auch auf der Führungsebene für möglich halten.

> K: „Aber wir haben es natürlich sehr stark auch, das was wir auf den Baustellen haben, durchaus auch in einer Managementfunktion, daß man sagt, o.k. Montagmittag bis Freitagmittag, und das Wochenende bis Du dann zu Hause ab Freitagabend. Bis Montagmorgen bist Du halt zu

Hause. Das ist hier kein Problem. So groß ist die Entfernung nicht. Wenn Sie dann das Flugzeug kriegen oder den ICE, dann sind Sie in dreieinhalb Stunden in Hamburg."

P: „Führungskräfte haben die höchste Flexibilität. Führungskräfte werden nicht nach einer Uhr bezahlt, sondern eine Führungskraft wird nach der Erledigung seines Jobs bezahlt. Und verdammt noch mal, wenn ich sonntags hier bin und meinen Job mache, nämlich das mache, wo ich keine Kommunikation dazu brauche, sondern wo ich viel denken und wo ich viel schreiben muß und wo ich viel aufarbeiten muß. Warum soll ich freitags mittags, wenn hier kein Mensch mehr in dem Laden drin ist, mit dem ich kommunizieren kann, warum soll ich dann freitags mittags nicht nach Hause gehen? Ich kann die Schularbeiten natürlich auch freitags machen, selbstverständlich. Aber es ist meine Aufgabe, einen Job zu erledigen und nicht 40 Stunden in der Woche bezahlt zu werden."

M: „Für kurze Zeiten denkbar, z.B. eine Viertagewoche im Rahmen des Aufbaus Ost. Freitag früher Ende – Montag später anfangen."

Betrachtet man die Flexibilisierung der Wochenarbeitszeit, so stellt sich auch die Frage der Reduktion der Arbeitszeit, um so die persönlichen Belange besser erfüllen zu können. Ähnlich wie bei den zuvor dargestellten Fällen, gab es auch hier Experten, die das für Führungskräfte ablehnten, in der Frage der Teilzeit war dies die deutliche Mehrheit der Befragten. Dabei wurde die Ablehnung nicht als persönliche Meinung vorgetragen, sondern damit begründet, daß zwangsläufig mit einer Führungsposition eine Vollzeittätigkeit verbunden sei, da sonst die Position nicht ausgefüllt werden könne. Von dieser generellen Meinung gab es zwei abweichende Positionen. In einem Fall wurde ein Beispiel einer Teilzeittätigkeit auf Führungsebene vorgestellt. Auch wenn es in diesem konkreten Fall nicht im Rahmen der Dcc-Problematik genutzt wird, so zeigt es doch die Umsetzbarkeit solcher Modelle.

K: „Wir haben da einen aus dem gehobenen Management. Das ist ein Kollege direkt von mir. Der ist drei Tage die Woche hier und zwei Tage zu Hause. Er hat dort auch noch ein kleines Unternehmen und darf das mit unserer Genehmigung weiter betreiben. Aber ich weiß nicht, ob die Familie von ihm soviel davon hat, wenn er zu Hause ist. Ob er dann nicht nun die andere Kiste betreibt und auch noch das Wochenende mit dran packt und dann nicht vier Tage arbeitet und dann drei Tage hier, und die Familie dabei untergeht. Aber das ist seine Sache."

Ein anderer Experte lehnte Teilzeitmodelle nicht grundsätzlich ab, stellte sogar eindeutig die Vorteile heraus, schränkte jedoch die Option mit zunehmender Ebene wiederum ein.

L: „Haben wir teilweise (Teilzeit verbunden mit Job-sharing) in den unteren Führungspositionen. Wir haben solche Stellenmodelle auch hier realisiert seit 1991. Wir haben seitdem in etwa 100 Fällen dieses Job-sharing mit positivem Erfolg realisiert. Mit genau dem positiven Erfolg, den Sie in der Literatur überall nachlesen können, geringere Krankheitszeiten, bessere Vertretungsmöglichkeiten, die Produktivität ist gestiegen. All das, auch, ob das klappt und laß uns lieber die Finger davon lassen, hat sich alles nicht bewahrheitet, sondern zum Positiven entwickelt.... Also wenn ich vorhin sagte, wir haben's, dann meine ich nur im unteren, im untersten muß man fast sagen, Führungsbereich – so bis Zweigstellenleiter. In den oberen Führungskräftebereichen sehe ich das auch als sehr, sehr problematisch an. Mit den gleichen Argumenten, die Sie in der Literatur finden: Verantwortung – z.T. unterschiedliche Ansprechpartner bei wichtigen Entscheidungen; bei Männern so gut wie kein Interesse an Teilzeit. Aber wissen Sie, das Hauptproblem liegt ja darin, daß beim Jobsharing je höher sie in Funktionen kommen, daß die Qualität der Leute sehr unterschiedlich ist. Und je weiter Sie in Führungspositionen hineinkommen, geht die Unteilbarkeit der Verantwortung oder die Qualitätsdifferenz, die sich hier darstellt, deutlich auseinander. Und da sehe ich eigentlich die Hauptprobleme drin."

Wie stark die Realisierung solcher Modelle von der persönlichen Meinung der jeweils Verantwortlichen abhängen, macht folgendes Statement nochmals deutlich.

V: „Also ich persönlich kann mir solche Dinge ganz gut vorstellen. Ich sag mal ganz bewußt, ich persönlich. Es gibt da auch ganz gegensätzliche Meinungen... Also es gibt sicherlich Tendenzen, denen gehen die heutigen Arbeitszeitflexibilisierungsmöglichkeiten schon zu weit. Das ist eher eine Mentalitätsfrage. Es gibt Vorgesetzte die sagen, ich brauche meine Mitarbeiter um mich, wenn ich da bin, sollt ihr auch da sein. Egal ob er sie braucht oder nicht, egal, sie müssen da sein."

5.5.3.2. Begleiturlaub

Neben der Frage, die Arbeitszeit an einzelnen Tagen oder innerhalb der Woche zu flexibilisieren, ist auch denkbar, daß Mitarbeiter für befristete Zeiträume von ihrer Tätigkeit freigestellt werden, um ihren Partner zu begleiten. Denkbar sind hierbei zwei Optionen. Eine Möglichkeit bestünde im Ansparen von größeren Urlaubsblöcken, um die Phasen des gemeinsamen Zusammenlebens des Paares auszuweiten. Auch bei diesen Modellen gab es Experten, die dies für nicht realisierbar hielten, genauso Experten, in deren Unternehmen die Modelle praktiziert wurden.

S: „Es ist schon schwierig, daß eine Führungskraft drei Wochen Urlaub an einem Stück macht, so daß ein langer angesparter Urlaub fast unmöglich erscheint."

K: „Es ist alles denkbar. Wir haben es meistens über die gleitende Arbeitszeit und das mit sehr unterschiedlichen Regelungen. Wir haben also eine Regelung, da kann der Mitarbeiter bis zu 200 Stunden ansparen und die dann am Stück nehmen. Wir haben andere, wo es dann heißt, drei Tage pro Monat oder zwei Tage pro Monat. Also da gibt es eine ganze Reihe von Gleitzeitmodellen."

P: „(Zeit ansparen?)Das wäre für mich kein Problem, das zu tun."

L: „Das machen wir zur Zeit nicht, nein. Da denken wir auch nicht drüber nach. Das ist auch für uns kein vordergründiges Thema. Für uns ist das vordergründige Thema eher, wir halten die Leute so lange wie möglich hier. Denn, ich sage mal, wir haben einen hohen Urlaubsanteil mit sechs bis sieben Wochen Urlaub und insofern, da haben wir schon immer Probleme mit den Vertretungen. Aber diese Urlaubsansammlung oder auch Lebensarbeitszeitverkürzungen, das ist im Moment noch kein Thema für uns. Das wird sicherlich irgendwann mal ein Thema werden."

Wie stark auch in diesem Themenfeld weniger die Frage der Machbarkeit, als vielmehr subjektive Einschätzungen der Notwendigkeit oder persönlicher Empfindungen die Umsetzung bestimmen, zeigt die folgende Aussage.

R: „Also ich sage mal, für Führungskräfte ist es ein sehr schwieriges Thema. Ich kann mir z.B. nicht vorstellen, daß ich ein Sabbatical in Anspruch nehme, daß ich mir also über irgendein Arbeitszeitkonto mal irgendwas ansammele und ich dann so einen Langzeiturlaub mache. ... Also das kann ich mir für viele Stellen vorstellen, aber für Stellen, die mit Akademikern, mit Spezialisten besetzt sind, kann ich mir das häufig nicht vorstellen. Ich kann's mir häufig nicht vorstellen, weil ich nicht weiß, wenn Sie das mal hierarchisch durchdenken, in Unternehmen, die so innovativ sind, daß überhaupt keine Hierarchie mehr haben, wo jeder mit dem anderen austauschbar ist, da ist das also sagen wir mal, vom theoretischen Modell her natürlich denkbar. Aber ich halt mich nicht für austauschbar. Nicht weil ich so von mir überzeugt bin, sondern weil ich sage, es kann nicht sein, daß ich hier mehrere Monate entbehrlich bin. Natürlich bin ich ersetzbar, das will ich damit nicht sagen. Aber wenn ich mir vorstelle, was ich für eine Arbeitszeit fahre, unter Einfluß von Wochenende usw. dann hätte ich jedes Jahr schnell drei Monate zusammen. Ich kann mir das nicht vorstellen. Es gibt Unternehmen, die haben Modelle, Hewlett Packard, ich kenn das alles, das ist 'ne ganz tolle Geschichte. Die haben auch eine andere Unternehmensstruktur. Die haben 'ne andere

Struktur der Belegschaft, die haben 'ne andere Unternehmensstruktur, darauf muß man natürlich immer gucken."

Eine weitere Option zur Flexibilisierung würde darin bestehen, in einem Entsendungsfall mit dem Partner am neuen Standort zu wechseln. Sofern keine Möglichkeit besteht, daß dort ein adäquater Job vermittelt werden kann, ihm aber eine Berufsperspektive nach der Rückkehr geboten werden soll. Als Beispiel könnte hier die Kinder- oder Babypause gelten, die entsprechende Rückkehrgarantien vorsieht. Einige Experten bestätigten, daß solche Modelle bereits praktiziert wurden. Andere sahen zumindest die Option für diesen Ansatz.

W: „Das haben wir in vielen Fällen bereits gemacht. Wir haben ja sehr viele W-Ehen. Ich selbst verkörpere auch eine und da gibt es eine Vielzahl von Fällen, wo der Partner praktisch sich dann für die drei oder vier Jahre hat beurlauben lassen und ist nachher dann wieder zurückgekehrt."

K: „Gibt es auch in Einzelfällen. Das sind extreme Einzelfälle. Aber, wir haben es also schon gemacht. Mir ist ein Fall bekannt, konkret. Sie war Sekretärin bei uns. Er war bei Bilfinger & Berger und mußte dann für anderthalb Jahre auf eine Baustelle. Dann haben wir ein ruhendes Arbeitsverhältnis gemacht und dann Wiedereinstellung. Das haben wir auch mal gemacht, wenn jemand gesagt hat, ich möchte meinen Partner begleiten. Aber das sind Einzelfälle. Das gibt es keine generelle Linie, jetzt machen wir das so. Und es liegt auch in der Entscheidung eigentlich der dezentralen Gesellschaften."

M: „Im Prinzip ja, in geringem Umfang (mehrere Monate) auch schon praktiziert worden.(Je länger der Zeitraum um so schwieriger wird allerdings die Rückkehrgarantie)."

L: „Ich würde dem sofort zustimmen, aber es ist im Augenblick noch eine theoretische Fragestellung. Was wir haben hier bei diesem Thema ist ein sehr klar gegliedertes Comebackprogramm nach Mutterschaftsurlaub. Ich will das jetzt nicht mit einer Auslandsentsendung vergleichen. Aber es ist immerhin auch eine temporäre Arbeitsunterbrechung mit der Zusage, hinterher wieder einen Arbeitsplatz zu erhalten in der Bank, wenn auch nicht unbedingt den gleichen, den man ausgeübt hat. Denn, man kann ja nicht den- oder diejenige, die man in der Zwischenzeit auf diese Aufgabenstellung gesetzt hat, dann rauswerfen, wenn sich die Dame nach dem Mutterschaftsurlaub oder auch nicht dazu entschließt, wieder zurückzukommen. Aber, was die Frage angeht, das halte ich für denkbar."

Ähnlich wie bei anderen, vorher genannten Flexibilisierungsoptionen zeigt sich auch hier eine Spannbreite, abhängig von der bisherigen Erfahrung und von der Bereitschaft, dem Mitarbeiter entgegenzukommen.

5.5.3.3. Placeflexi

Alle bisherigen Option gingen davon aus, daß ein Partner eines Dcc an einen anderen Standort versetzt wird und dadurch Koordinationsprobleme zwischen beruflichen und privaten Ansprüchen der Partner entstehen. Die Unterstützungen waren entsprechend darauf gerichtet, diese Wechselproblematik zu entschärfen. Einen anderen Ansatz verfolgt der Gedanke der Flexibilisierung des Arbeitsortes. Hier bietet sich unter Umständen die Möglichkeit, daß die Paare ihrer beruflichen Tätigkeit nachgehen können, ohne daß die Problematik der räumlichen Distanz auftritt oder diese zumindest zeitweilig reduziert wird. So ist z.b. mit zunehmender Internationalisierung und der dichten Verkehrsverbindungen zu fragen, in welchen Rahmen Entsendungen zwingend nötig sind.

> U: „...wir werden immer wieder Versetzungen haben, aber wenn das so ist, daß sich das so ein bißchen einschränkt, daß wir weniger in Zukunft vielleicht versetzen und daß wir mehr von einem Ort aus international arbeiten werden. Das gilt nicht weltweit. Sie können nicht von hieraus Japan bearbeiten. Das ist klar. Aber das gilt in Europa. Wir waren früher sehr schnell bereit zu sagen, paß mal auf, wir brauchen da einen in Paris oder Brüssel oder so, dann versetzen wir den von Hamburg nach Paris. Heutzutage würden wir sagen, Moment mal, was soll der eigentlich machen aus Brüssel? Ja, der soll der europäische Soundso-Manager werden. Wie oft ist er dann in Brüssel? Ja, auf jedenfalls montags und vielleicht auch freitags. Kann er auch in Hamburg bleiben. Er fliegt montags nach Brüssel und fliegt von da nach Madrid und von da nach Rom und von da nach London und ist am Freitag wieder in Deutschland. Der macht hier seine Berichte und was weiß ich und führt quasi eine Wochenendehe. Aber die würde er so und so führen. Der hat einen irrsinnig internationalen Job, aber er verläßt nicht Deutschland und hat also kein Dual-career-couple-Problem, weil seine Frau – wollen wir da mal von ausgehen, wie gesagt 80 % unserer Manager sind nach wie vor männlich – also haben meistens Frauen auf der anderen Seite, seine Frau ... Ich sage nicht, daß von den 80 % Auslandsversetzungen und 20 % andere, daß das umgekehrt wird. Aber vielleicht sind es irgendwann mal 70 oder 60 % Auslandsversetzungen, und der Rest sind dann internationale Jobs. Das sehe ich stark."

Eine weitere Variante ist der Ansatz der zwei Schreibtische. Dabei befindet sich der eine Schreibtisch in der Nähe des Familienstandortes, der andere stellt die Einbindung in die Firma sicher.

> K: „Haben wir zum Teil auch, ja, wobei, das ist meistens sehr schwirig, das so zu machen. – Nein, wir haben es auch für Ingenieure durchaus gehabt, daß man da eine Regelung gehabt hat, der arbeitet im Vertrieb oder

was. Der arbeitet jetzt zwei Tage dort und zwei Tage da hinten. Oder wir haben ihm dann Gebiete gegeben als Vertriebsingenieur, wo wir gesagt haben, o.k. Du braucht eigentlich nur zwei Tage hier im Stammhaus sein und den Rest bist Du sowieso unterwegs. Und dann kriegst Du das Gebiet, wo Deine Familie wohnt, damit Du dann abends wieder nach Hause fahren kannst." (Rückfrage: Auf Wunsch der Mitarbeiter?) „Ja"

M: „Denkbar, wird auch praktiziert z.b. Büro in der Firma und zu Hause."

Ähnlich wie bei der Frage der Arbeitszeitflexibilisierung sehen auch hier einige Experten Schwierigkeiten, die vor allem mit den Führungsfunktionen verbunden sind.

O: „Also, das haben wir so nicht praktiziert. Auch das Thema Heimarbeit so im Sinne von IBM haben wir also nicht realisiert und können da auch im Moment kein so großes Interesse bekunden, weil die Tätigkeit unserer Führungskräfte liegt auch in der Präsenz. Wir müssen über diese Themen nachdenken."

L: „Ich halte das für einen theoretisch interessanten Ansatz, der unpraktikabel ist. ... Wir suchen einen neuen Leiter unserer neuen Tochtergesellschaft in Luxemburg und haben einen idealen Kandidaten. Und der sagt, o.k., ich gehe gerne nach Luxemburg, aber meine Frau ist hier beruflich aktiv, und deswegen möchte ich familiär den Standort nicht aufgeben und nach Möglichkeit auch zwei Tage in der Woche hier in Frankfurt meinen Schreibtisch haben. O.k., da gibt es zwei Probleme. Was mache ich an diesen zwei Tagen in Luxemburg. Soll ich dann versuchen, einen Luxemburger zu finden, der zwei Tage Luxemburg managt, und die restlichen drei Tage als Entsandter nach Frankfurt geht? Also genau das Spiegelbild zu dem Mitarbeiter, den Sie gerade geschildert haben? Wo hat, und das ist der zweite Punkt, dieser von hier aus entsandte Mitarbeiter eigentlich seine wirkliche Heimat? Seine Familie sitzt hier, und er sitzt drei Tage in Luxemburg und zwei Tage hier. In einer Leitungsposition, wo es auch darum gehen muß, gewisse soziale Verpflichtungen zu übernehmen, häufig übrigens zusammen mit dem Partner, glaube ich, ist das nicht praktikabel."

Ein sehr gutes Beispiel für die Ambivalenz, die in den Aussagen der Experten zu diesem Thema vorliegt, stellt das Interview mit R dar. Einerseits macht er deutlich, daß Flexibilisierung sinnvoll und notwendig ist, zum anderen läßt er Flexibilisierung aber nur zu, wenn sie nach seiner Sicht aus dem Interesse des Unternehmen entsteht.

R: „Prinzipiell ja, wir müssen viel flexibler werden, aber bei Führungskräften habe ich gewisse Vorbehalte. Ich kann mir nicht für alle Funktionen vorstellen, auch für alle akademischen Funktionen nicht vorstellen, daß man die sowohl da als auch da. Ich arbeite auch zu Hause, additiv. Ich nehme Arbeit mit nach Hause übers Wochenende, das ist nicht das Thema, aber ich kann mir nicht vorstellen, daß ich also hier beispielsweise für bestimmte Fälle sage, also die brauchen überhaupt nicht mehr da auftauchen, das können sie gänzlich zu Hause machen. Das kann ich mir nicht überall vorstellen. O.k. aber grundsätzlich durchaus positiv in solchen Dingen. Ich bin der Meinung, wir brauchen mehr Entkopplung auch von Arbeitsort und Arbeitszeit, da wo es machbar ist, würde ich meinen, muß das im Sinne von Effizienz und von unter den Partnergesichtspunkten durchaus mehr Möglichkeiten geben, ..."

R: „Eine Führungskraft, die nur, weil der Ehepartner versetzt worden ist, mit dem Wunsch an uns herantritt, drei Tage hier, zwei Tage da, halte ich nicht für realistisch. Nein. Das führt also genau in diese Ausführungen, die ich vorhin gemacht habe. ...Führung findet immer vor Ort statt. Jetzt sag ich mal, wir haben das praktiziert. Das soll kein Widerspruch sein, mit drei Tage hier, zwei Tage da, bei diesen Einsätzen in den neuen Bundesländern. Dort haben wir das gemacht. Das war eine sehr schwierige Geschichte, und da ist das Unternehmen der Initiator gewesen. Sie müssen sehen, das jetzt kommt ja möglicherweise der Mitarbeiter mit dem Wunsch an uns heran. Da ist natürlich immer die Frage zu stellen, ist das noch mit den Interessen des Unternehmens vereinbar? Das kann man pauschal einfach nicht beantworten. Da muß man sich tatsächlich den Einzelfall vorstellen."

Insgesamt zeigt sich bei allen Flexibilisierungsoptionen das gleiche Bild. Nahezu alle Experten sprechen generell davon, daß eine Flexibilisierung notwendig ist. Sofern es betriebliche Anforderungen gibt – hier werden häufig als Beispiele aus der Übergangszeit der Wiedervereinigung genannt – werden die verschiedensten Flexibilisierungsoptionen umgesetzt. Wesentlich zurückhaltender werden die Unternehmensvertreter dann, wenn die gleichen Optionen genutzt werden sollen, um den Mitarbeitern aufgrund ihrer persönliche Situation eine Erleichterung zu verschaffen. Hier reicht die Spannbreite von der Einzelfallprüfung für den Mitarbeiter über starke Bedenken bis hin zur Ablehnung, Flexibilisierungsoptionen für diese Fälle zu nutzen. Diese Zurückhaltung bzw. Ablehnung wird dann damit begründet, daß diese Flexibilisierungen gerade für Fach- und Führungskräfte organisatorisch nicht umsetzbar seien. Daß diese Argumente nicht stichhaltig sind, zeigen einerseits die Fälle, in denen für einzelne Mitarbeiter solche Optionen eingeführt werden, zum anderen zeigen die Interviews, daß solche Optionen sofort umsetzbar sind, wenn es betriebliche Anforderungen gibt. Einige Experten sprachen auch offen an, daß die Einführung oder Umsetzung von Flexibilisierungsoptionen im wesentlichen durch subjektive Vorbehalte behindert wird.

5.5.4. Befristete Trennung des Paares

Sofern die Arbeitsplatzsituation des Paares dazu führt, daß beide Partner an verschiedenen Standorten tätig werden, bedeutet dies für das Paar eine – zumindest befristete – Trennung. Wie schon in den Fallbeispielen und in den Interviews der Dcc (Kapitel 3) thematisiert, ist in diesen Fällen die Berufspräferenz der Partner sehr hoch ausgeprägt, so daß entsprechende Einschränkungen in der Partnerschaft in Kauf genommen werden. Unabhängig von den konkreten Maßnahmen, die zur Erleichterung dieser Situation angeboten werden können, wurden die Experten befragt, wie sie diese Lebensumstände aus betrieblicher Sicht beurteilen.

5.5.4.1. Wochenendpendeln

Obwohl unter den Beispielen ein Fall genannt wurde, in dem eine Wochenendehe als Lösung des Mobilitätsproblem genannt wurde, ist die generelle Einschätzung dieser Lösungsoption eher pessimistisch. Dabei wird vor allem die starke Belastungssituation der betroffenen Mitarbeiter herausgestellt.

U: „Wochenendehe, ja. Wenn Sie mich fragen, eine der wenigen Möglichkeiten, aber auf dem Buckel der Betroffenen. Das muß man klar sagen. Wochenendehe ist, wenn ich 'ne Ehe führe, ist Wochenendehe wirklich nichts Schönes."

L: „Aber ich meine, daß ist ein Problem an der ganzen Geschichte. Ich stelle dann fest, wenn mich dann ein Bezirksgeschäftsführer anruft die drüben im Einsatz sind, also in Chemnitz oder so, die lange Anfahrtswege haben teilweise nach Hause, und dann freitags fahren und sind dann in der Nacht zu Hause, oder erst samstags fahren können und dann haben sie gerade noch einen halben Tag oder einen Tag zu Hause und so, und die dann sagen, jetzt ist ein Jahr um, also jetzt geht's schon an die Substanz 'ne, entweder Sie helfen mir jetzt langsam wieder zurückzukommen oder Sie sind es dann gewesen."

Auch für die Doppelbelastung und einen damit verbundenen, möglichen Abbruch gibt es ein Fallbeispiel. Wie allerdings schon unter dem Punkt „Flexibilisierung" angesprochen, sind die Unternehmen durchaus bemüht, diese Belastungssituation zu verringern.

P: „Wir haben das so geregelt, daß Herr J entweder montags oder freitags seine Besprechungen noch in Düsseldorf wahrnimmt. Einfach um die Belastung, samstags morgens nach Hause fliegen, sonntags abends wieder zurückzufliegen, die einfach rauszunehmen. Also die Leute machen dann ihre notwendigen Besprechungen in der Zentrale, montags oder freitags, um eine größere Flexibilität eben zu kriegen. Und ich sage mal, da braucht man nicht gerade jetzt ein besonderes Modell für zu entwickeln. Da kommt man alleine auf die Idee."

U: „Wenn ich das jetzt kombiniere (Teilzeit) mit Wochenendehe, noch schöner. Haben wir ja gerade bei dem Beispiel gehört, der hat einen Fulltime-job und Wochenendehe, das schlaucht an beiden Seiten. Wenn er jetzt einen Viertagejob hätte, und Wochenendehe, würde wahrscheinlich ihn etwas weniger schlauchen, ja, also insofern kann das eine Möglichkeit sein."

5.5.4.2. LAT – Living apart together

Auch für die zeitweilige Trennung des Paares, damit jeder Partner seiner beruflichen Option folgen kann, gibt es entsprechende Fallbeispiele. Die im Kapitel 2 dargestellt, aus der Forschung bekannte Form eine Beziehung zu führen, obwohl getrennte Wohn- bzw. Lebensorte vorhanden sind, die sich ansatzweise auch bei den fragmentierten Paaren (Kapitel 3) findet, wird von den Experten aus den Unternehmen kritisch betrachtet, obwohl diese Variante für die Unternehmen den geringsten Unterstützungsaufwand erfordert.

K: „Es ist in meinen Augen belastend und ich habe das selber mitgemacht. Insofern weiß ich, daß es belastend ist. Ich kann also sagen, ich glaube meine Frau ist froh, daß sie mit hier ist und in der Nähe ist, obwohl sie mich in der Woche fast nicht sieht. Ich gehe morgens um 7.13 bis 7.30 Uhr aus dem Haus und komme abends, selten vor 22.00 Uhr nach Hause. Die Kinder sehe ich also unter der Woche fast nicht. Es ist eh schon alles am Wochenende. So, das wäre im Einzel- oder Extremfall manchmal sogar etwas leichter, wenn die Familie jetzt gar nicht hier wäre. Dann hätte man nicht immer das schlechte Gewissen. Das ist ja so. Auf der anderen Seite, ich glaube, daß selbst das kurze Sehen beim Frühstück oder das kurze Gespräch am Abend, was ... dann noch möglich ist, daß das trotzdem hilft. Also insofern belastet es. Und wir tun auch alles in unserer Macht stehende, damit die Familie zusammenbleibt."

Besonders bei dem zitierten Beispiel wird deutlich, wie stark persönliche Erfahrungen die Bewertung von Optionen und daraus abgeleitet auch Unterstützungsoptionen beeinflussen. Da die meisten befragten Experten vom persönlichen Hintergrund eher traditionellen Paaren zuzuordnen ist, findet sich die Einstellung, möglichst viel zu tun, damit die Familie zusammenbleibt überwiegend bei den Experten. Nicht zuletzt spiegelt sich dies in der großen Zahl von Unterstützungsleistungen und Hilfsangeboten zur Vermittlung einer Stelle für den Partner, wie dies die Fallbeispiele und die vorhergehenden Ausführungen anschaulich belegt haben.

5.6. Weitere Unterstützungsmaßnahmen

In der Vergangenheit wurden Unterstützungsleistungen stark an dem traditionellen Partnerschaftsmodell orientiert. Dabei ging es im wesentlichen um einen finanziellen Ausgleich für Mehrbelastungen, die dem Mitarbeiter durch die Versetzung entstanden waren sowie um Hilfestellungen bei der Suche nach Wohnung und einem Schul- oder Kindergartenplatz.

> O: „Wir tun ja schon einiges, es gibt so Versetzungszulagen, dann kriegen sie 8.000 bis 10.000,- DM, so in der Größenordnung wenn jemand von da nach da versetzt wird innerhalb der Geschäftsstelle versetzt wird, nur das reicht alles nicht aus. Und dann vor allen Dingen auch Beschaffung von Kinderhorten und ähnliches, ..."

> K: „Wobei aber auch Absolventen, wenn sie denn verheiratet sind, wenn sie in Partnerschaften leben, wobei sich das überwiegend auf die Verheirateten beschränkt, dann natürlich ... die Umzugskosten usw. auch für die."

Im Rahmen der Vorbereitung gab es im wesentlichen die Einweisung für den entsandten Mitarbeiter im Hinblick auf seine Aufgaben vor Ort. Darüber hinaus wurden auch Sprachkurse und sogenannte Schnupperreisen, in denen die Partner im Vorfeld der Entsendung gemeinsam den neuen Standort besuchen konnten durchgeführt. Bedingt durch die Problemsituationen, die alle Experten in den Interviews ausführlich geschildert haben, wird aber deutlich, daß diese Programme nicht mehr reichen.

> L: „Die Vorbereitung hat heute noch den klaren Schwerpunkt auf der fachlichen Seite. Wir haben sicherlich noch einen gewissen Nachholbedarf bei der rein kulturellen Vorbereitung. Ich muß allerdings auch sagen, ich will diesen Punkt nicht überstrapazieren. Also, es wird sehr viel über Culture-Management-Vorbereitung von den unterschiedlichsten Seiten angeboten unter Einbeziehung von Ehefrau und Kindern und allem möglichen. Darüber hinaus regen wir an und finanzieren noch, die Sprache zu erlernen, außer wenn's zu kompliziert und auch nicht notwendig erscheint. Also ich kann auch kein Chinesisch und habe in Hongkong überlebt. Aber, das ist im Grunde genommen die Art der Vorbereitung, die – den Punkt habe ich noch vergessen – im allgemeinen dann auch eine Art Rundreise beinhaltet im Inland und teilweise im Ausland durch die Abteilungen bzw. die Auslandsstellen, mit der aus der neuen Position heraus der intensivste Kontakt besteht."

> S: „Früher war die Vorbereitung weder sorgfältig noch umfangreich – per Anordnung von oben wurde Versetzung durchgezogen. Heute wurde

erkannt, daß die Einbindung der Familie in die Vorbereitungsphase enorm wichtig ist. z.b. Sprachkurse, mehrwöchiger vor Ort Besuch mit der Partnerin u.a."

Neben der Änderungen hinsichtlich der Art der Vorbereitung ist inzwischen die Einbeziehung der Berufstätigkeit in die Planung einer möglichen Entsendung in einigen Unternehmen vorzufinden. Dies wird in der Regel im Rahmen von Laufbahngesprächen gemacht.

U: „In diesem Gespräch wird ganz spezifisch und auch mittelfristig, nicht nur kurzfristig in die Zukunft geguckt. Da werden solche Dinge ganz bewußt abgeklopft, das man sagt, also da gibt's Guidelines für diese career counceling-discussion und eines dieser Themen ist, Partnerproblematik ansprechen oder die Career-couple-Problematik ansprechen. Wenn dann jemand sagt, meine Frau ist Lehrerin, oder ....dann ist das Thema kann sie sich beurlauben lassen. Würde sie das auch tun. Jawohl, nach Thema aus und vorbei. Also können wir denjenigen mindestens für einen Tag verschieben. Partner ist was weiß ich, Medizinerin oder im Krankenhaus, ist ein Thema. Partnerin ist Managerin bei einer vergleichbaren Firma ist ein ganz anderes Thema. Die einfachsten Fälle sind immer, Partner ist, das ist bei den meisten Frauen, die wir im Ausland haben der Fall, daß das irgendwelche Männer sind, die freelancer arbeiten, also selbständig sind."

Durch diese Art der frühzeitigen Erkundung der persönlichen Situation der Mitarbeiter eröffnen sich die Firmen auch die Chance, hinsichtlich der Entsendungsrahmenbedingungen z.B. Zeitpunkt oder Ort, entsprechend flexibler reagieren zu können, wie dies im Fall 11 vom Experten P geschildert wurde. Zudem führen diese Gespräche auch zu einem offeneren Klima in der Zusammenarbeit, die eine mögliche Problemlösung erleichtern.

P: „Und jetzt bin ich in der einigermaßen glücklichen Situation, daß jeder weiß, ich muß ins Ausland, ich aber nicht hingehe und sage, ich habe da draußen einen Job, ich brauche Sie jetzt dafür. Jetzt reden Sie bitte schön mit Ihrer Frau oder regeln Sie das mit Ihrem Mann, sondern, jetzt kommen die Leute zu mir. Ich sage denen also im Rahmen des Personalreview in den nächsten drei Jahren seit ihr dran und dann für zwei Jahre. Überlegt euch das. Und dann kommen die Leute und sagen, passen Sie mal auf. Meine Frau macht gerade ihre Mutterpause, oder meine Frau kann jetzt beurlaubt werden als Lehrerin, oder mein Mann bleibt jetzt zu Hause und nimmt seinen Vaterschaftsurlaub. Ich könnte also jetzt reisen. Jetzt kann ich es einigermaßen organisieren. Es stehen mir genug Plätze zur Verfügung. Es stehen mir genug Leute zur Verfügung, die zeitgerecht selber aussuchen können, wann gehen sie denn nun weg."

Damit findet sich hier ein Trend wieder, der in der personalwirtschaftlichen Literatur seit langem gefordert wird – eine Hinwendung zu einer individualisierten Personalpolitik und eine Einbeziehung des Mitarbeiters in relevante Entscheidungen. Darüber hinaus zeigen die Interviews einen weiteren Wandel in der Einstellung der Personalverantwortlichen, die sich in vielen Fällen keineswegs mehr als die Personalverwalter verstehen, die nur die Fakten für einen Wechsel zu organisieren haben. Wie die nachfolgenden Statements zeigen, ist das gewünschte Selbstbild vielmehr, Dienstleister für den Mitarbeiter zu sein. Und wenn das Problem des Mitarbeiters darin besteht, daß er in einem Dual-career couple lebt, gehört der Versuch zur Lösung dieses Problems ebenfalls zu den Aufgaben.

L: „Aber was ich glaube, ist einfach, daß die Betroffenen merken müssen, daß wirklich in hohen Maße und in extremer Weise der Service, den wir als Servicebereich Personal liefern können, ausgebildet ist und bewältigt wird, so daß wirklich nicht mehr hinterher Probleme, die bei den Betroffenen im organisatorischen Bereich liegen, und dazu zählt die Arbeitsbeschaffung möglicherweise für die Ehefrau, dazu zählt die Wohnungsbeschaffung, dazu zählt ein Kindergartenplatz oder ein schulischer Platz für ein behindertes Kind, so was hatten wir jetzt auch mal hier. Ja, daß wir da in der Lage sind, zu sagen, daß ist kein Thema. Wenn das Ihr Thema ist, da kümmern wir uns drum. Und wenn es daran liegt, daß es nicht klappt, dann ist das unser Problem, aber nicht Ihr Problem. Da tun wir meines Ermessens zu wenig."

Den Dienstleistungsgedanken hat auch ein anderer Experte angesprochen, allerdings hat er sehr deutlich darauf aufmerksam gemacht, daß es sich hierbei noch um einen Prozeß im Wandel befindet. Da es immer sehr stark auf die Aktivitäten und das Engagement der Mitarbeiter ankommt, ist es hinsichtlich der Umsetzung noch sehr unterschiedlich.

K: „Wenn ich sage, ja, das haben wir, dann ist der Eindruck, das ist hier so etabliert und es läuft. Und es ist alles voll instrumentalisiert und institutionalisiert. Ist es nicht. Das liegt immer an den einzelnen Personalleitern, wie aktiv die sind. Aber ich kenne Fälle, wo wir auch einiges gemacht haben. – Es ist möglich. Und es liegt immer an den Initiativen der einzelnen Leute. Und in unserer Philosophie ist es eigentlich so, daß wenn uns jemand etwas gibt. Und das tut ja dieser Mitarbeiter, wenn er hierhin kommt. Daß wir dann versuchen, seine Erwartungen zu erfüllen, wenn nicht gar überzuerfüllen d.h., ihm größtmögliche Unterstützung zu geben. Das ist unsere Aufgabe. Das haben noch nicht alle kapiert. Aber wir arbeiten daran. So, und in dem Sinne ist es eigentlich das von uns aus gewünschte Ziel, alle Hebel in Bewegung zu setzen und alle Chancen zu nutzen, und dann bei diesen Dingen auch noch dem Partner zu helfen. Aber ich habe auch schon Versuche erlebt, die kläglich gescheitert sind."

Ähnlich wurde dies auch vom Experten V gesehen, der zusätzlich noch den Aspekt der Nachfrage durch die Mitarbeiter nach entsprechenden Dienstleistungen einbrachte.

V: „Wenn Sie jetzt einen Mitarbeiter haben, an dem Ihnen viel liegt, dann werden Sie denn auch pfleglichst gut behandeln. Ich kann mir nicht vorstellen, obwohl ich mich dabei täuschen kann, daß irgendeines unserer Unternehmen das standardmäßig macht. D.h., ich übertreibe es jetzt mal ein bißchen, Fragebogen zuschickt. Müssen wir beachten, Kindergartenplatz für die Kinder, Arbeitsplatz für die Frau usw. Das bestimmt nicht. Aber das sind ja irgendwie doch relativ handverlesene Leute. Die rühren sich auch schon von selbst. Wenn die dann sagen, könnt ihr nicht. Also so gut ist der persönliche Draht in der Regel schon, daß dann da auch geholfen wird."

S: „Die Hilfestellungen die durch S gegeben werden, sind individuell allerdings sehr unterschiedlich. Einige wollen Hilfen, andere fühlen sich schon eingeschränkt. Hier machen sich schon Unterscheidungen deutlich, ob es sich um high-potentials handelt oder nicht. Es wird sichtbar, wer das Risiko scheut und wer nicht."

M: „Ja. Also das können Sie sich so vorstellen, wir machen das hier in Deutschland auch, z.B. für Mitarbeiter die aus den USA kommen, und das läuft andersherum genauso, daß wir jemand haben, der sich erstmal um die ganze gesamte Organisation kümmert, also hier eine Wohnung anzumieten, wenn Kinder vorhanden sind, hier eine Schule zu suchen, entweder eine amerikanische Schule oder eine internationale Schule. Dann eben auch so Angebote, wie Freizeitangebote, Angebote sozialer Art die es gibt eben für den Partner, oder für den Mitarbeiter auch selber. Eben anmietet und dann auf der anderen Seite eben auch behilflich ist, evtl. für den Partner hier eine Einstellung in einer anderen Organisation zu finden."

5.7. Erfolg und Aufwand von Unterstützungsmaßnahmen

5.7.1. Aufwand der Unternehmen für Unterstützungsmaßnahmen

Hinsichtlich der Unterstützungsmaßnahmen lassen sich die Unternehmen grob in zwei Gruppen teilen. Wie die Analyse der Interviews zeigt, haben einige Firmen, die hier zunächst betrachtet werden sollen, einen sehr umfangreichen Betreuungs- und Unterstützungsservice aufgebaut. Mitarbeiter, die ins Ausland entsandt werden, können auf verschiedenste Hilfsdienste zurückgreifen.

M: „Ja, das sind im Prinzip drei Mitarbeiter im Haus, die das hier machen, weil die das alle nicht vollzeitmäßig machen. Also das ist eine Abteilungsleiterin die dafür verantwortlich ist, dann gibt's eine Personalreferentin, die sich um den organisatorischen Ablauf kümmert, und dann noch eine Assistentin (Sekretärin) die sich darum kümmert. Alle verbringen so die Hälfte ihrer Arbeitszeit damit." (Relativ hoher Aufwand?) „Ja, weil wir auch so eine Art full-service haben. Also das ist ja angefangen von den Formalitäten die es hier beispielsweise mit Ausländerbehörden gibt, bis hin zur Beratung zu welcher Schule, welchen Kindergarten man die Kinder schicken kann, also beispielsweise organisieren wir auch Deutschunterricht hier z.B. für die Amerikaner, die keine Vorbildung in der Sprache haben."

Auch in den Unternehmen der Experten P, K, U, und L werden entsprechende Stellen in einem vergleichbaren Umfang, teilweise mit weniger Personen, dann aber Vollzeit, unterhalten. Auch der Umfang, in dem die entsandten Mitarbeiter versorgt werden, ist ähnlich breit gestreut, allerdings mit unterschiedlichen Schwerpunkten, z.B. bei K im wesentlichen Hilfe bei Wohnungssuche und Umzug (Relocationservice). Die Stellen sind zudem auch für Mitarbeiter zuständig, die von ausländischen Unternehmensteilen nach Deutschland entsandt werden.

P: „Der Sinn der ganzen Sache ist, daß das alles glatt abläuft vom Gesichtspunkt des Mitarbeiters, der uns dann gesandt wird. Und das schließt dann natürlich die ganze Familie auch mit ein, wenn sie mitziehen. Ich kann das aber von hieraus nicht regeln, welche Schule der, der ins Ausland geht, besucht. Da schalten wir dann auch das Land, in dem Sie hinfahren, ein und regeln das aber schon für und mit den Mitarbeitern. Ich bin sehr involviert, wenn Mitarbeiter vom Ausland hierher kommen. Beispiel, wir hatten gerade mit einem Amerikaner zu tun. Das regeln wir wirklich von vorne nach hinten alles mögliche. Also wie sie ihren Führerschein umschreiben, wie sie den deutschen Test machen. Das sind so Sachen wie, die Waschmaschine ist kaputt, wie bestellen wir eine neue. Wie lassen wir das reparieren. Schulen, größere Probleme auch, also Sprachprobleme irgendwie auch hier. Wir versuchen denen auch ein bißchen Hilfe zu geben zu Kulturproblemen, die sie vielleicht noch haben. Das muß ich auch sagen. Ein bißchen kritisch mit allem Service, den ich ihnen anbiete und das sehr viel Geld kostet."

Obwohl damit eine breite Palette von Unterstützungen bereitsteht, gibt es zunehmend Schwierigkeiten bei den Entsendungen, vor allem, wenn es sich um Dcc handelt und die Vielzahl der Unterstützungen am Bedarf der Paare vorbeigeht. In den Augen der Experten kommt daher eine Unzufriedenheit auf, da sie viel investieren und der Erfolg nicht entsprechend scheint, wie dies im letzten Abschnitt der vorhergehenden Interviews anklingt. Ähnlich äußert sich auch der Experte L, der trotz einer entsprechenden eigenen Erfahrung am liebsten versuchen würde, das Dcc-Problem dadurch zu umgehen, daß er einen Kandidaten auswählt, der in einem „traditionellen Paar" lebt.

L: „Um ganz offen darauf zu antworten, irgendwann wählen Sie dann mal, wenn das in diese Fragestellung hineingeht den alternativen Kandidaten, der nicht seinen Ehepartner unterbringen muß."

Eine zweite Gruppe von Unternehmen hat weder personell entsprechende Stellen im Haus noch verfügen sie über ein breites Angebot von Hilfeleistungen. Während die erste Gruppe der Unternehmen im Rahmen einer langjährigen Erfahrung mit internationalen Entsendungen entsprechende Stellen etabliert hat, sind die Unternehmen der zweiten Gruppe dadurch gekennzeichnet, daß sie erst seit wenigen Jahren international in größerem Umfang tätig sind und bisher wenig Erfahrungen auf diesem Gebiet sammeln konnten. In dieser Gruppe ist eine sehr individuelle Sicht der Experten vorherrschend, die sich an ihrem persönlichen Mitarbeiterbild zu orientieren scheint. Der erste Experte stellt die „Wertigkeit" der Mitarbeiter in den Vordergrund, danach korrespondiert der Aufwand mit der Frage, wie leicht der Mitarbeiter zu ersetzen ist.

V: „Da gilt wieder unsere alte Antwort, das kommt auf den Einzelfall an. Wenn das wichtige und für das Unternehmen sehr wertvolle Mitarbeiter sind, kann ich mir vorstellen, daß wir eine Menge tun würden und Sie sich schon eher ein Bein ausreißen, aber wir reißen uns keine sechs Beine für Sie aus."

Eine andere Philosophie verfolgt dagegen die Expertin S. Sie ist der Meinung, daß bei Führungskräften keine große Unterstützung nötig ist, da gerade bei dieser Personengruppe Eigeninitiative gefordert sei. Trotzdem könnte ihrer Meinung nach eine Hilfe angeboten werden, z.B. indem sich Tochterunternehmen um eine Stelle für den Partner bemühen. Obwohl sie generell die Eigeninitiative der Paare betont, sieht sie die Unternehmen in der Pflicht, Vorsorge zu treffen oder Unterstützungen anzubieten, damit Partner von versetzten Mitarbeitern nicht drei bis fünf Jahre ohne Beschäftigung sind. Auf wenig Verständnis stößt, wenn Mitarbeiter die totale Absicherung wünschen oder wenn sich Probleme oder Weigerungen häufen. Die Mitarbeiter dürfen ihrer Meinung nach z.B. keine Bedingungen bezüglich der Tätigkeit für den Partner stellen. Das heutige Unterstützungsangebot des Unternehmens S besteht auf Kooperationsbasis, im wesentlichen bei der Wohnungssuche. Die Unterstützung bei der Stellensuche für den Partner ist erst einmal geplant, aber noch nicht realisiert. Um einem weiteren Aspekt erweiterte der Experte R die Frage nach möglichem Aufwand, der zur Unterstützung getrieben werden kann oder sollte. Zunächst einmal vertrat er eine ähnliche Position wie von V dargestellt, würde Maßnahmen aber nur bei Bedarf durchzuführen.

R: „Also, ich sage ja, im Bedarfsfall könnte ich mir vorstellen, gehört das mit zur Dienstleistung. In einem solchen Fall zu helfen, unterstützen, wenn davon der Auslandseinsatz oder der auswärtige Einsatz des Mitarbeiters abhängt, abhängig gemacht wird, denke ich, ist das ohne Alternative, daß man eine solche Unterstützungsleistung anbietet."

Im weiteren Verlauf des Interviews schränkte er jedoch diese Option wieder ein und bezog eine Position, die der Expertin S sehr ähnlich wurde.

R: „Ich persönlich denke mir, Hilfe zur Selbsthilfe, ist für mich immer das Beste an der Stelle, d.h. also die Betroffene soll sich dann erst mal selbst bemühen und dann kann man seitens des Unternehmens Unterstützung angedeihen lassen bei der Vermittlung über Kontakte, die man hat zu Geschäftspartnern, sagen wir zu anderen Unternehmen am Ort."

Abschließend schränkte der Experte die Option der Unterstützungsleistung noch weiter ein, indem er ein weiteres Argument hinzufügte.

R: „So ja, aber Sie müssen auch immer berücksichtigen, den Aspekt den hab' ich bisher noch nicht angesprochen in diesem Zusammenhang. Wir müssen natürlich immer aufpassen, daß wir nicht verantwortlich gemacht werden für bestimmte Dinge, die dann in die Hose gehen. Wenn Sie sich allzu stark einbinden für den Ehepartner eines Mitarbeiters, und das geht da schief in einem Laden, dann müssen Sie immer aufpassen, daß sie dann nicht, sagen wir mal haftbar gemacht werden, nicht im Sinne von Schadensersatz, sondern dann sagen die, mein Gott noch mal, wie können die mir denn sowas vermitteln, das ist ja eine Zumutung, ja, das hätten die doch alles wissen müssen, daß ich da nicht klar komme."

Unabhängig ob im Unternehmen weitreichende Unterstützungsmaßnahmen für Entsendungen bestehen oder keine Programme dieser Art existieren, die Experten stehen stark verunsichert der Problematik der Dcc gegenüber. Prinzipiell findet sich eine Bereitschaft, Unterstützungen zum Abbau der Probleme anzubieten, andererseits gibt es eine Vielzahl von Befürchtungen und Vorbehalten, von der Kostensituation bis zur möglichen Erfolglosigkeit der Maßnahmen, die die Experten verunsichern. Zusätzlich kann vermutet werden, daß eigene Erfahrungen und das Lebensalter der befragten Experten zusätzlich die Einstellung zu diesem Thema beeinflussen.

5.7.2. *Probleme durch gesetzliche Rahmenbedingungen*

Neben der Unsicherheit im Hinblick auf effiziente Unterstützungsprogramme gibt es auch gesetzliche Hemmnisse, die den Experten Schwierigkeiten bei der Unterstützung der Dcc bereiten. Ein immer wiederkehrendes Problem sind Paare, in denen ein Partner Lehrer bzw. Landesbediensteter ist. Diese, bereits thematisierte Sondergruppe der Dcc bereitet aufgrund ihrer gesonderten rechtlichen Stellung entsprechende Probleme.

R: „Ist die Frau im Schuldienst? Und dann kommen wir wieder auf das vorhin schon eingangs besprochene Thema zu sprechen. Ist die Dame im Schuldienst, dann ist es nicht so leicht, von NRW nach Bayern zu wechseln. Das ist dann ein Thema. Also ich habe da einen Fall in Erinnerung, die Ehefrau ist Rektorin an einer Grundschule. Das ist also ein gewisser Status, und das bringt auch ein bißchen von der Besoldung her mehr Geld, je nachdem, wie groß die Grundschule ist. Sich dann vorzustellen, wieder zurück ins Glied zu gehen, nur weil der Ehemann Karriere macht, ist dann auch etwas schwierig. Das sind dann Dinge, die können es erschweren, einen solchen Wechsel. Das wird dann noch schwieriger, wenn es um das Thema Ausland geht."

V: „Ich hab jetzt mit einer Mitarbeiterin gesprochen, der ihr Freund, oder Mann oder was ist bei der Bahn. Da dachte ich super, darf doch kein Problem geben bei Bahn. Oh, sagt sie, nein das ist ganz schwierig, da gibt es verschiedene Bundesbahndirektionen und sie müssen nicht meinen, daß sie von der einen in die andere kommen. Von Köln nach München, nein, weit gefehlt, das ist ein Riesenaufwand. Die müssen eine Stelle frei haben und dann müssen die den auch gerade nehmen. Da muß nicht der Bundesbahnpräsident einen Neffen haben der da gerade hin will. Ich hab selber mal im öffentlichen Dienst gearbeitet. Ich kenne den ein bißchen. Ich kenn' die Strukturen. Das ist ein echtes Hindernis."

Ein weiteres gesetzliches Hemmnis besteht in vielen Ländern in der notwendigen Arbeitserlaubnis, die für beide Partner beschafft werden muß. Gelingt es, für den Partner eines entsandten Mitarbeiters einen entsprechenden Job zu finden, so muß auch die entsprechende Arbeitserlaubnis erreicht werden. Bereits die Arbeitserlaubniserteilung für eigene Mitarbeiter bereitet häufig Probleme, die Erlaubnis für den mitreisenden Partner ist allerdings weitaus schwieriger zu erreichen, da die Begründung zur Erteilung meist nur aus der Tätigkeit heraus möglich ist. Das Zusammenleben in einem Dcc als Grund zur Erteilung einer Arbeitserlaubnis wird nicht anerkannt.

L: „...daß die Fälle, die wir mit einem Delegierten besetzen durch eine(n) Amerikaner/-in nicht besetzt werden kann. Im eigenen Hause gelingt uns das meist für die Positionen, die in Frage kommen. Denn da können wir relativ leicht begründen, daß diese Expertise des Mutterhauses eine(n) Amerikaner/-in nicht haben könnte, die zur Ausübung dieser Funktion notwendig ist. Das für den Ehepartner aber hinzukriegen ist schwierig. Denn wenn wir hier, um das mal unüblich zu sagen, Herrn Müller haben, der bei Bayer arbeitet, dann ist es schwer, hinzukriegen, daß wir Herrn Müller nun zu Petrofina nach New York stecken, und diese Aufgabenstellung nicht durch einen Amerikaner wahrgenommen werden kann. Also es gibt eine ganze Reihe von legalen Hindernissen, die zu den individuellen Schwierigkeiten noch dazukommen. Das ist keine Frage."

Daneben gibt es noch weitere Schwierigkeiten, die durch unterschiedliche landesrechtliche Bestimmungen, vom Straßenverkehrsrecht und dem nötigen Führerschein bis zur Sozialversicherung und Steuerproblematik reichen, die für berufstätige Paare im Fall der Versetzung zu beachten sind. Auf diese, von den Experten geschilderten Probleme soll hier aber nicht im Detail weiter eingegangen werden.

5.8. Beobachtungen zum Innenverhältnis der Paare

5.8.1. Absprachen innerhalb der Paare

Die Personalverantwortlichen aus den Großunternehmen wurden zum Abschluß der Interviews nach ihren Beobachtungen hinsichtlich der Entscheidungsstruktur innerhalb der Paare befragt. Analysiert man die Aussagen, finden sich zunächst zwei Verhaltensmuster, die von den Experten beschrieben werden. So machen die Experten einerseits Paare aus, bei denen klare Absprachen hinsichtlich der beruflichen Entwicklung, der Mobilität und der Koordination zwischen Beruf und Familie finden lassen. Andererseits gibt es auch Paare, die offensichtlich keine Absprachen getroffen haben und bei der Konfrontation mit entsprechenden Mobilitätsanforderungen erst Lösungen suchen müssen.

> L: „In jeder Beziehung, sei sie nun ehelich oder nichtehelich als Partnerschaft, das spielt ja gar nicht unbedingt die Rolle. Gehen wir mal davon aus, zwei Menschen leben zusammen. Das wichtigste erscheint mir, daß man sich erst einmal darüber unterhält, wer eigentlich die Vorfahrt hat beruflich. Denn darüber muß meines Erachtens eine Einigkeit erzielt werden. Denn, wenn ich heute das Angebot kriege, einen Bombenjob in Düsseldorf oder von mir aus in Dublin zu absolvieren und meine Frau mir aber sagt, ich mache das nicht mit. Denn ich gebe hier meine Position nicht auf. Gut, dann bleibe ich hier. Dann kommt sie in einem halben Jahr und sagt, ich habe jetzt einen Superjob in Essen oder Edinburgh. Dann sage ich ätschi, bätschi. Vor einem halben Jahr hast du mir vors Schienbein getreten. Jetzt trete ich dir vors Schienbein. Wir bleiben hier. Wenn wir unter der Voraussetzung, daß Mobilität eine Voraussetzung oder eine Prämisse ist für Karrieren, dann bleiben wir eben auf der Stufe sitzen, die wir haben, alle beide. Und zum Schluß ist es ein Nullsummenspiel, weil

jeder den anderen ausgebremst hat. Ich glaube also, daß man sich irgendwann einmal darauf einigen muß. Man kann ja diesen Prozeß dann wieder reformieren und sagen, einmal der eine und einmal der andere. Aber zumindest für gewisse Zeitperioden muß man sich eigentlich darauf einigen, wer – vielleicht unter dem Gesichtspunkt, wer die besseren Chancen im Beruf hat – die Vorfahrt genießt bei seiner Karriereplanung. Das halte ich eigentlich für die wichtigste Frage."

U: „Ob Sie nun einen Kriterienkatalog haben weiß ich nicht. Aber ich weiß, von vielen unserer jungen Leute – und find das ganz sensationell, weil es alles sehr viel nüchterner ist als das früher war, aber auch sehr viel richtiger –, daß in sehr vielen Fällen Verabredungen, also ein Agreement getroffen wird. Das ist nicht der Fall, bei denjenigen, die schon als Pärchen kommen. Je eher sie ein Pärchen sind, um so unvorbereiteter gehen sie in dieses Abenteuer Berufsleben. Und das andere Extrem sind die Leute, die sich hier bei uns kennenlernen. Wenn Sie beide im Beruf stehen werden sie zueinander kommen, dann werden vielfach diese Art Verabredungen getroffen. Verabredungen solcher Art, o.k. laß es uns versuchen, gemeinsam eine Karriere zu machen in dem Sinne, wer zuerst ein Angebot bekommt, der ist der erste. Danach kommt aber der andere und dann wieder du. Das ist etwas, was ich doch wohl feststellen muß, weil es für mich sensationell ist, vor dem Hintergrund meiner Generation. Ich hab so etwas nicht mit meiner Frau, wir haben gesagt, wir lieben uns, also heiraten wir. Genauso heutzutage sagen die, wir lieben uns, wir ziehen zusammen, aber ich will denen mal sagen, 1. 2. 3. das und der andere sagt und ich will 1. 2. 3. das – das ist neu. Ist auch 'ne Frage der Emanzipation. Des ‚sich trauens', des Fähigseins 'ne Partnerschaft trotz dieser oder vielleicht wegen dieser Probleme aufrecht zu halten. So, aber die schwierigsten sind die, die schon als Pärchen von der Uni oder kurz davor kommen und wo die Verabredungen eben nicht getroffen sind."

Vergleicht man die Beobachtungen der beiden Experten mit den, in Kapitel 3 gebildeten Paartypen, so findet sich das Lösungsmuster der gleichberechtigten Paare wieder, in denen es eine Absprache wechselseitiger Karriereoptionen gibt. Zudem skizziert der letzte Experte Paare, bei denen es keine Absprachen zur Lösung bei Mobilitätsanforderungen gibt. Diese Paare werden vom nächsten Experten ausführlicher hinsichtlich ihrer Motive und ihres Verhaltens beschrieben.

O: „Meistens ist es so, daß dieses Thema aktuell besprochen wird. Und zwar, wenn der Fall da ist, nicht vorher so nach dem Motto, wenn denn mal. Das gibt es auch. Ich höre auch schon mal Leute, die dann hier sitzen und sagen. Nein, das habe ich mit meiner Frau besprochen mal. Wenn's bei mir mal weitergehen sollte, dann ist sie bereit, ihren Beruf aufzugeben und an anderer Stelle wieder aufzubauen. Aber in den

> meisten Fällen, wo Leute angesprochen werden von uns, die sich also nicht aktuell bewerben, da ist das ein plötzliches Thema, was sie dann erst aktuell auch mit ihrer Frau besprechen. Sie finden in den wenigsten Fällen jemand, der spontan sagt, o.k., machen wir. Sondern die meisten Leute stimmen das mit ihrer Frau ab, ab einer gewissen Lebensstufe. z.B.– in meinem eigenen Fall, wie gesagt, meine Frau ist Lehrerin und alles was so bundeslandübergreifend ist, wird ja extrem schwierig dann. Und die sagt, ja, wir haben ja nun alles, zwei Autos und ein Haus, Kinder, Urlaub. Und sie sagt, was du jetzt noch möchtest, ja, das ist berufliche Selbstbefriedigung. So nach dem Motto, wenn du jetzt noch irgendwo eine Stufe weiter kriegen willst, dann ja nicht, um unseren Lebensstandard zu steigern, damit wir ein besseres Leben haben. Sondern nur, weil's eben noch einmal reizt, ja. Und das finden Sie dann natürlich insbesondere so im oberen, bei diesen Dual-career couples, die dann so eine obere Ebene mal erreicht haben, weiterhin recht erfolgreich sind, nicht. Und dann sind vielleicht die Kinder aus dem Haus oder gar keine vorhanden sind. Da finden Sie dieses extrem. Und ich habe es bei vielen erlebt, die dann teilweise durchaus der eine in Frankfurt lebt und der andere in Essen oder so. Die sich dann regelmäßig mal sehen auch, aber nicht so häufig, nicht, weil sie eben ihrem Beruf von morgens sieben bis abends sieben sitzen..."

Deutlich wird hierbei, wie die Familien- und die Berufsorientierung gegeneinander abgewogen werden. Wie der Befragte darstellt, kann es durch unterschiedliche Lebensphasen dazu kommen, daß sich das Gewicht verschiebt und z.B. nachdem die Kinder das Haus verlassen haben, die Berufsorientierung dominant wird. In diesen Fällen findet sich dann der Paartyp, der im Kapitel 3 als fragmentierte Paare skizziert wurde, wenngleich dieser Typ aufgrund von jüngeren Paaren konstruiert wurde. Auch im nächsten Statement wird der Typ der fragmentierten Paare bestätigt, in dem Partner private Ziele den beruflichen unterordnen.

> R: „Das fängt mit den Kindern an, entweder wollen beide keine Kinder, dann ist es relativ gleichgültig, dann sind das aber, auch wenn die beide so isoliert ihren Berufsweg verfolgen, dann haben sie in der Regel auch kein Mobilitätsproblem. Wenn die so stringent ihrer beruflichen Karriere folgen, dann können Sie davon ausgehen, dann haben Sie mit denen auch keine Probleme, dann geht der eine dahin, der andere geht dahin, und die sind dann auch damit zufrieden, wenn sie sich dann alle Vierteljahr einmal treffen auf dem Flughafen. Solche Fälle gibt es auch. Also, wer also so sein Berufsleben in den Mittelpunkt stellt, ich hab das nicht wahrhaben wollen, aber es gibt solche Fälle, der ist auch in der Regel bereit, seinem beruflichen Weg alles unterzuordnen und verlangt das auch von seinem Partner. Ist auch bereit, gegenüber dem Partner die gleiche Großzügigkeit

und Toleranz an den Tag zu legen. Wenn Sie so einen Glücksfall haben, daß jeder sich selbst lebt, muß er sich natürlich fragen, worin besteht eigentlich noch die Gemeinsamkeit für das gemeinsame Leben."

Deutlich wird in dem Interview, daß der Paartyp der fragmentierten Paare zwar für die Unternehmen einfach zu handhaben ist, allerdings bei dem befragten Experten persönlich auf Unverständnis stößt. Hier findet sich das gleiche Bild wie bei den Interviews der befragten Dual-career couples. Paarmodelle, die sich die Befragten nicht für sich selbst vorstellen können bzw. die ihrem eigenen Lebensmodell nicht entsprechen, werden kritisch und mit Skepsis betrachtet.

5.8.2. Individualpsychologische Beratung

Wie die Auswertung der Interviews mit den Paaren und Beobachtungen der Personalexperten bestätigen, ist für die Lösung der Dcc-Problematik auch das Innenverhältnis der Paare, also der Umgang der Partner miteinander entscheidend. Daher liegt nahe, die Partner entsprechend durch eine psychologische Beratung zu unterstützen, wie dies in den USA von vielen Firmen durchgeführt wird. Solche Angebote konnten im Rahmen der Untersuchung in keinem Unternehmen gefunden werden. Daß in der Einschätzung solcher Instrumente ein großer Unterschied zu den USA vorhanden ist, zeigen die Äußerungen der Experten, die zum Einsatz psychologischer Beratung befragt wurden. Neben klaren Ablehnungen fanden sich Äußerungen, die deutlich machten, daß nur diffuse Vorstellungen existieren, was solche Beratungen leisten können. Andere Äußerungen begrüßen zumindest ansatzweise solche Beratungen. So führt die Expertin des Unternehmens S aus, daß zur Zeit zwar keine psychologische Beratung angeboten wird, es aus ihrer Sicht aber für die Zukunft wünschenswert wäre. Ähnlich äußerte sich der Experte R.

> R: „In dem Sinne ja, bewußt machen da kann, da gibt es Konfliktpotential, das sollet ihr euch bewußt machen, egal wann es auf euch zukommt, vielleicht kommt es auch im Leben überhaupt nicht auf euch zu, aber es wäre sinnvoll, wenn man das weiß, daß man sich vorher schon verständigt, wie man damit umgehen will. Man muß natürlich Lebensplanung, Berufsplanung irgendwo übereinanderlegen können. ...Aber grundsätzlich ja, im Vorfeld solche Art von Konfliktbewußtmachung und an die Hand geben von Instrumentarien, solche Dinge zu bewältigen, das kann ich schon als sehr hilfreich ansehen."

Der Experte M sah einzelfallabhängig Beratungsgespräche als möglich an, würde aber einen Erfahrungsaustausch zwischen auslandserfahrenen Mitarbeitern und Neulingen für ähnlich sinnvoll halten. Die Unsicherheit gegenüber dem Einsatz einer psychologischen Beratung zeigt der Ausschnitt des folgenden Interviews. Hier hatte der Befragte zunächst gedacht, daß die Beratungshinweise geben soll, wie sich das Paar verhalten soll, wenn es Mobilitäts- bzw. Berufswahlkonflikte gibt.

> L: „Eigentlich nein. Wollen Sie das nicht dem individuellen Spiel der Kräfte überlassen. Sie kommen hier an einen Knackpunkt. ... Und ob die mit Beratung von außen entschieden werden kann, da bin ich mir nicht so sicher. Sie muß meiner Ansicht nach partnerintern entschieden werden."

Nach kurzer Erläuterung durch den Interviewer, was von einer psychologischen Beratung erwartet werden kann, kam folgende Antwort zustande:

> L: „Das würde ich unterstützen. Wobei es aber eigentlich nur soweit gehen muß, wie Sie auch sagen, das Raster festzulegen. Wissen Sie, sich nun heute darüber zu streiten, wer den endgültig die Priorität hat und damit eine Ehe- oder Partnerschaftskrieg herbeizuführen und dann die nächsten zehn Jahre kriegt keiner ein Angebot? Aber anzuregen, sich vom Grundsatz her mal darüber zu unterhalten, wie, wenn an einen der beiden eine solche Sache herangetragen wird, man sich eigentlich zueinander verhält. Das halte ich für wichtig, das stimmt."

Demgegenüber fanden sich Äußerungen der anderen Unternehmensvertreter, die eine psychologische Beratung, zumindest aus Sicht der Unternehmen ablehnten. Von V und U wurde eine solche Unterstützungsleistung klar abgelehnt und zur Privatsache erklärt. V äußerte zudem, daß bei „halbwegs intelligenten Leuten" eine solche Beratung überhaupt nicht nötig sei.

5.9. Die Rolle der Personalverantwortlichen

Zusammenfassend zeigen die Analysen der durchgeführten Interviews sowie der telefonischen und brieflichen Rückmeldungen die zunehmende Relevanz des Themas. Unterschiede in der Betroffenheit scheinen im wesentlichen durch die Anzahl der Mitarbeiter, an die Mobilitätsanforderungen seitens der Unternehmen gestellt werden, gegeben zu sein. Darüber hinaus konnte der Eindruck gewonnen werden, daß Unternehmen, die eine innovative Personalpolitik mit einem mitarbeiterzentrierten Ansatz durchführen, die Problemlage genauer und detaillierter erfassen und bereits erste Bewältigungsstrategien erproben. Wesentlich scheint aber der subjektive Einfluß der Entscheidungsträger sowie die Arbeitsmarktlage zu sein. So finden sich bei Experten, die selbst in Dcc leben bzw. die Schwierigkeiten der Mobilitätsanforderungen erlebt haben, eine weitgehende Bereitschaft, die Paare zu unterstützen. Daneben ist auch wichtig, daß die Berufsgruppe entweder auf dem Arbeitsmarkt begehrt ist oder in der Firmenhierarchie bereits eine gewisse Stufe erreicht hat. Hierdurch können die Personalverantwortlichen innerhalb des Unternehmens die Kosten für die Unterstützungsmaßnahmen besser rechtfertigen. Selbstverständlich, wie z.b. Programme für Mütter mit Kindern, sind Hilfsmaßnahmen für die Dcc aber in keinem Fall. In den verschiedenen Interviewpassagen, vor allem aber bei der Betrachtung der verschiedenen Lösungsoptionen wurde deutlich, daß sich nahezu alle denkbaren Unterstützungsoptionen in einer der besuchten Unternehmen finden lassen, also nicht mehr als theoretisch abqualifiziert werden können. Dabei lassen sich die Hilfsangebote in vier Bereiche gruppieren:

- Einstellung bzw. der Vermittlung der Partner im Unternehmen,
- Nutzung technischer oder sozialer Netze zur Vermittlung der Partner,
- Verschiedene Flexibilisierungsoptionen zur Kombination der doppelten Berufsanforderungen,
- Verschiedene Beratungs-, Hilfs- und Unterstützungsprogramme.

Von der heute geübten Einzelfallhilfe, die wie geschildert vom persönlichen Engagement der Entscheider und der Durchsetzbarkeit im Unternehmen abhängt, bis zu standardisierten Programmen, wie sie US-Unternehmen anbieten, ist es aber offensichtlich noch ein Weg. Das hier sowohl das Problem- wie das Lösungsbewußtsein, auch bei den direkt mit dem Thema befaßten Personalverantwortlichen noch geschärft werden muß, zeigt beispielhaft die Einschätzung der psychologischen Beratung.

Teil 6: Dcc in Literatur und empirischer Forschung

6.1. Rahmenbedingungen

Wie die Interviews verdeutlichen, werden von allen Befragten Zusammenhänge zwischen Einstellung und Verhalten der Paare auf der einen Seite und Bedingungen, mit denen die Paare konfrontiert werden, auf der anderen Seite gesehen. Am Beispiel des Arbeitsmarktes wird dies schnell deutlich. Geht man vereinfacht von einem Arbeitskräfteüberangebot aus, so werden die Arbeitgeber den Dcc und ihren Problemen wenig Aufmerksamkeit schenken. Herrscht hingegen ein Mangel, so haben die Dcc-Partner gute Chancen, die beruflichen Anforderungen auf ihre Situation hin zu verändern. Entsprechend müssen die Paare diese externen Anforderungen innerhalb ihrer Partnerschaft mit den dort vorhandenen Strukturen und Rollen lösen. Bevor auf die Bewältigung der Anforderung und die Struktur der Paare eingegangen wird, sollen im folgenden die skizzierten und in den Befragungen dargestellten Anforderungen zusammengetragen werden.

6.1.1. Arbeitsmarkt

Da sich die Dcc in der definierten Form aus Partnern zusammensetzen, die beide über eine akademische Ausbildung verfügen, ist der Blick schwerpunktmäßig auf den Arbeitsmarkt für diese Gruppe zu richten. Wie in Teil 2 dargestellt, zeichnen verschiedene Prognosen einen strukturellen Umbruch des Arbeitsmarktes, in dessen Folge wahrscheinlich im Segment der höher qualifizierten Beschäftigten, für bestimmte Berufsgruppen ein Arbeitskräftemangel auftreten wird. Die befragten Arbeitsmarktexperten und Unternehmensvertreter bestätigten den strukturellen Wandel und die Anforderung an zunehmend höhere Qualifikationen. Hinsichtlich der Arbeitskräftenachfrage fiel die Meinung der Experten über quantitative Entwicklungen auseinander. Die Spanne reichte von der Annahme, daß qualifizierte Kräfte zunehmend nachgefragt würden bis zur vorsichtigen Schätzung eines gleichbleibenden Bedarfs. Stellt man diese Aussagen der Bevölkerungsentwicklung mit den kommenden, geburtenschwachen Jahrgängen gegenüber, bestätigen die Expertenaussagen die dargestellten Prognosen. Einer gleichbleibenden oder steigenden Nachfrage wird mittelfristig ein abnehmendes Angebot an

Arbeitskräften im Segment der höher qualifizierten Kräfte gegenüberstehen. Damit wird sich die Situation für die Partner aus Dcc am Arbeitsmarkt ändern. Wie in den Interviews mit den Dcc-Partnern deutlich wurde, übt die heutige Arbeitsmarktsituation auf die Paare einen hohen Druck aus. Gerade bei jüngeren Paaren sind beide Partner bemüht, adäquate Beschäftigungen zu finden. Probleme ergeben sich, für beide Partner eine entsprechende berufliche Option an einem gemeinsamen Standort bzw. in einem lokalen Raum zu realisieren. Eine weitere Problematik für die Paare besteht in der Befristung der Arbeitsverträge. Thematisiert wurde von den Befragten der Leistungsdruck, der durch projektbezogene Kettenverträge ausgelöst wird. Zudem wurde angemerkt, daß diese Arbeitsverhältnisse eine mittelfristige Partnerschafts- und Familienplanung erschweren oder vereiteln. Obwohl die Befristungen im Wissenschaftsbereich inzwischen fast zur Regel geworden ist, sind die Vertragskonstellationen zunehmend auch in anderen Bereichen zu finden. Besonders im Bereich der „Einsteigerstellen" finden sich in der privaten Wirtschaft ähnliche Bedingungen.

Die Ursache für diese befristeten Verträge ist u.a. im derzeitigen Arbeitskräfteüberangebot zu sehen. Wie die Personalverantwortlichen aus den Unternehmen darstellen, hat sich die Relation zwischen offenen Stellen und Bewerbern deutlich zu Ungunsten der Bewerber verschoben. Nach Aussagen der Firmenvertreter ist diese Verschiebung auf den Anstieg von Nachwuchskräften mit höheren Qualifikationen, durch geburtenstarke Jahrgänge und die Bildungsexpansion zurückzuführen; seitens der Unternehmen ist die Nachfrage nach diesen Kräften in den letzten Jahren aber konstant geblieben. Die Interviewpartner aus den Paaren reflektieren diese Arbeitsmarktsituation und kalkulieren Sucharbeitslosigkeit oder den Wechsel über räumliche Distanzen ein, um eine adäquate Beschäftigung finden zu können. Dabei werden jedoch die Belastungen bzw. Probleme für die Beziehung gesehen. D.h. zum Zeitpunkt der Untersuchung stellt sich der Arbeitsmarkt für die Dcc schwieriger dar, als dies die Prognosen für die Zukunft erwarten lassen.

6.1.2. *Internationalisierung*

Obwohl unter den Experten Einigkeit hinsichtlich des generellen Trends zur Internationalisierung herrschte, differenzierten sich die Aussagen, wenn es darum ging, die Auswirkungen dieser Internationalisierung für die Zielgruppe der qualifizierten Fach- und Führungskräfte zu beschreiben. So zeigten die Interviews mit den Arbeitsmarktexperten, daß es zwischen Mittelstand und Großindustrie sowie zwischen einzelnen Branchen starke Unterschiede gibt. Während nach den Expertenaussagen der Mittelstand entweder nicht im Ausland engagiert ist oder das Ausland nur als Absatzmarkt bzw. für Geschäftskontakte notwendig betrachtet, findet man in den Großunternehmen eine

Internationalisierung der Organisationen vor. Entsprechend sind die Anforderungen im Mittelstand im wesentlichen auf Reisetätigkeiten und damit verbundene Auslandskontakte gerichtet. Dagegen sind Großunternehmen, bei denen zusätzlich der Trend zur Zergliederung in dezentrale Einheiten zu beobachten ist, darauf angewiesen, Mitarbeiter längerfristig auf Auslandsstationen zu entsenden. Obwohl diese Entsendungen nach Angabe einiger Unternehmensvertreter unter Kostengesichtspunkten überprüft werden, ist künftig nicht damit zu rechnen, daß sich der Bedarf an Auslandsentsendungen stark verändert, da eine zunehmende internationale Vernetzung nur bedingt durch moderne Kommunikationstechniken aufgefangen werden kann. So nennen die Experten vor allem zwei Anforderungen, die nur im Rahmen von Auslandsentsendungen zu realisieren sind. Einerseits soll Unternehmenskultur, Fachwissen und Managementstil in den Unternehmensteilen vereinheitlicht werden, zum anderen ist mit der Entsendung auch die Personalentwicklung der entsandten Mitarbeitern verbunden. Die bei einem Auslandseinsatz gesammelte Erfahrung kann der Mitarbeiter später auch im Inland einsetzen. Deutlich wurde in den Interviewpassagen zum Auslandseinsatz auch die Forderung der Unternehmen, daß von den Mitarbeitern gutes Fachwissen, Sprachkenntnisse und eine hohe soziale Kompetenz erwartet werden, also breitgefächerte Qualifikationen. Zudem erwarten die Unternehmen eine entsprechende Mobilitätsbereitschaft der Mitarbeiter.

6.1.3. *Mobilitätsanforderungen*

Wie beschrieben, bringt die Internationalisierung entsprechende Mobilitätsanforderungen mit sich. Zusätzlich ist Mobilität auch immer ein Kriterium für den beruflichen Aufstieg gewesen (Teil 2.4.2.). Dabei zeigt sich, daß mit zunehmender beruflicher Stellung die Anforderungen an die Mobilität zunehmen. Die Verknüpfung von Mobilität und beruflichem Aufstieg wurde in den Interviews mit den Arbeitsmarktexperten besonders deutlich. Neben generell steigenden Mobilitätsanforderungen an die Arbeitnehmer wurde darauf verwiesen, daß Auslandserfahrung als Voraussetzung für eine Karriere immer wichtiger wird. In einigen Beispielen wurde darüber hinaus deutlich, daß diese Mobilitätsanforderungen einerseits sehr kurzfristig gestellt werden, andererseits eine Ablehnung durch den Mitarbeiter mit Sanktionen belegt wird. In den Unternehmen fand sich die gleiche Sichtweise. Ohne entsprechende Standortmobilität wird eine weiterführende Karriere als praktisch unmöglich angesehen. In den Interviews mit den Unternehmensvertretern finden sich Bestätigungen der dargestellten Forschungen (Teil 2.4.2.), die einen Zusammenhang zwischen Mobilitätsanforderungen und beruflicher Stellung behaupten. Dabei wird vor allem auf die Auslandsentsendung und den Personalentwicklungsaspekt, bei dem der Mitarbeiter zusätzliche soziale

Kompetenzen im Ausland gewinnen soll, verwiesen. Leicht abweichend von den Aussagen der Arbeitsmarktexperten stellten die Unternehmensvertreter den Umgang mit den Mitarbeitern dar, wenn konkrete Mobilitätsanforderungen vorliegen. So wurde zwar eingeräumt, daß es in Ausnahmefällen zu kurzfristigen Anforderungen kommen kann, generell nehmen die Unternehmen für sich in Anspruch, Entsendungen und Versetzungen für den Mitarbeiter ausreichend planbar zu machen. Überwiegend wird zugestanden, daß der Mitarbeiter auch die Chance hat, Anforderungen zu negieren. Deutlich wird in den Interviews aber, daß diese Rücksichtnahme ihre Grenzen hat. Je nach Situation im Unternehmen werden diese Vorsätze schnell zurückgestellt. Die Option zur Ablehnung hängt von persönlichen Faktoren ab und beschränkt sich stark. Lehnt der Mitarbeiter mehrmals oder für den Vorgesetzten nicht nachvollziehbar eine Mobilitätsanforderung ab, greifen entsprechende Karrierenachteile.

Für die Gruppe der Dcc bedeutet dies, beide Partner müssen sich in ihrem beruflichen Umfeld den Mobilitätsanforderungen stellen, wenn sie ihre Laufbahn nicht gefährden wollen. Während Mobilitätsanforderungen für einen bereits erheblichen Organisationsaufwand bedeuten, stellen solche Anforderungen für Paare mit zwei berufstätigen Partnern extreme Hürden dar, die sich zusätzlich durch Kinder erhöhen. Werden die Anforderungen dann noch kurzfristig gestellt, verschärfen sich die Probleme. Diese besondere Problematik sehend, deutet sich in den Interviews der Unternehmensvertreter an, dass sie bereit sind, in gewissem Rahmen Rücksicht auf die Situation der Dcc zu nehmen. Ebenso wird in den Interviews eine Ratlosigkeit der Verantwortlichen deutlich. Auf der einen Seite sehen sie sowohl betriebliche wie auch personalpolitische Notwendigkeiten für Versetzungen, auf der anderen Seite versuchen sie Verständnis für die Situation der Dcc aufzubringen, ohne über systematische Handlungsoptionen oder Hilfsmaßnahmen für die Gruppe zu verfügen. Diese, vorwiegend an der Auslandsentsendung reflektierte Problematik, tritt selbstverständlich auch bei Versetzungen im Inland auf. Durch die Wiedervereinigung und den notwendigen Personaltransfer in die neuen Bundesländer hat dieses Thema in vielen Unternehmen zusätzlich Aktualität gewonnen. Wie sich in den Unternehmensinterviews zeigt, kamen die Unternehmen in den Fällen der Entsendung von Mitarbeitern in die neuen Bundesländer den Mitarbeitern allerdings mit verschiedenen Konzessionen, wie z.B. verlängerte Wochenendfahrten, entgegen. Gerechtfertigt wurden diese Sonderregelungen mit der Sondersituation und der Knappheit an qualifiziertem Personal für die Aufbauaufgaben.

In nahezu allen Interviews mit Unternehmensvertretern und Arbeitsmarktexperten wurde im Zusammenhang mit innerdeutschen Versetzungen auf das Problem bei Versetzungen von Dcc verwiesen, wenn ein Partner im Landesdienst beamtet ist. Exemplarisch vor allem an Lehrern dargestellt, aber auch für andere Landesbeamte stellt sich das Problem dar, daß diese Partner in den anderen Bundesländern keine Beschäftigung erhalten können. In der Regel werden freie Stellen nach einer Liste vergeben, in denen „Landeskinder" bevorzugt werden. Eine innerdeutsche Versetzung für ein solches Paar bedeutet in der Regel für einen Partner den Weg in die Arbeitslosigkeit. Da der Staat für einige Berufsgruppen ein Quasi-Beschäftigungsmonopol besitzt, sind Vermittlungen an andere Arbeitgeber schwer oder aussichtslos.

6.1.4. Personalkonzepte

Obwohl die Gruppe der Dcc von den Unternehmensvertretern als spezielle Gruppe mit besonderen Bedürfnissen und Problemen, besonders bei Mobilitätsanforderungen gesehen wird, fanden sich in den besuchten Unternehmen keine Lösungskonzepte. Sofern entsprechende Lösungen für die Dcc vereinbart wurden, handelte es sich um Einzelfalllösungen. Begründet wurde das Fehlen von Konzepten mit dem Problem, daß jeder Fall und auch die Paare selbst sehr unterschiedlich seien und damit eine Konzeption von Modellen als nicht oder nur schwer möglich angesehen wird. Gleichzeitig wurde von den Experten im Rahmen des Interviews mehrfach die Frage an den Forscher gestellt, ob er nicht aus dem wissenschaftlichen Bereich entsprechende Modelle kenne oder Lösungen anbieten könne. Neben dem Bedarf, der offensichtlich auf Seiten der Unternehmensvertreter aus Personalabteilungen gesehen wird, bestätigt sich damit das Bild fehlender Konzepte für diese Gruppe, das für die traditionelle Personalwirtschaftslehre beschrieben wurde (Teil 2.3.).

Andererseits zeigen Anzahl und vergleichbare Strukturen der Versetzungsfälle, die von den Experten geschildert worden sind (Teil 5.4.), daß der benannte Einzelfallcharakter nicht in dem wahrgenommen Maß vorliegt und durchaus Strukturen erkennbar sind, die im Rahmen der Maßnahmen im nachfolgenden Kapitel noch näher beleuchtet werden.

6.1.5. Nepotismusregeln

Während Anti-Nepotismusregeln nach Studien aus den Jahren 1986 und 1988 (FORD & McLAUGHLIN; REED; ausführlich Teil 2) in den USA verbreitet waren und ein Hemmnis für die Beschäftigung beider Partner eines Dcc's darstellten, zeigen die empirischen Befunde der vorliegenden Arbeit in eine andere Richtung. Keine der empirischen Quellen deutet darauf hin, daß bei einer gleichzeitigen Beschäftigung von beiden Partnern aus einem Dcc in einem Unternehmen für die Paare Nachteile zu befürchten sind. In den Interviews mit den Firmenvertretern wurde, zum Teil sogar belustigt, von den Firmenpärchen erzählt. Besonders in Großunternehmen wird es als normal angesehen, daß die Unternehmen auch als Ehestifter tätig sind. Vorbehalte zeigen sich allerdings, wenn es um die direkte Zusammenarbeit der Partner am Arbeitsplatz geht. Obwohl keine formalen Regeln vorlagen, betonen alle Experten, daß entsprechende Konstellationen vermieden werden. Die Firmenvertreter schilderten mehrere Fälle, in denen eine entsprechende Konstellation, z.B. wenn sich das Paar am Arbeitsplatz kennengelernt hatte, aufgelöst wurden. Bei einer Auslandsentsendung von Paaren, die beide in der gleichen Firma beschäftigt sind, können bedingt durch die Größe der Auslandsniederlassungen ebenfalls direkte Zusammenarbeitsverhältnisse der Partner entstehen. In diesen Fällen wurden die Paare in verschiedene Unternehmensteile oder Tochterunternehmen versetzt.

Auch wenn schriftlich fixierte Nepotismusregeln nicht gefunden werden konnten und die Akzeptanz einer Beschäftigung beider Partner in einer Organisation weitgehend vorhanden zu sein scheint, bestätigen die empirischen Befunde die Studien von FORD & McLAUGHLIN (1986) im Punkt der Über- und Unterordnungsverhältnisse. Sobald es nicht nur um die enge Zusammenarbeit beider Partner geht, sondern eine Vorgesetzten-/ Mitarbeiterbeziehung vorliegt, sprechen sich alle Befragten für eine Veränderung der Konstellation aus.

6.2. Charakterisierung der Dcc's

Ähnlich wie sich für die Rahmenbedingungen aus den verschiedenen empirischen Quellen im Vergleich mit der Literatur ein entsprechendes Bild zeichnen ließ, kann dies auch für die Verbreitung und Struktur der Dcc's praktiziert werden. Obwohl damit keine allgemeingültigen Aussagen möglich sind, stützen sich die Aussagen hinsichtlich der aufzuzeigenden Strukturmerkmale und der dargestellten Rahmenbedingungen in den verschiedenen empirischen Befunde und Quellen so stark, daß die Gültigkeit der Annahmen sehr wahrscheinlich wird.

6.2.1. Verbreitung von Dcc's

Die Auswertungen der Interviews bestätigen die in Teil 2 dargestellten Tendenzen. Einerseits hat der Anteil der Frauen mit höherer Qualifikation über die Jahre stark zugenommen, zum anderen hat sich das Bild der Frau als „Nur-Hausfrau" gewandelt. Auch wenn heute immer noch eine unzureichende Gleichberechtigung der Frauen am Arbeitsplatz, besonders in Leitungspositionen beklagt wird, so ist inzwischen eine eigenständige Berufsausbildung und -laufbahn von Frauen gesellschaftlich durchaus anerkannt. Der Anstieg der akademischen Berufsabschlüsse bei Frauen und damit die Zunahme der

Paare, dessen Partner beide über einen hochqualifizierten Abschluß verfügen, noch ein relativ junges Phänomen. Unterstellt man gerade für qualifizierte Abschlüsse entsprechend längere Ausbildungszeiten, so sind die Paare bei Berufseintritt im Alter zwischen Ende 20 und Anfang 30 (HIS 1990, SEIDENSPINNER u.a. 1996). Spiegelt man dies an der Zunahme der Qualifikation von Frauen, die in den 60er Jahren begann, wird deutlich, daß altersbedingt für die meisten Partner der Dcc erst Einstiegs- oder mittlere Berufspositionen erreicht werden konnten. Diese Entwicklung findet ihre Bestätigung in mehreren Expertengesprächen, in denen thematisiert wurde, daß erst seit einigen Jahren eine Zunahme der Anzahl gut qualifizierter Frauen auf dem Arbeitsmarkt festzustellen ist. In einigen der befragten Unternehmen stieg der Anteil der Frauen in Führungs- und Führungsnachwuchspositionen entsprechend kontinuierlich an. Der heutige Anteil der Frauen in Fach- und Führungspositionen wurde in mehreren Interviews mit ca. 10 % angegeben. Auch in diesem Punkt weichen die Experten nicht wesentlich von Daten anderer Quellen (Teil 2.2.3.) ab, wenn auch der Frauenanteil von 10 % nicht in allen Wirtschaftsbereichen oder Betrieben erreicht wird.

Die Aussagen der Experten aus den befragten Betrieben müssen in bezug auf ihre Allgemeingültigkeit allerdings relativiert werden. Es kann angenommen werden, da die Auswahl der Experten auf freiwilliger Meldung beruht, daß sich hinsichtlich des Frauenanteils und der Entwicklung dieses Anteils hier Positivbeispiele häufen. Darauf deutet die Aussage eines Experten hin, der feststellte, daß unter den Bewerbern, die ein Angebot erhalten, die „Abspringerquote" bei Männern höher ist als bei Frauen. Seiner Vermutung nach liegt das an den geringeren Chancen, die den Frauen in anderen Unternehmen eingeräumt werden. Somit haben diese bei einer Zusage weniger Wahlmöglichkeiten. Aus Sicht dieses Unternehmens liegt hier sogar ein positiver Effekt für Einstellungsplanungen. Auch die Experten aus den Personalberatungsunternehmen zeichnen in puncto Entwicklung von Frauen in Führungspositionen eher ein zurückhaltendes Bild.

Da sich verschiedene Faktoren überlagern, kann nicht einfach vom Anteil der Frauen in Führungspositionen auf den Anteil der Dcc in den Unternehmen geschlossen werden, obwohl die Anzahl qualifiziert berufstätiger Frauen sicherlich eine Schlüsselgröße bei der Abschätzung der Dcc's spielt. Nicht berücksichtigt ist bei dieser Betrachtung die Form der Partnerschaft bzw. Lebensgestaltung dieser Frauen. So muß berücksichtigt werden, daß unter den jüngeren Frauen bis 35 Jahren fast jede Achte als „Single" lebt (STATISTISCHES BUNDESAMT 1995). Diese Zahl enthält aber auch die Frauen, die zwar alleine leben, jedoch eine Partnerschaft führen. Da ein Dual-career couple aus zwei Partnern besteht und davon auszugehen ist, daß der überwiegende Teil der Männer dieser Frauen ebenfalls berufstätig ist, verdoppelt sich der Anteil der Beschäftigten, die in einem Dcc leben nahezu. Dies wird beispielsweise an den sogenannten „Firmenpärchen" besonders anschaulich, da beide Partner im gleichen Unternehmen beschäftigt sind. Somit dürfte davon auszugehen sein, daß heute nicht selten der Anteil der Fach- und Führungskräfte, die in einem Dcc leben, weit über 10 % liegt. In der Gruppe der Nachwuchskräfte dürfte dieser Anteil noch weitaus höher liegen, wenn man berücksichtigt, daß nach Angaben einiger Unternehmen inzwischen über 40 % der Beschäftigten dieser Gruppe Frauen sind (Teil 4.3.1.). Zu vermuten ist, daß die Anteile der Beschäftigten, die in Dcc leben, zwischen den Betrieben schwankt, da die Betriebe aufgrund ihrer Personalpolitik eine entsprechende Selektion durchführen, wie dies z.b. im Rahmen eines Telefoninterviews deutlich wurde (Teil 5.1.).

Angaben aus der zweiten Hälfte der 80er Jahre, in denen die Zahl der Dcc in den USA mit 15 bis 20 % der erwerbstätigen Paare angegeben wurde (Teil 2.5.1.) und Schätzungen von PEUCKERT (1991), der 14 % der Familien mit Kindern unter 16 Jahren in Deutschland einem Modell zurechnet, in dem beide Partner gleichberechtigt einer eigenen Berufslaufbahn nachgehen (Teil 2.4.), runden das Bild ab. Rechnet man zu den Schätzungen von PEUCKERT die kinderlosen Dcc hinzu und vergleicht dies mit den Aussagen der oben genannten Experten, so dürften eine Quote von 15 bis 20 % für Deutschland ebenfalls wahrscheinlich oder übertroffen sein.

Sowohl die in Teil 2 dargestellten Ergebnisse als auch die Aussagen der befragten Experten lassen darüber hinaus eine weitergehende Zunahme der Dcc als relativ gesichert erscheinen. Damit dürfte die Beachtung der Gruppe der Dcc für die Personalpolitik der Unternehmen eine zunehmende Notwendigkeit haben, besonders wenn man gleichzeitig den prognostizierten, steigenden Bedarf an qualifizierten Beschäftigten gegenüberstellt (Teil 2). So ist heute bereits in einigen Unternehmen eine Handlungsnotwendigkeit gegeben, da sich die Anzahl der Dcc und damit die Dcc-spezifischen Probleme massiv verschärft haben (Teil 5). Durch eigene Betroffenheit von „Eliten" (z.B. Personalleiter, Professoren) erhält das Thema eine zunehmende Bedeutung.

6.2.2. Altersstruktur

Hinsichtlich des Merkmals Alter zeigen die Ergebnisse der Interviews mit Dcc-Partnern, die in Teil 3 dargestellt wurden, daß sich Dcc nicht nur in jüngeren Jahrgängen finden lassen. Vielmehr ist die Form des Dual-career couples, zumindest in der Gruppe der Akademiker, schon seit mehreren Jahrzehnten zu beobachten. Die Interviews zeigen auch, daß diese „älteren" Dcc eine kleine Gruppe darstellen. So wurde von den heute 50- bis 60jährigen Interviewpartnern klar herausgestellt, daß eine solche Lebensplanung in den ersten Jahren ihrer Partnerschaft von der Umwelt als ungewöhnlich oder Ausnahme betrachtet wurde. Demgegenüber betrachten die heute 25- bis 35jährigen Befragten diese Form der Partnerschaft keinesfalls mehr als Ausnahme oder Besonderheit. Negatives oder mit Verwunderung verbundenes Feedback bezeichnen die Befragten dieser Altersgruppe als selten.

Die Interviews mit den Personalexperten und den Vertretern der Unternehmen bestätigten, daß die Gruppe der Dcc vorwiegend in den jüngeren Jahrgängen anzutreffen ist. Dabei wird die Anzahl und Altersstruktur der Dcc von den betrieblichen Experten sofort in Zusammenhang mit der Zunahme der qualifizierten Frauen in der jüngeren Generation gesetzt. Einerseits wurde in allen Befragungen deutlich, daß die Zahl von qualifizierten Bewerberinnen ansteigt und sich entsprechend eine Zunahme von Dcc vermuten läßt. Da die Experten zunehmend mit dem Thema Dcc bzw. Problemen, die sich in der Personalarbeit mit Partnern aus diesen Paaren ergeben, konfrontiert werden, findet die Vermutung auch ihre Bestätigung. In zwei Unternehmen stellte die Zunahme der Dcc den Personalbereich bereits vor Schwierigkeiten hinsichtlich der Umsetzung von Personalentwicklungsmaßnahmen und der Durchführung von Versetzungen. In diesen Unternehmen gehören Dcc schon länger nicht mehr zu einer kleinen Gruppe, sondern stellen einen wesentlichen Anteil der qualifizierten Arbeitnehmer.

Aus der Veränderung der Qualifikationsstruktur der Frauen kann abgeleitet werden, daß die Partnerschaftsform der Dcc kein Alterseffekt ist. Auch mit zunehmendem Alter leben Paare als Dcc, d.h. diese Partnerschaftsform wird nicht durch eine andere ersetzt, wie z.B. durch eine traditionelle Ein-Verdiener-Ehe. Die geringe Zahl der Dcc in höheren Altersklassen läßt sich mit der geringen Anzahl der qualifizierten Frauen dieser Jahrgänge erklären. Die Interviews, sowohl mit den Partnern aus den älteren Dcc als auch mit den Personalverantwortlichen zeigen, daß die Berufsorientierung der Partner der Dcc als konstante Grundlage für die Lebensplanung unterstellt kann. Neben den Aussagen der befragten Experten wurde in den Interviews deutlich, daß der größte Teil dieser Befragten selbst als Dcc-Partner lebt. Damit wurde zusätzlich die Stabilität dieser Partnerschaftsform im Alter deutlich, da fast alle Experten entsprechend ihrer beruflichen Stellung älter waren. Deutlich wurde in den Interviews auch, daß sich die in Dcc lebenden Experten innerhalb der Fach- und Führungskollegen in der Minderheit befanden und Schwierigkeiten sahen, dieses Thema auf dieser Ebene im Unternehmen zu vermitteln. Hinsichtlich der Struktur lassen sich abschließend folgende Merkmale festhalten:

- Von allen Experten wird der vermutete Zusammenhang zwischen der Zunahme von Frauen mit höheren Bildungsabschlüssen und der Zunahme von Dcc bestätigt.
- Die überwiegende Zahl der heute im beruflichen Alltag anzutreffenden Dcc ist nach Angaben der Experten in der Gruppe der unter 40jährigen vorzufinden.
- In der Altersklasse der über 50jährigen sind Paare in der Lebensform der Dcc's anzutreffen, stellen in dieser Altersgruppe aber eine Ausnahme dar.

- Partner aus Dcc-Paaren haben in Unternehmen, Verbänden und Wissenschaft leitende Positionen erreicht. Aufgrund ihres Alters müssen diese aber als Ausnahmen unter den Führungspersonen betrachtet werden.
- Die Berufsorientierung der Dcc bleibt bei beiden Partnern, auch mit zunehmenden Alter erhalten, so daß die Lebensform der Dcc nicht als Übergangsform jüngerer Paare erklärt werden kann.
- Die Lebensform des Dcc wird im beruflichen Alltag, zunehmend bei jüngeren Paaren akzeptiert. Bei älteren Führungskräften, die selbst nicht in einem Dcc leben, ist eine entsprechende Akzeptanz seltener wahrscheinlich.

6.2.3. Wertehaltung

Deutlich wurde in den Interviews mit Partnern aus Dcc die starke Berufsorientierung der Befragten. Von allen wurde der Aspekt des inhaltlichen Anspruchs an die Tätigkeit in den Vordergrund gerückt. Eine Karriere oder gute Rahmenbedingungen allein haben für die Befragten keinen ausreichenden Motivationseffekt. Dies zeigte sich, als gefragt wurde, ob eine unbefristete Stelle ohne inhaltliche Gestaltungsoptionen einer unsicheren Stelle mit entsprechenden Inhalten vorgezogen würde. Obwohl im Wissenschaftsbereich mit den befristeten Stellen immer große Unsicherheiten verbunden sind und die Befragten die Risiken gerne über feste Stellen abgesichert hätten, entschieden sich fast alle Befragten für die inhaltliche Ausgestaltungsoption. Zusammen mit dieser inhaltlichen Berufsorientierung findet sich die Bereitschaft zu einem hohen Arbeitseinsatz. Erklärbar wird dies durch den inhaltlichen Bezug zur Tätigkeit und der Selbstbestätigung, die man durch seine Arbeit erfahren möchte. Gleichzeitig wurde in den Interviews der Wunsch geäußert, die Arbeit mit dem Privatleben besser koordinieren zu können. Hier stellten die Befragten fest, daß die Strukturen an der Universität ihnen schon weitgehende Freiheiten bieten, um eine entsprechende Koordination vorzunehmen. Allerdings besteht der Wunsch nach ähnlichen Möglichkeiten, sollte man zu einem anderen Arbeitgeber, zum Beispiel in ein Unternehmen wechseln.

Aus Sicht der Experten aus den Unternehmen läßt sich diese Orientierung auch in den Unternehmen beobachten. Die hohe Leistungsbereitschaft wurde ebenso bestätigt wie der Anspruch der Mitarbeiter, entsprechende Rechte für sich einzufordern. Dabei machten einige Experten auch den direkten Vergleich mit der Leistungseinstellung älterer Generationen, die pflichtbewußt ihren Job machten, ohne entsprechende inhaltliche oder persönliche Ansprüche zu stellen. Die Auswertungen der Interviews bestätigen den in Teil 2 skizzierten Wertewandel hinsichtlich einer veränderten Arbeitseinstellung und Leistungsmotivation in ihren grundsätzlichen Trendaussagen, auch für die Gruppe der Dcc. Immer wieder wurde dabei, sowohl von den Paaren wie von den Experten herausgestellt, daß es nicht um eine Abkehr von der Arbeits- oder Leistungsbereitschaft geht, sondern vielmehr eine hohe Leistungsbereitschaft vorliegt, wenn sich die Anforderungen mit persönlichen und Selbstverwirklichungszielen kombinieren lassen. Kombiniert man zudem Aussagen anderer dargestellter Studien (Teil 2), wonach die Gruppe der traditionell karriereorientierten Fach- und Führungskräfte, besonders unter den jüngeren, eine Minderheit geworden ist und sieht zudem die Verbreitung der Dcc unter jüngeren Fach- und Führungskräften, so muß angenommen werden, daß die Dcc dem Wertewandel besonders stark unterliegen.

Neben der Einstellung zur Berufstätigkeit sind familien- bzw. partnerschaftsbezogene Werte bei der Betrachtung der Dcc die zweite, wesentliche Ebene. So finden sich in den Aussagen der interviewten Partner in den gewählten Partnerschaftsmodellen verschiedene Werthaltungen zu Partnerschaft, Gleichberechtigung und Kindererziehung. Durch die Werte- und Familienforschung wurde bereits in verschiedenen Studien (Teil 2) aufgezeigt, daß besonders in der Gruppe der jüngeren und höher Qualifizierten, also der Gruppe, der die Dcc zuzurechnen sind, Änderungen der traditionellen Werte am weitestgehenden sind. Ähnlich wie in der beruflichen Ebene zeigt die Forschung hier einen Trend zu mehr Selbstentfaltung innerhalb von Partnerschaften und geänderte Ansprüche an die Partnerschaften. Diese Strömungen stellen die Grundlage für die These der Individualisierung der Gesellschaft dar, in der berufliche und die private Selbstverwirklichung jedes Einzelnen als „Zentrifugalkräfte" auf Beziehungen wirken.

Diesen, aus der Werteforschung und statistischen Daten (z.B. Scheidungsziffern) abgeleiteten Trends der Individualisierung und Selbstverwirklichung, stehen Umfrageergebnisse gegenüber, die Familie und Partnerschaft immer noch als eines der ersten Lebensziele darstellen (Teil 2). In die gleiche Richtung weisen Aussagen der Experten und der Paare, die im Rahmen dieser Arbeit dargestellt wurden, wonach Partnerschaft und Familie dominante Werte sind. Ein ähnlich widersprüchliches Bild ergibt sich auch bei den Wertebildern, betrachtet man diese für Frauen und Männer getrennt. Während Männer bei Befragungen zunehmend häufig angeben, daß sie sich eine stärke Beteiligung oder Gleichberechtigung bei der Kindererziehung wünschen, setzt dies nur ein Bruchteil der Männer um. Widersprüchliches gibt es auch bei den Frauen, die einer eigenständigen Berufstätigkeit einen hohen Wert zumessen. Im Konfliktfall zwischen beruflichen Anforderungen und Partnerschaft oder bedingt durch Kindererziehung werden diese Wertvorstellung nicht umsetzt und die Hausfrauenrolle übernommen. Auch die tatsächliche Kinderzahl weicht bei qualifizierten Paaren von den Wunschvorstellungen der Kinderzahl ab.

Zur Erklärung dieser „Widersprüche" ist im Laufe dieser Arbeit ein Modell entwickelt worden, das die Abhängigkeit von Wertvorstellungen in

Beziehung zur Partnerschaft und externen Anforderungen darstellt. Dabei muß davon ausgegangen werden, daß zwischen den Wertbildern und den zu beobachtenden Handlungen Wechselbeziehungen bestehen. So zeigen die Interviews, daß einerseits versucht wird, berufliche und private Situationen so zu gestalten, daß sie sich den Wertvorstellungen annähern, andererseits führen Rahmenbedingungen, die als nicht veränderbar eingestuft werden dazu, daß Wertvorstellungen zurückgestellt werden und sich die Handlungen stärker an externen Anforderungen orientieren.

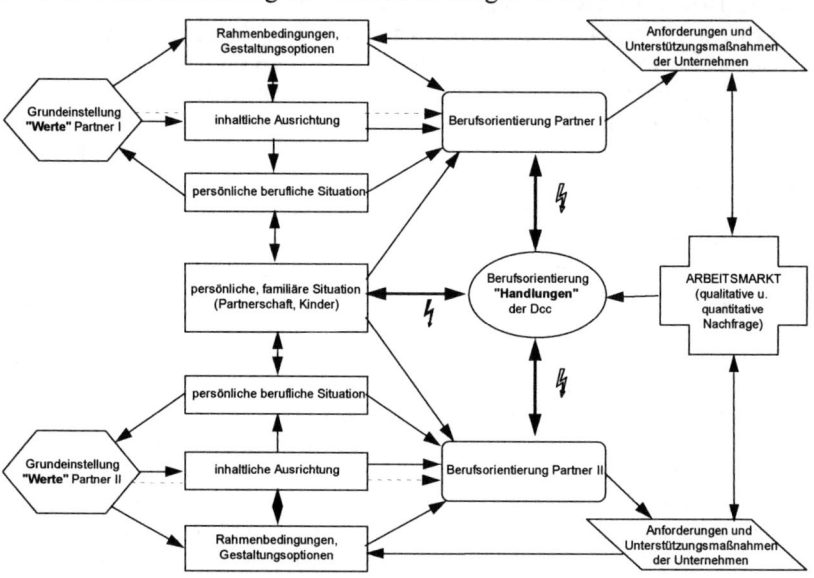

Abb. 4: Gesamtdarstellung der Wechselwirkungen in Dcc's

6.2.4. Paartypen als Kombination zweier Biographien

Auf Basis dieses Modells konnten in der vorliegenden Arbeit Paartypen (Teil 3) gebildet werden, indem die Wertvorstellungen der Partner betrachtet und der tatsächlich in der Partnerschaft gewählten Lösungsform gegenübergestellt wurden. Wie das Modell deutlich zeigt, wird davon ausgegangen, daß die jeweils gewählten Handlungsoptionen durch die Kombination von Wertvorstellungen, externen Anforderungen und Anforderungen aus der Partnerschaft, Familie gebildet werden. Diese Anforderungen, im wesentlichen die des Partners, beruhen wiederum auf seinen Wertvorstellungen und entsprechend gewählten Handlungsmustern. Damit wird deutlich, daß die Handlungsweise der Paare zwar durch die Wechselbeziehung zwischen den

Partnern und durch die externen Anforderungen und Rahmenbedingungen verändert werden kann, die Basis in Form der Wertvorstellungen beider Partner als relativ konstant betrachtet wird. Obwohl das, aus den Ergebnissen der Arbeit entwickelte Modell, sicherlich noch weitergehend verifiziert werden muß und die genauen, gewichteten Beziehungsverhältnisse und Wechselwirkungen aufgrund der Datenbasis nicht angegeben werden können, stellt es eine anschauliche Erläuterungs- und Diskussionsgrundlage als Denkmodell zur Konstruktion der Dcc-Strukturen dar.

Dabei ergaben sich aus den Äußerungen der Dcc-Partner verschiedene Gruppierungen. Eine Einstellung, die unter anderem zu der Bildung von Paartypen führte, war die Gewichtung zwischen Beruf und Familie. Einige Partner gaben an, daß ihnen die eigene berufliche Verwirklichung wichtiger sei als Familie bzw. Partnerschaft. Die Paare, in denen beide Partner diese Gewichtung vornahmen und realisierten, wurden als „fragmentierte Paare" (Typ 4) bezeichnet. In diesen Paaren stand die berufliche Selbstverwirklichung an oberster Stelle der „Wertehierarchie".

In einem Paar gab es die „Wertekombination", bei der für einen Partner die Berufsorientierung dominierte, vom anderen Partner eine gleiche Gewichtung von Beruf und Partnerschaft angestrebt wurde. In der Umsetzung führte dies zur klassischen Rollenverteilung. Der Mann setzte seine Berufsorientierung durch, die Frau übernahm die Familienrolle.

Alle anderen Befragten äußerten zunächst die Vorstellung, eine Gleichgewichtung von Berufs- und Familienorientierung anzustreben. In der Umsetzung realisierten aber nur zwei Paare eine echte Gleichwertigkeit von Beruf und Familie für beide Partner. Diese Paare, die eine echte Gleichberechtigung beider Biographien realisiert haben, wurden von mir als Typ 3 „gleichberechtigte Paare" bezeichnet. D.h. in diesen Beziehungen stehen Familie und Beruf als Wert gleichberechtigt nebeneinander und beide Partner realisieren diese Werte für sich (ausführlich Teil 3).

Obwohl auch andere Paare häufig die Gleichberechtigung betonten, findet sich in der Realisierung ein überwiegend traditionelles Wertemuster. Das „Auseinanderfallen" von grundsätzlichen Einstellungen und der Realisierung ist in Teil 2 bei der Betrachtung verschiedener Studien sowie im Teil 6.2.3. dargestellt worden. Auch in dieser Facette sind die Parallelen zwischen Untersuchungen von Bevölkerungsstichproben und der Stichprobe der Dcc in dieser Untersuchung deutlich. Paare, die zwar formal eine Gleichheit der beruflichen und privaten Werte formulierten, bei denen aber in der Umsetzung die Berufslaufbahn des Mannes kombiniert mit der Familienrolle der Frau gewählt wurde, habe ich mit Typ 2 „modernisiert, traditionelle Paare" benannt. Im Vergleich zu traditionellen Paaren (als Vergleichstyp 1 benannt), die eine eindeutige Zuweisung der traditionellen Rollenbilder an Frau und Mann kennzeichnet, ist zwar das Lösungsmuster dieser Paare gleich, hinsichtlich der Rollenbilder unterscheiden sich die beiden Paartypen jedoch.

In den modernisiert-traditionellen Paaren wird die eigenständige Berufslaufbahn der Frauen anerkannt und ihr prinzipiell die Umsetzung zugebilligt, während in den traditionellen Paaren die Frau mehr die Rolle der Hinzuverdienerin übernimmt und die Notwendigkeit einer eigenen Berufslaufbahn negiert wird.

Ähnlich, wie sich diese beiden Paartypen nur in der Wertehaltung, nicht jedoch im beobachtbaren Lösungsmuster unterscheiden, kann auch der Paartyp der modernisiert-traditionellen Paare nochmals unterteilt werden. Kriterium für diese weitere Unterteilung ist dabei die Einstellung der Frau und ihrer Wertepräferenzen. So fanden sich in den Interviews Frauen, die eine traditionelle Familienrolle mit Verzicht auf berufliche Optionen nur aufgrund von „äußeren Zwängen" übernahmen (fehlende Kinderbetreuung, Berufschancen des Mannes, gesellschaftliche Erwartungen). Wie in den Interviews deutlich wurde, waren sie mit der gewählten Lösung unzufrieden und hätten gerne ihre eigene Berufslaufbahn, zumindest gleichberechtigt mit dem Partner, fortgesetzt (Typ 2a). Demgegenüber fanden sich Frauen, die ihre beruflichen Präferenzen, zumindest für bestimmte Lebensphasen, gerne zurückstellten um dann die Familienrolle zu übernehmen. Wichtig war auch diesen Frauen, daß die Übernahme der traditionellen Frauenrolle zeitlich begrenzt wurde oder sich die Möglichkeit zur Fortsetzung ihrer Berufstätigkeit auf Teilzeitbasis bot (Typ 2b), die Berufsorientierung also nicht vollständig aufgegeben wurde.

Obwohl die Daten verschiedener Untersuchungen (Teil 2) darauf hindeuten, daß sich ein Teil der Frauen immer stärker vom traditionellen Rollenbild entfernt, führt dies jedoch nicht zu einer Umkehr der Rollenbilder. Auch in der vorliegenden Untersuchung fand sich keine Partnerschaft, in welcher der Mann die alleinige Familienrolle dauerhaft übernommen hätte oder hierzu bereit gewesen wäre. In wenigen Fällen gab es allerdings die Bereitschaft von Männern, für temporäre Phasen die Kindererziehung zu übernehmen, so in den gleichberechtigten Paaren und bei einem Mann der modernisiert-traditionellen Paare. Da in diesem Paar die Frau auf der Übernahme der traditionellen Familienrolle bestand, wurde das traditionelle Lösungsmuster gewählt.

In der Verteilung der Qualifikationen innerhalb der Partnerschaften fanden sich durchgehend traditionelle Muster. Im Vergleich mit ihren Partnerinnen hatten die Männer gleichwertige oder höhere Qualifikationen; in keinem Fall hatte die Frau einen höheren Abschluß. Entsprechend finden sich Frauen mit höheren Berufsabschlüssen nur in Paaren, in denen der Mann über einen höheren Abschluß verfügt, z.B. beide promoviert oder beide habilitiert.

Damit unterscheiden sich die Dcc in der Qualifikationsverteilung nicht von der traditionellen Verteilung der Qualifikationen in Partnerschaften in der Gesamtbevölkerung. Allerdings liegt das Qualifikationsniveau der Dcc deutlich über dem anderer Paare in der Bundesrepublik. Im Gegensatz zur allgemeinen Einstellung in der Bevölkerung befürworten bzw. akzeptieren Männer mit höheren Bildungsabschlüssen eine selbständige Berufslaufbahn von Frauen überdurchschnittlich häufig. In den Befragungen dieser Arbeit wurde die selbständige Berufslaufbahn der Frau generell von allen Teilnehmern befürwortet. Sobald sich aber für den Mann eine negative, persönliche Situation einstellt, z.b. Schwierigkeiten am Arbeitsmarkt, wird teilweise von der Frau die Rückkehr zur traditionellen Rolle erwartet bzw. nehmen die Frauen mit Selbstverständlichkeit Einschränkungen ihrer Berufslaufbahn hin, um dem Mann weiterhin berufliche Optionen zu ermöglichen. Auch in diesem Punkt decken sich die Untersuchungsergebnisse mit anderen, dargestellten Studien (Teil 2). Als Begründung für dieses Verhalten finden sich überwiegend rationale Erklärungen, wie z.b. die Einschätzung der besseren beruflichen Chancen der Partner oder fehlende Unterstützungsmöglichkeiten. In einigen Interviews zeigte sich, daß diese Argumente häufig nicht stichhaltig sind. So hatten in zwei Fällen die Frauen bessere Berufschancen und nutzten trotzdem diese Argumentation. Deutlich wurde in den Interviews, in denen die Frauen Einschränkungen zugunsten ihres Partners hingenommen hatten, daß bei ihnen selbst eine Unzufriedenheit über die berufliche Laufbahn herrschte.

Unabhängig von der konkreten Typisierung der Paare zeigt sich für die Dcc ein „geteiltes Wertebild", das sich aus dem Spannungsverhältnis von beruflichen und privaten Ansprüchen und umsetzbarer Praxis ergibt. Je nach Zusammensetzung der Wertemuster der beiden Partner ergeben sich für die Paare entsprechende Zielkonstellationen, die dann an externen Rahmenbedingungen gespiegelt und umgesetzt werden müssen, z.B. im Hinblick auf berufliche Anforderungen durch den Arbeitgeber oder bei der Frage von Kindern und Kinderbetreuung. Die wesentlichen Spannungslinien liegen dabei in beruflichen Anforderungen, die auf die Partnerschaft einwirken, in der Regel Mobilitätsanforderungen sowie bei der Gestaltung der Kindererziehung innerhalb der Partnerschaft, die eine Einschränkung beruflicher Optionen notwendig machen. Bevor auf Bewältigungsstrategien eingegangen wird, sollen diese Faktoren zusammengefaßt dargestellt werden.

6.2.5. Kinder

In der Stichprobe der wissenschaftlichen Mitarbeiter an der Ruhruniversität Bochum fanden sich fünf Paare ohne Kinder und sechs Paare mit Kindern. Soweit die befragten Experten, die in Dcc lebten, ihre Privatsituation erläuterten, fanden sich sowohl Paare mit als auch ohne Kinder unter ihnen. Damit wird deutlich, daß Paare, bei denen beide Partner eine eigenständige Berufslaufbahn anstreben, nicht automatisch kinderlos sind. Gleichzeitig zeigt sich, daß die Dcc nicht mit den DINKS (double income no kids), also einer Partnerschaftsform ohne Kindern gleichgesetzt werden können. Für die Dcc muß also näher betrachtet werden, welche Einstellung zu Kindern und welche Wechselwirkung zwischen Kindern und der Berufstätigkeit beider Partner vermutet werden können. Dabei sind zwei Ebenen zu betrachten. Zum einen ist zu fragen, ob das Vorhandensein von Kindern generell einen Einfluß auf die Berufstätigkeit, vor allem der Frau hat. Zum anderen ist zu untersuchen, wie die Kindererziehungsaufgaben innerhalb des Paares gelöst werden. Blickt man zunächst auf die Aussagen der betrieblichen Experten, so scheinen Kinder für die Frage der Frauenberufstätigkeit keine wesentliche Einflußgröße zu sein. Von den Experten werden Beispiele genannt, in denen Frauen mit Kindern Führungsaufgaben in den Unternehmen weiterführen und für die Geburt nur kurzfristig ausgesetzt haben. Zum anderen findet sich häufiger die Argumentation, wenn Kinder das Karrierehindernis für Frauen darstellen würden, so müßten zumindest viele kinderlose Frauen in entsprechenden Positionen sein.

Statistische Daten deuten ebenfalls darauf hin, daß der Ausbildungsabschluß der Mutter und die Rahmenbedingungen der Kindererziehung für die Berufsorientierung von Frauen wichtiger sind, als die Frage, ob Kinder vorhanden sind. So ist im Zeitverlauf der letzten Jahrzehnte in Abhängigkeit vom Bildungsabschluß eine steigende Frauenerwerbsquote, sowohl bei Frauen mit und ohne Kindern als auch bei Alleinerziehenden zu beobachten. Im Vergleich der verschiedenen Gruppen fallen zwei Punkte auf: Der Anstieg der Erwerbsquote ist bei qualifizierten Frauen sowohl in der Gruppe der Frauen mit und ohne Kinder besonders groß. Trotz des Anstiegs zeigt ein Vergleich der Erwerbsquoten zwischen den Gruppen, daß die Erwerbsquote von Frauen ohne Kindern in Deutschland deutlich höher liegt als bei Frauen mit Kindern. In anderen europäischen Ländern, in denen gute Angebote der Kinderbetreuung (z.B. Dänemark, Frankreich, Belgien) oder bessere Teilzeitangebote (Großbritannien, Niederlande) vorliegen, kann ein Einfluß von Kindern auf die Berufstätigkeit der Frauen nicht gezeigt werden. In einigen dieser Länder liegt die Erwerbsquote von Frauen mit Kindern sogar höher als bei kinderlosen Frauen. Ähnliches kann auch aus Studien für die USA gezeigt werden (Teil 2.5.).

Neben Qualifikation und Rahmenbedingungen scheint das Alter der Frauen ein weiterer Einflußfaktor zu sein. Wie die Auswertung der Interviews mit Paaren und Personalverantwortlichen zeigt, nimmt der Einfluß, den Kinder auf die Berufstätigkeit der Frau nehmen, mit zunehmender Qualifikation, besonders unter den jüngeren Frauen ab. Zusätzlich läßt sich in den Statistiken ein Zusammenhang bei jüngeren Frauen zeigen, bei denen sich zunehmende Vollzeittätigkeiten und höhere Qualifikationen parallel entwickeln.

Während der Einfluß von vorhandenen Kindern auf die Berufstätigkeit der qualifizierten Frauen offensichtlich geringer wird, gibt es auf der anderen Seite aber einen Zusammenhang zwischen Qualifikation und Kinderzahl. Wie in Teil 2 gezeigt werden konnte, ist der Kinderwunsch bei Paaren mit höherer

Qualifikation ausgeprägter als bei niedrig qualifizierten Paaren. In der Realisierung kehrt sich das Bild um. Paare mit niedrigen Qualifikationen verfügen insgesamt über die höhere Kinderzahl. Hier fallen offensichtlich Wunsch- oder Wertvorstellungen und deren spätere Realisierung auseinander. Vermutet werden könnte hier ein Zusammenhang zwischen Berufswunsch und Kinderzahl, da bei zunehmender Kinderzahl eine parallele Berufstätigkeit schwieriger zu bewerkstelligen ist. Unter Annahme dieser Vermutung würden hier zwei Ziele, die der Kinderzahl und die der eigenständigen Berufslaufbahn zweier Partner kollidieren. Somit zeigt sich ein Bild, daß immer mehr, vor allem jüngere Frauen immer bessere Qualifikationen erhalten. Gleichzeitig steigt die Erwerbsquote sowie der Anteil der Vollzeitbeschäftigten. Dieser Trend gilt für Frauen mit und ohne Kinder, läuft in Deutschland aber in den beiden Gruppen auf unterschiedlich hohem Niveau ab.

Offensichtlich spielt dabei die Betreuungsmöglichkeit für Kinder eine große Rolle, wie der internationale Vergleich zeigt. Da die Akzeptanz der Nutzung von Kinderbetreuungseinrichtungen mit zunehmender Bildung steigt (Teil 2), ist in der Gruppe der Dcc eine hohe Nutzung solcher Optionen zu erwarten. Obwohl alle befragten Paare dieser Untersuchung über eine akademische Ausbildung verfügten, findet eine Kindererziehung durch Dritte nicht nur Zustimmung. Deutlich wurde in den Interviews ein Zusammenhang zwischen Rollenbild der Partner bzw. Paartyp und der Nutzung von Kinderbetreuungseinrichtungen. So wird im Paartyp 2, in dem die Frau bei überlagernden beruflichen Anforderungen dem Mann den weiteren beruflichen Weg ermöglicht und die traditionelle Rolle der Kindererziehung übernimmt, eine Kinderbetreuung durch Dritte von allen Paaren abgelehnt. Im Paartyp 3, in dem versucht wird, beiden Partnern gleichberechtigt einen beruflichen Weg zu ermöglichen, wird demgegenüber die Nutzung von externer Kinderbetreuung selbstverständlich eingeplant. Offensichtlich liegt hier eine Ausdifferenzierung der Nutzung von Kinderbetreuung in der Gruppe der berufstätigen Akademiker vor.

Eine weitere Option, die zunehmende Erwerbstätigkeit von Frauen mit Kindern zu ermöglichen, könnte in der Übernahme der Kinderbetreuung durch den Mann liegen. Diese Annahme bestätigen auch die Interviews mit den wissenschaftlichen Mitarbeiterpaaren. In allen Paaren des Typs 3, in denen für die Frau eine gleichberechtigte Berufsausübung angestrebt wurde, beteiligten sich alle Männer in wesentlichem Umfang an der Kindererziehung, z.B. indem sie entsprechenden Erziehungsurlaub nahmen und ihrer Partnerin in dieser Zeit berufliche Freiräume ermöglichten. In Paaren des Typs 2, in dem die Kindererziehung der Frau mit der traditionellen Rolle zugeschrieben wird, findet sich konsequenterweise kein Beispiel, in dem ein Mann sich wesentlich an der Kinderbetreuung beteiligte. Die Beteiligung von Männern an der Kindererziehung und die Übernahme von wesentlichen Betreuungsanteilen, wie in den Fallbeispielen der Paare des Typs 3 vorgefunden, stellt noch die Ausnahme dar, wie die amtliche Statistik belegt (Teil 2.5). Während die tatsächliche Übernahme von Kindererziehung durch die Väter sehr gering ist, wandelt sich die Einstellung der Männer allerdings langsam. Vor allem qualifiziertere Männer befürworten zunehmend eine Erziehung durch beide Elternteile und eine stärkere Beteiligung des Mannes, das konservative Modell, in dem die Frau den Beruf zugunsten der Kindererziehung zurückstellt, wird abgelehnt. Verstärkt wird der Trend durch die Variable Lebensalter: Je jünger die Paare, desto kritischer stehen sie dem konservativen Modell gegenüber.

Daß Kinder nicht mehr automatisch die Berufstätigkeit der Frau bestimmen, zeigt sich ebenfalls bei der Berufsunterbrechung im Zusammenhang mit einer Schwangerschaft und des Wiedereinstiegs nach der Geburt. Wie verschiedene, in Teil 2 dargestellte Studien zeigen, unterbrechen qualifizierte Frauen aufgrund ihrer Mutterschaft nicht mehr ihre Berufstätigkeit oder verkürzen die Unterbrechung zunehmend. Gleichzeitig ist bei höher qualifizierten Frauen beim Wiedereinstieg nach einer Unterbrechung kein direkter beruflicher Nachteil, bezogen auf die berufliche Position festzustellen. Ganz im Gegenteil zu niedrig qualifizierten Frauen, die längere Pausen einlegen und häufig beim Wiedereinstieg berufliche Abstiege hinnehmen müssen. Bezogen auf die untersuchte Gruppe konnten diese Forschungsergebnisse durch die Experten und die befragten Partner aus den Dcc bestätigt werden. So wurde von mehreren Unternehmensverantwortlichen berichtet, daß durch das Verhalten von Frauen in qualifizierten Positionen Schwangerschaften sowohl für das Unternehmen als auch für die Laufbahn der Frauen ohne Probleme sind. Ausschlaggebend für diese Experteneinschätzung waren Beobachtungen, daß Frauen aufgrund der Schwangerschaft nur sehr kurz ihre Tätigkeit unterbrechen und danach wieder zur Verfügung stehen. In den Aussagen der Dcc bestätigt sich dieses Bild. Ein vollkommener Ausstieg aus dem Berufsleben kommt für die Dcc-Partner nicht in Frage. Je nach Partnerschaftsmodell werden befristete Unterbrechungen oder eine Reduktion des Arbeitsumfangs akzeptiert.

6.2.6. Mobilitätsbereitschaft der Paare

Sowohl wissenschaftliche Studien als auch die Aussagen der Experten aus Personalberatungen und Unternehmen zeigen für die Gruppe der Akademiker generell eine hohe Bereitschaft zur Mobilität auf. Bei der Umsetzung konkreter Mobilitätsanforderungen kommt es dann zu Problemen und die Mobilitätsbereitschaft ist häufig nicht mehr vorhanden. Ansätze zur Erklärung dieser Diskrepanz finden sich in den Interviews mit den Paaren und den Personalverantwortlichen aus Unternehmen. Generell waren alle befragten Paare bereit, beruflich notwendige Ortswechsel vorzunehmen, einige wünschten sich dies sogar, andere sahen darin eine zwingende Notwendigkeit. Dieser Bereitschaft, so wird in den Interviews (Teil 3.8.) deutlich, steht der Wunsch gegenüber, die Mobilitätsanforderungen mit Partnerschaft und Familienleben koordinieren zu können. Hierzu werden verschiedene Modelle, vom Wochenendpendeln bis zu einem gemeinsamen Umzug der Familie diskutiert und umgesetzt.

Da beiden Partnern eines Dcc durch ihren jeweiligen Beruf Ortsbedingungen vorgegeben werden, sind die Lösungsoptionen entsprechend beschränkt. Sind Kinder vorhanden, verringern sich die möglichen Lösungsoptionen nochmals, da die Kindererziehung koordiniert und geteilt werden soll bzw. muß. Je nach Art der Mobilitätsanforderung treten hier Probleme auf, die durch die Paare allein nicht zu lösen sind und dazu führen, daß zugunsten der Familie ein Ortswechsel negiert wird und die vorher vorhandene Mobilitätsbereitschaft nicht mehr gegeben ist. Als Fazit der ausgewerteten Interviews zeigt sich, daß die beklagte, zu geringe Mobilitätsbereitschaft im Falle konkreter Mobilitätsanforderungen keine generelle Haltung der Dcc ist, sondern vielmehr bedingt wird durch nicht ausreichende Optionen, berufliche und private Anforderungen koordinieren zu können.

Interessanterweise beschreiben sowohl die Paare wie auch die Unternehmensvertreter diesen Zusammenhang in gleicher Weise. Trotz der Analyse ist keine Seite in der Lage, Lösungen zur Verbesserung der Mobilität zu benennen. Die Paare sehen sich Arbeitsmarkt- bzw. Arbeitgeberanforderungen sowie einem limitierten Unterstützungsangebot (z.B. Kinderbetreuungseinrichtungen) gegenüber, bei dem sie weder Einfluß- noch Änderungsoptionen erkennen. Aus ihrer Sicht gibt es nur die Optionen, daß die Berufswünsche eines Partners einschränkt werden oder die Mobilitätsanforderung verweigert wird, um familiäre und partnerschaftliche Belange zu schützen. Die Bereitschaft, aufgrund beruflicher Optionen Trennungen hinzunehmen oder Pendlerbeziehungen zu führen, ist gering ausgeprägt. Hier wird eindeutig der Nachteil solcher Lösungen für die Beziehung gesehen.

In jedem Fall wird eine zeitliche Befristung solcher Lösungen gefordert, bei vorhandenen Kindern schließen die meisten Befragten Wochenendbeziehungen aus. Die Unternehmen sehen den Einfluß von Partnerschaft, doppelter Berufstätigkeit und ggf. Kindern auf die Mobilitätsbereitschaft, sind jedoch mit ihren traditionellen Unterstützungsprogrammen (Umzugshilfen etc.) nicht in der Lage, die Probleme der Dcc, besonders hinsichtlich des Arbeitsplatzes für den Partner abzudecken. Da sich ihnen gegenüber die Dcc als Einzelfälle darstellen, erkennen sie keine Lösung, wie sie generell die Mobilitätsbereitschaft dieser Gruppe positiv beeinflussen können. Somit sehen und beschreiben beide Gruppe das Problem identisch, fühlen sich aber nicht in der Lage, Änderungen herbeizuführen, da ihnen nicht klar ist, welche Handlungsoptionen jeweils auf ihrer Seite liegen.

Abb. 5: Dcc und Umwelt

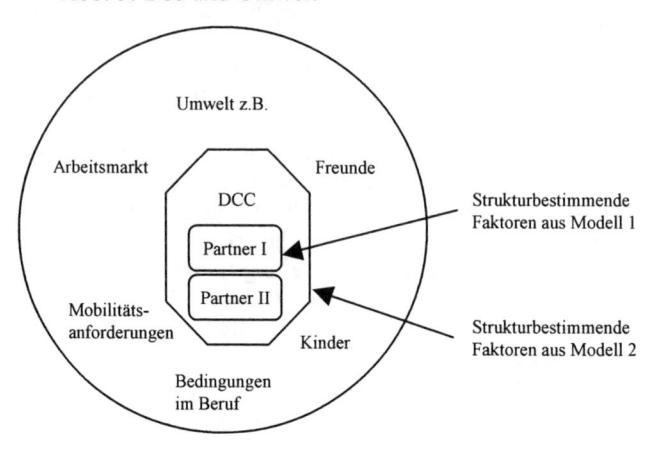

Umwelt z.B.

Arbeitsmarkt
DCC
Partner I
Partner II
Mobilitäts-
anforderungen
Kinder
Bedingungen
im Beruf
Freunde

Strukturbestimmende
Faktoren aus Modell 1

Strukturbestimmende
Faktoren aus Modell 2

Anmerkung: Zur besseren Übersichtlichkeit ist auf die Abbildung der Innenstrukturen der Modelle verzichtet worden (detailliert hierzu Modell 1 S. 86; Modell 2 S. 88). Hinsichtlich der Umweltfaktoren sind nur einige beispielhaft dargestellt worden.

6.3. Zusammenfassung und Gegenüberstellung der Fallbeispiele

Inwiefern jedes Dcc einen Einzelfall darstellt, wie die Unternehmensvertreter schildern, oder ob sich die aus den Paarinterviews gewonnene Typisierung auch in den Beobachtungen der Unternehmen finden läßt, soll im folgenden untersucht werden. Durch die mehrschichtige Anlage der empirischen Befragungen konnte eine Beschreibung verschiedener Paarkonstellationen aus unterschiedlicher Sichtweise gewonnen werden. Zum einen stellt jedes Interview mit einem Dcc-Partner eine Fallkonstellation dar. Darüber hinaus konnten die Arbeitsmarktexperten und die Unternehmensvertreter in den Interviews ebenfalls Beispiele nennen. Im folgenden soll die Typisierungsstruktur der Paare, die aufgrund der Rollenbilder und des Problemlösungsverhaltens der Paare gebildet wurde, genutzt werden, um die Fallbeispiele, die von den Arbeitsmarktexperten und Vertretern der Unternehmen geschildert wurden, einzuordnen und die Typisierung damit zu überprüfen. Dabei ergibt sich hinsichtlich der zahlenmäßigen Verteilung der Fälle auf die Paartypen ein verschobenes Bild. Deutlich wird dies am Paartyp 2, dem sogenannten traditionell-modernisierten Paar, das in der Stichprobe der befragten Paare am häufigsten zu finden war. Dieser Typ, der im Gegensatz zur traditionellen

Partnerschaft dadurch gekennzeichnet war, daß beide Partner eine eigene Berufslaufbahn anstreben, die Frau bei konkurrierenden Interessen die klassische Familienrolle übernimmt oder ihre Berufsoption zurückstellt, fand sich in den Beispielen der Experten nur in einem Fall. Hier hatte das Unternehmen die Familienplanung des Paares in die Versetzungsplanung ihres Mitarbeiters einbezogen. In der Kindererziehungsphase der Frau wurde der Mann versetzt, so daß die Frau mitgehen konnte. Da sie, bedingt durch das Kind, in dieser Phase nicht arbeitete, gab es keine Probleme einer Doppelberufstätigkeit. Zu vermuten ist, daß andere Paare, die dem Typ 2 zuzuordnen sind, von den Unternehmen nicht als Problemfälle und somit nicht als Dcc wahrgenommen werden, da sich diese Paare aus Sicht der Unternehmen wie traditionelle Paare verhalten. Der Mann wird in diesen Fällen versetzt, die Frau zieht mit, da sie ihren Job zugunsten der Kinder oder bedingt durch das Jobangebot für den Mann zurückstellt. Wie in den Interviews mit den Dcc deutlich wurde und durch Studien untermauert ist, liegt hier allerdings ein latentes Konfliktpotential in der Unzufriedenheit der Frau vor. Gerade bei dem Typ 2b, bei dem Frauen die Familienrolle nur ungern und mit einem Zielkonflikt übernehmen, ist mit Problemen für die Partnerschaft und die Versetzung zu rechnen, wenn im vorhandenen Zielkonflikt der Frau die Prioritäten verstärkt auf die Berufsausübung verschoben werden.

Der aus den Interviews mit den Dcc-Partnern gebildete Paartyp 3, die gleichberechtigten Paare, finden sich demgegenüber häufiger in den Fallbeispielen der Unternehmens- und Arbeitsmarktexperten. Kennzeichnend für diese Paare war, daß die Berufsorientierung beider Partner gleichberechtigt umgesetzt wird. Die Einflußfaktoren auf die Berufsausübung, wie z.B. Kindererziehung oder Mobilitätsanforderungen, wurden durch das Paar so gehandhabt, daß die Belastung auf beide Partner verteilt wurde und jeder Partner Berufsoptionen erhalten konnte. Zur Realisierung dieses Konzeptes streben die Paare an, die Belastungen durch externe Unterstützungen, z.B. bei der Kindererziehung und durch Maßnahmen oder Hilfen der Arbeitgeber zu verringern. Zusätzlich ergibt sich die Notwendigkeit für beide Partner, Einschränkungen in der Umsetzung ihres eigenen Berufsziels hinzunehmen, damit beide Partner insgesamt ihre Berufsziele verfolgen können. Im Extremfall fanden sich sogar gemeinsame Berufsziele der Partnerschaft. Obwohl in den Fallbeispielen durch die Arbeitsmarkt- und Unternehmensexperten keine Angaben über Kinder der Paare gemacht werden konnten und somit eine Einschätzung der Rollenverteilung hinsichtlich der Erziehung nicht möglich ist, sind die folgenden Fälle dem Paartyp 3 zugeordnet worden. Ausschlaggebend hierfür war, daß beide Partner bestrebt waren, dem jeweils anderen Partner seine Berufsoption zu ermöglichen, ohne auf den eigenen beruflichen Anspruch zu verzichten. So finden sich zwei Fälle, in denen das Paar gemeinsam einen Arbeitgeber sucht, der dem Paar die Chance bietet, bei der Versetzung eines Partners auch Berufsoptionen für den anderen Partner zu bieten.

In einem Fall wurde vom Unternehmen ein spezielles Programm initiiert, um solche Parallelversetzung zu ermöglichen, da das Unternehmen aufgrund der hohen Qualifikation der Frau ein besonderes Interesse hatte. In weiteren vier Beispielen finden sich Konstellationen in denen Unternehmen beide Partner gemeinsam an den neuen Standort versetzen. In zwei dieser Fälle sind beide Partner bei einem Unternehmen, in den anderen beiden Fällen bei zwei verschiedenen Unternehmen beschäftigt. Insgesamt nennen die Experten also sechs Beispiele, in denen die Partner von ihren Unternehmen parallel an den neuen Standort des jeweiligen Partners versetzt worden sind. Dabei konnten beide Partner ihren beruflichen Anforderungen nachgehen und gleichzeitig die Partnerschaft ohne Einschränkung führen.

In drei weiteren Fällen findet sich ein gleichgerichteter Wunsch der Paare. Hier konnte eine Parallelversetzung jedoch nicht realisiert werden, da eine entsprechende Stelle nicht vorhanden war. Die Unternehmen suchten für den Partner des versetzten Mitarbeiter am neuen Standort eine Möglichkeit. Je nach Konstellation blieben beide Partner im Beruf und es fand eine befristete Trennung des Paares statt oder ein Partner fand sich in der Phase in der Sucharbeitslosigkeit. Ziel des Paares war es aber immer, für beide Partner eine adäquate Berufstätigkeit zu realisieren und die Partnerschaft weiterzuführen. Daß die Paare dieser Gruppe eine solche Phase immer nur als kurzfristigen Übergang betrachten und im Unterschied zum Typ 2 nicht bereit sind, auf das traditionelle Modell zu wechseln, in dem ein Partner seine Berufslaufbahn zugunsten der Karriere des anderen zurückstellt, zeigen die Fälle, in denen Versetzungen gescheitert sind.

So wurde ein Fall geschildert, in dem beide Partner, allerdings mit Zeitverzug, an einen anderen Standort versetzt wurden. Da die Stelle, die nach der Suchphase für den mitversetzten Partner gefunden werden konnte, inhaltlich unbefriedigend war, brach das Paar die Entsendung ab und kehrte an den alten Standort zurück. An diesem Fall zeigen sich die beiden konkurrierenden Ziele des gleichberechtigten Paares – beruflicher und privater Anspruch. So war das Paar bereit, eine befristete Trennung in Kauf zu nehmen, da hierdurch für einen Partner künftig bessere Berufschancen, für den anderen mindestens gleichwertige Optionen bestanden. Nachdem sich herausstellte, daß die Berufsoptionen für den mitziehenden Partner unbefriedigend waren, verzichtete der andere Partner zugunsten der Partnerschaft auf die Ausübung seiner Tätigkeit. Beide nahmen ihre vorherige berufliche Aufgabe in bisherigem Umfeld wieder auf.

In eine ähnliche Richtung gehen zwei weitere geschilderte Fälle, in denen für den jeweiligen Partner keine entsprechende Stelle am neuen Standort gefunden werden konnte. In beiden Fällen scheiterten die Versetzungen. Wie die Beispiele zeigen, sind die Paare dieses Typs einerseits nicht bereit, ihre beruflichen Optionen für den Partner aufzugeben, um z.B. als Hausfrau mitzuziehen, andererseits gibt es aber auch keine Bereitschaft, eine dauerhafte

Trennung vom Partner hinzunehmen. Gleichberechtigte Paare versuchen also nicht nur eine Gleichberechtigung zwischen Mann und Frau innerhalb des Paares herzustellen, sondern beide Partner versuchen auch eine Gleichberechtigung zwischen den Werten Beruf und Partnerschaft bzw. Familie zu erreichen. Hier decken sich die Schilderungen aus den Fallbeispielen mit den zuvor dargestellten Analysen aus den Paarinterviews.

Der Typ der fragmentierten Paare, der aufgrund der Paarinterviews gebildet wurde, findet sich ebenfalls in den Fallbeispielen der Unternehmen. Wie drei Beispiele belegen, muß bei diesen Partnerschaftstyp nicht immer eine Konfliktebene oder eine Trennung des Paares bei unterschiedlichen, beruflichen Optionen vorliegen, wie der Eindruck aufgrund der Paarinterviews entstehen konnte. Deutlich wird anhand der Beispiele und im Vergleich zu den gleichberechtigten Paaren, daß bei fragmentierten Paaren die Wertigkeit des Berufes und die Erreichung eigener Berufsvorstellungen jedes Partners im Vordergrund steht. Für dieses Ziel sind die Partner bereit, deutliche Einschränkungen der Partnerschaft hinzunehmen.

Von verschiedenen Experten wurden insgesamt drei Fallbeispiele geschildert, in denen die Paare über mehrere Jahre an verschiedenen Standorten, in verschiedenen Länder lebten und arbeiteten. Diese, in der Literatur als „Living apart together" bezeichnete Form, findet in den Unternehmen nur bedingtes Verständnis, wie die Aussagen der Experten zeigen. Allerdings wird die Form toleriert, da hierdurch für das Unternehmen keine Probleme hinsichtlich der Versetzung entstehen. Kennzeichnend für diese Paare ist, daß die Partner ihre persönlichen, beruflichen Interessen vor die Partnerschaft stellen. Differieren diese Interessen dann, geht jeder Partner seinen beruflichen Weg, ohne daß die Partnerschaft gelöst wird. In einem Fallbeispiel wird deutlich, daß diese Lebensform, zumindest für dieses Paar, keine Dauerlösung sein kann. Hier wird von dem Experten ausgeführt, daß eine Phase erreicht wurde, in der das Paar vor der Alternative steht, daß die Partner wieder an einen Standort zusammenziehen, ggf. unter beruflicher Einschränkung eines Partners, oder daß die Beziehung getrennt wird. Das Fallbeispiel mit der längsten Dauer dieser Lebensform betrug drei Jahre.

Während bei den zuvor genannten Beispielen die Entfernungen der Arbeitsorte beider Partner soweit im Ausland lagen, daß ein Wochenendpendeln nicht mehr möglich war, finden sich zusätzlich noch zwei Fallbeispiele, in denen eine Wochenendbeziehung geführt wurde. Prinzipiell gilt hier das gleiche, wie zuvor gesagt, andererseits kann aber auch der Partnerschaftstyp 3 vorliegen und die Wochenendbeziehung wird nur als Übergangsphase gesehen, bis beide Partner einen entsprechenden Arbeitsplatz gefunden haben. Für diese Wochenendbeziehungen dürften aber ebenso zeitliche Begrenzungen gelten, wie sie in den Interviews mit den Partnern aus den Dcc's deutlich wurden.

Daß sich das zahlenmäßige Verhältnis der Paartypen zwischen der Auswertung der Interviews mit Dcc-Partnern und den Fallbeispielen der Experten stark verschiebt, könnte die unterschiedliche Wahrnehmung der Dcc aus den verschiedenen gesellschaftlichen Blickwinkeln widerspiegeln bzw. bestätigen, daß Dcc von den Unternehmen nur wahrgenommen werden, wenn es sich um Paare des Typs 3 und 4 handelt. Paare des Typs 2 fallen vermutlich aus der Wahrnehmung, da sich diese aus Unternehmenssicht vergleichbar der traditionellen Paare verhalten. Allerdings muß diese Vermutung sehr vorsichtig betrachtet werden, da die Stichproben keinerlei Repräsentativität aufweisen.

Neben den dargestellten Beispielen erzählten die Experten weitere Fälle, die aber aufgrund der Angaben nicht eindeutig einem Paartyp zugeordnet werden können, ausführlich aber in Teil 5 beschrieben sind. Wie sich in der Gesamtzahl der Fälle zeigt, sind die Unternehmen generell bereit, den Mitarbeitern in Mobilitätsfragen entgegenzukommen und Lösungen zu suchen, wenn Paarprobleme erkennbar werden. So findet sich ein weiterer Fall in den Interviews, in dem geschildert wurde, daß die Firma den Mitarbeiter auf seinen Wunsch hin an einen anderen Standort versetzt, damit dieser mit seinem Partner zusammenleben kann. Anders gelagert ist ein Fall, in dem eine Niederlassung verlegt werden sollte. Damit wären gleichzeitig mehrere Paare betroffen gewesen, die aufgrund fehlender Optionen für den Partner am neuen Standort, den Wechsel nicht mitvollzogen hätten. In diesem Fall wurde der Umzugsplan zurückgestellt. Ohne Ausnahme läßt sich hinsichtlich des Abbruchs für Versetzungen und Scheitern von Mobilitätswünschen der Unternehmen in allen Fällen immer ein Zusammenhang mit beruflicher Unzufriedenheit eines Partners herstellen und ein entsprechender Konflikt in der Partnerschaft aufzeigen.

Damit wird der Erfolgsfaktor zur Lösung der Dcc-Problematik sichtbar. In Abhängigkeit von Paartyp bzw. der Ziel- und Wertekonstellation sind die Partner mit unterschiedlichen Lösungen zufrieden. So kann für den Paartyp 2 davon ausgegangen werden, daß die Rollenverteilung solange keine Probleme für das Paar bedeutet, wie der Partner, der die traditionelle Familienrolle übernommen hat, in der Regel die Frau, private und familiäre Ziele über seinen Berufsanspruch stellen kann. Wird allerdings angestrebt, beide Ziele parallel zu verwirklichen, wandelt sich das Paar in der Typisierung entweder zu einem gleichberechtigten Paar, wenn auch der Partner eine gleichberechtigte Wertestruktur realisieren will, oder das Paar lebt mit einem dauerhaften Konflikt, der zwischen den Partnern oder als Rollenkonflikt der Frau ausgetragen werden muß.

Bei gleichberechtigten Paaren kann die geschilderte Unzufriedenheitssituation auftreten, wenn einer der beiden Partner nicht die Chance sieht, seine beruflichen Optionen in ausreichendem Maße verwirklichen zu können, oder wenn das Paar durch die beruflichen Ansprüche die Partnerschaft nicht ausreichend berücksichtigt sieht. Da die Paare diese schmale Gradwanderung sehr wohl sehen, sind sie bereit, vielfältige Kompromisse zu machen. So nehmen sie immer wieder Übergangslösungen, z.b. Sucharbeitslosigkeit oder Pendelbeziehungen in Kauf oder verzichten auf optimale oder bessere Berufschancen eines Partners, damit beide Partner berufstätig bleiben können. Da alleine mit diesen Kompromissen aber die Erreichung der konkurrierenden Ziele nur schwer möglich ist, finden sich in diesen Paaren auch Ansprüche gegenüber Arbeitgebern, die Paare zu unterstützen. Das Maß der Unterstützungsangebote oder die Bemühungen zur Unterstützung durch die Arbeitgeber tragen bei diesen Paaren wesentlich zur Zufriedenheit und einer erfolgreichen Mobilitätsphase bei.

Auf den ersten Blick scheinen die fragmentierten Paare für die Unternehmen unproblematisch zu sein. Durch die Priorität beider Partner, eine eigene berufliche Laufbahn zu verwirklichen, kommen diese Mitarbeiter den Anforderungen der Unternehmen weitgehend nach und stellen Partnerschaft und Familie stark zurück. Trotzdem gibt es bei den Unternehmen Bedenken, da deren Vertreter, wie die befragten Experten, in der Regel in einem traditionellen oder gleichberechtigten Paar leben und diese andere Lebensform mit Unverständnis und Skepsis betrachten. Exemplarisch wird dies nochmals an der Aussage eines Experten deutlich: „Wenn man nicht dauerhaft zusammenlebt, was soll dann die ganze Veranstaltung, dann kann man es auch gleich ganz lassen." Zudem unterstellen alle Experten dieser Form einen temporären Charakter, worauf auch die Fallbeispiele und die Aussagen aus den Paaren hindeuten. Je nachdem wie die Paare mittelfristig ihre Werte festlegen, wird nach einer Zeit entweder der Vorrang des Berufes zurückgestellt, um gemeinsam eine Partnerschaft zu führen oder die Partnerschaft wird sich auflösen. Wie lang diese Phase dauern kann und ob es Einzelfälle gibt, bei denen ein solches Partnerschaftsmodell dauerhaft funktionieren kann, läßt sich auf der vorhanden Datenbasis nicht abschließend beurteilen. Allerdings finden sich mehrere Beispiele, daß eine solche fragmentierte Paarbeziehung über viele Jahre existent sind. Die Beobachtungen lassen sich zudem durch Untersuchungen zu LAT's stützen, bei denen ebenfalls eine langjährige Dauer der Beziehungsform gefunden wurde (z.B. SEIDENSPINNER u.a. 1996).

6.4. Überprüfung der Forschungsthesen

These 1:
Durch eine Vielzahl von geänderten gesellschaftlichen Parametern, z.B. durch Wertewandel und zunehmend höheren Qualifikationen bei Frauen, entstehen vermehrt Partnerschaften, in denen beide Partner eine eigene Berufslaufbahn anstreben (Dual-career couples / Dcc).

Ergebnis der Arbeit zur These 1:
Die statistischen Daten zeigen eindeutig und langfristig eine Zunahme der Qualifikationen bei Frauen und eine Zunahme der Erwerbsquoten, besonders bei qualifizierten Frauen. In allen Interviews, sowohl bei den Partnern aus Dcc wie bei den Expertengesprächen bestätigen sich die Aussagen der Forschungsliteratur, daß gerade unter den besser Qualifizierten die Berufsorientierung sehr hoch ist. Gleichzeitig findet sich bei Männern mit überdurchschnittlicher Qualifikation zunehmend eine positive Einstellung zu einer eigenen Berufslaufbahn der Frau. Bestätigt wird von den Experten aus ihrer Beobachtung die Zunahme von Paaren, bei denen beide eine eigene Berufslaufbahn anstreben. Basierend auf verschiedenen Forschungen und Rahmendaten kann geschätzt werden, daß mindestens 15 bis 20 % aller berufstätigen Paare in Deutschland der Gruppe der Dcc zuzurechnen sind. Dabei gibt es wahrscheinlich große Schwankungen hinsichtlich der Branche, dem Unternehmen und der Tätigkeitsart, so daß der Anteil der Dcc in Fach- und Führungspositionen sowie in einzelnen Unternehmen weitaus höher liegen dürfte. Bei jüngeren Paaren ist in Teilbereichen durchaus von einem Anteil von 40 % der Beschäftigten auszugehen, die in Dcc leben.

These 2:
Die Dcc unterscheiden sich hinsichtlich ihrer Berufs- und Familienorientierung, Lebensplanung, Wertehaltung und Mobilitätsbereitschaft deutlich von traditionellen Partnerschaften, die sich im wesentlichen an der Berufskarriere eines Partners ausrichten.

Ergebnis der Arbeit zur These 2:
Wie die Ergebnisse der Wertewandelforschung zeigen, findet dieser Wandel überproportional in der jüngeren Generation und hier nochmals verstärkt bei den höher Qualifizierten statt. Genau in dieser Gruppe sind die Dcc zu finden, so daß bei den Dcc ein überdurchschnittlicher Trend zu veränderten Werten zu vermuten ist. Wie die Auswertung der Interviews mit Partnern der Paare, aber auch die Schilderung der Experten aus Unternehmen und Personalberatungen zeigen, bestätigt sich diese Annahme. Hervorgehoben werden immer wieder die veränderte Leistungsbereitschaft, die stark nach inhaltlichen Zielen der Berufstätigkeit fragt und weniger Pflichterfüllung und Karriere betont. Außerdem wird die Zunahme der Berufsorientierung von Frauen und deren Wunsch nach einer eigenständigen Berufslaufbahn bestätigt. Obwohl sich damit generell die Trendaussagen der Wertewandelforschung in der vorliegenden Untersuchung zeigen lassen, kann man nicht von *den* Dcc oder einem Wertemuster der Dcc sprechen. Vielmehr muß die Gruppe der Dcc hinsichtlich ihrer Berufs- und Familienorientierung differenziert werden. Kombiniert man die vorzufindenden Einstellungen mit tatsächlich praktizierten Lebensmodellen, so lassen sich Paartypen bilden, die entsprechende Wertemuster repräsentieren. Für alle Paartypen gelten die vorher gemachten Ausführungen

veränderter Wertemuster, allerdings in unterschiedlicher Ausprägung. Insgesamt unterscheiden sich aber alle Paare, mehr oder weniger deutlich, von traditionellen Partnerschaften. Wesentliches Unterscheidungsmerkmal ist hierbei der eigenständige Berufswunsch der Frau und die Akzeptanz der eigenen Berufslaufbahn der Frau durch den Mann. Eine traditionelle Partnerschaftsplanung, die ausschließlich auf den Berufsweg des Mannes abstellt und die Lebensplanung der Frau als abgeleitete Größe hinnimmt, findet sich in keinem Fall der analysierten Dcc.

These 3:
Die Belastungssituation der Dcc hinsichtlich gesellschaftlicher und privater Anforderungen ist höher als bei traditionellen Paaren, auch wenn in diesen Paaren der zweite Partner ebenfalls berufstätig ist (Hinzuverdiener).

Ergebnis der Arbeit zur These 3:
Wie die Expertenaussagen zeigen, werden an eine Fach- oder Führungskraft hinsichtlich Einsatzbereitschaft, Mobilität und Personalentwicklung umfassende Anforderungen gestellt. Bei diesen Anforderungen wird im Regelfall keine oder nur bedingt Rücksicht auf die persönliche, familiäre Situation genommen. Da beide Partner eines Dcc's sich diesen Anforderungen stellen müssen und diese gegensätzliche Ziele haben können, kann es hier zu entsprechenden Spannungslinien kommen. Wie der Vergleich mit anderen Ländern zeigt, führen schlechte Rahmenbedingungen z.B. für die Kinderbetreuung in Deutschland zu einer weiteren Belastung. Da bei traditionellen Paaren die Berufstätigkeit der Frau als Ergänzung zur Berufstätigkeit des Manns verstanden wird, orientiert sich die Problemlösung an den Anforderungen, die an den Mann gestellt werden. Fehlende Unterstützungsleistungen werden in der traditionellen Partnerschaft durch Berufsverzicht der Frau ersetzt.

Ähnlich wie der Beschäftigung von Frauen in weiterführenden oder leitenden Positionen zunächst Akzeptanzprobleme gegenüberstanden bzw. noch heute gegenüberstehen (wie einige Interviewpassagen der Personalberater belegen), wird die Lebensform der Dcc teilweise skeptisch beurteilt. Wie die Interviews zeigen, nimmt die Skepsis aber ab, da die Verbreitung dieser Lebensform insgesamt zunimmt, speziell bei gesellschaftlichen Eliten (Leitungskräften, Professoren). Generell gibt es aber im Bereich der älteren und der geringer qualifizierten Bevölkerungsschichten Vorbehalte. Schwierigkeiten erwachsen den Dcc dabei, wenn sie auf ältere Führungskräfte stoßen, die weder die geänderten Wertebilder zur Kenntnis nehmen noch Verständnis für die Lebensform der Dcc haben. Damit ergeben sich für die Dcc Belastungen aus der Verdopplung der Anforderungen, kombiniert mit teilweise vorhandenem Unverständnis gegenüber dieser Lebensform. Bei traditionellen Paaren hingegen findet eine Verteilung der Belastungen zwischen den Partnern hinsichtlich der Rollen statt, gleichzeitig ist dies Modell in den Unternehmen akzeptiert und wird bei Mobilitätsanforderungen entsprechend unterstützt.

These 4:
Traditionelle Frauenfördermaßnahmen und -programme vernachlässigen die Bedürfnisse der Dual-career couples, da die Maßnahmen auf Parameter abzielen, die im wesentlichen auf die Situation der kindererziehenden, parallelberufstätigen Frau abzielen (Wiedereinstieg, Kindergarten, Teilzeit). Diese Punkte haben aber für Dcc nur zweitrangigen Charakter.

Ergebnis der Arbeit zur These 4:
Wie die Interviews aller Befragten zeigen, beginnen die Problemkonstellationen der Dcc nicht mit Kindern sondern häufig bereits bei Paaren, die noch ohne Kinder sind. Hier geht es um die Mobilitätsanforderungen, die an beide Partner gestellt werden. In den ersten Berufsjahren sind diese Anforderungen besonders hoch, sei es beim Berufseinstieg oder im Rahmen der Personalentwicklung. Verbunden mit einer zunehmenden Verbreitung von befristeten Arbeitsverträgen wird die familiäre Planung sehr erschwert. In dieser Phase greifen bisher keine Unterstützungsmaßnahmen. Sind entsprechende Rahmen durch das Paar gesetzt bzw. Mobilitätsfragen gelöst worden, können die Dcc auch die traditionellen Unterstützungsleistungen nutzen. Leistungen im Bereich der Kindererziehung haben für Dcc eine ähnliche, wenn nicht bedeutendere Rolle als bei traditionellen Paaren, da hierdurch die Doppelberufstätigkeit erst möglich wird. Teilzeitoptionen oder Wiedereinstiegsprogramme erreichen die Zielgruppe jedoch nur am Rand. Wie Statistiken zeigen und die Expertengespräche bestätigen, zeichnen sich die karriereorientierten Frauen gerade dadurch aus, daß sie ihre Berufstätigkeit nur kurz durch die Schwangerschaft unterbrechen. Hinsichtlich des Wiedereinstiegs, wenn überhaupt eine längere Unterbrechung vorliegt, haben diese Frauen keine relevanten Nachteile, die einer Unterstützung bedürfen.

These 5:
Da bei Dcc der Beruf eine prägende Rolle in der Ausrichtung der Lebensplanung spielt, ist davon auszugehen, daß die Dual-career Paare und ihre Probleme in Abhängigkeit von Variablen ihrer Berufstätigkeit identifiziert und gruppiert werden können (Beruf der einzelnen Partner, Kombination der Berufe in der Partnerschaft, Arbeitgeber der Partner, u.ä.).

Ergebnis der Arbeit zur These 5:
Interessanterweise bestätigen die Aussagen der Experten und der Paare aber die amtliche Statistik, daß Paare häufig die gleiche berufliche Qualifikation aufweisen. Mit der Einschränkung der fehlenden Repräsentativität zeigte sich bei den interviewten Partnern aus Dcc, daß die Partner überwiegend in sachverwandten Bereichen arbeiteten. In den Interviews wurde dies von den Befragten als wünschenswert herausgestellt. Die Personalverantwortlichen in Unternehmen sprachen häufig von sogenannten Firmenpärchen. Auch hier gibt es inhaltliche Parallelen in der Arbeit beider Partner. Von den Paaren wurde eine ähnliche Qualifikation oder die Tätigkeit des Partner in einem

ähnlichen Berufsfeld vor allem begrüßt, da hierdurch das Verständnis des Partners für berufliche Anforderungen größer sei. Entsprechend einfacher sind Diskussionsprozesse innerhalb der Beziehung.

Allerdings konnten weder in der Gruppe der interviewten Paare noch bei den Experten Indizien gefunden werden, daß die Berufsart der Partner oder die Kombination der Berufe der Partner einen Einfluß auf die Struktur der Partnerschaft oder auf bestimmte Probleme der Partnerschaft hat. Sowohl die Schilderungen der Paare aus dem Wissenschaftsbereich, auch hier mit unterschiedlichen Fachrichtungen, wie die Angaben der Experten aus der Wirtschaft förderten die gleiche Problemstruktur hervor. Lediglich bei einer Berufsgruppe, benannt wurden hier vor allem Lehrer, obwohl diese Problematik auch auf andere Landesbedienstete zutrifft, kommt es bei Mobilitätsanforderungen zu speziellen Problemen. In dieser Berufsgruppe ist eine Versetzung über die Grenzen der Bundesländer nur mit großen Schwierigkeiten möglich, da die Besetzung der freien Stellen häufig bevorrechtigt an „Landeskinder" vergeben werden. Hier gibt es ein speziell aus dem Beruf heraus entstandenes Problem für Dcc. Damit sind also die Wertekombinationen innerhalb der Paare entscheidender für den konkreten Umgang mit Anforderungen an Dcc, als die Zuordnung der Paare zu einem beruflichen Tätigkeitsfeld.

These 6:
Neben den steigenden Anforderungen an die Dcc durch den Doppellaufbahnwunsch entstehen auch neue Chancen zur Problembewältigung. So erhöhen sich die laufbahnrelevanten Kontaktbeziehungen, die in der Summe beider höher sind als bei Paaren mit traditioneller Ausrichtung. Die Partnerschaft bildet dann einen Kommunikationsknoten zwischen zwei beruflichen Netzwerken, von denen beide profitieren können (doppeltes good-old-boys-network).

Ergebnis der Arbeit zur These 6:
Da die Mobilitätsanforderungen an die Dcc überwiegend in einem frühen Stadium der Berufstätigkeit gestellt werden, z.B. im Rahmen von Entwicklungsprogrammen oder nach der ersten Berufsphase, existiert ein ausgebautes Netzwerk, daß bei diesen komplexen Fragestellungen helfen könnte, auf Seiten der Paare nur selten. Wie ein Fallbeispiel zeigt (Versetzung eines Niederlassungsleiters), existieren diese Kontakte oder Möglichkeiten dann, wenn eine entsprechende Berufsposition, in der Regel mit einer langjährigen Laufbahn verbunden, vorhanden ist. Für die überwiegende Zahl der Dcc dürfte dies allerdings nicht der Fall sein. Obwohl viele befragte Partner aus den Dcc's der Meinung waren, die Probleme selbst lösen zu müssen, sahen sie genau hier die Grenzen ihrer Möglichkeiten.

Demgegenüber wurde in den Expertengesprächen, vor allem mit den Personalleitern deutlich, daß diese sehr wohl über ein ausgeprägtes Kontaktnetzwerk verfügen. In verschiedensten Fällen wurde geschildert, wie dieses Netzwerk genutzt wurde, um Probleme von Dcc's zu lösen. Somit stellen sich für die Dcc zu Beginn ihrer Berufslaufbahn zunächst nur höhere Hürden. Vorteile, die sich aus Netzwerken ergeben könnten, können sie in dieser Phase nur nutzen, wenn ihnen ein Dritter Zugang zu diesen Netzwerken ermöglicht. Aussagen, in welchem Umfang die Dcc bei langjähriger Tätigkeit selbst über solche Netze verfügen, die dann Vorteile durch die Kombination der Kontakte beider Partner bedeuten könnten, lassen sich in der vorliegenden Untersuchung aufgrund der geringen Anzahl von Dcc mit entsprechender Berufslaufbahn nicht beantworten.

Teil 7: Fazit der Forschungsergebnisse

7.1. Dcc und Individualisierung

Betrachtet man die empirischen Ergebnisse dieser Arbeit zusammen mit anderen vorhandenen Forschungen und überlagert diese mit den Daten der Statistik, so zeichnet sich ein Bild der Entwicklung von Partnerschaftsformen ab. Obwohl einige Erhebungen und Studien nicht repräsentativ sind, scheinen die gewonnenen Aussagen und Trends eine gewisse Allgemeingültigkeit zu besitzen, da sich die Ergebnisse verschiedener Quellen gegenseitig stützen und stärken. Abweichungen gibt es nur in Detailaussagen, prinzipielle Widersprüche ließen sich nicht aufdecken. Innerhalb dieses Trendbildes taucht zunächst die Veränderung des traditionellen Paares auf. Hier kann auf eine Vielzahl von Arbeiten und Statistiken zurückgegriffen werden, die alle auf den Rückgang dieser Zusammenlebensform verweisen. In der Gruppe der höher qualifizierten Paare ist die Veränderung wesentlich deutlicher als bei Paaren, deren Partner mit einfacheren Bildungs- bzw. Ausbildungsabschlüssen ausgestattet sind.

Damit zeichnen sich zwei Partnerschaftsformen ab, die sich im wesentlichen entlang der Qualifikation differenzieren. Die geringere Berufsorientierung bei Frauen mit einfachen Qualifikationen führt dazu, für Kinder häufiger und länger berufliche Unterbrechungen zu akzeptieren. Gleichzeitig finden traditionelle Muster, die der Berufslaufbahn des Mannes, unter Verzicht eigener Berufsoptionen, den Vorrang einräumt. Bei Paaren mit niedrigem Bildungsniveau finden sich ebenfalls häufiger traditionelle Wertvorstellungen hinsichtlich Kindererziehung und Rollenverteilung. Aufgrund dieser Konstellation, die mit entsprechenden Wertemustern gestützt ist, geht die Forschungsliteratur davon aus, daß dieser Paartyp eine gewisse Bedeutung behalten wird. Entsprechend wird die Frauenerwerbstätigkeit gegenüber der Männererwerbsquote auf niedrigerem Niveau ihren Höhepunkt finden, da immer ein gewisser Prozentsatz der Frauen das traditionelle Rollenmodell bevorzugen wird. Das traditionelle Paar wird weiterhin Bestand haben, selbst wenn die Anzahl aufgrund der Entwicklungen zurückgehen werden.

Dem gegenüber stehen Paare, die vorwiegend der jüngeren Generation mit höheren Bildungsabschlüssen angehören. Hier finden sich veränderte Wertebilder im Hinblick auf Berufsausübung und Familie. Mit zunehmender Qualifikation streben Frauen vermehrt eine eigenständige Berufslaufbahn an.

Seitens der Männer wird dieser Wunsch zunehmend akzeptiert. Kombiniert mit einer veränderten Einstellung zur Arbeit, ändern sich die Wertestrukturen dieser Paare im Vergleich zu traditionellen Paaren. Diese, inzwischen in der soziologischen Forschung als gesichert geltende Entwicklung, kennzeichnet entsprechende Veränderungsprozesse für die Gruppe der höher Qualifizierten – es entstehen die Dual-career couples (Dcc): Paare, bei denen beide Partner über einen höheren Bildungsabschluß verfügen und eine eigene Berufslaufbahn anstreben.

Die zunehmende Berufsorientierung der Frauen dieser Paare läßt sich sowohl mit den Aussagen der Frauen selbst, der Steigerung der Erwerbsquote von Frauen dieser Gruppe, aber auch in der Länge und Umfang der Berufsunterbrechung zeigen, die diese Frauen für Geburt und Kindererziehung einlegen. Die erhöhte Erwerbsquote bei Frauen mit höheren Bildungsabschlüssen, die unabhängig von vorhanden Kindern in den letzten Jahren konstant zugenommen hat, führt für diese Partnerschaften zu zwei Rahmenbedingungen. Zum einen ist die Frau finanziell zunehmend weniger auf den Partner angewiesen, zum anderen kann es häufiger zur Kollision der beruflichen Interessen beider Partner kommen, z.B. im Rahmen von Mobilitätsanforderungen. Verbunden mit dem vielfach aufgezeigten Wertewandel, der eine Abnahme der traditionellen Pflicht- und Akzeptanzwerte und eine Zunahme der Selbstverwirklichungswerte, besonders wiederum in der Gruppe der höher Qualifizierten zeigt, ist in der Soziologie die These von der Individualisierung aufgestellt worden. Dabei wird der oben skizzierte Trend, der Rückgang traditioneller Wertestrukturen und Partnerschaften verbunden mit Selbstentfaltungs- und Berufswünschen beider Partner, dahingehend interpretiert, daß dies das Ende von Partnerschaftsmodellen sei und ein Auseinanderdriften der Partner erfolgen müsse. Heiratsdaten, Anzahl der Singlehaushalte oder die Scheidungsrate werden zusätzlich zur Stützung der These verwandt.

Die Dual-career couples, die im Mittelpunkt der Arbeit stehen, sind nun genau jene Paare, die von diesen aufgezeigten Veränderungsströmungen massiv erfaßt werden, da sie hinsichtlich Qualifikationsniveau und Erwerbsneigung die entsprechenden Parameter repräsentieren. Betrachtet man darüber hinaus den in der Arbeit aufgezeigten Trend, daß die Dcc vor allem unter den jüngeren Paaren zu finden sind und vergleicht dies z.B. mit der Werteforschung, die ebenfalls für die jüngeren Qualifizierten noch eine Trendverstärkung zeigt, so muß zunächst gefragt werden, ob bei der Kombination zweier Menschen mit diesen Wertvorstellungen und Lebenszielen eine Partnerschaft überhaupt möglich sein kann.

Die Ergebnisse der empirischen Teile dieser Arbeit zeigen auf Basis des zuvor Dargestellten andere Richtungen auf. So muß die These der zunehmenden Individualisierung, die sich in der Literatur häufig findet, deutlich hinterfragt werden. Alle Befragungen dieser Arbeit zeigen, daß die Partnerschaft als Form des gemeinsamen Zusammenlebens einen hohen Stellenwert hat, auch wenn die Ausübung eines eigenständigen Berufs parallel hierzu eingefordert wird. Daß dieser Berufswunsch nicht in die Individualisierung führen soll, zeigen die Aussagen der Interviewteilnehmer, sowohl der Paare wie der Experten. So wird eindeutig bei einer beruflich bedingten Trennung des Paares oder der Konstellation des Wochenendpendelns eine zeitliche Beschränkung dieser Lebensform gefordert. Prinzipiell steht die Partnerschaft und Familie im Vordergrund, als Kompromiß wird dieser Wert zeitweilig der Berufsausübung untergeordnet. Gleiches läßt sich auch bei der Mobilitätsbereitschaft zeigen, die zunächst in der Gruppe der jüngeren, qualifizierten Nachwuchskräfte sehr hoch ist. Im Fall der aktuellen Mobilitätsanforderung findet sich dann nur eine sehr eingeschränkte Mobilitätsbereitschaft, obwohl die Unternehmen deutlich machen, daß die fehlende Bereitschaft zu beruflichen Nachteilen führen wird. Der schwerwiegendste Grund für diese Verweigerung der Mobilität wird in der Partnerschaft gesehen. Wenn sich die berufliche Anforderung nicht mit Zielen der Partnerschaft, welches bei Dcc u.a. der Berufswunsch beider Partner ist, verbinden läßt, wird die berufliche Benachteiligung billigend in Kauf genommen.

Genau anhand der Abwägung von beruflichen und partnerschaftlichen Zielen, verbunden mit Lösungsmustern für berufliche und private Anforderungen, konnten aus den Interviews mit den Paaren Typen gebildet werden, die sich in den Fallbeispielen der Unternehmen bestätigen ließen. So konnte ein Paartyp gebildet werden, bei dem die Lösung im Ausgleich zwischen beruflichen und privaten Zielen und deren Ansprüchen in der Wahl verteilter Rollen lag. Obwohl bei diesem, als Typ 2 bezeichneten Partnerschaftsmodell, die beiden Partner jeweils die traditionellen Rollen zur Konfliktlösung übernehmen, d.h. die Frau stellt ihren Berufswunsch zurück und übernimmt die Kindererziehung, der Mann konzentriert sich auf seinen Beruf, bleibt die Berufsorientierung beider Partner erhalten. Bei diesen, von mir als traditionell-modernisiert bezeichneten Paaren ist kein „Auseinanderbrechen" der Paarform erkennbar, wenngleich der Preis für die Stabilität der Beziehung durch einen temporären Verzicht der Frau auf die Realisation der eigenen Berufsausübung erkauft wird.

Innerhalb dieser Paare gilt es jedoch noch eine Differenzierung vorzunehmen, die sich im wesentlichen durch die Einstellung der Frauen zu diesem Lösungsmodell ergibt. So finden sich in den Interviews Frauen, die ein solches Partnerschaftsmodell als wünschenswert bezeichnen bzw. anstreben. Diese Frauen kombinieren in ihrem Lebensentwurf ihre beruflichen Ansprüche mit der Übernahme der traditionellen Frauenrolle. Bei diesen Frauen besteht der Wunsch, die Kindererziehung schwerpunktmäßig zu übernehmen, eine weitreichende Unterstützung durch Dritte wird abgelehnt. Zur Umsetzung werden Abstriche an berufliche Zielen gemacht, ohne jedoch den Anspruch auf eine eigenständige Berufslaufbahn vollständig aufzugeben. Eine zweite Gruppe von Frauen des Typs 2 verhält sich in den Lösungsmustern zwar vergleichbar, in den Interviews wird aber deutlich, daß die Übernahme der traditionelle Rolle durch die Frau nicht gewünscht war. Die berufliche Einschränkung, die zur Übernahme dieser Rolle notwendig war bzw. sein wird, wird negativ beurteilt. Begründet wird die Wahl des traditionellen Modells mit den externen Bedingungen, denen sich das Paar ausgesetzt sah bzw. sieht und fehlender Lösungsalternativen. Dabei schränkt sich das Paar in den Lösungsoptionen zusätzlich ein, da es auf Basis traditioneller Wertestruktur einerseits Unterstützungen z.b. bei der Kindererziehung negiert, andererseits im beruflichen Alltag den dortigen Anforderungen mit hohem Pflichtbewußtsein nachkommen will. Damit wird die vorhandene Belastungs- und Konfliktsituation zwischen den Zielwerten zusätzlich verschärft. Wie die Interviews mit den Frauen belegen, ist die gefundene Lösung allerdings keine echte Lösung, da sie nur eine formale Handhabung des Problems darstellt und der Konflikt zu einem Intrarollenkonflikt für die Frau wird. In dieser Konstellation sind die Brüche im traditionellen Modell, die in der Individualisierungsdebatte dargestellt werden, gut nachzuzeichnen.

Demgegenüber finden sich in der Stichprobe der wissenschaftliche Mitarbeiter aber auch in den Unternehmensbeispielen Paare eines Typs (Typ 3), der hinsichtlich Wertepräferenzen und Lösungsmustern nicht mehr auf die traditionellen Modelle zurückgreift. Hier versuchen beide Partner ihre beruflichen und privaten Ziele gleichberechtigt zu verwirklichen. In diesen Partnerschaften nimmt der Mann zugunsten des Ausgleichs zwischen Berufs- und Privatleben berufliche Einschränkungen hin und kann z.B. in stärkerem Umfang an der Kindererziehung mitwirken. Für die Frau ergeben sich verbesserte Optionen diese Balance herzustellen. Als Grundlage für diese Gleichberechtigung finden sich bei beiden Partnern dieser Paare moderne Leistungs- bzw. Selbstverwirklichungswerte, ohne daß sich generell eine Einschränkung der beruflichen Leistungsbereitschaft finden läßt. Kennzeichnend ist die Forderung eines Gegenwertes für den beruflichen Einsatz.

Während die Zunahme der Selbstverwirklichungswerte bei Frauen häufig ihren Niederschlag im beruflichen Engagement findet, scheinen Männer die Selbstverwirklichung verstärkt auch im privaten Bereich zu suchen. Der vermeintliche Zielkonflikt zwischen Beruflichem und Privatem wird bei diesen Paaren zu einer Chance. Es wird der Versuch unternommen, die Selbstverwirklichung durch Kombination der beiden Felder zu erreichen. Um die Belastung, die mit dem doppelten Engagement beider Partner in beiden Bereichen verbunden ist, zu reduzieren, nutzen diese Paare alle zur Verfügung stehenden Möglichkeiten aus. So wird die Unterstützung von Dritten bei der Kindererziehung nicht nur toleriert, sondern sogar gefordert. Das doppelte Einkommen, das in der Betrachtung der Individualisierungsdebatte Voraussetzung für die Verselbständigung der Partner ist, wird zum einen für diese externen Dienstleistungen aufgewandt. Zum anderen wird es genutzt, um im beruflichen Verhandlungsprozeß gegenüber Anforderungen der Arbeitgeber unabhängiger zu sein und somit Anforderungen, die sich mit der Partnerschaft nicht vereinbaren lassen, negieren zu können. Der einzelne Partner gewinnt eine zunehmende Unabhängigkeit, nicht von seinem Partner, sondern von beruflichen und sachlichen Zwängen.

Bei den Paaren dieses Typs fand sich in allen Bereichen eine gemeinsame Planung der Ziele. Typisch ist hier z.b. die Aussage eines Befragten, der als erstes berufliches Ziel angab, daß mindestens einer von beiden eine feste Anstellung erhalten sollte. Hierbei war egal, ob es der Mann oder die Frau war, vielmehr sollte als Ziel die Sicherheit für das Paar gewährleistet werden. Ähnliche Aussagen finden sich auch bei anderen Paaren. In diesem Paartyp ist der Trend zur Individualisierung in keiner Weise zu beobachten. Vielmehr führen die geänderten Rahmenbedingungen und Wertemuster zu einer neuen Beziehungsform. Beide Partner haben erkannt, daß ein gleichzeitiges Erreichen von privaten und beruflichen Zielen sich für einen einzelnen ohne Einschränkung bzw. der Anpassung der Ziele nicht möglich ist. Bei der Kombination zweier Lebensläufe und deren beruflichen und privaten Ansprüchen, verbunden mit den dann zur Verfügung stehenden Ressourcen, ergibt sich für beide Partner die Möglichkeit zur Verwirklichung der Ziele, wenn dies zum gemeinsamen Ziel der Partnerschaft wird.

Gegensätzlich verhalten sich die Partner eines weiteren Typs (Typ 4), der aufgrund der Befragungen gebildet werden konnte. Zwar können bei diesen Paaren prinzipiell postmoderne Wertebilder aufgezeigt werden, die Berufsorientierung der Partner dominiert aber alle anderen Zielvorstellungen. So wird die Selbstverwirklichung überwiegend im Beruf gesucht. Entsprechend geringer ist die Bereitschaft, zugunsten der Partnerschaft auf berufliche Optionen zu verzichten oder der Partnerschaft Vorrang einzuräumen. In diesem Paartyp werden ebenfalls Unterstützungsleistungen z.B. bei der Kindererziehung oder der Haushaltsreinigung genutzt. Ziel ist hierbei weniger die Schaffung von Freiräumen für die Partnerschaft, vielmehr soll das berufliche Engagement nicht behindert werden. Im wesentlichen führen diese Paare also eine Beziehung neben ihrem Beruf.

Vor allem, wenn berufliche Mobilitätsanforderungen gestellt werden, wird dies am Konflikt zwischen Beruf und Privatleben deutlich. Um dieses Konfliktpotential zu entschärfen oder zu umgehen, konnten zwei Strategien beobachtet werden. So werden zum einen berufliche Optionen innerhalb der Partnerschaft nicht diskutiert. Eine Interviewpartnerin begründete dies damit, daß die Auseinandersetzung vermieden werden solle, so lange es nur eine Option ist. Wenn die Veränderungen tatsächlich anstehen, könne man die Auseinandersetzung immer noch führen. Zum anderen sind Paare dieses Typs offensichtlich bereit, verschiedene Formen des Getrennt-Zusammenlebens (LAT – living-apart-together) zu praktizieren, wenn damit die berufliche Chance genutzt werden kann. Abgesehen vom längerfristigen Wochenendpendeln bis hin zu mehrmonatigen Trennungen über Jahre hinweg finden sich hier verschiedene Formen, die in Interviews und Unternehmensfallbeispielen dokumentiert sind. Trotzdem betonen diese Paare eine Partnerschaft zu führen, allerdings mit geringeren Ansprüchen an partnerschaftliche Gemeinsamkeiten. Diesen Paartyp habe ich aufgrund der beruflich bedingten Trennungen fragmentierte Paare genannt. Reflektiert man die Individualisierungsdebatte für diesen Paartyp, so scheint er der einzige zu sein, bei dem die Individualisierungsthese bestätigt werden kann. Bei Partnern dieses Paartyps führen die veränderten, skizzierten Werthaltungen tatsächlich zu einem Funktionsverlust der Partnerschaft und die „Zentrifugalkräfte" (BECK-GERNSHEIM 1992), die zu einer Trennung der Beziehung führen können, werden sichtbar.

Interessanterweise ist die Akzeptanz der verschieden Paarformen und der dort gewählten Lösungsmuster durch Paare der jeweils anderen Gruppen nicht gegeben. So lehnen die traditionell-modernisierten Paare (Typ 2) aufgrund ihrer Wertvorstellungen z.B. eine umfangreiche Kindererziehung durch Dritte ab, was bei den gleichberechtigten Paaren (Typ 3) mit Kindern eine Grundlage zur Umsetzung des Modells ist. An diesem Punkt wurde von Interviewpartnern aus den traditionell-modernisierten Paaren die Lebensform der gleichberechtigten Paare in Frage gestellt. Häufig fielen hier Aussagen, daß man sich entscheiden müsse zwischen Beruf und Kind – besonders als Frau. Gleichzeitig wurde die These vertreten, daß es dem Kind schade, wenn sich die Mutter nicht umfassend um das Kind kümmere. Ähnlich negativ wurde von den anderen Paaren (Typ 2 + 3) auch die Konstellation der fragmentierten Paare beurteilt. Von diesen Paaren wurden nur kurzfristige Trennungen oder Wochenendpendlerbeziehungen akzeptiert. Diese Paare konnten sich eine Konstellation des Typs 4, mit ggf. längeren Trennungen oder getrennten Wohnungen für sich nicht vorstellen.

Deutlich wird in der Betrachtung der Paartypen einerseits die hohe Orientierung der jeweiligen Partner an ihren Wertemustern, die zur Negierung anderer Partnerschaftsmodelle führen. Anderseits zeigt sich, daß trotz veränderter Wertemuster und Rahmenbedingungen von einer durchgehenden Individualisierung und einer Auflösung von Partnerschaft nicht gesprochen werden kann. Zwar lassen sich, besonders mit Typ 4, den fragmentierten Paaren, Lebensformen finden, die die Individualisierungsthese empirisch stützen. Anderseits stellt der Typ 3, die gleichberechtigten Paare, ein Gegenmodell auf, in dem zwar bei beiden Partnern moderne Wertemuster, eine finanzielle Unabhängigkeit und externe Rahmenbedingungen so gegeben sind, daß es eigentlich zur Individualisierung kommen müßte. Das Paar einigt sich aber auf neue, gemeinsame Werte. Der Partnerschaft wird eine neue Funktion mit einem gemeinsam vereinbarten Wertemuster zugeordnet. Beide Partner bringen ihre Ressourcen (Zeit und Einkommen) ein, um gemeinsam mit diesen Mitteln ihre Ziele beruflicher und privater Art bestmöglich erreichen zu können. Da hierfür das traditionelle Rollenmodell aufgegeben wird, muß die Verteilung der Ressourcen neu ausgehandelt und fallbezogen entschieden werden, was entsprechende kommunikative Anforderungen an das Paar stellt. Eine Trennung solcher Paare kann nur sekundär als Auswirkung des Wertewandels interpretiert werden. Hauptziel des Paares war eine Partnerschaft, gescheitert ist die Umsetzung.

7.2. Entwicklungstendenzen

Paare des traditionellen Typs mit traditioneller Rollenteilung werden künftig weiter an Bedeutung verlieren und nicht mehr als generelles Partnerschaftsmodell gelten können. Besonders in der Gruppe der höher Qualifizierten wird diese Lebensform deutlich seltener werden. Zunehmen werden Paare moderner Werteprägung, die sich als Dual-career couples (Dcc) bezeichnen lassen, da ein wesentliches Element der neuen Wertestruktur die berufliche Selbstverwirklichung beider Partner ist. Bei den Dcc ist der Wertewandel unterschiedlich ausgeprägt und führt zu verschiedenen Handlungsstrategien, die in der Arbeit als Paartypen beschrieben wurden. Offensichtliches Ziel der meisten Paare ist weiterhin, eine Partnerschaft zu führen, allerdings gegenüber der traditionellen Beziehung in anderen Strukturen. Unter den Dcc findet sich aber auch eine Gruppe von Paaren, die sogenannten fragmentierten Paare, in denen starke Individualisierungstendenzen sichtbar werden, also die Auflösung der herkömmlichen Partnerschafts- und Zusammenlebensform vorzufinden ist.

In der Stichprobe der Dcc gering repräsentiert, in den Fallbeispielen der Unternehmensvertreter aber stärker zu vermuten, sind die gleichberechtigten Paare. Dieses differenzierte Bild findet sich auch im Vergleich der empirischen Ergebnisse mit den Daten anderer Forschungen. So finden sich in den Interviews mit den Dcc-Partnern und in der Werteforschung überwiegend Aussagen, die eine Hinwendung zur gleichberechtigten Führung der Partnerschaft – auch im Ausgleich mit dem Beruf – wünschen. In der konkreten Umsetzung, z.B. bei der Kindererziehung finden sich nach Angaben der amtlichen Statistik jedoch nur wenige Männer, die eine solche Gleichberechtigung leben. Andererseits zeigen die Aussagen der Arbeitsmarktexperten, daß es eine zunehmende Zahl Partner aus Dcc, auch männliche Teile gibt, die bereit sind, auf berufliche Optionen zu verzichten, um der Partnerin bzw. dem Partner ebenfalls gleichberechtigt eine eigene Berufslaufbahn zu ermöglichen. In diesen Partnerschaften wird eindeutig das traditionelle Modell, in dem die Frau sich den beruflichen Anforderungen an den Mann anpaßt und ggf. eine Hinzuverdienerrolle übernimmt, von beiden Partnern negiert.

Neben der noch immer nicht ausreichenden Akzeptanz solcher Partnerschaftsmodelle, besonders im beruflichen Alltag bei älteren Vorgesetzten, führen die Rahmenbedingungen in Deutschland zur Behinderung gleichberechtigter Strukturen. Wie der internationale Vergleich zeigt, ist die Quote hochqualifizierter, erwerbstätiger Frauen in Deutschland sehr gering. In anderen Ländern, in denen Unterstützungsmöglichkeiten für die Kindererziehung in verschiedenen Formen angeboten wird, ist die Quote der Erwerbstätigkeit und die Beteiligung von Frauen an Führungspositionen höher. Auch unter den wissenschaftlichen Mitarbeitern, die durchweg über flexiblere Arbeitsbedingungen verfügen, zeigte sich der Trend zur Berufstätigkeit mit Kind in größerem Umfang.

Nimmt man nun die Arbeitsmarktprognosen hinzu, die für die nähere Zukunft einen Mangel an hochqualifizierten Fach- und Führungskräften ausweisen, wird es zwingend notwendig werden, die Rahmenbedingungen auch in Deutschland so zu gestalten, daß der Anteil der höherqualifizierten Frauen im Erwerbsleben gesteigert werden kann. Ansätze hierzu finden sich bereits heute in Forschungs- und Modellprojekten verschiedener Unternehmen (TROJANER 1997). So äußerte sich z.B. Peter Hartz, Personalvorstand des VW-Konzerns: „Wir können es uns auf Dauer nicht leisten, bei der Personalentwicklung auf qualifizierte Frauen zu verzichten." Sein Ziel ist es z.B., den Anteil an Frauen in Fach- und Leitungspositionen, der derzeit bei VW bei 8 % liegt, auf über 30 % zu steigern und hierzu entsprechende Rahmenbedingungen zu schaffen.

Bei den Männern findet sich ebenfalls eine Fortsetzung des Trends, zugunsten der Familie die Arbeit zu beschränken bzw. zu reduzieren. Auch wenn sich 1993 erst 1,27 % der Väter im gesetzlichen Erziehungsurlaub befanden, so ist die Tendenz doch steigend (BUSCH 1997). Besonders häufig finden sich Männer dann im Erziehungsurlaub, „wenn die Partnerin über eine vergleichbare berufliche Qualifikation verfügt und nach der Geburt von Kindern ihre Erwerbstätigkeit aufrecht erhalten will. Damit einher geht häufig das Bestreben der Männer, ihre Vaterschaft aktiv wahrzunehmen und genießen zu wollen" (BUSCH 1997). Parallel hierzu tritt bei den älteren Vorgesetzten in den Betrieben ein Wandel ein. Zum einen dürfte sich über die natürliche Altersfluktuation eine Änderung ergeben, zum anderen finden sich in den Experteninterviews Berichte, daß skeptische Vorgesetzte, die von einer veränderten Mitarbeiterführung (z.B. Einstellung von Frauen, Arbeitszeitmodelle auch für Männer) überzeugt werden konnten, diese Veränderung durchweg als positiv erlebten. Ähnlich ist die Einschätzung der Männer, die als Pioniere Erziehungsurlaub beantragen und damit ebenfalls zur Akzeptanzerhöhung beitragen.

Daß sich entsprechend flexible Lösungsmuster in der betrieblichen Organisation umsetzen lassen, zeigen viele Beispiele aus den Expertengesprächen, wenn diese zum Teil auch als Ausnahme oder unter den besonderen Umständen der Anforderungen aus der Wiedervereinigung gekennzeichnet waren. Deutlich wird hierbei aber, daß in den Betrieben solche Modelle möglich werden, sobald entsprechender Handlungsdruck besteht. Kommt es zu entsprechenden Veränderungen auf dem Arbeitsmarkt und in deren Folge zu geänderten Rahmenbedingungen für Paare mit dieser Wertehaltung, so ist davon auszugehen, daß sich die Zahl der in dieser Arbeit als gleichberechtigte Paare bezeichneten Typs entsprechend vermehren wird und die Paare versuchen werden, hierin ihre latent vorhandenen Wertvorstellungen auszuleben.

Neben den traditionellen und den gleichberechtigten Paaren werden die fragmentierten Paare allen Anzeichen nach ebenfalls eine Konstanz in der Zukunft vorweisen. Sowohl die vorhandenen Studien zu dieser Lebensform (z.B. SCHIMTZKÖSTER 1990, SEIDENSPINNER u.a. 1996) wie auch die Interviews mit den Partnern aus Dcc und die durch die Experten geschilderten Fallbeispiele zeigen deutlich, daß es sich bei dieser Lebensform nicht um eine Übergangsform handelt, sondern von den Partnern diese Form bewußt gewählt und aufrecht gehalten wird. Zum Teil wird die beruflich verursachte Distanz dann bewußt genutzt und aufrecht gehalten, um eine Partnerschaft mit entsprechender Distanz und Freiheiten zu führen. Man könnte in diesen Fällen von einem „part-time-single" sprechen.

Selbstverständlich sind diese Grundtypen in der Realität nicht in dieser ausschließlichen Form zu finden. Neben Mischformen wird es sicherlich auch den Übergang einzelner Paare von einem Typ zum anderen geben. So ist z.B. denkbar, daß sich Paare des traditionell-modernisierten Modells bei geänderten Rahmenbedingungen zu einem gleichberechtigten Typ entwickeln. Denkbar ist aber auch, daß die latente Unzufriedenheit von Frauen bei einer ungeliebten Wahl der traditionellen Rolle zum Wechsel in das Modell der fragmentierten Paare führt, daß Pendel sozusagen ins Gegenteil umschlägt. Solche Veränderungen und Übergänge sprechen aber nicht gegen das Modell der Dcc-Typen. Übergänge und Veränderungen dieser Art kennen alle Partnerschaftsformen, auch die traditionelle Ehe, die sich z.B. durch Scheidung oder Wiederheirat äußern. Trotzdem kann man von der Ehe als Modell einer Partnerschaft sprechen.

Deutlich wird an diesen Überlegungen, daß die Typisierung der Paare auf keinen Fall zeitpunktbezogen, sondern immer nur durch Betrachtung von Handlungsabfolgen und Entscheidungssituationen vor dem Hintergrund der Wertelandschaft der Partner erfolgen kann. Einzelne Lösungsmuster in singulären Situationen lassen somit keinen Rückschluß auf den Paartyp zu. Beispielsweise kann eine befristete Berufsunterbrechung der Frau aufgrund einer Schwangerschaft in Typ 3 genauso beobachtet werden, wie in Paartyp 2, obwohl Bedeutung, mittelfristiges Verhalten, Kombination mit Beruf- und Partnerschaft, Wertemuster etc. vollkommen differieren. Entscheidend ist somit die Betrachtung der Zielrichtung, der Aufgabenverteilung im Paar und die mittelfristige Verhaltensweise bezogen auf Vergangenheit und Zukunft.

7.3. Von der Gesellschafts- zur Individualebene – Die Paare

Wie die empirischen Befunde zeigen, gibt es auf Seiten der Dcc verschiedene Strukturtypen, die unterschiedliche Lösungsoptionen wählen, um sich gegenüber den Anforderungen aus Gesellschaft und Arbeitsleben positionieren zu können. Dabei werden Lösungsmuster gewählt, die sich bestmöglich mit dem eigenen Wertebild verbinden lassen. Bedingt durch die Kombination von zwei Wertvorstellungen innerhalb einer Partnerschaft und den damit verbundenen Lösungsoptionen entsteht auch ein Werte- bzw. Verhaltensmuster der Paare. Ebenfalls wurde in den Interviews mit den Paaren deutlich, daß diese ihre Lebens- und Berufsplanung vor dem Hintergrund externer Rahmenbedingungen wie z.b. Arbeitsmarktsituation oder Kindererziehungsoptionen durchführen. Auf der Seite der Paare finden sich die dargestellten Strukturtypen, die in Kombination mit Arbeitsmarkt- und Berufsanforderungen dazu neigen,

- daß ein Partner, in der Regel die Frau, ihre Berufsambitionen zurückstellt.
- daß Einschränkungen der Partnerschaft, die bis zum Bruch der Partnerschaft führen können, in Kauf genommen werden, um die beruflichen Ziele zu verwirklichen.
- daß durch differenzierte Einschränkungen beider Partner in Partnerschaft und Beruf sowie eine Kombination der Anforderungen und Einschränkungen zwischen den Partnern, ein Optimum in der Balance zwischen Beruf und Partnerschaft für beide erreicht wird.

Wie vielfach thematisiert und in der Arbeit nachgezeichnet wurde, sind diese verschiedenen Partnerschaftsmodelle in dieser klaren Struktur nicht Allgemeingut. Vielmehr ist das traditionelle das einzige, bisher weitgehend bekannte und akzeptierte Modell. Da moderne Wert- und Lebensvorstellungen sich mit diesem Modell nicht mehr vereinbaren lassen, kommt es zu Brüchen oder der Negierung des Modells, ohne daß die Partner und die Gesellschaft eine konkrete Vorstellung vorweisen können, wo es hingehen soll. Die dargestellte Diskussion zur Individualisierung der Gesellschaft zeigt diesen Trend. Während das traditionelle Partnerschaftsmodell beiden Partnern feste Rollen zuwies, ein festes Wertesystem beinhaltet und gleichzeitig partnerschaftliche Ziele in Form von Berufslaufbahn des Mannes und Aufbau der Familie durch die Frau festlegt, entfallen diese Festlegungen nun. Deutlich wurde in den Interviews, daß der überwiegende Teil der Paare diese Lebensform ablehnt, ein Teil der Paare aber aufgrund von Rahmenbedingungen und Unsicherheit auf dieses Modell wieder zurückgreift. Aus der Werteforschung und anderen, dargestellten Studien läßt sich ableiten, daß zumindest theoretisch von der

Mehrzahl der jüngeren, qualifizierten, also auch der Gruppe der Dcc, eine Partnerschaft angestrebt wird, in der beiden Partnern eine vollkommene Gleichberechtigung zugestanden werden soll.

Aufgrund fehlender gesellschaftlich akzeptierter Partnerschaftsmodelle beginnen die Paare, sich ein entsprechendes Modell zu konstruieren. Dabei gibt es zwei grundsätzliche Vorgehensmodelle. Ein Teil der Paare, die sich im Typ der gleichberechtigten Paare wiederfinden, verfügt über ein weitgehend geschlossenes Wertebild ihrer Lebensform und hat innerhalb der Partnerschaft Ziele und Aufgaben, aber auch die notwendigen Einschränkungen für beide Partner vereinbart. Auf Basis dieser Ausrichtung positionieren sich diese Paare am Arbeitsmarkt und suchen bewußt die Rahmenbedingungen dort zu optimieren. Gleiches findet sich in der Optimierung der Unterstützungsleistungen, z.B. der Kindererziehung. So wurde von einem Paar berichtet, daß eine berufliche Mobilitätsanforderung negiert wurde, obwohl für beide Partner eine berufliche Option am neuen Standort vorhanden gewesen wäre – allerdings gab es keine ausreichenden Möglichkeiten zur Organisation der Kinderbetreuung.

Im Kontrast hierzu verhalten sich die Paare, die sich im Typ 2 (traditionell-modernisierte Paare) und im Typ 4 (fragmentierte Paare) finden, gegenüber den externen Bedingungen weitgehend passiv. Wie in mehreren Interviews geäußert wurde, seien dies Faktoren, die sich nicht ändern ließen und an die man sich anpassen müsse. Da die Paare hiermit ihren eigenen Handlungs- und damit Lösungsspielraum einschränken, ist die Umsetzung entsprechender Werte automatisch schwieriger, da zusätzlich Konfliktlinien durch die Paare selbst geschaffen werden.

Auf dieses Problem wiesen in den Interviews auch die Personalberater hin, so wurde in einem Interview herausgestellt, daß z.B. die Bewerbungsstrategie nach dem Studium schon entsprechende Rahmenbedingungen schafft. Wer ins Ausland wolle und sich bei einem mittelständischen Unternehmen oder bei der öffentlichen Verwaltung bewerbe, werde automatisch größere Schwierigkeiten haben, sich diesen Wunsch aufgrund der eingeschränkten, vorher selbst gewählten Optionen erfüllen zu können. In den Interviews mit Arbeitsmarktexperten und Personalberatern wurde ebenfalls deutlich, daß sich diese Absprachen innerhalb der Paare durchaus wünschen. So zeigt die Erfahrung der Experten, daß die Annahme eines Jobangebotes durch einen Partner häufig widerrufen wird, nachdem es mit dem Partner diskutiert worden ist. Hier zeigt sich die unzureichende Zielabsprache innerhalb der Partnerschaften.

Paare sollten also offensiver und vor allen stärker auf ein Ziel fokussiert am Arbeitsmarkt agieren. Beispiele hierfür finden sich z.B. in mehreren Interviews mit Personalleitern, in denen geschildert wird, wie Bewerber nach Jobangeboten für ihre Partner fragten. Vor dem Hintergrund der sich in Deutschland verändernden Arbeitsmarktlage, die sich heute bereits im

Bereich der Computertechnik abzeichnet, sind entsprechend offensive Forderungen der Dcc's an die Arbeitgeber nicht unrealistisch.

Bevor jedoch konkrete Forderungen gestellt werden und die Arbeitsmarktangebote unter Gesichtspunkten der Paarziele sortiert werden können, muß das Paar sich vorab auf Ziele einigen bzw. diese definieren und festlegen. Abgeleitet aus den Ergebnissen der Arbeit sollten die Paare zunächst für sich prüfen, welche Ansprüche beide Partner an die Beziehung stellen. Ist beiden Partnern die Partnerschaft wichtiger als der Beruf? Sind beide Partner bereit, für Partnerschaft und Familie entsprechende berufliche Karriereeinschränkungen in Kauf zu nehmen? Oder tendieren die Partner stärker zu einer dominanten Rolle des Berufs? Dann muß in der Konsequenz beiden Partner deutlich sein, daß dies zu einer Einschränkung der familiären Ziele führen wird. Hierbei gilt es auch abzuschätzen, ob solche Einschränkungen zeitlich befristet akzeptabel sind, z.B. eine mehrjährige Wochenendbeziehung, oder ob es sogar vorstellbar ist, bei längerfristigen Trennungen die Beziehung sinnvoll fortzusetzen (Form der LAT's). Wie die Interviews mit den Dcc-Partnern zeigen, haben viele bereits im Studium durch entsprechende Auslandsaufenthalte, Praktika u.a. Erfahrungen mit Trennungsphasen gemacht und können diese Fragen relativ gut für sich beantworten.

Ist die akzeptierte Form des Zusammen- bzw. Getrenntlebens für das Paar definiert, so geht es darum, die Mobilitätsbereitschaft der Partner in der Partnerschaft abzugleichen. Besteht bei beiden Partnern eine uneingeschränkte Mobilitätsbereitschaft oder gibt es Vorbehalte und wie sehen diese aus? So können die Partner unterschiedliche Vorstellungen hinsichtlich verschiedener Zielregionen oder eines Auslandsaufenthaltes haben oder es können auch prinzipielle Einschränkungen z.B. durch Antipathie gegen Regionen oder aufgrund gesundheitlicher Probleme vorliegen. Schließlich sollte sich das Paar auch über die künftige Lebensplanung unterhalten. Sind z.B. Bildungsabschlüsse oder weitergehende Zusatzqualifikation beabsichtigt, die eine räumliche und zeitliche Bindung bedingen? Wie sieht es mit Kindern, pflegebedürftigen Eltern oder sonstigen verwandtschaftlichen Bindungen aus? Sicherlich gibt es hier noch eine Vielzahl von Dingen, die auf die berufliche und partnerschaftliche Situation der Dcc Einfluß gewinnen können. Wichtig ist hier nicht die Vollständigkeit der Fragen, sondern die Diskussion der Wertvorstellungen und Rahmenbedingungen, die das Paar für sich sieht. Nachdem das Paar aufgrund der individuellen Präferenzen jedes Partners seine Ausrichtung im Hinblick auf Partnerschaft, Berufstätigkeit und Mobilität bestimmt hat, ist in einer zweiten Stufe nach einer Kombination von Berufswahl- und Tätigkeitsfeldern zu suchen, in denen die zuvor gesteckten Rahmenbedingungen bestmöglich vereinbart werden können.

Ein Paar, bei dem beide Partner sich als hoch mobil einschätzen und unter Umständen beide gerne ins Ausland gehen möchten, die sich aber andererseits keine längerfristige Trennung oder eine Wochenendbeziehung vor-

stellen können, so ein Paar müßte bei der Arbeitsplatzsuche eine bestimmte Strategie anwenden und dabei folgende Fragen berücksichtigen:
- In welchem inhaltlichen Gebiet arbeite ich oder möchte ich in Zukunft arbeiten?
- Welche Firmen beschäftigen Mitarbeiter dieses Bereichs?
- Welche dieser Firmen sind international in einem solchen Umfang tätig, daß eine Versetzung künftig möglich erscheint?

Nach Spezifikation dieser Firmen sollten beide Partner sich bei Unternehmen bewerben, die sie aufgrund dieser Eingrenzung für ihr Tätigkeitsprofil erarbeitet haben. Sobald man mit dem entsprechenden Unternehmen in Kontakt getreten ist, in der Regel in der zweiten Bewerbungsphase, sollte man das Thema Mobilität, Versetzung, Partnerschaft offensiv ansprechen. Dabei kommt es darauf an, daß man nicht entschuldigend darauf verweist, daß man bei Versetzungsplanungen auf einen ebenfalls berufstätigen Partner Rücksicht zu nehmen hat. Vielmehr ist es sinnvoll, sich und seine Partnerschaft positiv hervorzuheben: „Wenn Sie mich einstellen, können Sie davon ausgehen, daß sie einen langfristig mobilen Mitarbeiter beschäftigen, der auch durch seine Partnerschaft oder Ehe nicht immobil wird, da der Partner ebenfalls berufstätig ist und im Rahmen seiner Tätigkeit mobil sein muß und möchte. Allerdings benötigen wir als Paar entsprechende Abstimmungen von Mobilitätsanforderungen unserer Arbeitgeber, damit wir uns koordinieren können."

Wie die Gespräche mit den Personalberatern und den Personalverantwortlichen in den Unternehmen zeigen, wird eine solche Darstellung in der Regel neutral oder positiv bewertet. Da in der Praxis die Schwierigkeiten hinsichtlich Mobilität und Partnerschaft bekannt sind, können Pluspunkte gesammelt werden, da man offensiv Probleme benennt und angeht. Bedingt durch die Selbstmeldung der Experten muß hier aber eine Einschränkung gemacht werden, da diese Gruppe dem Thema generell positiver gegenüber zu stehen scheint als andere Unternehmensvertreter. Gleichzeitig testet man mit einem solchen offensiven Vorgehen anhand der Reaktion auch die Kooperationsbereitschaft des Unternehmens, Dcc-Probleme z.B. im Zusammenhang mit Mobilitätsanforderungen partnerschaftlich zu lösen, selbst wenn im konkreten Fall eine Einstellung beider Partner nicht möglich ist. Wählt ein Paar die Ausrichtung, daß beide Partner mobil sein wollen, ist es wichtig, bei der Berufs- und Arbeitgeberwahl diese Vorstellung mit einzuplanen. So sollten beide Partner in Berufen oder bei Arbeitgebern tätig sein oder werden, die eine Mobilität ermöglichen. Hierbei sei auf das Beispiel der Lehrerpärchen, das von nahezu allen Experten als Problemfall genannt wurde, verwiesen.

Da die Arbeitgeber dieser Berufsgruppe die Bundesländer sind und Einstellungen von Wartelisten mit Punktsystemen erfolgen, bei denen Landeskinder bevorzugt werden, bedeutet ein Wechsel in ein anderes Bundesland für diese Berufsgruppe in der Regel die Arbeitslosigkeit. Bei einer frühzeitigen

Überlegung, Berufswunsch und Wertebilder der Partner zu bestimmen und aufeinander abzustimmen, könnten bei gleicher pädagogischer Ausrichtung z.b. beim Berufseintritt die Schwerpunkte stärker in den Bereich Erwachsener verschoben und als Arbeitgeber Personalabteilungen von internationalen Unternehmen oder Verbänden angestrebt werden. Haben sich beide Partner schon über mehrere Jahre beruflich etabliert, z.b. als Beamter oder in Form einer Selbständigkeit, sind durch die Handlungen der Paare selbst Rahmenbedingungen geschaffen worden, die dem Paar entsprechende Probleme bereiten, wenn an einen Partner Mobilitätsanforderungen gestellt werden.

Für Paare, die bei der Reflexion ihrer eigenen Wünsche und Vorstellungen z.b. herausgefunden haben, daß ein Partner Mobilität sehr positiv gegenübersteht, der andere Partner diese aber ablehnt, ist die Frage der Berufsfeldwahl von untergeordneter Bedeutung, da im Vordergrund die verschiedenen Lebens- und Berufsausrichtungen stehen. Hier muß versucht werden, innerhalb der Partnerschaft entsprechende Freiräume zu definieren. So können Vereinbarungen zwischen den Partnern vorsehen, daß dem „wanderlustigen" Partner Mobilität, z.B. in Form einer Auslandsentsendung zugestanden wird, diese aber in Häufigkeit und Dauer beschränkt wird. Entsprechend solcher Absprachen können beide Partner versuchen, Arbeitgeber und Stellen zu finden, die sich mit einer solchen Lebensweise vereinbaren lassen.

Für den mobilitätssuchenden Partner scheiden damit bestimmte Bereiche aus, z.B. Auswärtiger Dienst oder Unternehmensberatungen, da in diesen Fällen Partnerschafts- bzw. Zielkonflikte automatisch entstehen würden. Für den seßhaften Teil der Partnerschaft sind durch seine persönlichen Ansprüche Karrierepfade bei größeren Unternehmen verschlossen, da diese in der Regel Mobilität voraussetzen, wie die Interviews mit Personalberatern und Unternehmensvertretern zeigen. Um hier nicht nach einem erfolgreichen Berufseintritt mit solchen Anforderungen konfrontiert zu werden und die negativen Folgen durch die Ablehnung hinnehmen zu müssen, kann die Reflexion der eigenen Wünsche hier Frustration vermeiden. Deshalb sollten Partner mit entsprechender Ausrichtung Arbeitgeber bevorzugen, die keine großen Mobilitätsanforderungen stellen. So sind Mobilitätsanforderungen z.B. bei mittelständischen Unternehmen, ausgenommen von einigen Berufsgruppen, zu deren Tätigkeit Mobilität gehört (Servicetechniker, Außendienst, etc.), die Ausnahme. Auch die Selbständigkeit bietet sich hier an, da diese in der Regel, abhängig von der Branche, eine gewisse Ortsgebundenheit zum Aufbau eines Kundenstammes voraussetzt.

Neben diesen Extrempositionen, beide Partner sind voll mobil oder sogar mobilitätssuchend bzw. ein Partner ist mobil, der andere immobil, gibt es in der Praxis eine Reihe von Abstufungen, wie die Auswertung der Interviews in Teil 3 und die Beobachtungen der Experten zeigen. Es ist aber immer notwendig, daß die Partner ihre individuellen Präferenzen bestimmen und versuchen, entweder durch Wahl entsprechender Berufsfelder und Arbeitgeber oder durch Gestaltung der Partnerschaftsform Lösungsoptionen zu entwickeln, so daß die Integration der Bedürfnisse beider Partner weitestgehend versucht wird. Wie die Interviews zeigen, kommt es dann zur Unzufriedenheit und zu Brüchen in der Partnerschaft oder zu beruflichen Problemen (z.B. dem Abbruch einer Auslandsentsendung), wenn der Interessenausgleich nicht gelingt. Gleichzeitig wurde der Interessenausgleich bei den Paaren am besten bewerkstelligt, die dies gemeinsam geplant und durchführt hatten. Die Form der gewählten Lösung, also des Paartyps, scheint dabei weniger Einfluß zu haben, als die Art des Vorgehens.

Obwohl sich das skizzierte Vorgehen zunächst relativ einfach und praktikabel liest, dürfen die Schwierigkeiten bei der Umsetzung in die Praxis nicht unterschätzt werden. So ist es schwierig, die Wünsche und Bedürfnisse der Partner soweit im Voraus zu analysieren, daß eine strategische Ausrichtung möglich wird. Häufig beschreiben die Paare immer noch den Weg, daß man berufliche und private Entwicklungen „auf sich zukommen läßt" und dann einzelfallbezogene Lösungen sucht, wie dies einige Interviews zeigen. Damit muß man sich der schwierigen Analyse der Werte und Ziele in der Partnerschaft nicht stellen und vermeidet bei der notwendigen Diskussion gemeinsamer Ziele mögliche Auseinandersetzungen, wie in einem Interview formuliert wurde. Es zeigt sich jedoch, daß diese „Vermeidung" nur eine Verlagerung auf einen späteren Zeitpunkt darstellt. Müssen dann in einem Einzelfall, z.B. bei beruflich bedingten Mobilitätsanforderungen Entscheidungen getroffen werden, hat sich der Entscheidungsspielraum möglicher Optionen durch eine Vielzahl von vorher gefällten Lösungen der Partnerschafts- und Berufsgestaltung für das Paar bereits so eingeengt, daß die Probleme unlösbar scheinen.

Als Fazit deuten die Ergebnisse der empirischen Befunde in Übereinstimmung mit der Literatur darauf hin, daß Dcc-Paare zunächst einmal ihr eigenes Partnerschaftsmodell vereinbaren müssen, da traditionelle Muster nicht tragfähig sind. Dabei kann sich die „Vereinbarung" durch die gelebte Praxis im Laufe der Jahre entwickeln, sie kann aber auch in einem gewissen Rahmen abgesprochen, geplant und umgesetzt werden. Legen die Partner keine Zielrichtungen bzw. Wertvorstellungen hinsichtlich Partnerschaft, Mobilität, Berufsorientierung usw. fest, scheint es schwieriger zu sein, die Belastungen, die auf sie zukommen, zu bewältigen. Gegenüber traditionellen Paaren, denen die Rahmenbedingungen und die Rituale zur Absprache gesellschaftlich vorgegeben werden, werden die Partner der Dcc auf die Probleme fehlender Modelle und die Notwendigkeit nicht hingewiesen. Nach diesem Punkt befragt, befürworten viele Experten, daß es sinnvoll ist, entsprechende Hinweise und Denkanstöße, z.B. in Universitätsseminaren oder beim Einstieg in Firmen zu geben. Eine Hilfestellung, die in amerikanischen Firmen weit verbreitet ist und bis zur individuellen Beratung der Paare bei Problemen reicht.

7.4. Von der Gesellschafts- zur Individualebene – Die Unternehmen

Wie die Interviews mit den Unternehmensvertretern und den Personalberatern zeigen, tauchen die Dcc mit ihren speziellen Bedürfnissen bereits heute in der Unternehmenspraxis auf, wenn auch in sehr unterschiedlicher Wahrnehmung. Im Rahmen der Arbeit konnte auch gezeigt werden, daß die Partnerschaftsform des Dual-career couples keine Übergangsform sein wird, sondern sich gerade im Bereich der höher qualifizierten Fach- und Führungskräfte zunehmend als Modell durchsetzt. Künftig werden die Unternehmen also in ihrer Personalarbeit diese Gruppe verstärkt betrachten müssen. Wie zu Beginn der Auswertung der Unternehmensinterviews geschildert, zeigte sich in einigen Absagen von Unternehmen, daß sie Probleme, die aus dieser Lebensform entstehen könnten, dadurch zu umgehen, daß sie bei der Personalauswahl den Bewerbern deutlich sagen, daß sie Wert auf traditionelle Familienverhältnisse legen. Mit einer solchen Auswahlpolitik kann man ggf. die Probleme für das Unternehmen auf den ersten Blick minimieren. Eine solche Politik führt jedoch dazu, daß man überwiegend Mitarbeiter mit traditionellen Wertvorstellungen auswählt und sich das Unternehmen teilweise von Werteveränderungen innerhalb der Gesellschaft abkoppelt. Außerdem verschließt sich das Unternehmen automatisch den Zugang zu einem Arbeitskräftesegment, das künftig immer größer werden dürfte. Finden sich unter den Mitarbeitern solcher Unternehmen trotz dieser Auswahlpolitik Partner aus Dcc, werden mögliche Probleme in die Partnerschaft verlagert, weil Mitarbeiter innerhalb des Unternehmens gezwungen sind, eine traditionelle Partnerschaft darzustellen bzw. erhalten sie für ihre Probleme keine Unterstützung.

Im Fall einer telefonischen Interviewabsage, die zu einem längeren Telefoninterview führte, stellte der entsprechende Personalleiter dies aus seiner Sicht einfach dar. In diesem Unternehmen werden die Mitarbeiter mit der Mobilitätsanforderung konfrontiert und müssen diese Zuhause durchsetzen. Seiner Logik folgend seien es ja schließlich Führungskräfte, die sich im Unternehmen auch durchsetzen müßten. Neben diesen Äußerungen wurden auch Aussagen zu traditionellen Pflicht- und Akzeptanzwerten gemacht, die das Unternehmen bei seinen Mitarbeitern erwarte. Offensichtlich sind hier die Unterschiede zwischen den in der Arbeit aufgezeigten Wertvorstellungen der Dcc und einem entsprechenden Unternehmen. Werden Dcc-Partner trotz der Selektion Mitarbeiter solcher Unternehmen, sind latent Bruchstellen vorhanden. So widersprechen sich die grundlegenden Wertvorstellungen der Dcc hinsichtlich Selbstverwirklichung und Leistungsmotivation mit denen des Unternehmens, je nach vorhandenem Paartyp kann die geforderte Verhaltensweise im Betrieb nicht erbracht werden, ohne entsprechende Partnerschaftskonflikte auszulösen, die sich wiederum ins Arbeitsleben und die dortige Leistungsfähigkeit übertragen. Seitens der befragten Personalleiter wurde diese Kette mehrmals geschildert, bei der die Unzufriedenheit des Partner sich entsprechend negativ auf die Leistung des Mitarbeiters auswirkt.

Entsprechend fanden sich in den Interviews Unternehmen, die eine Personalpolitik verfolgen, die versucht, beruflich ausgelöste Probleme des Mitarbeiter bzw. der Partnerschaft weitestgehend zu lösen, um den Mitarbeiter motiviert und leistungsfähig einsetzen zu können. Kennzeichnend für diese Unternehmen war eine Vielzahl von individuell auf die Paare zugeschnittenen Lösungsoptionen sowie spezielle Stellen, die zur Betreuung der Mitarbeiter und Umsetzung der Unterstützungsmaßnahmen bei Mobilitätsanforderungen zuständig waren.

Zwischen diesen Extremen fanden sich Unternehmen in Zwischenstufen. Obwohl die Stichprobe der besuchten Unternehmen zu klein ist, um generelle Aussagen ableiten zu können, fällt auf, daß Unternehmen aus dem Konsumgüter- und Dienstleistungsbereich wesentlich stärker in die Betreuung der Mitarbeiter investieren und sich mit den Veränderungen der Wertvorstellungen ihrer Mitarbeiter auseinandersetzen. Die eher traditionellen Vorstellungen finden sich hingegen in den besuchten Unternehmen, die der Investitionsgüter- und Energiewirtschaft zuzurechnen sind. In welchem Umfang hinsichtlich der Personalpolitik, bezogen auf die Dcc, die vermuteten Branchentrends existieren, muß allerdings einer weiteren Studie vorbehalten bleiben. Auch die These, daß sich diese Bereiche aufgrund der direkten Kontaktsituation zum Endkunden stärker mit gesellschaftlichen Trends auseinandersetzen müssen und deshalb versuchen, Mitarbeiter dieser gesellschaftlichen Strömungen im Unternehmen zu haben, z.B. auch in Form von Trendscouts oder Innovationszentren, kann hier nicht geprüft werden.

Allerdings sprechen einige Belege für diese These, zieht man die USA wiederum als Vergleich heran. Hier haben sich inzwischen Interessengruppen der Dcc gebildet, die zum einen über das Internet Informationen über die Arbeitsbedingungen bzw. die Dcc-Freundlichkeit von Arbeitgebern austauschen, zum anderen aus diesen Informationen Ratings erstellen, die Hinweise für das eigene Konsumverhalten bilden sollen, um Unternehmen durch Konsumverhalten zu einer entsprechenden Personalpolitik zu bewegen. Geht man davon aus, daß ein Viertel bis ein Fünftel der Paare in den USA als Dcc leben und zusätzlich aufgrund ihrer Bildung und ihres Doppeleinkommens zu den umworbenen Konsumenten gehören, kann man sich die Bedeutung dieser Ratings vorstellen – besonders in einem Land, in dem Ratings in dieser Art eine eigene Kultur haben (Universitäten, Rechtsanwälte, Krankenhäuser etc.)

Sicherlich ist in diesem Punkt eine Vergleichbarkeit mit den USA nicht möglich, da diese Ratingkultur in Deutschland fehlt. Ein zweiter Punkt ist die stark auseinanderfallende Arbeitsmarktsituation zwischen Deutschland und USA. Während dort der Arbeitskräftemangel, auch im Segment der qualifizierten Kräfte bereits eingesetzt hat, ist er für Deutschland erst für die

Zukunft prognostiziert und kann heute nur in einigen speziellen Segmenten beobachtet werden (z.B. EDV- und Medientechnik). Generell sprechen aber alle Rahmenbedingungen dafür, daß sich in Deutschland eine ähnliche Entwicklung abzeichnen wird.

Gleichzeitig treten unternehmensinterne Anforderungen bei der Umsetzung moderner Managementkonzepte, vom TQM bis zum lernenden Unternehmen hinzu, die von einem Mitarbeiterbild ausgehen, das den selbständigen, selbstmotivierten gegenüber den traditionellen, pflichtbewußten, ausführenden Mitarbeiter in den Mittelpunkt gestellt hat. In den Interviews und Studien (STREICH 1993/1994) zeigt sich aber deutlich, daß die Manager in den Unternehmen den Handlungsbedarf erkannt haben, geänderten Werte- und Familienbildern mit der Personalpolitik entgegenzukommen.

Für die Unternehmen bedeutet dies, daß eine „Vermeidungsstrategie", in dem die Probleme der Paare ignoriert werden oder bewußt eine Selektion traditioneller Paare versucht wird, langfristig aufgrund unternehmensinterner- und externer Faktoren nicht sehr erfolgreich sein wird. Entsprechend ist zu fragen, wie die Unternehmen agieren könnten. Diese Frage wurde bereits in den Interviews von einigen Unternehmensvertretern als Anforderung an die Wissenschaft formuliert. Hier existiert bereits heute der Wunsch nach einem Maßnahmenbündel für die Zielgruppe. Zum einen kann hierzu gesagt werden, daß es kein einheitliches Maßnahmenbündel für die Dcc geben kann, da sich die Bedürfnisse der Paare aufgrund ihrer differenzierten Ziel- und Wertvorstellungen unterscheiden. Zum anderen kombinieren sich diese Vorstellungen im Lebenslauf mit unterschiedlichen Situationen, so daß eine weitere Differenzierung erfolgt. Zusätzlich sind Möglichkeiten des Unternehmens und die wirtschaftliche Lage zu berücksichtigen. In jedem Fall muß also individuell beurteilt und entschieden werden, wie die Kooperation mit bzw. Unterstützung des Paares seitens des Unternehmens aussehen kann. Hier kann analog des Konzeptes der individuellen Personalpolitik (z.B. DRUMM 1989), das in der Betriebswirtschaftslehre zunehmend diskutiert wird, verfahren werden.

Im Gegensatz zu speziellen Zielgruppenprogrammen, z.B. der Frauenförderung, schließt dieser individuelle Ansatz eine adäquate Personalpolitik für Dcc nicht aus. Einerseits können zwar Rahmenbedingungen gestaltet werden von denen alle Dcc profitieren können, andererseits muß gerade vor dem Hintergrund der skizzierten Paartypen ein Instrumentarium zusammengestellt werden, aus dem in Form eines Cafeteriasystems die Bausteine zur individuellen Unterstützung der Paare bereitgestellt werden können. In der Praxis würde auf Basis der betrieblichen Mobilitätsanforderungen ein Rahmenprogramm für Dcc gestaltet, (z.B. Flexibilisierungsoptionen), das dann durch Kombination ausgewählter, personalpolitischer Standardbausteine für den individuellen Fall zusammengestellt würde. Verwendet man für die Einzelfälle entsprechend standardisierte Personalbausteine, die im Vorfeld konzipiert werden, ist der Aufwand für die Unternehmen geringer als bei reinen

Individualmaßnahmen, da nur die Kombination der Bausteine individuell geschieht. Vergleicht man ein solches Vorgehen mit den geschilderten Einzelmaßnahmen der Personalexperten, bei denen Informationen und Abwicklungsmodalitäten pro Einzelfall recherchiert werden müssen, ist der Vorteil für die Unternehmen offensichtlich. Zum anderen bietet sich durch einen „Katalog" von Bausteinen auch schneller die Möglichkeit, Lösungen zu finden, da man auf Erfahrungen mit dem Einsatz der Instrumente zurückgreifen kann und alle Optionen übersichtlich zur Verfügung hat.

Bei der Konzeption der Maßnahmen kann sicherlich ein Teil der Programme berücksichtigt werden, die zur Unterstützung der Kindererziehung konzeptioniert worden sind und bisher überwiegend von Frauen genutzt wurden. Diese Maßnahmen müssen für die skizzierten Bedürfnisse der Dcc geprüft und auch für die männlichen Partner angeboten werden. Einen weiteren Block stellen Flexibilisierungsmaßnahmen dar, die durch organisatorisch-technische Änderungen herbeigeführt oder möglich werden. Wie in den Fallbeispielen deutlich wurde, reicht die Palette hier von der Flexibilisierung der Arbeitszeit bis hin zu wechselnden Arbeitsplätzen (Time- und Placeflexi). Allerdings sind diese Optionen heute überwiegend „Ausnahmetatbestände". Sie aktiv in die Personalarbeit als Optionen einzubeziehen, würde weitreichende Lösungsoptionen für die Dcc schaffen. Wie die Interviews zeigen, ist die Umsetzung dieser Flexibilisierungsoptionen bereits durch die Notwendigkeiten im Rahmen der Wiedervereinigung praxiserprobt worden. Daneben gibt es innerhalb des Unternehmens weitere Option, wie z.B. Einstellung des Partners oder Begleiturlaub, die im empirischen Teil ausführlich dargestellt wurden.

Weitgehend ungenutzte Möglichkeiten liegen im Aufbau von Netzwerken. Denkbar sind zum einen technisch gestützte Netze, in denen vakante Stellen verzeichnet oder Partner zu versetzender Mitarbeiter vermittelt werden. Zum anderen haben sich in der Praxis persönliche Netzwerke von Personalleitern als gute Hilfe gezeigt bzw. sind in der Erprobung, wie die Interviews zeigen. Sofern sich durch unternehmensinterne Unterstützungsmaßnahmen keine Lösungen für das Paar bzw. den Mitarbeiter finden lassen, können solche Netzwerke zu passenden Stellen verhelfen. Auch wenn besonders technische Netze wegen ihrer Transparenz gegenüber anderen Unternehmen zum Teil kritisch von den Experten beurteilt werden, dürfte besonders vor dem Hintergrund der Verbreitung des Internets hier ein Potential zur Problemlösung liegen.

Zusätzlich zu den Dcc-geeigneten Maßnahmen muß sich aber das Verständnis der Personalarbeit und Betreuung ändern. Ähnlich wie dies für die Paare gezeigt wurde, ist die Problemlösung besonders schwierig, wenn bereits die Rahmenbedingungen festgelegt sind und nun Hilfen gesucht werden. Wie die Interviews und die Fallbeispiele zeigen, gibt es auch auf seiten der Unternehmen die Option, die Rahmenbedingungen zu gestalten.

Notwendig ist hier die Abkehr von einer situationsbezogenen Personalarbeit, die nur auf Anforderung von Fachabteilung und z.B. im Einzelbedarfsfall eine Stellenbesetzung oder Versetzung durchführt. Vielmehr muß eine ganzheitliche Betreuung eines Mitarbeiters über einen längeren Zeitabschnitt in Planungen einbezogen werden. Dabei ist die private Situation des Mitarbeiters einzubeziehen. Zum einen wird dem Mitarbeiter hierdurch die Möglichkeit zu Absprachen und Planungen innerhalb seiner Beziehung gegeben, zum anderen kann die Personalarbeit durch Kenntnis der persönlichen Situation des Mitarbeiters entsprechende Personalentwicklungskonzepte erstellen, die zu den Laufbahn- und Privatwünschen der Mitarbeiter passen.

Wie die Auswertung der Interviews mit Personalberatern und Unternehmensvertretern, aber auch die Literatur zeigt, geschieht beides heute überwiegend nicht, da die Personalarbeit in der Regel nach Funktionen (Personalsuche, -abrechnung, -entsendung) oder nach zu betreuenden Bereichen bzw. Abteilungen organisiert ist. Bei der Orientierung auf Einzelfunktionen oder auf Bereiche ist für eine Entwicklungssicht auf den Mitarbeiter und einer Begleitung des Mitarbeiters in den wenigsten Fällen eine Möglichkeit gegeben. Überwiegend werden Einzelprobleme zu bestimmten Zeitpunkten gelöst. In einigen Fällen fand sich in den besuchten Unternehmen, zumindest für die Phase der Auslandsentsendung, eine ganzheitliche Betreuungsfunktion für Mitarbeiter. Die Vorteile einer solchen Ausrichtung hinsichtlich Leistungsfähigkeit für den Mitarbeiter und daraus resultierender Entsendungserfolge und Mitarbeiterzufriedenheit wurde entsprechend betont.

Neben der organisatorischen Ausrichtung der Personalarbeit liegt ein weiterer Problempunkt im Selbstverständnis bzw. der Reichweite von Personalarbeit. Obwohl alle Experten den Einfluß der Partnerschaft auf berufliche Entscheidungen betonen, ist es immer noch nicht selbstverständlich, in Bewerbungs- oder Entwicklungsgesprächen mit den Mitarbeitern diese Seite offensiv zu besprechen. Zwei Argumentationsmuster finden sich als Begründungen. Erstens geht man davon aus, daß Führungskräfte bzw. angehende Führungskräfte selbst in der Lage sein müßten diese Probleme zu lösen. Zweitens befürchtet man, daß die Ansprache der privaten Situation als „schnüffeln" verstanden wird. Wie die Ergebnisse aber zeigen, hängt die Lösung von Dcc-Problemen in der Regel weniger von der Managementfähigkeit eines Paares ab. Die gewählte Lebensform scheint eine solche Fähigkeit prinzipiell vorauszusetzen, damit die unterschiedlichen Interessen überhaupt koordiniert werden können. Stehen den handelnden Partnern aber nicht die nötigen Mittel bzw. Rahmenbedingungen zur Verfügung, müssen sie zwangsläufig scheitern. Hier kann die Personalarbeit wichtige Unterstützungen geben, Rahmenbedingungen schaffen und z.B. Netzwerke nutzen. Damit allerdings bekannt ist, welche Anforderungen und Schwierigkeiten innerhalb des Paares, bezogen auf die Berufstätigkeit beider besteht, ist ein Informationsaustausch hier unerläßlich. Die positiven Aspekte solcher Informationsflüsse werden in den Beispielen deutlich, in denen entweder der Personalfachmann oder der Mitarbeiter dieses Thema ansprach. Hinsichtlich der Intimität der Daten muß gesagt werden, daß z.b. auch Qualifikationen, positiv wie negativ, oder körperliche Leistungsfähigkeit sehr persönliche Daten sind, zur Beurteilung der Einsatzfähigkeit der Mitarbeiter aber bekannt sein müssen. Analog dazu wären auch Informationen über die Berufstätigkeit und Laufbahnwünsche von Dcc-Partnern zu werten. Die in solchen Gesprächen gewonnenen Informationen können Aufschluß über geeignete Unterstützungsmaßnahmen liefern. Stellt man z.B. fest, daß der Mitarbeiter einem Paar des traditionell-modernisierten Modells zugeordnet werden kann, bietet sich die Arbeitshypothese, daß Unterstützungsmaßnahmen vergleichbar denen traditioneller Paare gewünscht werden bzw. für das Paar Hilfestellungen bedeuten können. Allerdings sollte die mögliche Unzufriedenheit der Frau als latente Störgröße, die Entsendungs- oder Entwicklungsmaßnahmen tangieren kann, betrachtet werden. Sofern möglich, sollten hier im Vorfeld bereits Lösungsmöglichkeiten für die Frau mitbedacht werden.

Gleichberechtigte Paare sind aus Sicht der Personalabteilungen sicherlich schwieriger zu planen, da immer die Anforderungen an den Partner z.B. bei Versetzungsketten, mit bedacht werden müssen. Wahrscheinlich dürfte sich die Mühe für die Unternehmen aber lohnen, da Partner aus solchen Paaren über eine soziale Problemlösungskompetenz zum Managen ihrer Beziehung verfügen müssen. Zudem sind sie die Vorreiter des Wertewandels und Träger moderner Werte gekoppelt mit Realismus. Betrachtet man hierzu die neuen Managementkonzepte der Unternehmen, so müßte innerhalb der Unternehmen ein hohes Interesse genau an diesem Typ Mitarbeiter bestehen. Die Schwierigkeiten der Versetzungsplanung für die Unternehmen bietet gleichzeitig auch den Vorteil, daß bei einer Lösung der Dcc-Probleme davon auszugehen ist, Mitarbeiter mit langfristiger Unternehmensbindung zu beschäftigen, da ein Arbeitgeberwechsel diesem Paar in gleicher Form Probleme bereitet. Die Unternehmen erhalten dann Mitarbeiter mit hoher Berufsorientierung und Unternehmensbindung. Vor diesem Hintergrund scheinen hier vor allem Instrumente der internen Personalentwicklung und der möglichen Einstellung beider Partner geeignet.

Die fragmentierten Paare stellen sicherlich aus Sicht der Personalarbeit die am einfachsten zu betreuende Gruppe dar, auch wenn diese Lebensform auf wenig Sympathie oder Verständnis stößt, wie die Interviews zeigen. Nicht übersehen werden darf bei der zunächst primär sehr deutlichen Berufsorientierung, die bei Anforderungen des Arbeitgebers private Belange in den Hintergrund stellt, daß auch diese Paare den Wunsch haben, eine Beziehung zu führen. Obwohl die Partner aus diesen Paaren die Berufstätigkeit stark betonen, haben auch sie Probleme hinsichtlich der Partnerschaft oder der Selbstorganisation zu bewältigen, die bei traditionellen Paaren häufig von dem Partner im Hintergrund abgedeckt werden. In diesem Sinn sind die

Partner aus solchen Paaren vergleichbar mit Singles, die zusätzlich eine Beziehung im Hintergrund führen. Die hohe Leistungsmotivation, die diese Mitarbeiter einbringen, sollte dementsprechend durch geeignete Unterstützungsleistungen erhalten bleiben, zu denen auch die Berücksichtigung der Partnerschaft gehört.

Mitarbeiter dieser Paare dürften überwiegend zu den Trägern moderner Werte zählen, sind aber im Sinne der Individualisierungsdebatte stärker egozentrisch und hinsichtlich ihres Berufs idealistisch eingestellt. Das Problem in der Personalbetreuung dieser Mitarbeitergruppe kann darin liegen, daß die entsprechenden Mitarbeiter wie Singles eingestuft werden. Besonders vor ihrem eigenen Wertebild werden diese Mitarbeiter vermutlich ein Partnerschaftsproblem auch nicht thematisieren. Trotzdem wirken sich entsprechende Probleme negativ auf die Berufswelt aus. Durch ihre hohe Berufsorientierung und Mobilitätsbereitschaft, die auch nicht durch eine Partnerschaft begrenzt wird, ist bei dieser Mitarbeitergruppe mit einer entsprechenden Wechselbereitschaft zu anderen Unternehmen zu rechnen. Die zunächst einfache Betreuung kann dann zum Trugschluß werden, wenn Stellen neu besetzt und Mitarbeiter neu eingearbeitet werden müssen. Auch unbekannten, privaten Belastungen kann betrieblich nur schwierig begegnet werden. Bei dieser Gruppe scheinen private Gespräche oder entsprechende Seminare, die den Mitarbeitern diese Spannungslinien verdeutlichen, sehr sinnvoll, da ein Schlüssel der Personalbetreuung in der Einstellung der Mitarbeiter liegen dürfte.

Mit entsprechender Überlagerung von Wertestruktur und Bedürfnissen der Paare und möglichen Instrumenten der Personalarbeit, wie zuvor beispielhaft skizziert, kann man eine individuelle, wertorientierte Personalentwicklungspolitik beginnen. (Beispielhaft hierzu PEINELT-JORDAN 1996). Bedacht werden sollte, daß die Unternehmen aufgrund der Ausrichtung ihrer Personalarbeit in gewissen Rahmen eine Selektion der Mitarbeiter hinsichtlich Wertebild und Berufseinstellung durchführen. Dabei muß eine Auswahl entsprechender Personalprogramme vor dem Hintergrund der Firmenkultur, aber auch vor dem Hintergrund der Kundengruppen und künftiger Firmenentwicklung gesehen werden. Allgemeine Rezepte zur Personalbetreuung von Dcc scheinen also nicht angemessen. Vielmehr muß jedes Unternehmen für sich, auf Basis der skizzierten Paartypen und möglichen Personalinstrumente einen eigenen Umgang mit der Gruppe definieren und sich in der Organisation der Personalarbeit entsprechend ausrichten. Als Fazit läßt sich aber festhalten, daß eine wertorientierte, individuelle Personalentwicklung mit Beteiligung des Mitarbeiters und ggf. mit Einbeziehung des Partners als künftige Personalarbeitsgrundlage notwendig erscheint, will ein Unternehmen sich nicht von externen Wertentwicklungen in der Gesellschaft abkoppeln und gleichzeitig ausreichend motivierte Fachkräfte zur Verfügung haben, um neue Managementkonzepte umsetzen zu können.

7.5. Veränderungen der Rahmenbedingungen durch den Staat

Insgesamt kann der Staat in drei Ebenen tätig werden, um die Rahmenbedingungen für die Dcc zu verbessern und dieser Paarform Problemlösungen zu erleichtern. Sie liegen in den Feldern der staatlichen Förderpolitik, der Einstellungspolitik, also dem Staat als Arbeitgeber, und im traditionellen Feld der gesetzliche Rahmen, der Gesetzgebung. Dabei können die nachfolgend genannten Handlungsfelder und Maßnahmen nur ein erster Hinweis sein, wo sich im Rahmen der empirischen Bestandsaufnahme dieser Arbeit ein Ansatz abzeichnete. Aufgrund der Zielrichtung dieser Arbeit muß eine differenzierte Prüfung und die Ausarbeitung konkreter Maßnahmen weiterführenden Arbeiten vorbehalten bleiben. Trotzdem soll auf einige Felder verwiesen werden.

Allem voran ist die Ausrichtung staatlichen Handelns zu betrachten. Noch immer bestimmt das traditionelle Familienbild die Politik. Ob im Erbschafts- oder im Steuerrecht sowie bei staatlichen Förderprogrammen ist dies zu beobachten. Hier ist ein Perspektivwechsel notwendig, bei dem in allen Politikfeldern zur Kenntnis genommen wird, daß diese Familienform eine abnehmende Bedeutung hat und parallel weitere Formen des partnerschaftlichen Zusammenlebens entstanden sind und sich dauerhaft weiter verbreiten. Hieraufhin alle staatliche Handlungen und Gesetzesvorhaben zu überprüfen und somit einen Pluralismus der Lebensformen nicht künstlich zu behindern, sollte die Politikrichtung der Zukunft sein.

Beispielhaft kann dieses an der gängigen Förderpraxis gezeigt werden. So gibt es heute im wesentlichen staatliche Förderprogramme im Zusammenhang mit der Geburt von Kindern. Obwohl diese Programme formal geschlechtsneutral angelegt sind, zielen sie in der Praxis auf den Ausstieg bzw. die Berufsunterbrechung von Frauen. Eine Erklärung hierfür liefert das in dieser Arbeit gezeichnete Bild. So sind Frauen und Männer mit höherer beruflicher Qualifikation, die gleichzeitig Träger moderner, gleichberechtigter Partnerschaftsformen sind, an einer längeren Berufsunterbrechung oder an einem Ausstieg überwiegend nicht interessiert. Wie sich in den Interviews zeigt und durch die Forschungsliteratur (Teil 2) bestätigt wird, ist gerade diese Gruppe bemüht, im Beruf zu verbleiben oder schnellstmöglich zurückzukehren. Genau für diese Option finden sich in den Programmen aber keine oder nur ansatzweise Unterstützungen. Hingegen werden diese Programme von Frauen genutzt, die weniger berufsorientiert sind und die Programme mit ihrer eigenen Lebenseinstellung verbinden. In Partnerschaften, denen diese Frauen angehören, findet sich parallel mit einer geringeren Berufsorientierung der Frauen ein insgesamt niedrigeres Qualifikationsniveau beider Partner und ein vergleichsweise traditionelleres Werte- und Familienbild, in dem die Frau die

Erziehungsaufgaben übernimmt. Deutlich wird bei Betrachtung der Zusammenhänge, warum ein Programm, daß formal allen offen steht, überwiegend nur von Frauen genutzt wird und gleichzeitig das traditionelle Partnerschaftsmodell stützt.

Demgegenüber finden sich keine Programme, die eine echte Gleichberechtigung der Frauen auf dem Arbeitsmarkt fördern würden oder Programme, die eine Unterstützung für moderne Partnerschaftsformen, gerade mit Kindern anbieten. Wie solche Formen aussehen könnten und welche Auswirkungen diese auf Lebensformen, Frauenberufstätigkeit und Gleichberechtigung haben können, läßt sich durch Vergleich mit anderen europäischen Ländern zeigen, die verschiedene Programme dieser Art vorweisen können (z.B. THEOBALD 1998). Daß sich Frauen auch ohne Förderprogramme durchsetzen können, zeigt das Beispiel der USA, wo inzwischen ein Drittel aller Unternehmen von Frauen geleitet wird (TENBROCK 1998). Zu beachten ist aber, daß gerade die amerikanische Entwicklung nicht auf den europäischen Raum zu übertragen ist, da Wertebilder und Anreizstrukturen sich stark unterscheiden (INGLEHART 1998, KURZ 1998).

Neben der Veränderung der Rahmenbedingungen hinsichtlich der Unterstützungs- bzw. Förderprogramme wurde in den Interviews ein weiteres Hemmnis deutlich. So sorgen die strengen Datenschutzbestimmungen dafür bzw. werden von Unternehmen entsprechend interpretiert, daß Daten über den Partner des Arbeitnehmers nicht erfaßt oder gespeichert werden können. Zur Durchführung einer paarbezogenen Personalentwicklungspolitik wären solche Daten allerdings hilfreich. Hier könnte durch Schaffung von Rechtssicherheit eine weitere Hürde verkleinert werden.

Als Arbeitgeber kann der Staat ebenfalls aktiv werden. Deutlich wurde in nahezu allen Expertengesprächen die Behinderung von Mobilität bei Dcc-Partnern, die im Landesdienst beschäftigt waren. In welchem Umfang dies für Bedienstete des Bundes oder der Kommunen gilt, konnte im Rahmen der Arbeit nicht evaluiert werden. Bereits die Beispiele der Länderebene zeigen jedoch, daß die Länder in ihrer Arbeitgeberfunktion als Mobilitätshemmnis für Dcc gelten. Eine Veränderung der Einstellungspolitik scheint hier zwingend: Ein Staat kann nicht Mobilität seiner Bürger fordern und diese durch eigene Vorschriften einschränken, indem vorwiegend Stellen nur an „Landeskinder" des Bundeslandes vergeben werden.

Weitere Hemmnisse staatlicher Regelungen stellen sich bei der Mobilität von Partnern, die vom Ausland nach Deutschland oder von Deutschland ins Ausland wechseln wollen. Wird z.B. ein Partner ins Ausland entsandt, erhält der mitreisende Partner häufig nur unter großen Schwierigkeiten eine Arbeitserlaubnis im Gastland. Gleiches gilt für die Einreise nach Deutschland, soweit der Wechsel nicht innerhalb der EU stattfindet. Alle Bemühungen der Firmen, für die Partner der entsandten Mitarbeiter Stellen zu finden, führen nicht weiter, wenn aufgrund fehlender Arbeitserlaubnisse diese Stellen nicht angetreten werden können. Ähnlich sieht es auch mit den Optionen aus, die moderne Techniken bzw. das Internet bieten. Hier schaffen Stellenbörsen zwar den Überblick möglicher Beschäftigungschancen, die Nutzung bleibt aber staatlich beschränkt. Hier wäre der Staat aufgerufen, durch zwischenstaatliche Abkommen dem Dcc-Partner die Arbeitserlaubnis im Ausland zu ermöglichen, wenn das Paar gemeinsam wechselt. Entsprechend sind die Regelungen in Deutschland anzupassen, wenn Dcc nach Deutschland kommen. Über den Abbau von Hemmnissen hinaus kann der Staat die Partner der Dcc's bei der Suche nach einem möglichen Arbeitsplatz für den mitreisenden Partner unterstützen. Hier greifen heute meist die regionalen Strukturen der Arbeitsämter zu kurz, wenn auch in den letzten Jahren online-gestützte Datenbanken freier Stellen aufgebaut worden sind. Diese Zielrichtung muß verstärkt und überregional bzw. internationalisiert werden, um Paaren entsprechende Hilfen zu bieten.

Abschließend stellt sich eine Forderung an staatliches Handeln, die aus dem Interesse der Forschung über die Paare herrührt. Wie Eingangs dargestellt sind erst kürzlich die gesetzlichen Hürden gefallen, damit nicht eheliche Paare überhaupt in der amtlichen Statistik erhoben werden konnten. Hier wäre es wünschenswert, wenn künftig die gesetzlichen Grundlagen der amtlichen Statistik so geändert würden, daß auch Veränderungen der Paarstrukturen, unabhängig von der gewählten Rechtsform (ehelich / nicht ehelich), sondern stärker orientiert an der realisierten Lebensform erhoben und ausgewiesen werden könnten. Allein die wenigen Handlungsfelder, die schlaglichtartig die staatliche Ebene beleuchten, zeigen wie stark das staatliche Handeln und Denken noch dem traditionellen Partnerschaftsmodell verhaftet ist. Entsprechende Änderungen würden den faktisch stattfindenden Wandel nachvollziehen und die Paare nicht weiter unnötig behindern.

7.6. Forschungsbedarf

Betrachtet man die bestehende Forschungslandschaft im Vergleich mit der Paarstruktur bzw. den in dieser Arbeit definierten Paartypen, so fällt ein sehr unterschiedlicher Forschungsstand über die unterschiedlichen Lebensformen auf. Traditionelle Paare sind in der Familienforschung sehr weitgehend untersucht worden. Die Emanzipation der Frauen und die Individualisierung wurde von der Werte- und Frauenforschung aufgedeckt und in einzelnen Untersuchungen an Paaren reflektiert, die nach der vorliegenden Typisierung den fragmentierten Paaren zuzuordnen sind (z.B. Forschungen zu LAT). Paarformen, die weder komplett traditionell orientiert sind noch durch Individualisierungsschübe fragmentiert werden, sind bisher in der deutschen Forschung nicht weiter betrachtet worden.

So finden sich keine Untersuchungen über Partnerschaften, die in Form der dargestellten traditionell-modernisierten oder gleichberechtigten Paare leben. Im Sinne eines explorativen Anreißens und Bilden von Typen kann diese Arbeit für diesen Bereich sicherlich einen Einstieg darstellen. Aufgrund der begrenzten Stichprobe und des breit gefaßten Forschungsinteresses, sind die Befunde allerdings nicht ausreichend, um differenziertere Bilder dieser Lebensformen zu zeichnen. Hier findet sich für künftige, sozialwissenschaftliche Forschungen ein breites Feld, das von der Überprüfung der gemachten Aussagen bis hin zur Betrachtung einzelner Prozesse innerhalb der Paare reicht. Besonders vor dem Hintergrund, daß gesellschaftlich tradierte Partnerschaftsmodelle durch frei vereinbarte Modelle ersetzt werden, dürfte der Prozeß der Aushandlung des gewählten Partnerschaftsmodells bzw. dessen Ausgestaltung eine zentrale Rolle erhalten.

Für die Personalwirtschaftslehre kann die Arbeit, ebenfalls im explorativen Sinne, die Grundlage weiterer Forschungen darstellen. Deutlich wurde die Notwendigkeit, für eine zunehmend bedeutend werdende Mitarbeitergruppe entsprechende Strategien und Instrumente zu entwickeln. Ebenfalls zeigt die Empirie, daß in den Unternehmen bereits Handlungsdruck entstanden ist und eine Vielzahl Einzellösungen unkoordiniert und mit hohem Aufwand eingesetzt werden. Hier kann wertvolle Arbeit angewandter Forschung liegen, für die Personalarbeit der Zukunft Entwicklungen durchzuführen, die eine Antwort auf gesellschaftliche Trends und Weiterentwicklungen bereitstellen. Auf die Betrachtung einzelner Bausteine möglicher Personalprogramme soll hier verzichtet werden, da sie, soweit sie durch Literaturstudien und empirische Erhebung bekannt wurden, bereits an entsprechenden Stellen in der Arbeit dargestellt wurden. Sowohl der betrieblichen Praxis als auch speziellen Forschungen der Personalwirtschaftslehre steht die Aufgabe bevor, die verschiedenen zutage geförderten Bausteine zusammen mit dem dargestellten grundsätzlichen Personalbetreuungsansatz, zielgruppengerecht für die Paartypen zusammenzustellen und zu ergänzen. Neben der Weiterentwicklung und Kombination vorhandener Personalinstrumente wird es darauf ankommen, den skizzierten, notwendigen Wandel im Grundverständnis von Personalarbeit, weg vom Einzelfallbezug hin zur ganzheitlichen Betrachtung des Mitarbeiters, zu vollziehen.

Wie die Auswertungen an verschiedenen Stellen gezeigt haben, bilden die vorhanden Rechtsvorschriften historische Sachverhalte ab. Sei es die Arbeitserlaubnis, die nur für einen Partner erstellt wird oder die Mobilitätshemmnisse bei Landesbediensteten. Hier könnte die rechtssoziologische Forschung eine systematische Prüfung über verschiedenste Bereiche durchführen und aufzeigen, wie traditionelle Lebensformen durch Rechtsformen gestützt bzw. gesellschaftliche Entwicklungen beeinflußt werden. Zudem könnten solche Forschungen notwendige Gesetzesänderungen aufzeigen. Ziel sollte sein, im Sinne eines echten Pluralismus, die Einschränkungen abzubauen und verschiedene Partnerschaftsformen gleichberechtigt zuzulassen. Damit zeigt sich die Spannbreite an Fragestellungen, die sich im Forschungsfeld der Dcc noch stellen. Das eine erste explorative Näherung an das Forschungsfeld nicht alle offenen Fragen beantworten kann und am Ende einer solchen Arbeit Fragen neu stellt, liegt in dem erkundenden Charakter der Aufgabenstellung. Künftig müssen weiterführende Studien aber nicht mehr im Ungewissen aufsetzen, sondern können sich auf Rahmenannahmen und Strukturen stützen, was Forschungen und Methodenwahl in der Regel erleichtern dürfte.

Daß zusätzlich Studien zur Gruppe der Dcc notwendig sind, begründet sich neben den oben gezeigten Defiziten auch aus der, in der Arbeit vorgenommen Abschätzung der Größe der Dcc, die im Bereich von 20 % der Beschäftigten liegen dürfte. Neben der quantitativen Abschätzung sind aber auch die aufgezeigten Probleme im betrieblichen Alltag eine ausreichende Begründung, in den aufgezeigten Feldern tätig zu werden.

Literaturverzeichnis

ADLER, Nancy & IZRAELIS, Darfua N. (1989): Women in Management Worldwide. 2. Aufl. Armonk/New York.
ADLER, Nancy (1991): International Dimensions of Organizational Behavior, Boston.
ALBACH, Horst (1994): Frauenfreundliche Rahmenbedingungen betrieblicher Personalpolitik. in: ZfB H.11 S.1401-1416. Wiesbaden.
ALDAUS, Joan. (1982): Two Paychecks. Life in Dual-Earner Families. Sage Publications, Beverly Hills u.a.
ARTHUR D. LITTLE (1996): Innovation und Arbeit für das Informationszeitalter. Zusammenfassung der Ergebnisse. 10. April 1996 Berlin.
AUTENRIETH, Christine, CHEMNITZER, Karin & DOMSCH, Michael (1993): Personalauswahl und -entwicklung von weiblichen Führungskräften, Frankfurt.
AUTENRIETH, Christine & DOMSCH, Michael & PFEIFFER, Petra (1994): Personalauswahl und Personalentwicklung von weiblichen Führungskräften und Führungsnachwuchskräften in der Wirtschaft. in: ZfB H.11 S. 1373-1399. Wiesbaden.
ARTHUR, Michael B., HALL, Douglas T., LAWRENCE, Barbara S. (Eds.) (1989): Handbook of Career Theory. Cambridge, University Press.
BALAZS, G. & FAGUER, J.-P. (1992): Unternehmen ohne Paterualismus. Berliner Journal für Soziologie Nr. 2.
BAUMANN, R. (1981): Dual-Earner Families: An Annotated Bibliography, Monthly Labor Review, 104, S. 53-59.
BAUERFEIND-ROßMANN, Irene & SCHUBERT, Renate (1989): Berufs- und Lebensperspektiven von Frauen in Führungspositionen. Band 48 der THD-Schriftenreihe Wissenschaft & Technik.
BARTEL, A. P. (1979): The Migration Decision: What Role Does Job Mobility Play?, in: The American Economic Review, Vol. 69, S. 775-786.
BEATHGE, M. & DENKINGER, J. & KADRITZKE, U. (1993): Zum Wandel von Berufsperspektiven und sozialen Interessenlagen von hochqualifizierten Angestellten, in: IG-Chemie-Papier-Keramik (Hrsg.): Die Experten in der Zirkuskuppel, S. 9-76 Hannover.
BEATHGE, M. & DENKINGER, J. & KADRITZKE, U. (1995): Das Führungskräfte-Dilemma. Manager und industrielle Experten zwischen Unternehmen und Lebenswelt. Frankfurt/New York.
BECK, Ulrich. (1986): Risikogesellschaft – Auf dem Weg in eine andere Moderne. Frankfurt/M.

BECK, Ulrich & BECK-GERNSHEIM, Elisabeth (1990): Das ganz normale Chaos der Liebe. Frankfurt/M.
BECK-GERNSHEIM, Elisabeth (1992): Arbeitsteilung, Selbstbild und Lebensentwurf. Neue Konfliktlagen in der Familie, im KZfSS, 44, S. 273-291.
BECK-GERNSHEIM, Elisabeth (1994): Auf dem Weg in die postfamiliale Familie. Von der Notgemeinschaft zur Wahlverwandtschaft. in: Aus Politik und Zeitgeschichte B 29-30/94.
BECKER, Fred G. & MARTIN, Albert (Hrsg.) (1993): Empirische Personalforschung – Methoden und Beispiele. Mering.
BECKER, Gary S. (1982): Der ökonomische Ansatz zur Erklärung menschlichen Verhaltens. Tübingen.
BECKER, Gary S. (1992): Die vernünftige Wahl: Der Gatte als Vermögensobjekt. FAZ 14.10.1992.
BECKMANN, Petra & ENGELBRECH, Gerhard (Hrsg.) (1994): Arbeitsmarkt für Frauen 2000 – Ein Schritt vor oder ein Schritt zurück? Kompendium zur Erwerbstätigkeit von Frauen. Institut für Arbeitsmarkt- u. Berufsforschung. BeitrAB 179 Nürnberg.
BERGER, M. & FOSTER, M. & WALLSTON, B. S. (1978): Finding two Jobs, in: R. RAPOPORT & R. N. RAPOPORT & J. M. BUMSTEAD (eds.): Working Couples, London, S. 23-35.
BERRY-LOUND, D.(1990): Work and the Family: Career-Friendly Employment Practices. Institute of Personnel Management.
BERTRAM, H. (1990): Soziale Ungleichheiten, soziale Räume und sozialer Wandel. Der Einfluß sozialer Schichten, sozialer Räume und sozialen Wandels auf die Lebensführung von Menschen, in: W. Zapf (Hrsg.), Die Modernisierung moderner Gesellschaften. Verhandlungen des 25. Deutschen Soziologentages Frankfurt/New York.
BERTRAM, Hans u.a. (1991): Lebensentwürfe von Jugendlichen: Motivation und Berufsorientierung, Pläne und ihre Realisierung. Gutachten für die Enquete-Kommission „Zukünftige Bildungspolitik – Bildung 2000" des 11. Deutschen Bundestages. Bonn.
BERTRAM, Hans (1994): Die Stadt, das Individuum und das Verschwinden der Familie. in: Aus Politik und Zeitgeschichte B 29-30/94.
BERTRAM, Hans (Hrsg.) (1995): Das Individuum und seine Familie. Lebensformen, Familienbeziehungen und Lebensereignisse im Erwachsenenalter. Familien-Survey 4. Opladen.
BIELBY, William T. & BIELBY, Denise D. (1992): I will folloq him: Family Ties, fender-Role Beliefs, and Relucatance to Relocate for a better job. Ameridan Journal of Sociology 97, S. 1241-67.
BIELENSKI, Harald & BRINKMANN, Chrisitan & KOHLER, Bärbl (1995): Erwerbsverläufe seit der Wende in Ostdeutschland: Brüche und Kontinuitäten. Ergebnisse des Arbeitsmarkt-Monitors über berufliche Veränderungen 1989 bis 1994. IAB-Werstattbericht Nr.6/95, Institut für Arbeitsmarkt- und Berufsforschung der Bundesanstalt für Arbeit (Hrsg.) Nürnberg.
BIRKENFELD-PFEIFFER, D. (1992): Ehegattendiskriminierung bei der Vergabe kommunaler Mandate auf dem Prüfstand, in: Die Öffentliche Verwaltung, Heft 19, S. 813-821.
BISANI, F. (1990): Personalführung. Wiesbaden.

BISCHOFF, S. (1986): Männer und Frauen in Führungspositionen in der Bundesrepublik Deutschland. Ergebnisse einer schriftlichen Umfrage, hg. v. Capital, Köln.
BISCHOFF, S. (1991): Frauen & Führungskräfte, Capital 12, S. 193-211.
BITTNER, Andreas & REISCH, Bernhard (1993 a): Internationale Personalentwicklung in deutschen Großunternehmen. Institut für Interkulturelles Management Bad Honnef.
BITTNER, Andreas & REISCH, Bernhard (1993 b): Dokumentation des Fachgesprächs „Stand und Problemfelder internationale Personalentwicklung in deutschen Großunternehmen". Institut für Interkulturelles Management Bad Honnef.
BMBW – Bundesministerium für Bildung und Wissenschaft (Hrsg.) (1993): Berufsbildungsbericht. Bad Honnef.
BMFuS Bundesministerium für Familie und Senioren (Hrsg.) (1992): Optionen der Lebensgestaltung junger Ehen und Kinderwunsch. Stuttgart.
BMFJ Bundesministerium für Frauen und Jugend (Hrsg.)(1992): Gleichberechtigung von Frauen und Männern – Wirklichkeit und Einstellungen in der Bevölkerung. IPOS Institut für praxisorientierte Sozialforschung. Schriftenreihe Band 7. Stuttgart/Berlin.
BMFJ Bundesministerium für Frauen und Jugend (Hrsg.) (1994): Gleichberechtigung von Frauen und Männern – Wirklichkeit und Einstellungen in der Bevölkerung. Bevölkerungsumfrage 1993. IPOS, Institut für praxisorientierte Sozialforschung. Materialien zur Frauenpolitik 34/1994 Bonn.
BORN, Claudia & KRÜGER, Helga (Hrsg.) (1993): Erwerbsverläufe von Ehepartnern und die Modernisierung weiblicher Lebensläufe. Weinheim.
BORN, Claudia & KRÜGER, Helga (1993): Zusammen betrachten, was zusammenlebt. Zur Forschungslage über ehepartnerliche Erwerbsverläufe, in: C. BORN & H. Krüger (Hrsg.) a.a.O. S 9-21.
BORN, Claudia (1994): Beruf und weiblicher Lebenslauf. Plädoyer für einen Pespektivenwechsel in der Betrachtung der Frauenerwerbsarbeit, in: P. BECKMANN & G. ENGELBRECH (Hrsg.) a.a.O. S. 209-228.
BORNTRÄGER, Wolfgang (1990): Frauen im Beruf – Entwicklung der Erwerbstätigkeit in: Personalführung 3/90.
BRINKMANN, Christian & DEEKE, Axel & VÖLKEL, Brigitte (Hrsg.) (1995): Experteninterviews in der Arbeitsmarktforschung. IAB Nürnberg.
BROSE, Hanns-Georg (Hrsg.) (1986): Berufsbiographien im Wandel. Opladen.
BRYSON, Jeff B. & BRYSON, Rebecca (eds.) (1978): Dual-Career Couples. A special issue of psychology of women quarterly. Human Sciences Press
BRYSON, Rebecca, BRYSON Jeff B., Licht, Mark H.& Licht, Barbara G. (1976): The Professional Pair. Husband and Wife Psychologists. American Psycholist, 10.
BÜCHTEMANN, Ch. F. & NEUMANN, H. (Hrsg.) (1990): Mehr Arbeit durch weniger Recht? Chancen und Risiken der Arbeitsmarktflexibilisierung, Berlin.
BUNDESANSTALT für Arbeit (1994): Arbeitsmarktreport Frauen – Berufliche Bildung und Beschäftigung von Frauen – Situation und Tendenzen. Nürnberg.
BUNDESANSTALT für Arbeit (1995): Arbeitsmarktreport Frauen II – Berufliche Bildung und Beschäftigung von Frauen – Handlungsfelder der Bundesanstalt für Arbeit. Nürnberg.
BUNDESMINISTER für Jugend, Familie und Gesundheit (1984): Familie und Arbeitswelt. Stuttgart.

BUNDESMINISTER für Jugend, Familie und Gesundheit (1989a): Frauen in der Bundesrepublik Deutschland. Bonn.

BUNDESMINISTER für Jugend, Familie und Gesundheit (1989b): Materialien zur Frauenpolitik. Bestands- u. Entwicklungsdaten d. Arbeitsmarktes. DIW-Berlin.

BUNDESMINISTERIUM für Familie, Senioren, Frauen und Jugend (1995): Ganzheitliche Beratung für Frauen als Hilfe zur beruflichen Wiedereingliederung. Stuttgart.

BUNDESMINISTERIUM für Familie, Senioren, Frauen und Jugend (Hrsg.) (1996): Gleichberechtigung von Frauen und Männern – Wirklichkeit und Einstellungen in der Bevölkerung. Bevölkerungsumfrage 1995. IPOS, Institut für praxisorientierte Sozialforschung. Materialien zur Frauenpolitik 55/1996 Bonn.

BUSCH, C., DEBENER, S., GRIMMER, B., KOCH, C. & SAHR, K. (1990): Betriebliche Frauenförderung, Frankfurt a.M.

BUSCH, Carola (1997): Väter, Familie, Erwerbsarbeit. in: Trojaner a.a.O., S. 36-39.

BUSCH, Carola (1997): Interview mit Prof. Domsch: Wollen Männer in den Himmel? in: Trojaner a.a.O., S. 27-30.

BUSCH, Carola (1994): Frauen- und Familienpolitik als Bestandteil betrieblicher Personalentwicklung. in: P. BECKMANN & G. ENGELBRECH a.a.O., S. 906-922.

CAIRE, G.: The Intervention of Private Firms in the Functioning of Labour Markets in the Twelve EEC Countries, Labour Administration Branch, Document No. 25, Commission of the European Communities, Brussels.

CAMPBELL, B.M. (1986): Sucussful Women, Angry Men. Backlash in the Two-Career Marriage, New York.

CARROLL, G. R. & HAVEMAN, H. & SWAMINATHAN, A. (1990): Karrieren in Organisationen. Eine ökologische Perspektive, in: K.U. MAYER (Hrsg.): a.a.O., S. 146-178.

CARROLL, G. R. & MAYER, K. U. (1986): Job-shift Patterns in the Federal Republic of Germany. The Effects of Social Class, Industrial Sector, and Organizational Size, in: American Sociological Review, Vol. 51, S. 323-341.

CARTER, J.H. (1992): Executive Lifestyle: Commuter marriages, Black Enterprise, S. 247-250.

COMPENSIS, V. (1991): Gleichstellung von Frauen und Männern im Erwerbsleben, Betriebsberater, Heft 30, S. 2153-2156.

COPELAND, Anne P. & WHITE, Kathleen M. (1991): Studying Families. Applied Social Research Methods Series, Vol. 27, Sage Publications, Newbury Park u.a.

DAHMEN-BREINER, Monika & DOBAT, Reinhard (1993): Beruf kontra Familie? Wie Unternehmen von mitarbeiterorientierter Personalarbeit profitieren. Neuwied/Kriftel/Berlin.

DAVIDSON, M. & COOPER, C. (1983): Stress and the Woman Manager. Oxford.

DEBATS, Karen E. (1982): The Current State of Corporate Relocation, Personnel Journal, 61, S. 664-670.

DEMMER, Christine, (1988): Frauen ins Management: Von der Reservearmee zur Begabungsreserve. Wiesbaden.

DEUTSCHMANN, Ch. & FAUST, M. & JAUCH, P. & NOTZ, P. (1995): Veränderung der Rolle des Managements im Prozeß reflexiver Rationalisierung. Vortragsmanuskript Deutscher Soziologentag Halle.

DIEDERICHSEN, Uwe (1991): Wiedervereinigung im Familienrecht. Göttingen.

DIERGARTEN, Dagmar (1997): Frauenbeschäftigung im Wandel, in: Trojaner. Mann, Frau, Familie, Beruf. 4 Jg. Heft 1/97

DIJK, J. van & FOLMER, H. & HERZOG, H. W. & SCHLOTTMANN, A. M. (1989): Labor Market Institutions and the Efficiency of Interregional Migration: A Cross-Nation Comparison, in: J. van DIJK & H. FOLMER & H. W. HERZOG & A. M. SCHLOTTMANN (eds.): Migration and Labor Market Adjustment, Dordrecht, S. 61-83.

DIW Deutsches Institut für Wirtschaftsforschung (1993): Bevölkerungsentwicklung in Deutschland bis zum Jahr 2010 mit Ausblick auf 2040. DIW-Wochenbericht Nr.29, S. 393-404.

DOMSCH, M. & KRÜGER-BASENER, M. (1989): Laufbahnentwicklung von Dual Career Couples (DCC's). Ergebnisse einer empirischen Untersuchung, Personalführung 3, S. 285-289.

DOMSCH, M. (1989): Personal-Marketing für weibliche Fach- und Führungskräfte, Personalführung, 5/89, S. 436-447.

DOMSCH, M. & KRÜGER-BASENER, M. (1991): Personalplanung und -entwicklung für Dual Career Couples (DCCs), in: ROSENSTIEL, L. v., REGNET. E, DOMSCH, M. (Hrsg.): Führung von Mitarbeitern. HB für erfolgreiches Personalmanagement, Stuttgart.

DOMSCH, M. (1992): Führungskraft heiratet Führungskraft – wie geht der Betrieb damit um? in: Management Zeitschrift, 61, Nr. 11, S. 56-58.

DOMSCH, M. (1993): „Zur Sache" über Frauen in Führungspositionen. FAZ 20/03/93, Nr. 67, S. 43

DOMSCH, M. & REGNET, Erika & ROSENSTIEL, Lutz v. (1993): Führung von Mitarbeitern – Fallstudien zum Personalmanagement –. VSW-Schriften für Führungskräfte Bd. 21, Stuttgart.

DÖLLE, Hans (1964): Familienrecht. Karlsruhe.

DÖSE, A. & HÖLAND, A. & SCHALLHÖFER, P. (1990): Neue Formen und Bedingungen der Erwerbsarbeit, Forschungsbericht, Zentrum für Europäische Rechtspolitik an der Universität Bremen (ZERP-DP 2/1990).

DRUMM, Hans-Jürgen (Hrsg.)(1989): Individualisierung der Personalwirtschaft. Stuttgart.

DRUMM, H.J. (1991): Personalwirtschaftliche Konsequenzen des europäischen Binnenmarktes, in Zeitschrift f. betriebswirtschaftl. Forschung, Heft 9, S. 801

DUNCAN, R. P. & CUMMINGS PERRUCCI, C. (1976): Dual Occupation Families and Migration, in: American Sociological Review, Vol. 41, S. 252-261.

DYCKHOFF, Niges & BAUGHMAN (1993): Women in Management – Why so few at the top? Spencer Stuart & Associates Ltd. London.

ECKHARDT, Thomas, (1992): PE-Entwicklung bei der Beiersdorf AG, Personalführung, 11, S. 912-916.

EINSIEDLER, Herbert, E. (1993): Werte und Wertewandel aus der Sicht der Personalpolitik, in: L. v. Rosenstiel u.a. (Hrsg.) (1993) a.a.O.

ENGELBRECH, Gerhard (1991): Frauenspezifische Restriktionen des Arbeitsmarktes – Situationsbericht und Erklärungsansätze zu Phasen des Berufsverlaufs anhand von IAB-Ergebnissen. in: K.U. MAYER & J. ALLMENDINGER & J. HUININK a.a.O., S. 91-118.

ENGELBRECH, G. & BECKMANN, P. (1994): Förderung von Frauen im Beruf im Kontext theoretischer Konzepte und aktueller empirischer Ergebnisse. in: P. BECKMANN & G. ENGELBRECH a.a.O., S. 7-44.

ENGELHARD, Johann, (1984): Entwicklungsorientierte Personalpolitik – Theoretische Grundlagen und empirische Untersuchungen. Hrsg. Dr. K. Machorzina, Gabler Verlag Wiesbaden.

ERLER, G. (1988): Kind? Beruf? Oder Beides? Eine repräsentative Studie über die Lebenssituation und Lebensplanung junger Paare zwischen 18 und 33 Jahren in der Bundesrepublik Deutschland, in: Brigitte.

ESSER, Hartmut, (1980): Aspekte der Wanderungssoziologie, Darmstadt/Neuwied.

FALK, R. / WEIß, R. (1993): Studieren und was dann ? Beschäftigungschancen für Akademiker in der Privatwirtschaft – Ergebnisse einer Unternehmensbefragung. Institut der deutschen Wirtschaft (Hrsg.), Köln

FERBER, M. & HUBER, J. (1979): Husbands, Wives, and Careers, in: Journal or Marriage and the Family, 5, S. 315-325.

FIEDLER-WINTER, R. (1991): Frauen auf dem Weg nach oben, in: is Management. Zeitschrift, 60, S. 74-75.

FIGGE, Karin & QUACK, Sigrid: Die Auswirkungen des europäischen Binnenmarktes 1992 auf die Beschäftigung von Frauen im Kreditgewerbe der BRD. WZB-Discussion-Paper.

FILSER, Franz (1978): Einführung in die Familiensoziologie. Paderborn.

FLICK, V:, v.a. (Hrsg.) (1991): Handbuch Qualitative Sozialforschung Psychologie Verlags-Union, München.

FORD, R. & McLAUGHLIN, F. (1986): Nepotism: Boon or Bane. A Survey of ASPA Members Fins Nepotism Widespread, in: Personnel Administrator, Vol. 31, S. 78-89.

FRANKE, H. (1990): Brennpunkt Arbeitsmarkt. Lehrbuch für politische und betriebliche Praxis, Percha.

FRONE, M.R.; RUSSEL, M. & COOPER, M.L. (1992): Antecedents and Outcomes of Work-Family Conflict: Testing a model of the Work-Family Interface, Journal of Applied 4, 77, 65-78.

FÜRSTENBERG, Friedrich (1978): Die Sozialstruktur der Bundesrepublik Deutschland. 6.Aufl. Opladen.

FÜRSTENBERG, Friedrich (1993): Wandel in der Einstellung zur Arbeit – Haben sich die Menschen oder hat sich die Arbeit verändert ? (Teil I) in: L. ROSENSTIEL & M. DJARRAHZADEH & H.E. EINSIEDLER & R.K. STREICH (HRSG.) a.a.O. S. 17-28.

FUNDER, M. & GLANZ A. & MEINERS, B. & RAEHLMANN J. (1992): Belastungsabbau durch flexible Arbeitszeiten? Eine Unters. über WW zwischen betrieblicher und außerbetrieblicher Lebenswelt, RUBIN, 1/1992, S. 34-39.

FUZINSKI, A. & HAMBURG, I. & KLEIN, M. & NORDHAUSE-JANZ, J. & SCHARFENORTH, K. & WEINKOPF, C. (1997): Herausforderung Informationsgesellschaft. Auswirkungen neuer Informations- und Kommunikationstechniken auf die Beschäftigungssituation von Frauen. Institut Arbeit u. Technik. Dokumente u. Berichte 38 Ministerium für die Gleichstellung von Frau und Mann NRW (Hrsg.) Düsseldorf

GALLUS, Alexandra, (1993): „Abflug ins Ausland". forum aktuell, Feb 93, Nr. 36, Intern. Universitätsmagazin 9. Jahrgang Nr.1.

GARZ, Detlef & KRAIMER, Klaus (Hrsg.) (1991): Qualitativ-empirische Sozialforschung, Opladen.
GEISSLER, Dorothea: „Lebens- u. Karriereplanung – Ende des Verzichtens", Uni. Heft 11, S. 51 ff.
GENSICKE, Thomas (1994): Wertewandel und Familie. Auf dem Weg zu „egoistischen" oder „kooperativen" Individualismus ? in: Aus Politik und Zeitgeschichte B29-30/94.
GERBERT, Frank. (1993): Familie Abschied von einem Traum. FOCUS 7, S. 93 ff
GERSTEL, N. & GROSS, H.E. (1982): Commuter Marriages: A Review, in: Marriage and Family Review, Vol. 5, S. 71-93.
GERSTEL, N. & GROSS; H.E. (1984): Commuter Marriage. A Study of Work and Family, New York/London: The fuilford Press.
GILBERT, Lucia Albino (1985): Men in Dual-Career Families: Current Realities and Future Prospects. Hillsdale/London.
GILBERG, Lucia A. (1988): Sharing it All, New York/London. Plenum Press.
GILMORE, C.B. & FANNIN, W.R. (1982): The Dual Career Couple: A Challenge to Persamel in the Eighties, Business Horizous, S. 36-41.
GLOEDE, Dieter (1992): Auswirkungen des EG-Binnenmarktes auf das betriebliche Personalmanagement. Forschungsbericht Ruhr-Universität Bochum, Fakultät für Wirtschaftswissenschaft.
GOFFMAN, Erving (1994): Interaktion und Geschlecht. Frankfurt/M, New York.
GOLTZ, Marianne (1992): Chancen ausloten und nutzen. Betriebliche Weiterbildung und Personalentwicklung. aus: forum arbeit Oktober, S. 31-33.
GROVES, Melissa M. & HORM-WINGERD, Diane M. (1991): Commuter Marriages: Personal, Family and Career Issues, Sociology and Social Research: An International Journal, 75, S. 212-217.
HABISCH, André (1995): Familienorientierte Unternehmensstrategie. Mering.
HADLER, Antje & DOMSCH, Michael E. (1994): Frauen auf dem Weg in Spitzenpositionen der Wirtschaft ? in: Aus Politik und Zeitgeschichte B 6/94.
HALL, F. S. & HALL, D.T . (1978): Dual Careers – How do Couples and Companies Cope with the Problems?, in: Organizational Dynamics, Vol. 6, S. 57-77.
HALL, D.T. (1990): Promoting Work/Family Balance: An Organization-Change Approach, Organizational Dynamics, 18, S. 5-18.
HALL, Francine S. & HALL, Douglas T. (1981): Sie macht Karriere, er macht Karriere, und die Ehe kommt nicht zu kurz. Landsberg/Lech
HANNAN, M. T. & FREEMAN, J. (1989): Organizational Ecology, Cambridge, MA.
HANSEN, J.C. & CRAMER, S.H. (eds on.) (1984): Perspectives Work and the Family. The Family Therapy Collections, Rockville.
HARDES, H.-D. & Wächter, H. (Hrsg.) (1993): Personalmanagement in Europa. Wiesbaden.
HAPP, Doris; WIEGAND, Ulrich (1990): Frauen im Trend – Beruf - Bildung - Bewußtsein, Lexika-Verlag Gießen/München.
HASSELS, A. & HOMMERICH, C.: Frauen in der Justiz – eine empirische Analyse der Berufssituation, Karriereverläufe und Karrierechancen von Richterinnen, Staatsanwältinnen und Rechtspflegerinnen. Forschungsbericht.
HAYGHE, H. (1983): Married Couples: Work and Income Patterus, Monthly Labor Review, 106, S. 26-29.

HAYGHE, H. (1981): Husbands and Wives as Earness: An Analysis of Family Date, Monthly Labor Review, 104, S. 46-52.
HEINRICHS, Birgit (1992): Dual-Career Couples als Mitarbeiterguppe in deutschen Banken. Implikationen und Konsequenzen für die Personalarbeit. Diplomarbeit. Wirtschafts- und Sozialwissenschaftliche Fakultät der Universität zu Köln.
HENKEL, Regina-C. (1990): Blind in die Falle, Manager Magazin, 12, S. 340-346.
HENTZE, J. (1990): Personalwirtschaftlehre 2. Bern/Stuttgart.
HENTZE, J. (1991): Personalwirtschaftlehre 1. Bern/Stuttgart.
HERBERT, Willi (1991): Wertewandel und Anreizattraktivität. in: SCHANZ, G. (Hrsg.) Handbuch Anreizsysteme in Wirtschaft und Verwaltung. Stuttgart.
HERLTH, A. & STROHMEIER, K. P. (Hg., 1989): Lebenslauf und Familienentwicklung. Mikroanalysen des Wandels familialer Lebensformen, Opladen.
HERRMANN, Hannelore & FÄRBER, Berthold (1992): Frauen in Führungspositionen – Auswirkungen auf Partnerschaft und Familie. Vortrag auf dem 38. Kongreß der Deutschen Gesellschaft für Psychologie.
HERRMANN, Hannelore (1992): Wenn Frauen mehr verdienen als ihre Partner. unveröffentlichtes Vortragsmanuskript.
HERRMANN, Helga (1991): Betriebliche Maßnahmen zur Vereinbarkeit von Familie und Beruf sowie zur Förderung der Berufsrückkehr nach Zeiten ausschließlicher Familientätigkeit. Materialien zur Frauenpolitik 15, BMFJ.
HERZBERG, F. (1968): Work and the natur of man. London.
HILLENGAß, Dr. Horst; GERLACH, Katharina (1990): „Chancengleichheit im Beruf: Wunsch oder Wirklichkeit?" aus: Personalführung 5/90
HIS (1990a): Ergebnisspiegel. HIS-GmbH Hannover.
HIS (1990b), Lewin, K. & Schacher, M.: Studienberechtigte des Jahres 1976 auf dem Weg in den Beruf bis 1988 – Erwartungen alles in allem erfüllt.
HIS (1991), Minks, K.-H. & Nigmann, R.: Hochschulabsolventen 88/89 zwischen Studium und Beruf. HIS-GmbH Hannover.
HOBFOOL, Stevan E. & HOBFOLL, Ivone (1994): Work won't love you back. The Dual Career Couple's Survival Guide. New York.
HOFER / WEIDIG / WOLFF (1989): Arbeitslandschaft bis 2010. Basel
HOFFMEYER-ZLOTNIK, Jürgen H.P. (Hrsg). (1992): Analyse verbaler Daten. Über den Umgang mit qualitativen Daten, Opladen.
HÖHBORN, C. (1980): Vermittlung von Fach- und Führungskräften durch die ZAV in Frankfurt/Main, in: Personal, S. 296-298.
HONDRICH, Karl Otto & SCHUMACHER, Jürgen & ARZBERGER, K. & SCHLIE, F. & STEGBAUER, Ch. (1988): Krise der Leistungsgesellschaft ? Empirische Analysen zum Engagement in Arbeit, Familie und Politik. Opladen.
HOOTSMANS, Helen M. (1980-1986): Dual Career Partnerships: A Bibliographie.
HÖRBURGER, Hortense (1990): Die soziale Dimension des EG-Binnenmarktes am Beispiel der spezifischen Auswirkungen auf Frauen. SP-Verlag, Marburg.
IETSWAART, Heleen F.P. (1992): Labor Market Participation of Women in the Nederlands, 1960-1990. Paper presented at the Annual Meeting of the Law & Society Association, Philadelphia, May 28-31.
IG-CHEMIE (Hrsg.) (1993): Die Experten in der Zirkuskuppel. Berufsperspektiven und soziale Interessen von hochqualifizierten Angestellten.
IMAI M. (1992): KAIZEN. Der Schlüssel zum Erfolg der Japaner im Wettbewerb. München.

INGLEHARDT, Ronald. (1977): The silent revolution. Changing values and political styles among western politics. Princeton (N.J.).
INGLEHART, Ronald. (1989): Kultureller Umbruch. Wertwandel in der westlichen Welt, Frankfurt/New York.
INGLEHART, Ronald (1998): Modernisierung und Postmodernisierung. Frankfurt/Main.
KASHKER, E.R.; ROBBINS, M.L.; LEIVE, L; HUANG, A:S: (1974): Status of Women Microbiologists, Science, 183, S. 488-494.
KASTNER, Michael (1992): Personalentwicklung im Spannungsfeld von Organisations- und Führungskräfteentwicklung. aus: Personalführung 11, S. 878-890.
KATZENBACH J. R. & DOUGLAS K. S. (1993): Teams. Der Schlüssel zur Hochleistungsorganisation. Wien.
KELLER, P. (1988): Karriereberatung, Personalführung, 12, S.1014-1015.
KERN, H & SCHUMANN, M. (1986): Das Ende der Arbeitsteilung? Rationalisierung in der industriellen Produktion. München.
KICK, Th. & SCHERM, E. (1993): Individualisierung in der Personalentwicklung (PE), in: ZFP-Zeitschrift für Personalführung 1, S. 35-49.
KIMMESKAMP, Dagmar (1994): Chancen in den oberen Etagen ? Frauen in Banken, in: Bank Magazin 8/94, S. 46-49.
KIRSCHNER, B. F. & WALUM, I. R. (1978): Two Location Families: Married Singles, in: Alternative Lifestyles, Vol. 1, S. 513-525.
KLAGES, Helmut. (1985): Wertorientierung im Wandel – Rückblick, Gegenwartsanalysen, Prognosen. Frankfurt/M.
KLAGES, H. (1993): Wertewandel in Deutschland in den 90er Jahren, in: L.v. ROSENSTIEL u.a., a.a.O. S. 1-17.
KLAUDER, W. (1987): Der Weg in die Dienstleistungsgesellschaft, in: Forschung über Freie Berufe, Jahrbuch 1985/86, hrsg. vom Institut für Freie Berufe an der Friedrich-Alexander-Universität Erlangen-Nürnberg, Nürnberg, S. 127-148.
KLAUDER, W. (1994): Tendenzen und Bedeutung der Frauenerwerbstätigkeit heute und morgen, in: P. BECKMANN & G. ENGELBRECH a.a.O., S. 45-72.
KLEINBECK, Uwe (1975): Motivation und Berufswahl, Göttingen/ Toronto/Zürich.
KLIER, Hans-Stephan (1992): Ein „Junior-Board'-Programm in der Praxis. Auswahl, Förderung und Bindung qualifizierter Fach- und Nachwuchskräfte. aus: congena texte 3/4, Seite 30-37.
KOTTHOFF, Hermann (1990): Die soziale Welt Kleiner Betriebe. Göttingen / Schwartz.
KÖLPIEN, Joachim (1987): Die Ausstrahlung des Betriebsverfassungsgesetzes 1972 bei der Entsendung von Arbeitnehmern deutscher Unternehmen ins Ausland. Diss. Bayreuth.
KOPELMAN, R.E.; ROSENSWEIGH, L. & Cally, L.H. (1982): Dual-Career Couples: The Organizational Respouse, Personnel Administrator, 27, S. 73-78.
KOPPER, Hilmar (1992): „Auslandsaufenthalte, Fremdsprachen, Fachwissen, Karriere, Integrität, ..." aus: Statement 2-92, Hrsg. Deutsches Komitee der AIESEC.
KOVACH, K.A. (1981): Implicit Stereotyping in Personnel Decisious, Personnel Journal, 60, S. 716-722.
KRIZIO, M. (1991): Karrierechancen und Vereinbarkeit von Beruf und Familie in den USA, in: Institut für Frau und Gesellschaft, Heft 1/2, S. 77-97.

KREHER, S. (1995): Berufseinmündung und Familienbildung in der Generationenfolge, in: H. Bertram (Hrsg.) a.a.O. S. 267-292.
KRÖBER, Sabine (1992): „Kinder, Küche, Karriere". in: Forum November 1992.
KRÜGER, H. (1990): Normalitätsunterstellungen bezüglich des Wandels in der weiblichen Lebensführung zwischen Erwerbsarbeit und Familie, in: W. Zapf (Hrsg.) a.a.O.
KRÜGER-BASENER, M. & DOMSCH, M. (1988): Zeitliche Abstimmungsprobleme der Laufbahnentwicklung von Dual Career Couples, Forschungsbericht, Institut für Personalwesen und Arbeitswissenschaft (IPA) der Universität der Bundeswehr, Hamburg.
KRÜGER-BASENER, M. & DOMSCH, M. (1988): Erfolg zu zweit? Warum nicht? Junge Berufswelt, Die Welt, NR. 260, 5.11.1988, S. 14.
KÜHNE, Doris : „Gleichstellung per Gesetz – Einstiegsfeld öffentlicher Dienst": aus UNI-Heft 11, S. 48 ff.
KURTH, Michael : „Career and Placement Centers" Service amerikanischer Hochschulen im Wettbewerb um Studenten. aus: Allg. Hochschulanzeiger 12 / S.15.
KURZ, Karin (1998): Das Erwerbsverhalten von Frauen in der intensiven Familienphase. Ein Vergleich zwischen Müttern in der Bundesrepublik Deutschland und den USA. Opladen.
LANDAU, J.C.; SHANUS, B.; ARTHUR, M.B. (1992): Predictors of willinguess to relocate for managerial and professional employees. in: Journal of Organizational Behavior, 13, S. 667-680.
LANDESARBEITSAMT Nordrhein-Westfalen (1994): Frauen und Arbeitsmarkt. Statistische Mitteilungen. Düsseldorf.
LANDESARBEITSAMT Nordrhein-Westfalen (1996): Frauen. Statistische Mitteilungen. Düsseldorf.
LANGE, Elmar (1980): Akademiker in der Privatwirtschaft. Stuttgart.
LAUTERMANN, R. (1990): Die Gleichheit des Geschlecht's und die Wirklichkeit der Rechte.
LAUX, Eberhard (1990): Führungskräfte des öffentlichen Dienstes in den 90er Jahren – Mangelware? in: Verantwortung und Leistung Heft 22, Düsseldorf/Speyer.
LBS (1997): LBS-Familien-Studie „Übergang zur Elternschaft". Aufgaben- und Rollenverteilung zwischen Frau und Mann. Report 2/97. Münster.
LE LOUARN, J.-Y. & DE COTIIS, T. A. (1983): The Effect of Working Couple Status on the Decision to Offer Geographic Transfer, in: Human Relations, Vol. 36, S. 1031-1043.
LENZ, Brigitte (1993): Hin-& Hergerissen. Frauenförderung, in: Capital 7, S.166-170.
LENZ, Brigitte (1991): Es geht aufwärts. Capital-Studie: Frauen und Führungskräfte, Capital 12, S. 193-211.
LEUTHEUSER-SCHNARRENBERGER (1993): „Die Gleichberechtigung in der Lebenswirklichkeit hat mit der rechtlichen Gleichberechtigung nicht Schritt gehalten. aus: recht 1/93, Nr. 1 S. 3ff.
LEWIS, S. & COOPER, C.L. (1989): Career Couples. Contemporary Lifestyles and Has to Manage them. London.
LICHTER, D.T. (1980): Household Migration and the Labor Market Position of Married Women, Social Science Research, 9, S. 83-97.

LICHTER, D.T. (1982): The Migration of Dual-Worker Families: Does the Wife's Job Matter?, Social Science Quarterly, 63, S. 48-57.
LICHTER, D.T. (1983): Socioeconomic Returus to Migration Among Married Women, Social Forces, 62. S. 487-503.
LOHKAMP-HIMMIGHOFEN, Marlene (1994): Vereinbarkeit von Familie und Beruf: Die Situation in den zwölf Ländern der EG. in: Aus Politik und Zeitgeschichte B 7-8/94.
McCUBBIN, H.J.; CAUBLE, A.E.; PATTERSOÄN, J.M. (eds.) (1982): Family Stress, Coping, and Social Support. Springfield.
McKINNEY-KELLOGG, Diane (1992): Frauen in Managementpositionen: Der langsame Aufstieg in die Chefetage der Firma. Berliner Journal für Soziologie, S. 79-89.
MACKENSEN, Rainer u.a. (1975): Probleme regionaler Mobilität. Göttingen.
MAIER, Friederike: The Regulation of Port-Time Work: A Comparative Study of Six EC Countries. WZB.- Discussion Paper.
MAINIERO, Lisa A. (1991): Liebe im Büro. Flirts, Intrigen und Karrieren am Arbeitsplatz. München.
MANG, R. (1988): in: S. BISCHOFF, S., a.a.O.
MAREL, K. (1980): Inter- und Intraregionale Mobilität, Wiesbaden.
MARKHAM, W. T. & MACKEN, P. O. & BONJEAN, C. M. & CORDER, J. (1982): A Not of Sex, Geographic Mobility, and Career Advancement, in: Social Forces, Vol. 61, S. 1138-1146.
MARTENS, Stefan & HÖLZCHEN, Thomas (1993): Mobilität von Führungskräften. Studie der Firma Baumgartner & Partner Hamburg.
MARWELL, G.; ROSENFELD, R.; SPILERMAN, S. (1979): GeographieConstraints on Women's Careers in Academia, Science, 205, S. 1225-1231.
MASLOW, A. H. (1970): Motivation and Personality. New York.
MATHES, Rainer (1992): Hermeneutisch-klassifikatorische Inhaltsanalyse. Über das Verhältnis von quantitativen und qualitativen Verfahren der Textanalyse und die Möglichkeit ihrer Kombination, in: J.H.P. Hoffmeyer-Zlotnik, Analyse verbaler Daten, Opladen, S. 402-424.
MAYER, K. U. (Hrsg.) (1990a): Lebensverläufe und sozialer Wandel, Kölner Zeitschrift für Soziologie und Sozialpsychologie, Sonderheft 31.
MAYER, K.U. (1990b): Soziale Ungleichheit und die Differenzierung von Lebensläufen, in: W. Zapf (Hrsg.) a.a.O.
MAYER, K. U. & ALLMENDINGER, J. & HUININK (Hrsg.) (1991): Vom Regen in die Traufe: Frauen zwischen Beruf und Familie. Frankfurt/New York.
MEFFERT, H. & WAGNER, H. & BACKHAUS, K. (Hrsg.)(1992): Managementqualifikation und -ausbildung. Bestandsaufnahme und Entwicklungsperspektiven. Wissenschaftl. Gesell. für Marketing und Unternehmensführung. Münster.
MERKENS, H.; SCHMIDT, F. (1988): Entkulturation der Unternehmenskultur. Mehring/München.
MEULEMANN, H. & ELTING-CAMUS, A. (Hrsg.) (1992): 26. Deutscher Soziologentag – Lebensverhältnisse und soziale Konflikte im neuen Europa. Opladen.
MEYER, Paul (1980): Soziologie der Personalarbeit. Stuttgart.
MILBRANDT, G.F. (1983): Can Relocation Casts be Managed? Personnel Journal, 62, S. 657-659.

MINCER, J. (1978): Family Migration Decisious, Journal of Political Economy, 86, S. 749-773.
MINKS, Karl-Heinz & NIGMANN, Ralf (1991): Hochschulabsolventen 88/89 zwischen Studium und Beruf. HIS GmbH Hannover.
MOLL, Markus (1992): Zielgruppenorientierte Personalmarketing Key-University-Strategien. München / Mering.
NAVE-HERZ, Rosemarie (1989): Die Geschichte der Frauenbewegung in Deutschland. Hannover.
NAVE-HERZ, R. (1990): Wandel der Lebensführung und der Lebensformen – Einführung, in: W. Zapf (Hrsg.) a.a.O.
NAVE-HERZ, R.; ONNEN-ISEMANN, C.; OßWALD, V. (1991): Aufstieg mit Hindernissen – Bericht über eine empirische Untersuchung zum Karriereverlauf von Hochschullehrerinnen in der BRD. IFG, Institut für Frau und Gesellschaft, 1+2, S. 67ff.
NEIDHART, F. (1975): Frühkindliche Sozialisation – Strukturbedingungen und Probleme familiarer Sozialisation, in: G. Lüschen & E. Lupri (Hrsg.): Soziologie der Familie. Opladen.
NERGE, S. & STAHMANN, M. (1991): Mit Seidentuch und ohne Schlips – Frauen im Management. Eine empirische Untersuchung ihrer Lebens- und Arbeitsbedingungen, Frankfurt/M.
NEUJAHR-SCHWACHULLA, Gaby. (1993): Führungsfrauen – Anforderungen und Chancen in der Wirtschaft. Stuttgart.
NEUMEIER, Wolfgang (Robert Bosch GmbH) (1990): „Personalentwicklung durch Auslandseinsatz" in Personalführung 6, S. 376.
NEWGREN, K. E. & KELLOGG, C.E. & GARDNER, W. (1987): Corporate Policies Affecting Dual-Career Couples, SAM Advanced Management Journal, 52, S. 4-9.
NEWGREN, K. E. & KELLOGG, C.E. & GARDNER, W. (1988): Corporate Responses to Dual-Career Couples: A Decade of Transformation, in: Akron Business and Economic Review, Vol. 19, S. 85-96.
NOELLE-NEUMANN, E. & KAHR, R. (Hrsg.) (1984-1992): Allensbacher Jahrbuch der Demoskopie. München, New York.
NOELLE-NEUMANN, E & STRÜMPEL, B. (1985): Macht Arbeit krank? Macht Arbeit glücklich? München / Zürich.
NOTTER, M. (1991): Partnerschaft am Arbeitsplatz, in: is Management Zeitschrift, 60, S. 76-78.
OESS, A. (1991): Total Quality Management. Die ganzheitliche Qualitätsstrategie. Wiesbaden.
OLSON, J.E. & FRIEZE, J.H. § DETLEFSEN, E.G. (1990): Having It All? Combining Work and Family in a Male and a Female Profession, Sex Roles, 23, S. 515-533.
OPASCHOWSKI, Horst W. (1991): Von der Geldkultur zur Zeitkultur. in: SCHANZ, G. Handbuch Anreizsysteme in Wirtschaft und Verwaltung. Stuttgart.
OPASCHOWSKI, Horst W. (1998): Feierabend? Von der Zukunft ohne Arbeit zur Arbeit mit Zukunft! Opladen.
OSTERLOH, Margit & OBERHOLZER, Karin (1994): Der geschlechtsspezifische Arbeitsmarkt: Ökonomische und soziologische Erklärungsansätze. in: Aus Politik und Zeitgeschichte B6/94.

PEINELT-JORDAN, Klaus (1996): Männer zwischen Familie und Beruf – Ein Anwendungsfall für die Individualisierung der Personalpolitik. München/Mehring.
PEUCKERT, Rüdiger (1989): Der soziale Wandel der Familienformen in der BRD seit der Nachkriegszeit. in: Gegenwartskunde 2/1989
PEUCKERT, Rüdiger (1991): Familienformen im sozialen Wandel. Opladen.
PFARR, H. M. (1990): Antidiskriminierungspolitik und Flexibilisierung des Arbeitsmarktes, in: C. F. BÜCHTEMANN & H. NEUMANN (Hrsg.), a.a.O., S. 193-203.
PIERO, Corpina (1996): Laufbahnentwicklung von Dual-Career-Couples: Gestaltung partnerschaftsorientierter Laufbahnformen. St. Gallen.
POLOMA, M. M. & PENDLETON, B. F. & GARLAND, T. N. (1982): Reconsidering the Dual-Career Marriage: A Longitudinal Approach, in: J. ALDOUS (ed.): Two Paychecks. Life in Dual-Earner Families, Beverly Hills, S. 173-192.
POLOMA, M. M. & PENDLETON, B. F. & GARLAND, T. N. (1981): Reconsidering the Dual-Career Marriage: A Longitudinal Approach, in: Journal of Family Issues, Vol. 2, S. 205-224.
POSTH, M. 1991: Über Reiz und Risiko eines Zigeunerlebens, in: FAZ, Nr. 70, 23.03.1991, S. 45.
PROGNOS AG (1990): Die Arbeitsmärkte im EG-Binnenmarkt bis zum Jahr 2000. Untersuchung im Auftrag des IAB, BeitrAB 138, Nürnberg
RAEHLMANN, I. & MEINERS, B. & GLANZ, A. & FUNDER, M. (1993): Flexible Arbeitszeiten. Wechselwirkungen zwischen betrieblicher und außerbetrieblicher Lebenswelt. Opladen.
RAPOPORT, R. & RAPOPORT, R. N. (1969): The Dual Career Family: A Variant Pattern and Social Change, in: Human Relations, Vol. 22, S. 3-30.
RAPOPORT, R. & RAPOPORT, R. N. (1971 a): Dual-Career Families, Bungay, Suffolk.
RAPOPORT, R. & RAPOPORT, R. N. (1971 b): Further Considerations on the Dual-Career Family, in: Human Relations, Vol. 24, S. 519-533.
RAPOPORT, R. & RAPOPORT, R. N. (1976): Dual-Career Families Re-Examined, New York.
RAPOPORT, R. N. & RAPOPORT, R. (1978 a): Dual-Career Families: Progress, Prospects, in: Marriage and Family Review, Vol. 1, S. 1-12.
RAPOPORT, R. & RAPOPORT, R.N. (1978 b): Dual-Career Families: Progress and Prospects. aus: Marriage and family review, Bd.1 (5) New York N 4.
RAPOPORT, R. & RAPOPORT R.N. (1978 c): Working Canpler, Rautledge & Kegan Paul, London and Henley.
RAPOPORT, R. & RAPOPORT, R. N. & BUMSTEAD, M. (eds.) (1978 d): Working Couples, London.
RAUSCH, Sibylle, (1991): Frauenquoten und Männerrechte, Nomos Baden-Baden.
RAY, J. (1990). International Patterns and Marital Satisfaction Among Dual-Career Couples, Journal of Independent Social Work, 4, S. 61-73.
REED, C. M. (1988): Anti-Nepotism Rules and Dual Career Couples: Policy Questions for Public Personnel Administrators, in: Public Personnel Management, Vol. 17, 2, S. 223-230.
REED, C. M. (1989): Anti-Nepotism Rules: The Legal Rights of Married Co-Workers, Public Personnel Management, 18, S. 37-44.
REINHOLD, G. (Hrsg.) (1991): Soziologie-Lexikon. München.

RICE, David G. (1979): Dual-Career Marriage Conflict and Treatment. The Free Press. Macmillan Publishing Co Inc., New York/London.
RITCHEY, Neal P. (1976): „Explanatians of Migration". aus: Annual Review of Sociology Bd. 2, S. 363-404.
ROHDE, Iris. (1992): Direktansprache versus Stellenanzeigen – welches Verfahren ist bei der Suche von Führungskräften durch Personalberater erfolgversprechend? Hochschulschriften zum Personalwesen Bd. 18, Rainer Hampp Verlag München + Mehring.
ROLLER, E. & MATHES, R. (1993): Hermeneutisch-Klassifikatorische Inhaltsanalyse. in: Kölner Zeitschrift für Soziologie und Sozialpsychologie, 45, S. 56-75.
ROSEN, B. & JERDEE, T. H. & PRESTWICH, T. L. (1975): Dual-Career Marital Adjustment: Potential Effects of Discriminatory Managerial Attitudes, in: Journal of Marriage and the Family, August, S. 565-572.
ROSENSTIEL, Lutz v. & DJARRAHZADEH, Maryam & EINSIEDLER, Herbert E. & STREICH, Richard K. (Hrsg.) (1993): Wertewandel. Herausforderung für die Unternehmenspolitik in den 90er Jahren. Stuttgart.
ROSENSTIEL, Lutz von (1993): Wandel der Karrieremotivation – Neuorientierung in den 90er Jahren, in: L. v. ROSENSTIEL u.a. (Hrsg.) a.a.O.
ROTHERAM, Mary J. & Weiner, N. (1983): Androgyny, Stress, and Satisfaction: Dual-Career and Traditional Relationships, in: Sex Rater, Vol. 9, Nr. 2, Plenum Publishing Corporation
ROTHKIRCH, Christoph von (1993): Zum Arbeitskräftebedarf nach Qualifikationen bis zum Jahr 2000. Beiträge zur Arbeitsmarkt- und Berufsforschung. Nürnberg.
ROTTHEGE, Georg. (1992): Monopolknacker, Forbes 9, S. 68-72.
SAHNER, H. & SCHWENDTNER, S. (Hrsg.) (1995): 27. Kongreß der Deutschen Gesellschaft für Soziologie – Gesellschaften im Umbruch, Kongreß/Abstract-Band. Opladen.
SANDELL, S.H. (1977): Women and the Economics of Family Migration, Review of Economics and Statistics, 59, S. 406-414.
SATTELBERGER, Thomas (1991): Innovative Personalentwicklung. Wiesbaden.
SCHANZ, Günther (1991): Motivationale Grundlagen der Gestaltung von Anreizsystemen. in: SCHANZ, G. Handbuch Anreizsysteme in Wirtschaft und Verwaltung. Stuttgart.
SCHÄFERS, Bernhard (1990). Gesellschaftlicher Wandel in Deutschland. 2. Aufl. Stuttgart.
SCHINDLER, Peter (1993): Personalentwicklung im öffentlichen Dienst und in der Wirtschaft. – Ein Vergleich unter besonderer Berücksichtigung der Personalentwicklung im Wissenschaftsbereich. in: Die Personalvertretung 7/93
SCHLIE, F. & STEGBAUER, Ch. (1988): Leistungsniveau und Leistungsbereitschaft in der Arbeitswelt, in: K. O. HONDRICH & J. Schumacher u.a. (Hrsg.) a.a.O. S. 100-170.
SCHLOSSBERGER, C. (1992): Die Internationale Nachwuchsgruppe als Baustein einer konzernweiten Personalentwicklung bei Daimler-Benz, Personalführung, 11, S. 892-900.
SCHMIDT, M. (1989): Karrierefrauen und Partnerschaft. Sozialpsychologische Aspekte der Beziehung zwischen karriereambitionierten und ihren Lebenspartners.

SCHMITZ-KÖSTER, Dorothee (1990): Liebe auf Distanz. Getrennt zusammenleben. Reinbek.
SCHOLZ, Ch. (1989): Personalmanagement. München.
SCHULTE, J. & DURRER, F. (1992): Einmalige Befragung der Abiturienten 1991 aus den neuen Ländern. HIS - Hochschul-Informations-System GmbH Hannover.
SCHULTE, J. & LANGE, D. (1992): Mobilität von Karrierepaaren im neunen Europa, in: H. Meulemann & A. Elting-Camus. a.a.O.
SCHULTE, J. (1994 a): Die Auslandsentsendung als Instrument der Personalentwicklung unter geänderten ökonomischen und gesellschaftlichen Rahmenbedingungen. Diplomarbeit Bochum.
SCHULTE, J. & LANGE, D. (1994 b): Beziehung auf Distanz – Berichte aus der Forschung, in: Angestelltenmagazin 4.
SCHULTE, J. & LANGE, D. (1995): Wenn beide an Karriere denken. –Personalentwicklung–, in: Personalwirtschaft Jan. 95.
SCHULTE, J. (1995): Timeflexi und placeflexi bei Fach- und Führungskräften, in: H. Sahner & S. Schwendtner (Hrsg.) a.a.O.
SCHULZ-GAMBARD, J. u.a. (1991): Frauen in Führungspositionen. Eine kommentierte Bibliographie, hrsg. v. W. Bungard, Ludwigshafen.
SCHUMANN, M. & BAETHGE-KINSKY, V. & NEUMANN, U. & SPRINGER, R. (1990): Breite Diffussion der neunen Produktionskonzepte – zögerlicher Wandel der Arbeitsstrukturen, in: Soziale Welt, Nr. 1, S. 47-69.
SCHUMER, F. (1990): The New Nepotism: Married Couples are Working Together All Over, New-York, 19.11., S. 46-51.
SCZESNY, C. (1997): Arbeitszeiten zwischen formeller Regelung und informeller Ausgestaltung. Eine Fallstudie aus den neuen Bundesländern. Münster.
SEIDENSPINNER, Gerlinde & KEDDI, Barbara & WITTMANN, Svendy & GROSS, Michaela & HILDEBRANDT, Karin & STREHMEL, Petra (1996): Junge Frauen heute – Wie sie leben, was sie anders machen. Opladen.
SEKARAN, U. (1986): Dual-Career Families. Contemporary Organizational and Counseling Issues, San Francisco.
SEKARAN, U. (1983 a): How Husbands and Wives in Dual-Career Families Perceive the Family and Work Worlds, in: Journal of Vocational Behavior, Vol. 22, S. 288-302.
SEKARAN, U. (1983 b): „Factors influencing the quality of life in dual-career families in Journal of Occupational Psychology, Bd. 56, S. 161-174.
SEKARAN, U. & LEONG, F.T.L. (eds.)(1992): Womanpower. Newsbury Park.
SEKAS, M. H. (1984): Dual-Career Couples – A Corporate Challenge, in: Personnel Administrator, Vol. 29, S. 37-44.
SELL, R. & DEFONG, G. (1982): Deciding whether to Move: Mobility Wishful Thinking and Adjustment, Sociology and Social Research, 67, S. 147-165.
SENGENBERGER, W. (1990): Das „amerikanische Beschäftigungswunder" als Vorbild? – Interne versus externe Flexibilität am Arbeitsmarkt, in: C. F. BÜCHTEMANN & H. NEUMANN (Hrsg.), a.a.O., S. 47-65.
SHAKLEE, H. (1989): Geographic Mobility and the Two-Earner Couple: Expected Costs of a Family Move, in: Journal of Applied Social Psychology, Vol. 19, S. 728-743.

SHINGO, S. (1993): Das Erfolgsgeheimnis der Toyota-Produktion. Eine Studie über das Toyota-Produktionssystem – genannt die „Schlanke Produktion". Landsberg/Lech.

SIEVERDING, M. (1990): Psychologische Barrieren in der beruflichen Entwicklung von Frauen, Stuttgart.

SKINNER, D.A. (1980): Dual-Career Family Stress and Coping: A Literature Review, Family Relations, 29, S. 473-480.

SØRENSEN, A. (1990): Unterschiede im Lebenslauf von Frauen und Männern, in: K.U. MAYER (Hrsg.): a.a.O., S. 304-321.

SPENCER STUART & Assiciates Ltd. (1993): Women in Management. Why so few at the top? Point of view No.17, London / Manchester.

SPRENGER, R. K. (1995): Mythos Motivation. Wege aus der Sackgasse. Frankfurt/New York.

STACH, H. (1980): Gleichstellung im Erwerbsleben? Situation der Frauen zwischen Forderungen und Realität, München.

STATISTISCHES BUNDESAMT (Hrsg.) (1985): Datenreport 1985. Bonn.

STATISTISCHES BUNDESAMT (Hrsg.) (1988): Datenreport 1987. Bonn.

STATISTISCHES BUNDESAMT (Hrsg.) (1992): Datenreport 1992. Bonn.

STATISTISCHES BUNDESAMT (Hrsg.) (1994): Datenreport 1994. Bonn.

STATISTISCHES BUNDESAMT (1995): Im Blickpunkt – Familie heute. Stuttgart.

STATISTISCHES BUNDESAMT (1998): Im Blickpunkt – Leben und Arbeiten in Deutschland – 40 Jahre Mikrozensus. Stuttgart.

STECHERT, K. (1989): Frauen setzen sich durch – Testfaden für den Berufsalltag mit Männern –. Campus-Verlag Frankfurt, New York.

STEIL, J.M. & WELTMANN, K. (1991): Marital Inequality: The Importance of Resources, Personal Attributes, and Social Norms on Career Valuing and the Allocation od Domestic Responsibilities, Sex Roles, 24, S. 161-179.

STEPPAN, R. (1993): „Nicht mehr viel drin" – Personalvermittler in Wirtschaftswoche Nr. 46, 12.11.

STERN (1981): Gehobene Zielgruppen. Kompetenzen – Konsum – Kommunikation, Marktanalyse im Auftrag des STERN, Hamburg.

STOEBE, F. (1987): Acht Jahre Outplacement/Replacement-Service für Führungskräfte in Deutschland, Personalführung, 7, S. 518-520.

STOEBE, F. (1988): Outplacement – eine Freisetzungsstrategie? Personalführung, 10, S. 770-773.

STOEBE, F. (1990): „Outplacement als Instrument der strategischen Personalführung" aus: Personalführung 5.

STOLTZ-LOIKE, M. (1992): The Working Family: Helping Women Balance the Roles of Wife, Mother and Career Woman, The Career Development Quarterly, 40, S. 244-256.

STONER, C.R. & HARTMANN, R.J. (1990): Family Responsibilities and Career Progress: The food, the Bad, and the Uply, Business Horizons, 33, S. 7-12.

STREICH, Richard (1993): Managerwerte und Managerzukunft. in: L. v. ROSENSTIEL u.a. (Hrsg.) a.a.O.

STREICH, Richard (1994): Managerleben: im Spannungsfeld von Arbeit, Freizeit und Familie. München.

STRINGER-MOORE, D.M. Impact of Dual Career Couples on Employess: Problems and Solutions, Public Personnel Management Journal, S. 393-401.

STRUTZ, Hans (1989): Handbuch Personalmarketing. Wiesbaden.
STRUTZ, H. & WIEDEMANN, K. (Hrsg.) (1992): Internationales Personalmarketing. Wiesbaden.
STURM, N. (1994): Wo fünf Millionen Arbeitsplätze winken. in Süddeutsche Zeitung 25.07.1994.
STRÜMPEL, Burkhard & PAWLOWSKI, Peter (1993): Wandel in der Einstellung zur Arbeit – Haben sich die Menschen oder hat sich die Arbeit verändert ? (Teil II) in: L. ROSENSTIEL & M. DJARRAHZADEH & H.E. EINSIEDLER & R.K. STREICH (HRSG.) a.a.O.
TAYLOR 1919, F.W. (1919): Die Grundsätze wissenschaftlicher Betriebsführung (The Principles of Scientific Management) Deutsche Ausgabe. München/Berlin.
TAYLOR, A. S. & LOUNSBURY, J. W. (1988): Dual-Career Couples and Geographic Transfer: Executives' Reactions to Commuter Marriage and Attitude Toward the Move, in: Human Relations, Vol. 41, 5, S. 407-424.
TEICHERT, Volker (Hrsg.) (1990): Junge Familien in der Bundesrepublik – Familienumwelt – Familienpolitik. Opladen.
TENBROCK, Christian (1998): Frauen am Drücker. Unternehmerinnen leiten bereits mehr als ein Drittel der amerikanischen Unternehmen – Tendenz steigend, in: Die Zeit Nr. 44, S.38.
THEOBALD, Hildegard (1998): Frauen in leitender Position in der Privatwirtschaft – Eine Untersuchung des schwedischen und deutschen Geschlechtervertrags, WZB-Paper FS I 98-101, Berlin.
TOUFEXIS, A. von. (1987): Dual Careers, Doleful Dilemmas, Time, 130, S. 60-61.
TRIPPEL, A. (1985): Spouse Assistance Programs: Relocating Dual-Career Families, in: Personnel Journal, 64 (10), S. 76-78.
TRYON, G.S. & TRYON, W.W. (1982): Issues in the Lives of Dual-Career Couples, Clinical Psychology Review 2, S. 49-65.
TROJANER (1997): Mann...,Frau..., Familie..., Beruf... Jg.4, 1/8. Bildungswerk der Hessischen Wirtschaft e.V. (Hrsg).
TROTHA, T. von (1990): Zum Wandel der Familie, in: Kölner Zeitschrift für Soziologie und Sozialpsychologie, Jg. 42, 3, S. 452-473.
ULICH, Eberhard (1992): Arbeitspsychologie. Stuttgart.
ULICH, E. (1994): Gruppenarbeit damals – Lehren aus dem HdA-Programm, in: K. KAHN & G. Peter & R. Skrotzki (Hrsg.) Immer auf den Punkt. Beiträge zur Arbeitsforschung, Arbeitsgestaltung, Arbeitspolitik. Dortmund. S.45-57.
VANDERVELDE, M. (1979): The Changing Life of the Corporate Wife. New York.
VANNOY-HILLER, D. & PHILLIBER W.W. (1989): Equal Partners. Successful Women in Marriage. Newbury Park, London, New Delhi.
VASKOVICS, L.A. & RUPP, M. (1992): Optionen der Lebensgestaltung und Kinderwunsch in nichtehelichen Lebensgemeinschaften. Forschungsbericht Universität Bamberg.
VOGEL, K.H. (1979): Unternehmensberatungsorganisation – im Wirkungsfeld der Reorganisationsprojekte. Frankfurt/Main
VOBRUBA, G. (1990): Wege aus der Flexibilisierungsfalle – Politische Voraussetzungen individueller Zeitsouveränität, in: C. F. BÜCHTEMANN & H. NEUMANN (Hrsg.), a.a.O., S. 245-259.

VOLLMER, M. (1992): Neue Chancen und alte Gedanken? Beobachtungen zu Karrierechancen für Frauen, Personal, Juni, S. 260-263.
WAGNER, M. (1989): Räumliche Mobilität im Lebensverlauf, Stuttgart.
WAGNER, M. (1990): Wanderungen im Lebensverlauf, in: K.U. MAYER (Hrsg.): a.a.O., S. 212-238.
WALDMANN, E. (1983): Labor Force Statistics from a Family Perspective, Monthly Labor Review, 106, S. 16-20.
WALTON, P. (1990): Job Sharing. A Practical Guide. London
WALLSTON, B. S. & FOSTER, M. A. & BERGER, M. (1978): I Will Follow Him: Myth, Reality, of Forced Choice – Job Seeking Experiences of Dual-Career Couples, in: J. B. BRYSON & R. BRYSON (eds.), Dual-Career Couples, Vol. 3, New York.
WEITZMANN, L.J. (1985): The Divorce Revolution. New York.
WERNER, H. & WALWEI, V. (1992): Zur Freizügigkeit für Arbeitskräfte in der EG. Sonderdruck aus: Mitteilungen aus der Arbeitsmarkt und Berufsforschung. 25 Jg. Nürnberg.
WETTERER, Angelika (1992): Profession und Geschlecht – Über die Marginalität von Frauen in hochqualifizierten Berufen. Frankfurt/M.
WIERSMA, V.J. & BERG, P. van den: (1991): Work-Home Role Conflict, Family Climak, and Domestic Responsibilities Among Men and Women in Dual-Earner Families, Journal of Applied Social Psychology. 21, S. 1207-1217.
WILLKE, Gerhard (1998). Die Zukunft unserer Arbeit. Bonn.
WINDOLF, P. (1983): Betriebliche Rekrutierungsstrategien, in: MittAB, 16. Jg., 2/83, S. 109-121.
WINGEN, Max (1997): Familienpolitik. Grundlagen und aktuelle Probleme. Bonn.
WIRTH, Ekkehard (1992). Mitarbeiter im Auslandseinsatz – Planung und Gestaltung. Wiesbaden.
WOLF-DOETTINCHEN, L. (1992): Wanderzirkus. Wohnungsnot bei Führungskräften, Capital 5, S. 205-210.
WOLLERT, A. (1990): „Frauenförderung als Konsequenz einer strategischen Personalarbeit". aus: Personalführung 10.
WOLPERT, F. (1965): Behavioral Aspects of the Decision to Migrate, Regional Science Association Papers, 15, S. 159-169.
ZAPF, W. (Hrsg.) (1990): Die Modernisierung moderner Gesellschaften. 25. Deutschen Soziologentag. Frankfurt/New York.